KB268837

재외한인 문화예술 네트워크

전남대학교 세계한상·문화연구 3차총서 ⑪

재외한인 문화예술 네트워크

Networks of Artists in Overseas Koreans

임채완, 장윤수, 최영관, 이진영, 최영표 지음

북코리아

21세기에 들어서 세계적으로 가속화되고 있는 초국가적인 인구이동과 더불어 다문화시대가 도래하면서 민족간 공생의 개념이 점점 확산되고 있다. 이러한 시대적 배경 속에서 이 총서는 2003년 9월 한국학술진흥재단 기초학문육성사업 인문사회과학 분야의 연구과제로 선정된 전남대 세계·한상문화연구단의 '세계한상네트워크 구축과 한민족공동체 조사연구' 사업의 3차년도 연구성과를 집약하여 출판한 것이다.

　이번에 출판으로 완성된 3차년도 연구과제는 제1차년도 재외한인 사회의 경제환경 및 문화영역, 제2차년도 재외한인 기업의 경영활동 및 사회·문화영역에 이어 각 영역별로 재외한인의 네트워크 실태를 진단하고 지구적 차원에서 민족네트워크 구축을 위한 전략 및 구체적인 대안을 제시하는 데 초점이 맞추어져 있다.

　제1차 총서와 제2차 총서에 이어 세 번째로 발간되는 이번 총서는 『재미한인 기업의 네트워크』, 『재일코리안 기업의 네트워크』, 『중국조선족 기업의 네트워크』, 『러시아·중앙아시아 한상네트워크』, 『재외한인 민족교육 모형개발과 네트워크 구축』, 『재외한인 권익보호 단체와 활동가 네트워크』, 『재외한인 언론인 네트워크』, 『재외한인 여성공동체 네트워크』, 『재외한인 정보자원 생성과 변천』, 『재외한인 사회단체 네트워크』, 『재외한인 문화예술 네트워크』 등 총 11권으로 구성되어 있다. 각 지역별 재외한인사회의 특성을 반영하되 글로벌 수준의 디아스포라 네트워크 구축이라는 공통적인 주제로 집약되어 발간되는 이번 총서는 연구단이 1년간에 걸쳐 수행한 연구성과들이 체계적으로 집약되어 있다. 또한 세부과제팀별로 지구화 시대 글로벌 네트워크 구축이라는 큰 틀 속에서 재외한인들의 자본, 노동력, 정보교류의 특징 등을 상세히 분석하고 있다.

이번 총서는 2005년 9월부터 1년간 67명의 연구원을 비롯해 총 200여명의 국내외 연구자와 현지조사자들이 투입된 연구결과물이다. 이 연구의 대상 및 국가는 재외한인들이 가장 많이 밀집되어 있는 미국, 일본, 중국, 러시아·중앙아시아 지역의 25개 재외한인 거점지역들이다. 연구단이 3차년도에 수집한 연구성과 중에서 재외한인 관련 데이터베이스 및 네트워크 구축의 가치가 있는 주요 성과들을 살펴보면 다음과 같다.

먼저 한상분야에서, 미국한상연구팀은 재미한인 기업연감 4,000개 리스트, 재미한인 9개 금융기관 리스트, 재미한인기업 리스트 252개, LA 재미한인 의류업 리스트 104개 등을 확보했다. 기타 재미한인 사회단체 리스트 341개, 사진 100장, 오디오 파일 20개를 입수했다. 재일한상연구팀은 기업가 리스트 1,059개, 뉴커머 기업가 리스트 195개, 기업가 관련 사진 80장, 개인 디렉토리 12,000여건, 단체 디렉토리 20건 등을 확보하였다. 중국한상연구팀의 경우, 기업 디렉토리 300개, 명함 100장, 기업가 및 각종 사진 900장, 오디오 30여건 등을 입수하였다. 러시아·중앙아시아 한상팀은 고려인 기업 87개, 고려인 자영업자 48개, 고려인 단체 26개, 고려인 교민단체 39개, 한국진출기업 리스트 151개, 한국진출 교민 자영업 리스트 191개 등을 수집하였다. 이처럼 풍부한 자료들은 그동안 공식·비공식적으로 산재하였던 각종 문헌들을 재조사하거나 현지조사 과정을 통해 직접 입수한 자료들로서 한상의 실태에 대한 학문적, 실용적 기초자료로서 가치를 지닌다 하겠다.

다음으로 재외한인 교육연구팀에서는 재미한인학교 100개, 재일조선인 학교 140개, 중국조선족 학교 240개, 러시아·중앙아시아 한인학교 230개 리스트를 확보하였고, 기타 관련사진 27장, 오디오 파일 33개를 수집하였다. 재외한인 사회단체팀에서는 미국한인단체 100개, 일본한인단체 100개, 중국한인단체 100개, 개인 디렉토리 60개, 단체 디렉토리 90개 리스트, 사진 55장을 수집하였다. 재외한인 언론팀에서는 개인 디렉토리 89개, 단체 디렉토리 86개, 국가별 신문과 언론인 사진 60장, 오디오 파일 6개 등을 수집하였다. 재외한인 법률인권팀에서는 개인 디렉토리 101개, 단체 디렉토리 65개 등을 수집하였는데, 구체적으로 중국조선족 변호사 리스트 110명, 중국조선족 변호사 인적사항 52명, 중국조선족 로펌 및 변호사 소개 32건, 재외한인 법적 분쟁 및 제한사례 208건, 재외한인 제한 법령 50건을 수집하였다. 재외한인 집거지 사회문화팀에서는 개인 디렉토리 197개, 단체 디렉토리 79개, 사진 200장, 비디오 및 DVD 1건, 재외한인 문화예술인 리스트 300개, 재외한인 문화예술공간 리스트 50개, 재외한인 집거지 사진 550매를 수집하였다. 재외한인 정보자원팀에서는 개인 디렉토리 65개, 단체 디렉토리 57개, 사진 1400장, 오디오 파일 28개, 중국 조선문 정보자원, 중국조선족 자작곡 및 악보, 동영상 및 영상, 러시아·중앙아시아 고려인 정보자원 등 다수를 발굴하였다. 재외한인 여성팀에서는 개인 디렉토리 377개, 단체 디렉토리 58 개, 사진 209장, 오디오 파일 97개, 그리고 여성지도자 활동사 100건, 여성활동가 103명, 재외한인 여성의 사회적 불평등사례 94건, 여성활동가 녹취자료 85건, 재외한인 여성단체 및 복지기관 58개 리스트를 확보하였다.

이처럼 제3차년도 연구총서는 세계 주요 국가에 분포한 재외한인을 대상으로 수집한 자료를 바탕으로, 그들의 경제와 교육, 문화, 사회, 언론, 인권, 여성, 정보자원 등 광범위한 영역에 걸친 활동상황 및 네트워크 구축실태에 관한 풍부한 정보를 담고 있다. 11권의 책들은 주요 한인 집중 거주지역인 5개 지역에 걸쳐 11개 팀의 연구자들이 그동안 조사한 자료를 바탕으로 수차례에 걸친 국제학술회의 등을 통해 전문가 집단의 논평과 보완과정을 거쳤으며, 전문가 초청 집담회와 워크숍 등의 과정을 통하여 수정 보완한 내용들을 토대로 완성된 것이다. 이번 제3차 총서 발간을 계기로 해외 각지에 분포된 재외한인의 연결망과 교류실태에 관한 더욱 실감나고 흥미 있는 정보들을 얻을 수 있을 것으로 기대한다. 주지하다시피 제1차 총서와 제2차 총서의 발간은 국내외 학계와 관련단체는 물론 연구자들의 큰 관심과 반향을 불러 일으켰고 그 중 7권은 대한민국학술원과 문화관광부로부터 우수도서에 선정되는 성과를 거두기도 하였다.

우리 연구단은 이번 총서를 통하여 재외한인 연구가 학문적으로 더욱 심화되어 작금에 국내에서 논의되고 있는 '재외동포학' 내지 '디아스포라 연구'가 새롭게 정초되는 기회가 되었으면 하는 바람을 가져본다. 이를 위해서는 재외동포사회에 대한 연구가 일회적 산물로 그치지 않고, 향후 전문교재의 발간, 학제간 강좌의 개발 등 구체적인 프로그램 개발은 물론 '디아스포라와 인문학' '디아스포라 연구의 인문학적 지평' 등 인문학적으로 참신한 의제(agenda)를 개발하여 이를 한국사회 내에 담론화시켜 내는 데 성공해야 할 것이다.

이 총서가 발간되기까지 많은 사람들이 물심양면으로 지원을 아끼지 않았다. 무엇보다도 지난 3년간 현지조사과정에서 만났던 수많은 재외 한인 관련 단체장, 기업가, 연구조력자, 현지조사자의 노고에 깊이 감사드린다. 그분들의 순수한 열정과 도움없이는 이 총서가 완성되기 힘들었을 것이다. 또한 연구과제를 지원해 주고 연구과정이 원활하도록 배려를 아끼지 않으신 한국학술진흥재단의 허상만 이사장님과 관계자들, 전남대학교 강정채 총장님과 산학협력단 관계자들, 국내외 학술회의 참가자 및 전문가, 연구단 홍보를 위해 지원을 아끼지 않으신 사회단체 및 언론사 관계자, 비좁은 연구실에서 밤잠을 설쳐가며 함께 노력해 온 연구단 식구들께 진심으로 감사를 드린다. 또한 총서의 출간을 허락해 준 북코리아출판사 이찬규 사장님과 편집자들께도 심심한 감사의 뜻을 전한다.

2008년 4월
용봉골 연구동에서
세계한상·문화연구단장 임 채 완

오늘날 우리 사회에서 초국가주의와 디아스포라에 관한 담론은 더 이상 낯선 주제가 아니다. 국경을 넘는 지구적인 인구이동 과정에서 새로운 삶의 터전을 형성한 이산민족 집단, 즉 '디아스포라(diaspora)'의 실존적 경험에 관해 한국사회가 학문적인 관심을 갖기 시작한 지 십년이 넘고 있다. 재외한인분야에서 시작한 이러한 관심은 점차적으로 타민족의 경험을 반영한 보편적 디아스포라 현상과 다문화주의에 대한 새로운 담론으로 증폭되고 있다.

한국사회가 건국 후 60년 만에 세계 10위권의 교역강국으로 부상하면서 세계의 주목을 받은 것처럼 재외한인들도 현지에서 경제적 지위나 문화적 영향력을 강화시키며 사회의 주역으로 성장해 왔다. 어느새 145년을 넘긴 한인디아스포라의 역사는 전 세계 174개국에 걸쳐 수많은 한인공동체를 정착시키고 있다. 재외한인은 한반도 전체인구의 10% 정도인 700만 명을 넘어섰다. 이들은 유럽과 북미지역뿐만 아니라 중국, 러시아, 일본, 아프리카, 알래스카, 브라질 등 다양한 지역과 영역에서 활동하고 있다.

재외한인들은 일찍부터 거주지에서 민족고유의 문화유산을 계승발전하면서도 다양한 민족과 교류하면서 현지화를 추구하였다는 점에서 모국에 살고 있는 한국인들보다 먼저 국제화의 길을 개척했다. 모국이 척박한 가난을 극복하고 선진국의 대열에 도달하는 동안에 재외한인들이 낯선 이역에서 정착해 온 과정은 결코 순탄치 않은 역경이었다. 그러나 민족의식을 결절(結節)로 한 초국가적인 네트워크의 출현으로 세계 각국에 분산되었던 한민족은 통합적인 구심력과 함께 원거리 디아스포라 공동체의 가능성을 얻게 되었다.

그런가 하면 세계 전역에 걸친 한인공동체의 존재만큼이나 한국사회 내에도 지구상의 어느 곳 못지않게 다양한 인종과 민족이 혼거하는 다문화사회로 변모하고 있다. 1980년대 말 이후 한국에 직장을 구해 장기적으로 체류하는 외국인력은 약 100만 명에 달하고 있다. 인구통계에 따르면 한국에서 국제결혼을 통해 성립된 다문화가정은 전체적으로 11만 쌍이 넘으며 출신국가도 무려 112개국에 달한다. 뿐만 아니라 2025년에는 한국에 상주하는 외국인의 규모는 250만 명에 달할 것으로 보인다. 이처럼 한국은 바야흐로 이민송출국에서 이민대상국으로 변모하고 있는 것이다.

지난 수년간 한국사회는 국제이주여성, 외국인노동자문제 등과 같은 다문화사회의 도전과 충격을 겪으면서 글로벌 시대에 대한 준비의 부족을 질책하는 목소리가 작지 않았다. 재외동포재단, 노동부, 법무부 등의 관련기관에 의해 부분적인 지원책이 모색되었지만, 글로벌 사회공동체 패러다임을 주도할 학술적 기반을 제공하는 전문기관은 많지 않다.

이 점에서 세계한상·문화연구단의 재외한인과 디아스포라 연구는 그동안 근대적 영토공간의 경계 안에 제한되어 있던 민족구성원에 대한 관심을 탈영토적인 공간으로 확장시켰으며, 초국가적인 인구이동의 흐름과 정착과정에 대한 생생한 경험들을 학문적으로 정립하였다는 점에서 의미를 높이 평가할 만하다. 더욱이 재외한인에 대한 연구를 보편적인 '디아스포라' 현상에 대한 관점에서 바라보게 함으로써 최근의 다문화주의 담론과 연결시켜 생각할 수 있게 하였다는 점에서 우리 사회에 기여한 바가 크다 하겠다. 세계한상네트워크와 한민족문화공동체 조사연구가 가진 학술적 가치는 디아스포라, 국제인구이동, 해외정보, 초국가 민족연결망, 국제교류, 국제비즈니스 등에 걸친 다양한 학제적 연계성을 제공하는 단초를 마련했다는 점이라 할 수 있다.

전남대학교 세계한상문화연구단이 적극적으로 제기했던 디아스포라 연구의 중요성은 이제 사회적으로 큰 관심사로 등장하고 있다. 첫째, 초국가적 디아스포라 네트워크에 대한 관심이 크게 증가했다. 거대 중국대륙을 부활시킨 세계 화상(華商), 브릭스(BRICs) 경제권의 축인 인도인상(印商), 미국과 러시아 경제에 막강한 영향력을 가진 유대인네트워크는 글로벌 시대 국가경쟁력의 표상이 되고 있다. 둘째, 노동력의 국제이동에 따른 다양한 사회현상에 대한 관심도 크게 증가하고 있다. 중국, 중앙아, 동남아 외국인노동자의 국내유입이나 한국인의 캐나다, 인도, 호주, 중남미, 북미, 유럽 등 세계각지로의 초국가적 이동현상은 유출국과 유입국 모두의 관심을 증가시켰다.

이 책자는 지난 2003년 8월 이후 3년간 한국학술진흥재단의 지원을 받아 진행된 "세계한상네트워크 구축과 한민족공동체 조사연구"의 연구성과를 집약하여 연구총서 형태로 발간한 것이다. 총서의 매 책장 마다 지난 5년간 이 역작을 발간하는데 참여했던 연구책임자를 비롯한 연구원들의 땀과 노력의 흔적이 각인되어있다. 우리는 해외한인사회에 대한 다양한 기초조사를 바탕으로 엮어진 이 총서가 그 동안 관심영역 밖에 머물던 재외한인 문제에 대한 지속적인 관심과 통찰력 있는 시각들을 제공할 것으로 기대한다.

하나의 책자가 세상의 빛을 보기 위해 생명력을 가지는 첫걸음이 길고 지루한 활자화 과정이라면 두 번째의 생명력은 독자들에게 남겨진 몫이다. 여러모로 한정된 연구의 제약여건을 극복하고 마침내 활자로 탄생한 이 책의 행간에 축약된 의미들은 독자들이 재해석하고 새롭게 보완해가야 할 것이다. 그렇게 함으로써 이 총서는 단순히 한 시대에 읽도록 재단된 책으로 끝나지 않고, 역사 속에 길이 쓰여지는 텍스트로 완성될 수 있을 것이다. 한 가지 덧붙여 강조하고 싶은 점은 이 책의 진정한 주인이 척박한 이역의 땅에서 민족의 맥을 이어온 재외동포들이라는 점이다. 총서의 한 장 한 장마다 고난의 역사 속에서 재외동포들의 땀과 눈물이 숨어 있음을 기억하며 넉넉한 마음으로 일독할 것을 추천하는 바이다.

2008년 4월
희망제작소 상임이사 박 원 순

현대사회를 흔히 네트워크의 시대라고 한다. 한반도에 거주하고 있는 7천만 명의 남북한 인구와 더불어 전 세계에 거주하고 있는 한민족이 네트워크를 구축하는 일은 우리 민족의 국제경쟁력을 제고할 수 있는 방안으로 제기되고 있다.

전남대학교 세계한상·문화연구단이 수행한 학술진흥재단 기초학문 과제 "세계한상네트워크와 한민족문화공동체 조사연구"는 그러한 과정의 일환이었으며, 전남대학교 세계한상·문화연구단은 조사 및 연구결과를 지금까지 두 차례에 걸쳐 모두 22권의 총서로 출판한 바 있다. 그 중에서 "재외한인 집거지역 사회·문화조사 팀"은 『재외한인 집거지역 사회경제』(2005, 집문당)와 『재외한인의 문화생활』(2006, 북코리아)을 연구결과물로 내놓았다. 그리고 이번에 재외한인 예술가 및 예술단체 현황을 정리하여 세 번째 결과물 『재외한인 문화예술 네트워크』를 출판하게 되었다.

이 과정에서 도움을 주신 많은 분들에게 깊이 감사드린다. 중국의 김용운 선생님, 전남대 대학원 일문과 조아라 선생님, 카자흐스탄 알마티의 한국학센터 김성조 선생님과 김병학 선생님께 특히 감사드린다. 출판된 책에 대한 책임은 필자에게 있지만, 이들이 아니었다면 조사결과물이 나올 수 없었을 것이다.

우리 민족은 세계의 주요 지역에 코리아타운을 형성하고 그 토대 위에서 나름의 문화를 향유하고 있다. 그리고 해외에서 삶의 터전을 닦기에도 여념이 없을 터인데 창작활동과 예술전수에 힘쓰고 계시는 우리 민족 예술가들이 없었다면 재외한인 사회에서 우리 민족의 예술과 문화의 향유가 어려웠을 것이다. 현재 거주지에서 향유되고 있는 한민족의 문화는 현지사회에서 충분히 체험할 만한 가치 있는 민족문화로 평가받고 있으며, 최근 한류의 영향은 이를 더욱 심화하고 있다.

2005년 9월부터 1년간 수행된 이번 조사의 결과는 그 이후 재외한인 예술가들의 활동을 반영하지 못하여 조금 시의성이 떨어진다. 재외한인 예술가들의 활동을 최근까지 조사했어야 함에도 불구하고 조사가 수행된 당시의 현황을 정리하여 출판하게 됨을 양해 바란다. 추후 보완할 것을 약속드린다. 관련 자료를 제공하실 분은 아래의 이메일 주소 ysoojang@hanmail.net로 연락 바란다.

끝으로 3년 과제를 수행하는 동안 연구와 조사가 원활하게 이루어지도록 지원해 주신 전남대학교 세계한상문화연구단 임채완 단장님께 감사드린다.

2008년 4월
저자 일동

| 차 례 |

■총서를 펴내며 /5　　■추천사 /10　　■서문 /14

Ⅰ 머리말 23

1. 연구목적 23
2. 연구내용 27
3. 연구방법 29

Ⅱ 재미한인사회 31

1. 문화예술단체 31
　　1) 문화단체 /31
　　2) 문화공간 및 기타 단체 /38
2. 문화예술가 48
　　1) 음 악 /48
　　2) 미 술 /93
　　3) 무 용 /122
　　4) 연극·영화인 /134
　　5) 기타 : 이영희(李英姬) /151
3. 문화예술 네트워크 실태 155
　　1) 문화단체 및 문화공간 /155
　　2) 음악가 /156
　　3) 미술가 /168
　　4) 무용가 /239
　　5) 연극·영화인 /243

Ⅲ 재일한인사회 ······ 244

1. 문화예술단체 ······ 244
1) 문화단체 /244

2. 문화예술가 ······ 247
1) 음 악 /247
2) 미 술 /258
3) 무 용 /266
4) 연극·영화 /274

3. 문화예술 네트워크 실태 ······ 284
1) 문화단체 /284
2) 음악가 /298
3) 미술가 /300
4) 무용가 /310
5) 연극·영화인 /353

Ⅳ 중국조선족사회 ······ 354

1. 문화예술단체 ······ 354
1) 문 학 /354
2) 음 악 /369
3) 미 술 /372
4) 무 용 /375
5) 연극영화·촬영 /377
6) 문화공간 /379

2. 문화예술가 ······ 382
1) 문 학 /382
2) 음 악 /391
3) 미 술 /394
4) 무 용 /396
5) 연극·영화·촬영 /397
6) 기 타 /399

3. 문화예술 네트워크 실태 ······ 403
1) 문 학 /403
2) 음 악 /407

3) 미 술 /408
4) 무 용 /408
5) 연극·영화·촬영 /409
6) 기 타 /409

V 중앙아시아(카자흐스탄) 고려인사회 ·················· 410

1. 문화공간 및 문화단체 ······························· 410
1) 알마티한국교육원 도서관 /410
2) 알마티한국교육원 극장 /411
3) 알마티한국교육원 체육관 /411
4) 국립 고려극장 /411
5) 오그늬람빠 /412
6) 알마티 한국교육원 /413
7) 카자흐스탄 고려인협회 /413
8) 알마티 고려인민족문화중앙 /414
9) 한인회 /414
10) 고려일보사 /414

2. 문화예술가 및 네트워크 실태 ····················· 415
1) 문 학 /415
2) 음악·무용 /418
3) 미 술 /422
4) 연극·영화·촬영 /423

3. 문화예술 네트워크 실태 ··························· 427

VI 맺음말 ··· 430

1) 재미한인 /430
2) 재일한인 /432
3) 중국 조선족 /432
4) 카자흐스탄 /433

■ 참고문헌 /435

표 차례

〈표 Ⅰ-1〉 조사대상 /28
〈표 Ⅱ-1〉 제니퍼 고의 공연활동 /157
〈표 Ⅱ-2〉 권길상의 공연활동 /158
〈표 Ⅱ-3〉 신영옥의 공연활동 /160
〈표 Ⅱ-4〉 장영주의 공연활동 /162
〈표 Ⅱ-5〉 장한나의 공연활동 /163
〈표 Ⅱ-6〉 정명화의 공연활동 /164
〈표 Ⅱ-7〉 최승원의 공연활동 /166
〈표 Ⅱ-8〉 한동일의 공연활동 /167
〈표 Ⅱ-9〉 재미음악가들의 공연활동 /168
〈표 Ⅱ-10〉 강익중의 전시활동 /170
〈표 Ⅱ-11〉 곽수의 전시활동 /171
〈표 Ⅱ-12〉 곽훈의 전시활동 /174
〈표 Ⅱ-13〉 김구림의 전시활동 /179
〈표 Ⅱ-14〉 김병기의 전시활동 /180
〈표 Ⅱ-15〉 김보현의 전시활동 /180
〈표 Ⅱ-16〉 김봉태의 전시활동 /187
〈표 Ⅱ-17〉 김소문의 전시활동 /188
〈표 Ⅱ-18〉 김영길의 전시활동 /190
〈표 Ⅱ-19〉 김웅의 전시활동 /192
〈표 Ⅱ-20〉 김원숙의 전시활동 /197
〈표 Ⅱ-21〉 김창열의 전시활동 /199
〈표 Ⅱ-22〉 김환기의 전시활동 /202
〈표 Ⅱ-23〉 노정란의 전시활동 /205
〈표 Ⅱ-24〉 박유아의 전시활동 /206
〈표 Ⅱ-25〉 박혜숙의 전시활동 /208
〈표 Ⅱ-26〉 존 배의 전시활동 /210
〈표 Ⅱ-27〉 백남준의 전시활동 /215
〈표 Ⅱ-28〉 변종곤의 전시활동 /218
〈표 Ⅱ-29〉 서도호의 전시활동 /219
〈표 Ⅱ-30〉 안봉규의 전시활동 /220
〈표 Ⅱ-31〉 안영일의 전시활동 /222
〈표 Ⅱ-32〉 이병용의 전시활동 /224

〈표 II-33〉 이일의 전시활동 /226
〈표 II-34〉 임정욱의 전시활동 /226
〈표 II-35〉 임충섭의 전시활동 /229
〈표 II-36〉 조숙진의 전시활동 /231
〈표 II-37〉 한용진의 전시활동 /233
〈표 II-38〉 황주리의 전시활동 /237
〈표 II-39〉 재미미술가들의 전시활동 /238
〈표 II-40〉 손정아의 공연활동 /242
〈표 III-1〉 사물유격대의 공연활동 /285
〈표 III-2〉 류가이의 공연활동 /287
〈표 III-3〉 교토 한마당의 공연활동 /296
〈표 III-4〉 극단 상사화의 공연활동 /297
〈표 III-5〉 재일 문화단체의 공연활동 /297
〈표 III-6〉 양방언의 공연활동 /299
〈표 III-7〉 전월선의 공연활동 /300
〈표 III-8〉 곽덕준의 전시활동 /302
〈표 III-9〉 곽인식의 전시활동 /304
〈표 III-10〉 박생광의 전시활동 /305
〈표 III-11〉 이우환의 전시활동 /309
〈표 III-12〉 김순자의 공연활동 /329
〈표 III-13〉 김일지의 공연활동 /331
〈표 III-14〉 박정자의 공연활동 /337
〈표 III-15〉 정명자의 공연활동 /347
〈표 III-16〉 조수옥의 공연활동 /352
〈표 III-17〉 재일 음악가/미술가/무용가의 공연·전시활동 /353
〈표 V-1〉 카자흐스탄 문화예술인 활동상황 /428

그림 차례

〈그림 III-1〉 꽃 별 /255
〈그림 III-2〉 강화혜 /266
〈그림 III-3〉 김리혜 /267
〈그림 II-1〉 강익중의 "Amazed World" /94
〈그림 II-2〉 김보현의 조선대학교 소장 작품 중 하나 /98
〈그림 II-3〉 그의 작품 앞에 서 있는 작가 김원숙 /102
〈그림 II-4〉 백남준의 작품 /108
〈그림 II-5〉 서도호의 작품 /112
〈그림 II-6〉 작가 임충섭과 그의 작품 /117
〈그림 II-7〉 무용가 김명수 /122
〈그림 II-8〉 무용가 손정아 /126
〈그림 II-9〉 안은미 작품 신춘향 /132
〈그림 II-10〉 마거릿 조 /149
〈그림 II-11〉 이영희 옷 박물관 /155

I
머리말

1. 연구목적

문화가 고부가가치를 창출하는 정보사회에서 우리의 문화에 대한 천착은 당연한 것이며, 민족의 존재의의를 성찰케 하는 역사적인 작업이다. 지식과 정보와 같은 문화상품은 네트워크를 통하여 엄청난 효과를 창출한다. "해리포터"나 "반지의 제왕"과 같은 영국의 서사문학이 얼마나 큰 부가가치를 만들어내는지 실감하였다. 또 할리우드의 영화자본이 얼마나 큰 위력을 발휘하는지 충분히 터득하고도 남은 바 있다. 우리 역시 한국의 대중문화가 동아시아에서 "한류"라는 이름으로 열풍이 불고 있음을 목도하고 있다. 콘텐츠만 훌륭하면 발달한 매체를 통하여, 그리고 인터넷이라는 네트워크를 통하여 부가가치를 창출할 수 있는 정보시대에 살고 있다.

지구화와 정보사회로 특징지어지는 현대사회는 경제행위자들 사이의 지구적인 네트워크화 그리고 지식과 정보가 사회의 지배적인 자원이 되었음을 의미한다. 그렇다면 그것의 대안은 경쟁력 강화와 네트워크의 구축으로 귀결될 것이다. 지구화는 지방 상호간의 관계가 지구전체를 통해 네트워크화하는 확대과정이며, 멀리 떨어져 있는 지방에서 일어난 일이 우리에게 영향을 주고 또 우리가 멀리 떨어져 있는 지방에 영향을 주는 것처럼 세계적 사회관계를 심화시키는 현상을 말한다.[1] 그러한 지구화는 분단된 상황에 처해 있는 우리 민족에게 결코 바람직하기만 하지 않다. 그것은 통일된 민족국가를 형성해야 하는 근대적 과제의 선결과 함께, 초국적 자본이 추동하는 지구화의 흐름에 뒤지지 않기 위한 경쟁력의 향상이라는 이중부담을 안겨 주기 때문이다. 다행히 남북한은 2000년 6·15 남북공동선언을 통해 화해와 협력의 기초 위에서 자주적인 통일을 약속함으로써 한반도를 둘러싼 긴장을 해소하려는 노력을 경주하고 있다. 따라서 그간의 소모적인 남북한 간 체제경쟁을 지양하고 지구화의 추세에 적극 호응하여 국제경쟁에서 일류를 지향할 수 있는 조건을 갖추게 되었다.

다음으로 정보사회는 정보가 사회의 지배적인 자원이 되면서, 정보통신기술의 급속한 진보에 따라 사회전반에 걸쳐 커다란 영향을 미치고 있는 많은 양의 정보가 대량으로 유통되는 사회이다. 디지털혁명에 의한 정보사회는 당대의 지배적인 문화의 전환을 요구하고 있다. 정보사회는 한편으로 권력에 대한 효율적인 감시, 권위주의의 붕괴, 새로운 공동체와 사회운동의 가능성, 지식생산과 유통의 변화, 지식기반 경제의 활성화를 통한 경제구조의 개혁과 같은 열린 측면에서의 긍정적인 효과를 가져온다. 다른 한편으로 정보격차의 확대, 전자감시의 악용, 개인 프라이버시의 침해, 인터넷 중독, 익명성 뒤에 숨은 폭력성과 같은 닫힌 측면의 부정적인 결과를 초래하기도 한다. 여기서 우리는 디지털혁명이 초래하는 부정적인 측면은 차치하고, 정보통신기술의 발달에 따른 네트워크의 형태의 등장과 그것의 활성화와 같은 새로운 문화전환에 대한 이해를 통하여 지구화 시대 우리 민족의 활로를 모색하고자 한다.

특히 700만 명에 이르는 재외한인[2]을 가진 우리는 지구화와 정보화

---

1) A. Giddens, *The Consequences of Modernity*, Stanford Univ. Press, 1990. p. 64.
2) 전지구적 한인을 가리키는 개념으로서 동포, 민족, 교포, 한민족, 한국인 등의 다양한 말을 사용해 오다가 최근에는 Overseas Korean, Korean Abroad로 번역될 수 있는 해외한인, 재외한인 등을 사용하고 있다. 그런데 해외에 거주하는 다수의 한인들은 거주국의 국적을 갖고 있다. 따라서 그들을 한국인(Korean)이라고 부를 수 없다. 지금까지 미

의 흐름에 앞서 나아가기 위해서 모두에 언급한 경쟁력을 높이고 민족
네트워크를 활성화하는 방안을 모색하여야 한다.3) 7천만 명의 한반도
토착인구에 비하여 700만 명의 재외한인은 10%를 점하는 것으로 민족
의 통일과 장래를 위하여 결코 무시되어서는 안 될 존재이다.4) 그동안
모국에 의해서 버려지거나 간과된 재외한인은 오히려 조국의 통일과
민족의 미래를 위하여 보다 많은 역할이 기대되는 존재가 되었다. 따라
서 이 책에서는 지구화와 정보화에 대응하기 위한 방안으로서 재외한
인사회의 현황을 파악하여 문화네트워크를 구축하는 선행 작업으로서
재외한인 예술가 네트워크 현황을 살펴보고자 한다.

먼저 미국과 일본, 중국, 그리고 중앙아시아의 카자흐스탄에 거주하
고 있는 재외동포사회의 예술가들과 예술단체들의 현황을 조사하고, 다

국, 일본, 중국, 러시아(우즈베키스탄, 카자흐스탄) 등에 거주하고 있는 한인들을 미주한
인, 재일동포, 조선족, 고려인이라고 불러왔는데, 그들이 Koreans living in America,
Koreans living in Japan, Koreans in China, Koreans living in Russia(Uzbekistan,
Kazakhstan)이라면 모두 고려인(Korean)으로 부를 수 있다고 주장하기도 한다. 이전,
『미국에 살고 있는 한인』, 한울, 2001. p. 21. 재외한인사회를 연구하는 연구자들 간에
사용하는 이들 용어의 통일이 바람직스러운지 의문이지만, 우리는 기존에 사용한 재미
동포, 재일동포, 조선족, 고려인의 이름을 사용하기도 하겠지만, 이들을 통칭하여 재외
한인이라고 부르고, 거주국에 따라서 재미한인, 재일한인, 재중한인, 재러한인으로 부르
기로 하겠다.

3) 지구화 현상과 디아스포라의 증가는 역사적 인과관계가 없다고 할 수도 있지만, 자본주
의의 팽창적 성격과 그에 따른 지구화는 민족과 인종의 이산을 촉진하는 결과를 초래하
였다고 볼 수 있다. 그에 따라 지구화의 대응전략으로서 디아스포라 네트워킹의 필요성
이 제기된다고 볼 수 있다.

4) 현재 남한 인구는 4,780만 명, 북한 인구는 2,250만 명으로 남북한을 합하면 총 7천만
명으로 추산되고 있다. 한겨레신문, 2005. 10. 13. 그리고 외교통상부에 따르면 2005년
1월 현재 재외동포는 663만 8천여 명이다. 그중에서 중국에 거주하는 재외동포 수는
243만 9,395명이고, 재미한인은 208만 7,496명이다. 우리 정부의 통계에 의하면 처음
으로 중국의 조선족이 재외한인 중에서 제일 많은 인구수를 나타낸 것이다. 2003년에
는 미국 거주 재외동포는 215만 7,498명, 중국은 214만 4,789명이었다. 이어서 일본(90
만 1,284명), 독립국가연합(53만 2,697명), 캐나다(19만 8,170명), 호주(8만 4,316명), 브
라질(5만 296명), 필리핀(4만 6,000명) 순이었다. 한겨레신문, 2005. 09. 05; 연합뉴스,
2005. 09. 15.

음으로 그들의 활동 가운데 부문 간, 지역 간, 국제 간, 모국 간에 어떠한 네트워크를 통하여 교류하고 예술활동을 전개하는지 살펴보고자 한다. 미국과 일본은 일찍이 선진예술을 배우려는 한인 유학생이 예술활동을 전개하였던 나라이다. 일본의 도쿄와 미국의 뉴욕에 유학하여, 어려움을 극복하고 현지의 주류사회에 무난히 진입하여 이름을 떨친 한인 예술가들이 수없이 많다. 이주생활도 어려울 텐데 경제적인 곤란에도 불구하고 세계적인 예술활동까지 펼치는 기개는 유목민적 사고와 실천력을 겸비한 한국인이기 때문에 가능한 일이었다.

또 중국과 카자흐스탄의 경우에는 체제의 차이 때문에 한인동포들의 예술활동에 대하여 일찍이 제대로 알지 못하였다. 그러나 1991년 한중수교 이후, 그리고 소련 붕괴 이후 카자흐스탄의 독립으로 관계정상화 이후 한인 동포들의 사회와 문화생활이 소개되고, 예술가와 그들의 예술활동에 대하여 전해지기 시작하였다. 중국 조선족은 항일투쟁과 혁명투쟁과정에서의 공로를 인정받아 민족자치주를 형성할 수 있었기 때문에 민족문화의 원형을 그대로 간직하고 있음을 확인할 수 있었다. 수많은 항일열사들과 더불어 음악, 미술, 무용, 공연 등에 있어서 민족문화의 정수를 지키려는 문화예술가들의 노력이 계속되었기에 해외 어느 지역에 비하여 상당한 수준에서 우리 민족의 고유한 문화를 유지하고 있다. 그리고 그러한 수준 높은 민족문화는 중국정부의 소수민족 보호정책에 힘입어 발전해가고 있다.

카자흐스탄의 경우는 여타의 지역과는 달리 집거지를 형성하지 못하였기 때문에 우리 민족 고유의 문화를 유지하기 쉽지 않았다. 그렇지만 카자흐스탄의 경우에도 우리말을 완전히 잃지 않고 지켜가고 있으며, 낮은 수준이긴 하지만 우리의 고유한 민족문화를 유지하고 있다.[5] 해외

---

5) 장윤수, "재외한인 문화생활 비교분석", 전남대학교 세계한상·문화연구단 주최 2006년도 합동 학술회의, 『21세기 사회과학의 이슈: 동북아 신국제질서, 중국발전 패러다임, 코리안 디아스포라』, 2006 참조.

의 동포들이 우리말을 잃지 않으려고 애를 써 왔고, 소수이긴 하지만 예술성을 발휘하는 예술가들의 활동을 확인할 수 있었다.

당초 이 연구는 미국, 일본, 중국, 카자흐스탄의 예술가 및 예술단체들의 네트워크에 초점을 맞춰 조사할 예정이었다. 그러나 예술가 및 예술단체들의 네트워크는 그들 활동을 통하여 확인할 수 있으므로 자연스럽게 그들의 예술활동을 상세히 조사하는 가운데 네트워크를 통한 교류활동을 살펴보고자 한다. 따라서 연구결과는 연구단의 2차년도 조사결과를 보완하는 성격도 가미되었다. 이러한 조사결과는 연구단이 목적하는 세계한민족네트워크 구축사업의 기초자료로 활용될 것이다. 더불어 이는 민족문화네트워크의 구축으로 나아갈 수 있을 것으로 기대한다.

2. 연구내용

재외한인 문화예술 네트워크에 대한 조사는 기본적으로 예술단체와 예술가들의 활동을 대상으로 한다. 먼저 이 조사는 미술, 음악, 무용, 연극 및 영화 등의 장르에서 활동하는 예술단체들을 조사한다. 다음으로 예술가들의 활동에 대한 조사를 하였다. 예술단체와 마찬가지로 미술, 음악, 무용, 연극 및 영화 등의 영역에서 활동하는 예술가들을 조사하였다. 이와 같은 조사결과는 재외한인 집거지 사회경제적 현황과 더불어 재외한인 집거지역의 사회문화 DB를 구축하는 기초자료로 활용될 것이다. 셋째 이들 단체와 예술가들의 창작 및 공연활동을 통하여 부문간, 지역간, 국가간, 모국과의 교류내용을 분석하여 네트워크 현황을 파악하고자 한다.

그리고 이 조사의 지역적 범위는 미국, 일본, 중국, 카자흐스탄이다. 구체적으로 연구대상지역은 재외한인들의 집중거주지역으로 다음과 같다.

미국 : LA, NY

일본 : 도쿄, 오사카

중국 : 동북3성(길림성, 흑룡강성, 요녕성)의 연변, 심양, 하얼빈, 청도,
　　　장백, 북경

카자흐스탄 : 알마티

〈표 Ⅰ-1〉 조사대상

지 역	구 분	조사대상자 수	네트워크 실태 분석대상자 수	비 고
미국	문화단체, 문화공간	7		
	음악가	34	8	
	미술가	31	29	
	무용가	8	1	
	연극, 영화인	22		
	계	102	38	
일본	문화단체, 문화공간	4	4	
	음악가	7	2	
	미술가	7	4	
	무용가	7	5	
	연극, 영화인	3		
	계	28	15	
중국	문화단체, 문화공간	58		
	문학가	25		
	음악가	10		
	미술가	6		
	무용가	2		
	연극, 영화인	9		
	계	110		
카자흐스탄	문화단체, 문화공간	10		
	문학가	7		
	음악가	5		
	미술가	2		
	무용가	2		
	연극, 영화인	11		
	계	37		
	총 계	502		

한편 조사대상은 현지의 사정에 밝은 연구자를 통하여 선정되었다. 특히 지상에 보도되거나 언론에서 공연 및 전시회를 소개하는 경우와 분야별 평론가들의 논문에 언급된 예술가들을 대상으로 하였다. 그러한 결과 이번 조사대상 예술가 및 단체들은 <표 I-1>과 같다. 이번 조사에 있어서 문제점은 미국과 일본에 비하여 중국과 카자흐스탄의 경우 문학이 문화예술 활동에 있어서 중요한 부분이며, 실제로 그 사회에서 문화예술 활동의 중요한 전문가로 대우받고 있다는 점에서 조사대상에 포함되었다는 점이다. 더불어 조사표에 의한 작성시 자신들의 창작활동(공연, 전시 등)과 교류활동에 대하여 충분히 답해 주지 않아서 미국과 일본처럼 구체적이고 상세하게 네트워크 실태를 조사할 수 없었다는 점을 지적할 수 있다.

특히 미국과 일본의 경우는 예술활동 실적이 풍부한 음악과 미술종사자들을 대상으로 간단한 네트워크 실태를 분석해 보았다. 거주지 중심의 활동, 거주국 내에서 지역간 교류활동, 국가간 교류활동, 모국과의 교류활동, 모국을 포함한 국가간 교류활동 등으로 나누어 살펴보았다. 이 역시 중국과 카자흐스탄의 경우 충분한 활동실적을 보고해 주지 않았기 때문에 교류의 실태를 정확히 파악할 수 없었다.

3. 연구방법

이 조사는 재외한인 문화와 예술에 대한 기초조사로서 먼저 재외한인 문화예술에 관한 기초적인 문헌조사를 하였다. 여기에는 통계, 기록물, 논문, 도서 등에 대한 정리 분석이 이어진다. 또한 인터넷상에서 검색 가능한 자료도 수집 정리하였다. 그리고 가장 중요하게 현지에서 활동하고 있는 예술가들과 단체들의 면담을 통하여 조사가 수행되었다. 그러나 많은 활동가들을 면담할 수 있는 시간적인 경제적인 제약 때문에 충분히 만나지 못한 점은 이 조사의 한계로 지적할 수 있다.

구체적인 연구조사의 방법으로는 전문영역에서 활동하는 전문가들의 활동을 조사표에 의하여 작성하고, 이를 토대로 교류활동을 분석하고자 하였다. 이는 연구자가 직접 현지를 방문하여 활동가들을 면담하여 조사표를 작성한 경우와 현지의 전문연구자의 조력을 받아 작성하는 방법을 병행하였다. 다음으로 인터넷 홈페이지를 검색하여 그들의 프로필(인적사항)과 활동사항을 찾아내는 방법을 활용하였다. 더불어서 검색 사이트에서 단체와 개인들에 대한 정보검색을 가능한 대로 최대한 많이 수집하였다. 그리고 신문기사 등을 검색하여 참조하였다. 이렇게 수집된 자료는 연구자의 온라인상의 자료실에 저장되었다가 보고서 작성 시 크게 활용되었다.[6]

---

6) http://cafe.daum.net/jangyoonsoo. 이곳의 "재외동포와 문화예술" 메뉴를 방문하면 열람 가능하다.

II
재미한인사회

1. 문화예술단체

1) 문화단체

(1) 브니엘콘서트콰이어(Peniel Concert Choir)

브니엘콘서트콰이어는 1986년 초 뉴욕에서 음악을 공부하는 사람 20명이 모여서 만든 합창단으로 현재 50여 명으로 구성되어 있다. 브니엘의 뜻은 구약의 창세기 32장 30절에 야곱이 하느님의 사자와 씨름하여 이기고 난 후 하느님의 얼굴을 본 장소의 이름으로 그 뜻은 '하나님의 얼굴'이란 뜻이다. 브니엘합창단은 매년 두 차례의 정기공연을 해 오고 있다. 봄 정기공연은 5월 말경에 개최하고, 겨울 연주는 12월 둘째 주 일요일 애버리 피셔홀에서 헨델의 메시아를 항상 연주한다. 설립자이자 음악감독인 이병천은 한양대학교에서 성악을 전공하였으며, 한양대 대학원에서 석사학위를 받았다. 그는 또 브루클린대학에서 예술학석사 학위를 받았으며, 줄리아드음악학교와 웨스트민스터 음악학교에서 성악과 지휘 그리고 교회음악을 공부하였다.[7]

브니엘콘서트콰이어는 창단공연을 갖은 후 1991년에 뉴욕의 비영

---

7) http://www.penielchoir.com/.

리, 비과세 법인으로 등록이 된 미국 동부 지역의 유일무이한 Korean-American 합창단이다. 국내외의 유명 성악가가 활동한 재미 한국인합창단으로 창단 당시 함께 노래하던 단원들 중에 소프라노 박미혜, 박정원, 조유미, 메조소프라노 황경희, 테너 최승원, 김동순, 베이스 임은호 등 많은 단원들이 귀국하여 고국에서 활발히 음악활동을 하고 있다. 브니엘콘서트콰이어는 미국의 동포사회에 정서적인 풍요로움과 음악을 통한 동포들 간의 화합을 도모하고 있으며, 한미 간 문화적 교류와 한국 합창음악의 우수성을 선보이고 있다. 또한 한국의 성악가들에게 공연무대를 제공하여 그들에게 음악활동의 확장을 도와주고 있기도 한다.

브니엘콘서트콰이어는 해마다 링컨센터, 카네기홀 등에서 헨델의 메시아를 매년 12월 정기적으로 연주하고 있는데, 애버리 피셔홀, 링컨센터에서 연주해 오던 Messiah는 2005년으로 19회 공연을 맞았다. 그리하여 이제는 뉴욕 Lincoln Center의 연주 가운데 빼놓을 수 없는 연주로 뉴욕시민들에게 사랑받는 연주회로 자리 잡았다. 창단 이후 지금까지 반주자 석경혜와 이병천의 지휘 아래 그동안 뉴욕과 뉴저지 그리고 캐나다 등지에서 30여 회의 정기연주회와 20여 회의 방문연주회 및 초청연주회를 가졌다. 콜든센터, 성바울성당, 카네기홀, 머킨콘서트홀과 에버리피셔홀 링컨센터와 존함스센터, Roy Thomson Hall 등에서의 연주회를 통하여 헨델의 메시아, 하이든의 천지창조, 멘델스존의 엘리아, 비발디의 글로리아와 베토벤, 모차르트, 슈베르트, 구노, 푸치니, 라미레츠 등의 미사곡을 연주하였다.

2001년에는 창단 15주년을 맞아 최초의 한국공연을 갖기도 하였는데, 브니엘 전통의 공연으로 인정받고 있는 메시아를 서울 무대에서 선보이기도 하였다. 특히 당시 서울공연은 바로크챔버오르간을 미국에서 공수해와 바로크음악 전문가의 연주로 감상하는 특별한 공연이기도 하였다.8)

(2) 세종솔로이스츠(International Sejong Soloists)

뉴욕 재미동포 음악인들의 앙상블 세종솔로이스츠는 최고의 기량과 음악성을 가진 젊은 독주자들로 구성된 독창적인 현악 실내악단으로, 1995년 줄리아드 음악대학의 강효 교수를 중심으로 뉴욕에서 음악계의 깊은 관심 속에 창단되었다. 그 후 카네기홀, 링컨센터, 케네디센터, 아스펜 음악제, 라비니아 음악제, 동경 산토리홀 등에서의 초청 연주를 비롯하여 200여 차례 연주를 가진 바 있다. 특히 1997년부터는 아스펜음악제에 상임 실내악단으로 초빙되어 매년 여름 세종솔로이스츠 시리즈를 선사하고 있다. 세종솔로이스츠는 특히 고전음악을 일반적으로 접하지 못하는 시골 학교 등을 방문, 해설을 곁들인 공연, 시범연주, 공개레슨을 하는 등 지역문화 발전에도 크게 기여하고 있다.

글로벌 시대에 한국의 위상을 상징하는 문화단체인 세종솔로이스츠의 단원들은 퀸 엘리자베스, 메뉴힌, 작크 티보, 비니아우스키, 인디아나폴리스, 나움버그, 파가니니, 하노버, 닐슨, 로스트로포비치 등과 같은 국제콩쿠르 우승자들이다. 한국과 한국인 2세가 중심이 되어 미국, 호주, 일본, 대만, 중국, 독일, 캐나다, 루마니아 출신의 9개국 음악가들이 함께 어울려 열린 사고와 감성으로 주옥같은 음악을 창출해 내고 있다. 세종솔로이스츠는 세계적으로 인정을 받고 있는 한국계 실내악단으로, 1998년 ICM과 계약을 체결하고 국제무대에서 활약하고 있다. 세종솔로이스츠는 줄리아드 음대에 재직하고 있는 강효 교수가 음악 감독을 맡고 있으며, 그의 지도 아래 완벽에 가까운 앙상블을 구현함으로써 ‘세종’의 이름을 만방에 빛내고 있다.

이런 공로로 세종솔로이스츠는 2003년 제11회 KBS 해외동포상 시상식에서 “자랑스러운 한국인상”을 수상하였다.9) ‘세종’이라는 이름은 한

---

8) http://home.hanmir.com/~swu9821041/music-messiah.htm.

9) 연합뉴스, 2003. 03. 05.

국문화의 꽃을 피우고 인류애를 실현한 세종대왕의 정신을 계승해 세계인과 함께 나눈다는 취지에서 선택되었는데, 강효 교수는 "세종솔로이스츠"의 성공요인과 재미 한국예술계가 나아갈 방향을 세 가지로 짚었다. 첫째는 무리짓기를 통한 힘 기르기다. 주류의 주목을 끌고 효과적으로 신예를 발굴 지원하며, 예술에만 집중하도록 하기 위해서는 무리의 힘이 필요하다는 것이다. 둘째 무리의 폐쇄성에 주의하여 한국인의 단점인 패거리주의에 빠지지 않고 다른 예술인들과 교류해 발전할 기회를 찾는 것이다. 세종은 그래서 다른 나라 출신의 재능 있는 음악가들을 적극 받아들였다. 현재는 미국, 호주, 일본, 대만 등 9개국 출신이 전체 단원(20명)의 절반 정도를 차지한다. 이 중에는 세계 굴지의 국제대회 우승자들도 있다. 마지막으로 한국문화와의 접목을 시도하는 것으로, 해외에서 활동하는 예술인들은 한국문화를 세계적으로 알려야 하는 의무를 강조하고 있다. 더불어 한국 가곡과 작곡가를 소개하는 것 외에 국악과의 접목을 시도하고 있다.[10]

뉴욕타임즈, 워싱턴포스트와 같은 굴지의 언론으로부터 지휘자 없는 최고의 앙상블로 극찬을 받아온 세종솔로이스츠는 2004년부터 강원도 평창에서 개최되고 있는 대관령국제음악제에 상임연주단체로 참가하고 있다. 2005년 창단 10주년을 맞아서 세종솔로이스츠는 대관령국제음악제에 한인 출신 바이올리니스트 이유정과 이세영, 악장 바이올리니스트 프랭크 황, 비올리스트 리차드 용재 오닐, 제2바이올린 수석 코넬리우스 드팔로(뉴욕주립대 교수), 첼리스트 올레 아카호시(예일대 음대 예비학교 교수) 등이 함께 와서 세계적인 작곡가 베자드 란즈바란(줄리아드 음악원 교수)의 "깨어남"을 초연하기도 하였다.[11]

---

10) 한국일보, 2003. 04. 06.
11) 한겨레신문, 2005. 08. 10.

(3) 뉴욕한국음악재단(Korea Music Foundation in New York, KMF)

1984년 창단 이후 창단 22주년을 맞는 한국음악재단은 재능 있는 수많은 한인음악인들을 뉴욕무대에 데뷔시킨 음악단체이다. 창단 이후 51명의 뉴욕 데뷔 리사이틀과 7회의 오케스트라와 앙상블을 위한 데뷔 연주회를 주최하였다. 또 기금모금 음악회로 링컨센터에서 백건우, 강동석, 백혜선의 독주회와 김영욱, 강동석의 선상음악회가 있었다. 1999년에는 뉴욕 한국문화원에서 "KMF Concert Series"를 시작하여, 100여 명이 넘는 젊은 음악인들의 연주 기회를 마련하고 있다. 또 2001년부터는 뉴욕문화원의 후원으로 알리스 털리 홀에서 "KMF Virtuoso Concert Series"를 시작하여 우수한 한국계 음악인들을 미국 주류 음악계에 알리고 있다. 2004년 6월 뉴욕의 링컨센터에서 한국문화원 25주년 개관기념과 아울러 성공적인 음악회를 가졌고, 10월에는 서울에서도 기념음악회를 가졌다.

2004년 10월 뉴욕 한국음악재단 창립 20주년 국내 기념음악회는 예술의전당 콘서트홀에서 개최되었다. 여기서는 창립 20주년을 맞아 뉴욕한국음악재단을 통해 데뷔하였던 기라성 같은 우리 음악가들이 한자리에 모여 기념 공연을 가졌다. 한국을 세계에 알린 영광의 얼굴들인 신수정, 김인혜, 박재홍, 김대진, 양성원 등이 당시 무대를 채웠는데, 그들 면면을 보면 다음과 같다.

1. 피아노 신수정
   - 서울대 음대, 빈 국립음악원, 피바디 음대 대학원 졸업
   - 뮌헨콩쿠르, 동경국제콩쿠르, 동아국제콩쿠르 등 심사위원
   - 경원대 음대 학장 역임
   - 현재 서울대 음대 교수

2. 소프라노 김인혜

- 서울대 음대, 줄리아드 대학원(박사)
- 동아콩쿠르, 전국콩쿠르 대통령상, 루크레치아 보리상, 칠레 국제콩쿠르 등 입상
- 로마시장초청 "성웅 이순신", 모차르트 페스티벌 'Mostly Mozart' 협연
- 현재 서울대 음대 부교수

3. 바이올린 박재홍

- 줄리아드 음대, 영국왕립음대 졸업
- 올포드 국제콩쿠르 1위, 영국왕립음대 콩쿠르 1위
- 홍콩 필하모닉, 런던 심포니, BBC Welsh 심포니 악장 및 객원악장
- 영국왕립음대 초청교수 및 경원대 초청교수 역임
- 현재 Strictly Strings 예술감독

4. 피아노 김대진

- 줄리아드 음대 및 대학원(박사)
- 중앙음악콩쿠르 1위, 동아음악콩쿠르 1위, 로베르 카사드쉬 국제 피아노 콩쿠르 1위 입상
- 제18회 난파음악상, 2002 한국음악상 수상
- 동아일보사가 선정한 '국내최고의 연주자'
- 현재 한국예술종합학교 교수

5. 첼로 양성원

- 인디애나대학교 학사, 프랑스 파리 고등국립음악원
- 뉴욕의 Barge 뮤직시리즈, 보뎅 여름음악캠프 등 초빙강의
- 금호 사중주단, 졸탄 코다이 첼로 작품 전곡녹음 등
- 현재 한국예술종합학교 교수

6. 피아노 문익주
   - 커티스음악원, 인디애나 주립대, 줄리아드(박사)
   - 캐나다 예술원 대상, 몬트리올 국제 콩쿠르, 제네바 국제 콩쿠르 등 입상
   - UCLA 피아노과 교수역임
   - 현재 서울대 음대 교수

7. 피아노 조지현
   - 서울 음대 졸업, 줄리아드 음대(석사), 맨하튼 음대(박사)
   - IBLA Grand 국제콩쿠르, Trai 국제콩쿠르, Artists International Competition 입상
   - 유엔 세계평화음악회 연주회, 쇼팽 피아노전곡시리즈 등
   - 현재 단국대 음대 조교수

8. 비올라 김상진
   - 예원학교, 쾰른음악대학(최고연주자 과정), 줄리아드 음대(전문연주자 과정)
   - 동아음악콩쿠르1위, 체르보 뮤직 페스티벌 콩쿠르 등 입상
   - 금호 사중주단, 2001 대통령상
   - 현재 숙명여대 겸임교수

9. 첼로 송영훈
   - 줄리아드 음대, 노던왕립음악원 졸업
   - 이화경향콩쿠르1위, 한국일보콩쿠르1위, 줄리아드 엘가콩쿠르 등 입상
   - 줄리아드 ‘최고예술상 리더십’ 수상, 노던왕립음악원 콩쿠르 전체대상 등
   - 세종솔로이스츠, 금호사중주단 단원
   - 현재 핀란드 시벨리우스 음악원 재학

10. 바이올린 김현아
    - 커티스 음악원, 줄리아드 대학원, 뉴욕 주립대(박사)
    - 이화경향콩쿠르, 한국일보공쿨, Tibor Varga 국제콩쿠르 등 입상
    - 세종솔로이스츠, 코리아나 소사이어티 단원
    - 현재 인제대 교수

2) 문화공간 및 기타 단체

(1) 뉴욕한국문화원12)

가. 문화원 소개

　뉴욕 한국문화원은 1979년 뉴욕 대한민국총영사관의 소속기관으로 설립된 이래 한국 문화의 이해 및 한미관계의 우호 증진을 위해 많은 노력을 해오고 있다. 문화원은 매년 다양한 전시회와 한국영화상영, 한국음식축제 등의 문화 활동을 주관하고 있으며 한국 전통음악과 무용, 강연회, 스포츠 및 청소년들을 위한 활동 등 예술 및 학술활동을 지원한다. 또한 한미 양국 간의 우호와 교류증진을 위한 다양한 정보도 제공하고 있다.
　• Fax: 212-688-8640
　• email : nykocus@koreanculture.org

나. 시설안내

① 도서관 : 한글 영문 도서, CD롬, 정기간행물 등 각 분야에 관한 12,000권 이상의 자료가 소장되어 있으며, 일반 열람이 가능하다. 컴퓨터 색인 정리작업을 통해 사용자들이 원하는 자료를 쉽게 검색할 수 있도록 체계화하였다.

---

12) http://www.koreanculture.org.

② 영상 자료실 : 건축, 민속, 전통 한국공예 등 한국 일상에 관련된 자료를 담고 있는 비디오, CD, 오디오 등의 멀티미디어 자료 및 슬라이드가 소장되어 있다. 와이드 스크린과 프로젝터로 16mm에서 35mm에 이르는 영화를 영어 더빙본이나 영어 자막본으로 감상할 수 있다.

③ 갤러리 코리아 : 2천 스퀘어피트의 공간에서 한국 및 외국 예술가들의 개인전이나 단체전을 개최한다. 갤러리 코리아에서는 멀티미디어와 비디오 아트, 그림, 조각 등에 이르는 다양한 장르의 작품이 전시 가능하며 문화교류 증진을 목적으로 하는 타 기관과의 협력 하에 전시회를 공동기획하기도 한다.

다. 서비스

① 공연 : 한국문화원은 한국 전통예술뿐 아니라 클래식, 무용에 이르는 다양한 분야의 공연행사를 지원 개최하고 있다. KMF(한국음악재단), 링컨센터, White Wave Dance Company 등의 기관과 협조 하에 과거부터 활발한 행사를 펼쳐왔으며, 최근에는 맨하튼 시청에서 "한국문화공연의 밤" 행사를 성공적으로 개최하였다.

② 영화 : 한국문화원의 씨네포럼은 매달 다양한 영화의 정기영상회를 마련하고 있으며, 한국 영화를 보다 편안하게 감상하실 수 있도록 개인적인 감상 공간도 마련하고 있다.

③ 예술 : 한국문화원의 갤러리 코리아에서는 서예 및 칠기 공예 등의 한국 전통예술 작품을 비롯한 국내외 동시대 예술가들의 다양한 작품을 선보이고 있다.

④ 갤러리 코리아 : 최근 새롭게 단장한 2천여 스퀘어피트의 갤러리 코리아에서는 전통예술에서부터 현대예술을 아우르는 다양한 작품들을 전시하고 있다. 전시회는 개인전 혹은 단체전의 형태로 개최되며, 한국문화의 다양성과 독특함을 선보이는 여러 작품전도 개최하고

있다.

⑤ 행사 : 뉴욕 한국문화원은 뉴욕시와 뉴욕 인근에서 개최되는 다양한 행사들을 주관 혹은 후원하고 있다. "한국 전통음악의 밤", 맨하튼 시청 홀에서의 "한국 전통무용의 밤", "유엔한국음식문화축제" 등을 주관한 바 있으며, 개인적으로 조직된 행사들도 후원하고 있다.

⑥ 씨네포럼 : 한국문화원은 매달 "영화가 있는 밤"이라는 타이틀로 다양한 작품의 정기영상회를 개최하고 있으며, 모든 영화에는 영어자막 서비스가 제공된다.

라. 도서관 이용안내

한국문화원 도서관에는 1만 2,000권 이상의 한글 및 영문 서적과 50여 종의 정기 간행물, 시청각 자료가 구비되어 있다.

(2) LA한국문화원[13]

가. 문화원 연락처

- 주소: 5505 Wilshire Blvd., Los Angeles, CA 90036
- 전화: 323-936-7141　• Fax: 323-936-5712

나. LA한국 문화원의 운영 취지

LA한국문화원은 대한민국 정부 소속 문화관광부 산하기관으로 한국의 문화, 예술, 역사, 사회, 관광자원 등을 미국 국민들에게 소개함으로써 대한민국의 국가 이미지를 높이기 위하여 1980년 4월 Los Angeles에 설립되었다. LA한국문화원은 풍부한 한국전통과 역사를 체험할 수 있도록 여러 교육 자료들을 마련함과 동시에 이를 위한 다양한 문화 이벤트와 각종 행사를 주최, 또는 후원하고 있다.

---

13) http://www.kccla.org.

다. LA한국문화원의 역대 현황

다음은 최근 몇 년 동안 저희 문화원 주최로 혹은 후원으로 개최된 대표적인 행사들입니다.

1. 2000년

    2월 15일 : 정월 대보름 축제

    4월 10일 : 문화 교류 축제-LA한국문화원 창립 20주년 기념행사의 일환으로 인도 무용, 러시아 민속음악과 공연, 인도네시아 무용, 일본 무용, 한국 전통음악 등의 공연이 열림.

    5월 30일-6월 10일 : UCLA, UCI, LA한국문화원에서 열린 한국전쟁 영화 상영 후원

    5월 31일 : 불교 예술 공연

    6월 23일-7월 6일 : 한국전쟁 50주년 기념 특별 전시회

    9월 29일-10월 1일 : LA카운티 주최 제3회 아시아 태평양 페스티벌에 참여. LA한국문화원에 부스 제공

    10월 21일 : LA카운티 미술 박물관 내의 Bing 극장에서 미주 한국 전통음악원 주관으로 열린 연중 음악회, '한국의 소리' 행사 후원

    12월 6일 : 윌셔 그랜드 호텔에서 열린 '2001년 한국 방문의 해' 기념행사를 KNTO와 공동으로 개최

2. 2001년

    5월 24일 : 리모델링한 문화원 도서관 재개관 기념 행사

    7월 20일-8월 9일 : 국제 비엔날레 미술작품 초청, Absolute-L.A를 위한 장소 제공

    9월 21-23일 : LA카운티 주최 제4회 아시아 태평양 페스티벌에 참여. LA한국문화원 측에 부스 제공

    10월 6일 : 민속 공예 박물관에 의해 열린 가면 페스티벌에 참여, LA한국문화원 측에 부스 제공

    10월 18일 : LA카운티 미술 박물관 내의 Bing 극장에서 열린 미주 한국 전통 음악협회 연중 음악회 개최

11월 7일 : LA카운티 미술 박물관 내의 Bing 극장에서 열린 고성 오광대 극단 공연

12월 4일 : 윌셔 그랜드 호텔에서 열린 '한국의 밤: 2002 FIFA World Cup Korea/Japan Overview' 기념행사를 KNTO와 공동으로 개최

3. 2002년

1월 11일-24일 : 한국일보와 공동후원으로 백남준 아트 전시회 개최

2월 8일-22일 : '국제현대서예전' 개최

5월 10일-30일 : 한일 2002 FIFA World Cup 기념, 11인의 재미한인작가와 11인의 일본계 미국인 작가들의 '게임' 전시회 개최

5월 21일 : 한국어 강좌 종강 기념 파티

7월 26일-8월 14일 : '한국 전통 혼례의 美' 특별 순회 전시회-한국 문화 관광부와 한국 대사관, 한국 문화원 후원하에 한국공예문화진흥원 주최로 열림.

8월 23일 : 미주한인 서예전 개최 : 65인이 참가하는 연례 전시회

9월 13일-9월 26일 : 한국 '옻' 회화 및 공예 전시회 개최

10월 10일-10월 26일 : UCLA 영화 텔레비전 아카이브와 문화원 공동주최 '송일곤 영화 상영회'

10월 17일-10월 25일 : UC Irvine의 '홍상수 초청 영화 상영회' 후원

10월 18일-11월 7일 : 제34회 남가주한인미술가협회 전시회 개최 : 50여인 의 예술가들의 회화, 조각, 사진, 서예, 공예 등을 통해 미주 한인들의 삶을 표현한 작품 전시

11월 15일-11월 27일 : '민화: 한국의 민속회화' 전시회 개최: 한국무형문화 재 사라최 씨를 포함한 21명의 민화작가들이 참여

4. 2003년

1월 11일-1월 17일 : 미주 한인 어린이들의 미주이민 100주년 기념 100개 의 시선 사진작품전 개최

1월 10일-1월 13일 : '이창동 영화 상영회': 초록물고기, 박하사탕, 오아시 스와 같은 이창동 감독의 대표작 상영

1월 24일 : 10인의 미주한인과 10인의 미국인들의 도자기 전시회 개최

2월 7일-2월 16일 : KNUA 댄스 그룹 공연: 한국을 대표하는 무용가들의

공연

2월 13일 : 2003 한글 밀레니엄 스페셜 공연, 이벨 극장

2월 14일-2월 22일 : 조선시대 18-19세기 민화 전시회

2월 25일-2월 27일 : 무형문화재 상설 전시: 문화관광부가 한국의 전통문
화를 소개하는 차원에서 기획한 한국인의 삶을 소재로 하는 무형문화
재를 문화원 1층에 상설전시

3월 7일-3월 27일 : 문화원 주최 2003년도 현대미술 공모전 개최: 220명의
지원자 중에서 선정된 15명 작가의 그룹전시

4월4일-4월 17일 : KAFA 전시회

5월 16일-5월 29일 : 미주한인이민 100주년 기념 한글서예전

5월 27일 : 미주 한국 전통음악 연구소 공연 후원, LA카운티 뮤지엄

6월 20일-7월 10일 : 스미소니언 자연사박물관과 공동으로 미주한인이민
100주년 사진전시회 개최, 문화원 아트갤러리

6월 23일 : 영화 특별 상영회: 김영만의 Soap Girl

7월 18일-7월 24일 : 한국 종이 조형전 개최, LA국제미술제 참가전시

8월 1일-8월 14일 : 한국현대미술전 개최

8월 15일 : 국립국악원 공연, 패사데나 시빅 오디토리엄: 미주 한인 이민
100주년 기념행사

8월 20일-9월 2일 : 제35회 남가주한인미술가협회 연례 전시회

9월 10일-9월 18일 : 실버 레이크 영화제 후원: 김기덕 감독 초청 및 한국
영화 상영 지원

9월 25일 : 한국 불교 음악 무용 공연 후원, LACMA: 세계 민족 무용 연구
소(WEDI)와 한국종합예술원 공동 작품

10월 2일 : 국제 가면 페스티벌 후원, 행콕

10월 24일 : '심청: 한국의 전래 이야기' 후원, 게티 뮤지엄: 캘리포니아 주
립대학, 노스리지의 연극 학과의 심청 각색 뮤지컬

11월 1일-2월 1일 : 2004 시대의 흐름으로 본 한국 전통복식 후원, 파사데
나 퍼시픽 아시아 뮤지엄: 한국국립민속 박물관이 소개하는 50여 작품
이 넘는 한국의 전통복식의 역사 소개

11월 2일-11월 8일 : 한국 전통차 및 무용단 공연 후원, 파사데나 퍼시픽

아시아 뮤지엄, 패어팩스 고등학교, UCLA, 아리조나 공연
11월 7일 : 한국의 전통 의복 '한복' 패션쇼 공동 주최, 밀레니엄 빌트모어
호텔: 미주한인이민 100주년 기념행사로 14세기부터 현대까지 120여
개의 한복 의상 소개

(3) LA 한국의 날 축제 재단(Los Angeles Korean Festival Foundation)[14]

LA 한국의 날 축제 재단은 1999년 비영리 재단으로 설립되었다. 1972년 '코리아타운 번영회' 라는 비영리단체로 설립된 이후 "한국의 날" 축제의 창시자인 김진형 회장에 의해 1974년 제1회 한국의 날 축제가 개최되었다. 1988년 코리아타운 번영회를 코리아타운 교민회로 개칭하여 1996년까지 축제를 주최하였다. 1996년 23회 LA 한국의 날 축제부터는 확대 개편되어 1998년에는 상공회의소와 통합하여 공동 주최를 하였으며, LA 한국의 날 축제의 규모와 참여도가 확대됨에 따라 축제만 개최 운영하는 기관의 필요성에 의해 1999년 "LA 한국의 날 축제 재단"이 설립되었다.

- Organization
Los Angeles Korean Festival Foundation (LAKFF)
Tax Exempt Status: 501(c)(4) Tax ID#: 95-4757314

- Contact person
Young C. Kim / Executive Director
Hemi Kim / Project Director

- Address
3550 Wilshire Blvd., Suite 1620

---

14) http://www.lakoreanfestival.com.

Los Angeles, CA 90010

• Contact Info.
Phone Number: 213-487-9696
Fax Number: 213-487-5234
Email: info@lakoreanfestival.com

LA 한국의 날 축제 재단은 문화 예술의 교류를 위한 전문기관이다. LA 한국의 날 축제를 통해 전 세계에 한국인의 높은 기상과 문화 예술을 홍보하는 동시에 민간 외교적인 역할을 수행하고 있다. 그리고 역경을 딛고 이민 100년의 역사를 이룬 한인동포와 타인종들의 문화적 교류를 유도하고, 한인 커뮤니티와 타커뮤니티 간, 한인동포와 한인동포 간의 교류를 통해 공감대를 형성하고자 하는 데 조직의 목적이 있다.

'우리는 하나'라는 공동체 의식을 고취시키고, LA 한국의 날 축제 재단은 한인동포 사회의 발전을 위해 일하고 있다. LA 한국의 날 축제 재단은 축제를 통해 조성된 기금을 사회에 환원하여 한인동포 1.5세, 2세 등 청소년 교육프로그램을 운영하고, 한인동포 노인복지, 한인 봉사단체 지원, 장학금 지원 등의 한인동포 사회의 발전을 위한 일을 하고 있다.[15]

(4) 열린공간(뉴욕오픈센터)[16]

뉴욕에 거주하고 있는 한인들의 각종 문화행사를 지원하고 공간을 제공하려는 목적으로 설립된 열린공간은 경쟁력을 떨어드리는 폐쇄적인 사회를 지양하고 남을 보다 이해, 배려하게 되며 자연스레 사회와 연대하는 열린사회를 지향함으로써 경쟁력을 제고하고자 한다. 뉴욕동

---

15) http://www.lakoreanfestival.com.
16) http://www.opencenterusa.com/.

포사회에는 수많은 단체가 있지만 대개의 경우 사무실을 갖추고 있는 곳은 많지 않다. 이런 실정에서 뉴욕한인사회에 만남의 장소 무료대여를 약속하고 나선 단체가 '열린공간(Open Center)'이다. 열린공간은 공익을 위한 모든 단체와 개인들이 서로 좋은 정보와 경험을 나눌 수 있는 무료장소와 프로그램을 제공하는 데 목적을 둔다.

열린공간은 우드사이드를 시작으로 현재까지 플러싱, 리틀넥, 맨하튼 등 뉴욕 한인밀집지역에 4개 지원을 두고 있으며 뉴저지에 야외수련장을 마련 중에 있다. 각 지역의 특성에 맞게 공간을 임대 내지 지원을 받아 이사진과 단체의 후원금 및 자원봉사자들의 활동에 의해 지원마다 독립적으로 운영되고 있다.

2003년 4월 1일 우드사이드에 처음으로 문을 연 이후 4개 지원에 70여 단체가 가입해 있다. 국선도와 같은 건강수련단체의 수련장으로 그리고 문화예술단체의 각종 전시 및 공연 장소로, 크고 작은 사회단체의 정기모임과 강연장으로 역할을 충분히 하고 있다. 구체적으로 한인과 중국인 밀집 거주지역인 플러싱에 위치한 열린공간은 '좋은 아빠 엄마들의 모임', '국선도', '예원 어머니회', '청소년 연극 우리읍내', '애플 민속무용단' 등 5개 단체가 시간대별로 공간을 사용하고 있다.

열린공간의 사회적 공헌은 공간 대여에만 머무르지 않는다. 뉴욕한국국악원과 공동으로 '한국의 혼' 공연을 주최해 미국사회에 한국의 전통문화를 소개했고, 링컨센터에서 전 세계 각국 민족문화 공연단체들이 참석하여 상호이해와 상생의 철학을 나누는 문화올림픽, 세계문화오픈(WCO)대회를 주관하기도 한다.

한편 열린공간 개원 1주년 기념행사로 개최된 '한국의 혼, 한국의 맥으로 새천년을 누리세' 공연을 하였다. 맨하튼 카네기홀과 플러싱 타운홀에서 2차례에 걸쳐 있었던 '한국의 혼, 한국의 맥으로 새천년을 누리세' 공연은 열린공간 개원 1주년 기념행사로 개최된 것으로 한국전통음악, 무용과 민족의 혼과 힘의 맥을 이어온 민족고유의 선도수련단체인

국선도, 도화재, 기천문이 함께 어우러진 무대였다. 뉴욕한국국악원의 박윤숙 원장과 중요무형문화재 정철호 선생, 강정렬 선생을 비롯한 한국전통예술 각 분야의 최고 전문가들이 출연 가야금, 판소리, 승무 등을 공연하였고, 박광태 감독이 이끄는 한국의 '열린공간 예술단'은 국선도, 도화재, 기천문 등 3개 선도 수련단체에서 선발된 수련자들이 하늘(天)과 땅(地)과 인간(人)의 기운을 각각의 독특한 수련자세에 드라마적인 요소를 가미한 율동과 한국적 소리로 표현하여 한민족 고유의 문화를 선보였다.

※ 열린공간 웹사이트 http://www.opencenterusa.com
- Manhattan 지원
19 West 26th Street. 5th Floor. New York, NY 10001
Tel: 212-679-2055 / Fax: 212-679-2056

- Flushing 지원
137-74 Northern Blvd. Flushing, NY 11354
Tel: 718-888-1214 / Fax: 718-888-7854

- Woodside 지원
53-22 Roosevelt Ave. 2nd Floor. Woodside, NY 11377
Tel: 718-507-5800 / Fax: 718-507-5135

- Little Neck 지원
251-11 Northern Blvd. 2nd Floor. Little Neck, NY 11362
Tel: 718-357-3200 / Fax: 718-631-7027

2. 문화예술가

1) 음 악

(1) 강 효(姜孝)

바이올린 연주가이며 현재 줄리아드 음악 대학 교수인 강효는 1945년 출생하였다. 그는 서울대학교에서 바이올린을 전공하던 중 1964년 9월 미국에 유학하여, 줄리아드 음악 학교 학사학위, 줄리아드 스쿨 음악대학원 석사학위를 취득하였다. 그는 줄리아드에서 도로시 딜레이에게 사사 받았다. 그는 1969년 미국 워싱턴 케네디센터 상임 실내악주자, 1978년부터 줄리아드음악대학 교수, 1978년부터 아스펜 하계음악축제 교수, 1994년 서울대학교 음악대 객원교수, 폴란드 위니아우스키 국제 바이올린콩쿠르 미국 심사위원 등을 역임하였다. 1995년 "세종솔로이스츠"를 창단하여 음악감독을 맡고 있으며, 2004년부터 제1회 대관령국제음악제 음악감독을 맡아왔다.

그는 서울바로크 합주단과 협연(세종문화회관 대강당) 작품이 있으며, CNN 뉴스 "폴라 잔의 아메리칸 모닝" 초청 연주(2002. 12), 2010년 겨울올림픽 강원도 평창에 유치하기 위한 콘서트 연주(뉴욕, 2003. 5), 세종솔로이스츠 창립 10주년 기념공연(뉴욕카네기홀, 2005. 3. 24)을 하였다. 그리고 그는 정부로부터 2003년 보관문화훈장을 받았다.

특히 그는 한국의 음악지망생들이 찾는 줄리아드 음악대학 교수로서, 그리고 세종솔로이스츠 음악감독으로서 많은 한인 연주자들을 양성하였다. 길 샤함, 사라 장(장영주), 아델 앤서니, 김지연, 리비아 손, 캐서린 조, 이유라 등이 그들이다. 특히 미국 아스펜음악제를 모델로 한 대관령국제음악제의 음악감독직을 맡기도 하여 모국을 위해 봉사하고 있다.17)

(2) 제니퍼 고(高賢珠, Jennifer Koh)

시카고에서 태어난 재미 바이올리니스트 제니퍼 고는 라레도 교수에게 사사 받으며 필라델피아 커티스 음대에 재학 중이다. 그녀는 오벌린 컬리지에서 영문법으로 학사학위를 받았으며, 오벌린 콘서바토리에서 음악연주 학위를 받았다. 그의 상훈내역을 보면 메뉴인 바이올린 콩쿠르 동상(1991), 차이코프스키 청소년 콩쿠르 금상(1993), 닐센바이올린 콩쿠르 입상(1993), 차이코프스키 청소년 콩쿠르 은상(1994), 애버리 피셔 캐리어 그랜트상(1995), 제29회 난파음악상(1996. 4. 8) 등이 있다.

그가 공연한 작품으로는 리비아나음악제 떠오르는 샛별 연주회(1992), 서울시립시향악단과 협연(예술의 전당, 1994), 브람스 페스티벌(예술의전당, 1994. 9. 1-4), 브랜던버그 앙상블과 협연(링컨센터 애버리 피셔홀, 1996. 2. 14), 제임스 라레도 지휘 모차르트 협주곡카네기 데뷔 연주회(1999. 12), 제니퍼 고 리사이틀(금호아트홀, 2002. 8), 제니퍼 고 바이올린독주회(금호아트홀, 2005. 4. 15) 등이 있다.

발매음반으로 Jennifer Koh(Violin) 바하의 Solo Chaconnes(미디어 신나라), 메노티 바이올린 협주곡(Chandos), "바흐, 바르트, 레거의 무반주 바이올린을 위한 샤콘느"(IDC) 등이 있다.

강렬한 보잉과 치밀한 구성으로 극찬을 받고 있는 제니퍼 고는 2000년 1월 클래시컬 콘넥션 프로그램 제공 퍼포밍 아츠협회가 후원한 "Young Performers Support Initiative"의 참가자로 뽑히기도 했다. 뿐만 아니라 2002/03 시즌에 이탈리아 스폴레토 페스티벌 오케스트라, 싱가폴 심포니, 헬싱키 필하모닉, 신시내티 심포니 등과 협연하였으며, 샌프란시스코, 뉴욕, 필라델피아 등지에서 독주회를 가졌다.

그녀는 2001/02 시즌에도 스폴레토 페스티벌에서 연주했으며, Gian Carlo Menotti의 바이올린 협주곡을 Richard Hickox의 지휘로 협연했다.

---

17) 세계일보, 2003. 07. 30.

비발디의 사계를 인디애나폴리스 심포니와, 독일의 슐레스비히-홀스타인 페스티벌에서 크리스토프 에센바흐와 협연을, 독일과 폴란드에서 폴리쉬 챔버 오케스트라와 순회 연주를, 오스모 반스카의 지휘로 BBC 런던 심포니 오케스트라와 연주를, 국립 오케스트라와 베토벤의 바이올린 협주곡을 협연했다. 제니퍼 고는 라비니아 시카고 심포니, 디트로이크 심포니, 신시내티 심포니 오케스트라, 샌디에고 심포니, 하트포드 심포니, 툴사 필하모닉, 잭슨빌 심포니, 일본 규슈 오케스트라, 독일 도르트문트 필하모닉, 휴스턴 심포니, 찰스턴 심포니, 새인트루이스 심포니, 시카고 신포니에타, 아이스란드 심포니, 헬싱키 필하모닉, 모스크바 라디오 심포니, 모스코바 스테이트 아카데미 심포니 오케스트라, 브란덴부르그 앙상블 등과 협연했다. 최근에는 워싱턴 D.C의 케네디센터 테라스 씨어터에서 리사이틀 데뷔를 했으며, 국립미술관에서 연주회를 가졌다. 그녀는 말보로 뮤직 페스티벌, 모스틀리 모차르트 페스티벌, 라비니아 페스티벌 등에 참가했다.

(3) 권길상(權吉相, Gil Sang Kwon)

> "아빠하고 나하고 만든 꽃밭에
> 채송화도 봉숭아도 한창입니다.
> 아빠가 매어놓은 새끼줄 따라
> 나팔꽃도 어울리게 피었습니다"

이 노래는 우리 귀에 익고 즐겨 부르는 권길상의 곡 "과꽃"이다. 그가 남긴 주옥같은 우리의 동요는 150개 정도인데, 그 외에 성가곡, 가곡, 어린이 합창곡들이 있다. 대표적으로 과꽃, 꽃밭에서, 둥근달, 보름달, 바다, 스승의 은혜, 어린이왈츠, 앉은뱅이 꽃, 같이 삽시다, 통일의 노래, 하나의 열망, 겨울동백, 그리움 등이 있다.

남가주음악협회 초대회장을 지낸 작곡가 권길상은 1927년 서울 출생

으로 1948년 8월 서울대학교 예술대학 음악부(현 서울음대) 제1회 졸업
하였다. 1964년 미국서부 LA로 이주하여 1964-65년 사이에 CAL-ARTS
에서 작곡가인 Mario Castelnuovo Tedesco 교수에게 사사 받았다. 1990
년 5월 Faith Theological Seminary(Elkins Park, Penn.)에서 Doctor Of
Sacred Music 학위를 취득하였다.[18]

권길상의 경력을 소개하면 다음과 같다.
1. 1945년 서울에서 해방 후 최초 어린이합창단 "봉선화 동요회" 조직 동
   요작곡 지도
2. 1948년-56년 서울 무학여자중·고등학교 음악교사
3. 1958년-64년 서울 이화여자중·고등학교 음악교사 및 서울예술고등학
   교 교사
4. 1960년-63년 문교부 국정교과서 심의위원(음악과)
5. 1963년-64년 한양대학교 음악대학 강사
6. 1964년 미국으로 이주
7. 1964년-66년 남가주한인음악가협회 초대회장
8. 1965년-75년 나성어린이합창단 창단 단장
9. 1970년-80년 진달래음악원(Music School, Day Nyrsery) 운영지도
10. 1972년-74년 무궁화학원 창설, 초대원장(현 남가주한국학원)
11. 1973년 한국정부 초청 제1회 재미동포자녀 하계학교에 무궁화학원생
    인솔 참가
12. 1980년-94년 Hollywood Piano Studio 운영
13. 1982년-94년 가주 한국소년·소녀합창단을 창단, 단장 및 이사장 엮임
14. 1986년-87년 남가주 서울대학교 총동창회 회장
15. 1987년-현재 남가주 서울대학교 총동창회 상임이사
16. 1990년-93년 Faith Seminary 교수
17. 1992년 남가주한국학원 재단이사장
18. 1991년-97년 대한민국 평화통일자문위원 나성지역협의회 명예위원

---

18) http://www.kwongilsang.com/.

19. 1995년   서울특별시 명예시민권
20. 1997년-98년 P.C.U.S.A.(미국 장로교) 제209회, 210회 총회 총재로 참석
21. 2002년-현재   미주동요사랑회 초대 이사장

　　37세 되던 1964년에 미국으로 와서 지금은 LA에 거주하고 있다. 그는 이국 땅에서 교포 어린이들에게 꿈과 희망을 심어주기 위하여 어린이들을 모아 노래를 가르쳤다. 그러면서 아이들은 자연히 한글을 깨치게 되고 겨레의 얼을 간직할 수 있게 되었다. 그가 1972년 문을 연 "무궁화학원"은 20명으로 시작하였지만, 이제 등록생이 2천5백 명이 넘는 "남가주한국학원"으로 성장하였다.

　　권길상의 저술활동은 다음과 같다.
　　1. 1954년   동요작곡집 "진달래"(서울어린이음악원)
　　2. 1957년   동요작곡집 "과꽃"(예술교육출판사)
　　3. 1960년   동요작곡집 "봉숭아"(음악예술사)
　　4. 1962년   동요 50곡집 "노래하는 새싹"(음악예술사)
　　5. 1987년   권길상 작곡집(가곡, 성가) "오! 나의 강산아"(세광음악출판사)
　　6. 1989년   권길상 작곡집 "꽃밭에서"(세광음악출판사)
　　7. 1995년   권길상 동요 선곡집 CD, TAPE(오아시스레코드)
　　8. 1997년   권길상 작곡집 "가곡, 동포의 노래"(한국음악교육연구회)
　　9. 1999년   결혼 50주년 기념 권길상 작곡집(한국음악교육연구회)
　　10. 2002년   동요작곡집 "마음의 고향 사귐의 동산"(한국음악교육연구회)
　　11. 2002년   찬양, 성가곡집 "나를 감동시켜 주소서" 이흥구작사, 권길상 작곡(호산나음악사)
　　12. 2003년   권길상작곡 가곡집 "사랑의 나무"(한국음악교육연구회)

　　권길상의 수상내역은 다음과 같다.

1. 1980년　한국 아동음악상(한구아동연구회)
2. 1988년　제31회 소파상(새싹회)
3. 1990년　대한민국 동요대상(Seoul YMCA)
4. 1992년　제7회 동요대상(KBS)
5. 2003년　한국음악상 "해외활동부문"(사단법인 한국음악협회)
6. 1991년　대한민국체신부, 음악시리즈 일곱째묶음 "꽃밭에서" 발행(우표 번호 1629)

(4) 권칠성[19]

　7살에 장구를 배우기 시작하여 1985년 18세에 최연소 사물놀이패(뜬쇠) 창단, 1,200회가 넘는 국내외 공연, 1995년 KBS 국악경연대회 대상 수상, 대통령상 3회 수상 등의 경력을 갖고 있는 권칠성은 1967년 출생하였다. 국악의 세계화를 위하여 2000년 미국에 건너간 권칠성은 한국전통문화교육센터(Korean Traditional Cultural Center)를 설립 운영하면서 우리 전통문화의 우수성을 알리는 데 앞장서 왔다. 그리하여 장구채 하나로 브로드웨이를 정복한다는 신념을 실천하여 2006년 6월 뮤지컬의 본고장 브로드웨이에서 국악상설공연장을 건립하였다. 타임스퀘어에 있는 국악상설공연장은 매주 1회 무료로 국악을 공연하는 등 민요와 판소리, 사물놀이 등을 보급하고 전통음악 교육과정을 통하여 국악을 세계화하는 데 크게 기여할 것이다.[20]

　권칠성은 3년 동안 사재를 털어서 악기를 구입하여 맨하튼헌터고교, 뉴저지 릿지우드고교, 롱아일랜드 그래잇넥중학교, 원광한국학교 등에 보급하여 사물놀이 클럽을 만들어 학생들을 지도해 왔다. 문화다양성을 강조하는 권칠성은 한국전통문호의 발전과 계승은 세계적 상품으로서 가치를 높일 뿐만 아니라 후손들이 한인공동체로 모이도록 하는 구심

---

19) 한국전통문화교육센터 www.yourktcc.org
20) 한국일보, 2006. 03. 13.

점 역할을 할 것으로 예상한다.21)

권칠성의 경력을 소개하면 다음과 같다.
1. 1966 – 충남 금산 출생
2. 1973 – 장고 입문
3. 1984 – 전국민속예술 경연대회 국무총리상 수상
   – 중앙대학교 주최 전국무용경연대회 2등
4. 1985 – 금산 농업고등학교 졸업, 농악부 활약
   – 금산 농업고등학교 3년 동안 대통령상 3회 수상
   – "마당패 뜬쇠 사물놀이" 창단 멤버로 최연소 사물놀이 프로 입문
   – "마당패 뜬쇠 사물놀이" 창단 공연, 마당세실극장
5. 1986 – 한국관광공사 주최 아시안게임 올림픽 홍보 일본 순회 공연
   – NHK 방송출연
   – 아시안 팝 페스티벌 초청공연, 서울장충체육관
6. 1987 – 에버랜드 상설공연
7. 1988 – 서울올림픽 개·폐회식 축하공연, 잠실매인스타디움
   – 서울 한강 재즈 페스티벌, 여의도 고수부지
   – 해태 음료, "보리텐" CF 촬영
8. 1989 – 알라스카 주지사 초청 한미 문화축제, 앵커리지
   – 대우 "마제스타 오디오" CF 촬영, 광고대상 수상작
9. 1990 – SBS 8시 시보 광고
10. 1991 – 일본순회공연
    – MBC 창사 30주년 8·15 특집 소련 우즈베키스탄 공화국 공연, 타슈켄트
11. 1992 – 유럽순회공연, 독일 , 스위스, 이탈리아, 폴란드, 체코, 슬로바키아
    – "국악의 해" 기념 전국 투어
    – 세계 잼버리 대회 상설 공연, 고성

---

21) 연합뉴스, 2005. 05. 23.

12. 1993 — 대전 EXPO 개폐회식 공연 및 상설 공연
    — '93 국제관광 교류전시회 "한·중·일 3개국 음악제", 일본 후쿠오카 돔
    — 호주 그리피스 대학 초청공연 및 사물놀이 특강
    — 시드니 페스티벌, 시드니
13. 1994 — 독일, 스위스, 오스트레일리아 공연
14. 1995 — KBS 국악경연대회 대상 수상
    — 영국 런던 바티칸 센터 공연
15. 1997 — 마당패 뜬쇠 사물놀이 창단 12주년 공연, KBS홀 단독공연
16. 1998 — KBS 월드쇼 우즈베키스탄 공화국 공연, 타슈켄트
17. 1999 — 세계 꽃박람회, 일산 신도시
    — 월드 드럼 페스티벌, 말레이시아
    — 일본 왔소 축제, 오사카
18. 2000 — 뉴밀레니엄 공연, 에버랜드
    — Came to the USA
    — 뉴욕공연, 아이젠하워 파크, 센트럴 파크
19. 2001 — 부르클린공연, 고추 음식축제
20. 2002 — 월드컵 홍보, 워싱턴 D.C. 유니온 역내공연
21. 2003 — 브루클린 퀸즈 콘서바토리 입학
    — 한국전통문화교육센터 설립

(5) 김남윤(金南潤)

6세부터 바이올린을 연주하기 시작한 김남윤은 1949년 9월 20일 전북 전주에서 출생하였다. 이화여중과 서울예술고등학교를 졸업한 그는 1967년 미국으로 유학하여 줄리아드음악학교에서 바이올린 디플로마 및 P.G를 취득하였다. 거기서 그는 이반 갈라미언으로부터 사사 받았다. 1992년 서울대 기악과 부교수, 1993년부터 한국예술종합학교 음악원 기악과 교수로 있다.

한편 김남윤은 퀸 엘리자베스콩쿠르, 하노버 국제콩쿠르, 티보바가콩쿠르 등 세계의 여러 국제 콩쿠르의 심사위원으로 위촉되어 활동하며 한국 음악인의 위대함을 세계에 알리고 있습니다.

그의 음악제 심사위원 경력은 다음과 같다.
1. 싱가폴 롤렉스 국제콩쿠르 심사위원
2. 줄리아드 한국동문회 운영위원
3. 제1회 대만국제콩쿠르 심사위원
4. 1997. 8. 스위스 티보바가 국제음악콩쿠르 심사위원
5. 1997. 8. 제3회 차이코프스키 영 국제콩쿠르 심사위원(러시아 상트 페테르부르크)
6. 1997. 8. 독일 하노버 국제바이올린콩쿠르 심사위원
7. 1999. 쾰른 국제콩쿠르 심사위원
8. 2000. 10. 환경부 환경홍보사절
9. 2000. 11. 독일 하노버 국제바이올린콩쿠르 심사위원
10. 2001. 4. 세계 3대 콩쿠르의 하나인 퀸 엘리자베스 국제콩쿠르 심사위원
11. 2001. 4. 독일 이프라니만 국제콩쿠르 심사위원
12. 2004. 9. 제50회 파가니니 국제 바이올린 콩쿠르 심사위원
13. 2007. 6. 제13회 차이코프스키 콩쿠르 바이올린 부문 심사위원

그리고 카네기홀, 링컨센터, 케네디센터, 시드니 오페라하우스 등 세계 유명 공연장에서 유수의 오케스트라와의 협연, 실내악 공연, 독주 활동 등 솔리스트로서 활발한 활동을 벌이고 있는 바이올린 연주가 김남윤의 수상내역은 다음과 같다.
1. 이화·경향콩쿠르 특등
2. 동아콩쿠르 1등
3. 줄리아드 차이코프스키콩쿠르 1등
4. 워싱턴 메리워터 포스트 경연대회 입상(1969)

5. 허드슨 벨리영 아티스트 콩쿠르 1등

6. 로스앤젤레스 영 뮤지션스 화운데이션콩쿠르 그랜드상

7. 줄리아드 차이코프스키콩쿠르 우승(1971)

8. LA청년음악가재단 커리어 그란트상(1971)

9. 스위스 티보바가 국제콩쿠르 1등(1974)

10. 한국음악팬클럽상(1977, 1979)

11. 제13회 난파 음악상(1980)

12. 월간 음악상(1985)

13. 제2회 음악동아상(1987)

14. 제3회 채동선 음악상(1987)

15. 제3회 한국음악 평론가상(1989)

16. 예음상(1993)

17. 옥관문화훈장(세계를 빛낸 한국음악인, 1995)

18. 금호음악스승상(2006)

솔리스트로서 김남윤은 세계적인 오케스트라, 지휘자들과 함께 공연하였는데, 리카르도 샤이가 지휘하는 영국 로얄 필하모닉, 알렉산더 드미트리예프가 지휘하는 상트 페테르부르크 심포니, 헝가리 브르노 국립교향악단, 자그레브 방송교향악단, 싱가포르 교향악단, 상해 교향악단, KBS교향악단, 서울시향 등 국내외 정상급 교향악단과의 다수 협연으로 그의 깊이 있는 음악성과 탁월한 연주력을 인정받았다. 또한 그는 뚤루즈 챔버, 자그레브 챔버 등 해외의 유명 실내악단과 여러 차례 협연한 바 있으며, 매년 정기적인 독주회와 오케스트라 협연 및 실내악 연주 등에 참여하며 역동적인 활동을 펼치고 있다.

귀국한 김남윤은 국내 주요 무대에 초청되어 연주하였는데 광복 30주년 기념음악회에 초청된 것을 시작으로 수차례의 대한민국 음악제, 그리고 세종문화회관 개관 기념 음악제, LG아트센터 개관 기념 음악제, 광복 50주년 기념 음악회, 예술의전당 교향악축제 및 실내악 축제 등에

초청되어 섬세하고 역동적인 연주를 선보이기도 하였다. 기획 연주에도 많은 관심을 보여 1998년에는 모차르트 바이올린 소나타 전곡 연주회(총 5회)를 선보였고, 1999년에는 베토벤 바이올린 소나타 전곡 연주회(총 3회), 2000년에느 로맨틱 소나타 연주회(총 4회)를 선보이기도 하였다. 또한 청소년을 위한 음악회와 다양한 자선음악회 등을 개최하여 청중과 폭넓은 만남을 시도함은 물론, 고전음악의 대중화와 저변확대에도 끊임없이 노력해 오고 있다.

학구적이고 내실 있는 곡 해석과 뛰어난 기량으로 다이내믹하게 연주하는 바이올리니스트 김남윤은 한국예술종합학교에서 재직하면서 김지연, 백주영, 양고운, 이경선, 김현아, 민유경 등 세계에 한국을 빛내고 있는 바이올리니스트들을 키워내고 있다. 그리고 제자들과 함께 "코리안솔로이스츠"를 조직하는가 하면, "서울챔버오케스트라" 악장을 지내며 한국 실내악의 활성화에 앞장서고 있다.

김남윤은 미국 맨하튼 음대와 예일 음대, 북경 음악원, 홍콩 스트링 페스티벌 초청으로 연주와 마스터 클래스를 가졌으며, 1993년부터 1995년까지는 미국 보드윈 여름음악제에서, 1996년부터는 샌프란시스코 콘서바토리 여름음악제에서 교수로 활동하고 있다. 매년 여름에는 일본 이사카와 뮤직페스티벌에서, 그리고 이스라엘 Keshet Eilon 바이올린 마스터 클래스(2001. 7)에서 초빙교수로 위촉되어 활동하기도 하였다.

한편 음반 활동에 있어 김남윤은 자그레브 챔버 오케스트라와는 모차르트 바이올린 협주곡 전곡을 CD로 출반하였으며, 1996년에는 첼리스트 레슬리 파나스와 듀오 CD를 출반하여 호평을 받기도 하였다. 그가 펴낸 음반은 바이올린, 첼로 듀오 아카디아레이블(1996), 바이올린과 국악관현악을 위한 바이올린협주곡 1번(1997) 등이 있다.

그가 공연한 작품으로는 다음과 같은 것들이 있다.

1. 서울시립교향악단 협연
2. 교향악단 KBS 협연
3. 로열필하모닉 오케스트라 협연
4. 자그레브 방송교향악단 협연
5. 김남윤, 크리스티나 김 듀오리사이틀(1993. 6)
6. 김남윤 독주회(호암아트홀, 1994. 6)
7. 김남윤 바이올린 독주회(예술의전당 음악당, 1995. 6)
8. 세계를 빛낸 한국음악인 대향연(잠실올림픽 주경기장, 1995. 8)
9. 이탈리안 챔버오케스타라와 협연(예술의전당 음악당, 1996. 1. 20)
10. 미도파 신춘음악회(세종문화회관 대강당, 1996. 3. 26)
11. 서울챔버오케스트라 정기연주회(예술의전당 음악당, 1996. 5. 4)
12. 이화여고 창립 110주년 기념음악회(예술의전당 음악당, 1996. 5. 26)
13. 김남윤, 강충모 듀오리사이틀(청주예술의전당 대공연장, 1996. 9. 13)
14. 김남윤 바이올린독주회(예술의전당 음악당, 1996. 9. 22)
15. 서울바로크합주단 초청연주회 협연(호암아트홀, 1996. 10. 1)
16. 경향 · 이화콩쿠르 관현악단 연주회(세종문화회관 대강당, 1996. 10. 22)
17. 외환카드 송년음악회(예술의전당 콘서트홀, 1996. 12. 13)
18. 1997 서울앙상블 페스티벌(예술의전당 리사이틀홀, 1997. 2. 13-2. 15)
19. 명곡의 산책시리즈 김남윤 바이올린독주회(호암아트홀, 1997. 6. 8)
20. 금난새와 떠나는 세계의 음악여행4-이탈리아 음악의 세계(예술의전당
    콘서트홀, 1997. 6. 21)
21. 제45회 창작음악발표회-협주곡으로 만나는 동 · 서양의 조화(국립국악
    원 예악당, 1997. 6. 25-6. 26)
22. 김남윤 바이올린독주회(예술의전당 콘서트홀, 1997. 9. 21)
23. 바이올린 김남윤, 비올라 김의명 듀오콘서트(금호미술관, 1997. 12. 12)
24. 제야음악회(예술의전당 콘서트홀, 1997. 12. 31-1998. 1. 1)
25. 신년음악회(예술의전당 콘서트홀, 1998. 1. 16-1. 17)
26. 1998 교향악축제 강남교향악단과 협연(예술의전당 콘서트홀, 1998. 4.
    10)
27. 서울예고 동문음악회(예술의전당 콘서트홀, 1998. 4. 28)

28. 김남윤, 김대진연주회(세종문화회관 소강당, 1998. 5)
29. 김남윤, 김대진연주회(예술의전당 리사이틀홀, 1998. 5)
30. 홍난파 탄생 100주년 기념음악회(경기도 문화예술회관, 예술의전당, 1998. 5. 11-12)
31. 신록콘서트-희망을 향하여(예술의전당 콘서트홀, 1998. 6. 2)
32. 갤러리콘서트 1주년 기념연주회(금호미술관, 1998. 6. 17)
33. 1998 예모아 가을콘서트(예술의전당 콘서트홀, 1998. 9. 2)
34. 김남윤 바이올린독주회(예술의전당 콘서트홀, 1998. 9. 3)
35. 예술의전당 송년 제야음악회(예술의전당, 1998. 12. 31)
36. 겨울방학 음악축제 실내악여행(예술의전당 콘서트홀, 1999. 1. 29)
37. 김남윤, 강충모 듀오(예술의전당 리사이틀홀, 세종문화회관 소강당, 1999. 5. 7-5. 12)
38. 코리안 솔로이스츠 연주회(영산아트홀, 1999. 7. 11)
39. 김남윤 바이올린독주회(예술의전당 콘서트홀, 1999. 9. 6)
40. 2000 교향악축제 광주시립교향악단 협연(예술의전당 콘서트홀, 2000. 4. 6)
41. 김남윤, 임종필 낭만소나타시리즈 1(한국예술종합학교음악원 예술극장, 2000. 5. 3)
42. 김남윤 바이올린독주회(예술의전당 콘서트홀, 2000. 9. 26)
43. 김남윤과 코리안 솔로이스츠연주회(금호아트홀, 2001. 4. 7)
44. 한국의 명인 명연주회(예술의 전당 콘서트홀, 2002. 5. 17)
45. 김남윤&이경숙 듀오콘서트(덕양어울림누리 어울림극장, 예술의전당 콘서트홀, 2004. 11)
46. 김남윤 바이올린독주회(호암아트홀, 2005. 6. 30)
47. SPO 비르투오조 콘서트(세종문화회관 대극장, 2006. 4. 7)
48. VIVA 모차르트-바이올린 소나타의 밤(성남아트센터 콘서트홀, 2006. 4. 14)

(6) 김동석(金東石)

가야금 연주가 김동석은 1944년 경기도 양평에서 출생하였다. 국악 고등학교와 서울대학교 음악대학을 졸업한 뒤, 미국 LA에 이주하였다. 그의 경력을 보면 다음과 같다.

1. 재미국악원 설립
2. 재미국악원 원장및 민속문화보존위원장
3. 남가주 무용가협회 회장
4. 한국음악무용예술단 단장
5. 남가주 예술인협회 부회장, 부이사장

(7) 김병곤(金炳坤, Byong-kon Kim)

작곡가 김병곤은 1929년 대구에서 출생하였다. 대구사범대학을 졸업한 그는 1961년 미국에 건너가 브루밍스턴에 있는 인디아나 대학에서 음악박사학위를 취득하였다(Doctor of Music). 1978년부터 재직한 LA 캘리포니아주립대학(Cal. State Univ. LA) 교수를 1994년 은퇴한 그는 태평양현대음악센터(Pacific Contemporary Music Center, 1986)와 LA 남가주학생재단을 창설하였다.

Baker's Biographical Dictionary of Musicians(1989)에 포함되었으며, John Edward's Fellowship(Indian Univ. 1967)을 역임하였다. 그가 공연한 작품으로 Festival Symphony(서울올림픽위원회 위촉), 은유교향곡, 오케스트라를 위한 소리, 교향곡(1967), 낙동강(1964), 십자가 상의 7언, Reflection(LA 필하모니 위촉), 하프를 위한 소리, 묘비, 현악 4중주 등 40여 곡이 있다.

그리고 오케스트라를 객원 지휘한 예는 서울시립교향악단(1978, 1982), KBS 교향악단, 북경중앙음악단, 오사카교향악단(1980), 대구시립교향악단(1981) 등이 있다. 또 소련 레닌그라드의 봄의 축제 초청, 모스코작곡자협회 초청, LA 교향악단 그린 암불레다 작곡 위촉 발표 등을 하였다.

(8) 김성일(Paul Kim)

재미 피아니스트 김성일은 미국 맨하튼음악학교 대학원 석사, 뉴욕대학교 대학원 연주학박사, 뉴욕대학교 대학원 예술철학박사 학위를 취득하였다. 미국 뉴욕시립대와 맨하튼음대 교수를 거쳐 현재 미국 롱아일랜드대학교 음악대 교수로 있다.

2001년 4월 미국 프린스턴대 사회학연구팀이 선정한 "21세기를 이끄는 미국 현대문화예술인" 18명 중 1명으로 선정되기도 한 김성일은 상훈의 수상내역은 다음과 같다. 영아티스트콩쿠르 우승, 맨하튼협주곡 콩쿠르 우승, 미국 음악교육협회 최우수 음악학자상. 그의 경력을 보면, 논문으로 "메시앙의 '새의 카탈로그'와 20세기 프랑스 음악"이 있고, 미국 NPR 라디오 Around New York과 PERFORMANCE TODAY, WENT 미국의 현대음악 등에 출연하기도 하였다.

그가 공연실적으로 뉴욕 필하모닉오케스트라와 협연, 호암아트홀 개관 기념공연(1985), 라흐마니노프 서거 50주년 특별초청연주회(미국 스타인웨이홀, 1993), 내한공연(호암아트홀, 1994. 4), 맨하튼심포니오케스트라와 협연, 몬트리올 챔버오케스트라와 협연, 서드 스트릿 뮤직스쿨 창립 100주년 기념 세계유명연주자 초청공연(1995. 3. 31) 등이 있다.

(9) 김영미

소프라노 김영미는 1954년 11월 6일 대구에서 출생하여 1972년 서울예술고등학교를 졸업하고, 이탈리아 산타체칠리아음악대학교에 유학하였다. 이어서 1980년 산타체칠리아음악대학교 대학원에서 음악학석사 학위를 취득하였다. 김영미의 수상내역을 보면 난파음악상, 이탈리아 베로나 국제콩쿠르 1위(1977), 쟈코모 푸치니 콘테스트 1위(1979), 마리아 칼라스 국제성악콩쿠르 1위(1980), 루치아노 파바로티 국제성악콩쿠르 1위(1981), 보관문화훈장(세계를 빛낸 한국음악인, 1995) 등이 있다. 1993년부터 한국예술종합학교 음악원 성악과 교수로 재직 중이다.

소프라노 김영미는 이탈리아 정통 벨칸토창법을 탄탄하게 구사하며 윤기 있는 목소리와 풍부한 음역으로 한국성악의 새 지평을 열었다는 평가를 듣고 있다. 우리나라 최초의 미국유학을 한 성악가이자 오페라 작곡가인 외할아버지 안기영의 피를 이어받은 음악 집안에서 태어난 김영미는 타고난 재능의 성악가라는 찬사를 받으며 세계를 무대로 활동하고 있다.

1981년에 파바로티 콩쿠르에서 우승함으로써 세계무대를 향한 진출 기반을 다지게 되었는데, 이때 파바로티로부터 고음과 저음의 균형이 잡혀 있고 박동감과 호소력이 풍부한 가수라는 칭찬을 받았다. 1982년 미국 필라델피아 오페라 "사랑의 묘약"에서 파바로티의 상대역으로 세계무대에 데뷔했다. 김영미가 이탈리아에서 유학하였지만 활동 무대를 미국으로 옮긴 것은 마리아 칼라스 국제 콩쿠르 우승 후 밀라노 '스칼라 오페라 극장'의 주역은 맡은 줄 알았다가 이방인에게 배타적인 이탈리아 음악계 때문인 것으로 전해진다. 이후 "라 보엠"의 미미, "나비부인"의 초초상, "사랑의 묘약"의 아디나 역 등으로 오페라 무대에서 본격적으로 활동하기 시작했다. 더불어 바스티유 오페라와 내셔널 심포니, LA필하모닉, 콜로라도 심포니 등과 협연하였다.

한편 1995년 자장가 음반 "자장자장"을 출판하여 7만 장이라는 판매 기록을 세웠고, 이어서 1998년에 "자장자장 2집"을 펴내 좋은 반응을 얻었다. 한인 성악가 중에 조수미와 신영옥은 미혼이지만, 홍혜경과 김영미는 세 자녀 및 두 자녀의 어머니로서 가정과 출산의 어려움에도 불구하고 보다 원숙한 경지의 음악을 선보이고 있다. 바로 김영미의 음반

"자장자장" 1, 2집은 그 같은 배경 속에서 출판된 것이다.

또한 김영미는 1995년 2월, Ariccia Pallazzo Chigi Master Class 초청교수로 활동하였고, 1995년 하와이대학 한국학센터 기금모금 독창회, 1996년 아카데미뮤지컬 키지아나페스티벌에서의 협연 등 세계무대에서 지속적인 활동을 하고 있다.

1997년 2월 국내 무대에서 콘서트를 가졌고, 3월에는 KBS 교향악단이 연주하는 오페라 콘서트 "오텔로"에 출연하는 등 국내에서도 활발한 활동을 시작하였다. 1998년에는 이탈리아 로마 산타체칠리아 오케스트라 오페라와 "마탄의 사수" 협연, 2000년 3월 도쿄 신국립 오페라 극장에서 "라 트라비아타" 주역, 8월 북경에서 한국 초연 창작 오페라 "황진이"의 주역을 노래했다. 그리고 2001년에는 LG 아트센터에서 독창회를 가졌다. 한국예술 종합학교 성악과 교수로 재직하면서 후진을 양성하고 있는 김영미는 LA로 근거지를 옮겨 미국무대에서 활동을 하고 있다.

(10) 김옥자(金玉子, Ock Ja Kim)

성악가 김옥자는 경상북도 안동에서 출생하여 안동여자고등학교와 서울대 음대 성악과 졸업하고 1962년 도미하여 USC Opera Workshop LA Conservatory of Music에서 성악과정을 전공하였다. 현재 Calvory Chapel Korean Fellowship Music Center를 맡고 있다. 한편 한국학원 이사이기도 한 그는 LA 한국교향악단 독창자로서 7회의 독창회 경력을 갖고 있다.

오페라 La Traviata 주역을 맡기도 한 김옥자는 독창회를 브라질, 시드니, 오사카, 중국, 평양 등지에서 가졌다. 그는 사우스베이교회 성가지휘자, 나성교회 성가지휘자, Calvory Chapel 교회 지휘자, 서울대 음대 동창회장 등을 역임하였다.

(11) 김원정

재미 성악가 김원정은 1962년에 출생하였다. 이화여자대학교 음악과 1학년 재학 중 도미하여 줄리아드스쿨 음악학교에 유학하였다. 줄리아드오페라센터 단원을 역임한 그는 현재 "I SOLIST VENETI"의 솔리스트로 활동하고 있다. 발매앨범으로 "낮에 나온 반달", "Between The Notes" 등이 있다. 그의 공연활동은 다음과 같다.

1. 이솔리스티 베네티와 협연(예술의전당 콘서트홀, 1991)
2. 소프라노 김원정독창회 "우리를 느끼게 하는 것들"(예술의전당 콘서트홀, 2000. 1. 8)
3. 아리아의 밤(세종문화회관 대강당, 1997. 4. 13)
4. 뮤지컬 "명성황후" 명성황후역(예술의전당 오페라극장, 1997. 11. 28- 12. 12)
5. 뮤지컬 "팔만대장경" 묘화역(예술의전당 오페라극장, 1999. 11. 8-11. 14)
6. 오페라 "헨젤과 그레텔" 주역
7. 오페라 "한 여름밤의 꿈"

(12) 김지연

바이올린 연주가 김지연은 1970년 서울에서 출생하였다. 줄리아드스쿨 음악학교를 나온 김지연은 줄리아드 콩쿠르 우승, 한국일보 콩쿠르 대상(1978), 조선일보 콩쿠르 대상(1978), 아스펜 뮤직페스티벌 콩쿠르 우승(1985) 등 수상경력이 있다. 한편 김지연은 1996년 영화 "지독한 사랑"의 주제곡을 연주하기도 하였으며, 발매앨범으로 "Propose", "Vocalise D'amour"가 있다.

(13) 노형건(盧亨鍵, Philip Roh)

재미성악가 노형건은 1952년 서울에서 출생하였다. 중앙대학교 음대를 졸업하고, 1980년 도미하여 Catholic Univ. of America 대학원에서 오페라를 전공하여 음악석사학위를 받았다. 그는 Nova 성악경연대회에서 1등을 하기도 하였다. 그는 다양한 직함을 갖고 있는데, 바리톤 성악가, 오페라 지휘자, 선교오페라단(오페라 캘리포니아) 단장, 선교뮤지컬 기획제작자, 새시대 새찬양 미션 대표, 아프리카 르완다 및 우간다 선교도우미 등이 그것이다. 이는 그의 활동이 찬양하는 복음 전령사에 초점이 맞춰져 있기 때문이다.

그의 경력을 보면 김자경 오페라단 주역, 한울선교합창단 창단, Washington United Opera 창단, 1989년 나성 한미오페라단 창단, 1997년 휘가로의 결혼으로 3개 도시 공연, 1991년 FM 서울방송 시작, 캘리포니아 선교오페라단 단장, 오페라 캘리포니아 유스콰이어 지휘, Artistic Director of Opera California 등을 역임하고, 현재 오페라 캘리포니아 단장과 한미오페라단 단장, 트리니티문화재단 대표로 있다.

노형건은 1994년부터 매일 오전 10시 LA 라디오서울(AM 1650)의 최장수 인기 프로그램 "홈 스위트 홈"의 진행을 맡고 있는 라디오 서울 부국장이기도 하다. 그는 이 프로그램을 진행하면서 이민생활에 적응하지 못해 어려움을 호소하는 동포에게는 위로자, 건강한 가정생활을 꿈꾸는 자에게는 멘토가 되어주고 있다. 대학에서 종교음악과 교수로 활동하기도 한 그는 1989년 '나성 한미오페라단'을 창단하여 왕성하게 활동했다. 그러나 '피가로의 결혼' 공연을 끝으로 세상 노래인 오페라와는 단절하는 대신 하느님을 향한 끝없는 사랑을 고백하기 위해 선교오페라단을 창단했다. 모든 것을 버린다 해도 하느님의 성호를 높이는 것만큼은 포기할 수 없다는 그의 신념에 따라 아프리카 선교에 몸을 바치고 있다.

(14) 박수관

기업가이자 국악인 박수관은 1955년 경남 김해에서 출생하였다. 부산기계공업고등학교와 경남대부설전문학교를 마친 박수관은 1996년 한양대학교대학원 기계공학 박사학위를 취득하였다. 그는 1983년부터 현재까지 TV 브라운관 장비업체 갑우정밀의 대표이다.

박수관은 기계공학박사이면서 우리 소리의 아름다움을 세계에 알려온 소리꾼이기도 하다. 특히 한반도 동부지역 민요인 동부민요를 지켜오고 있다. 7세에 소리에 입문한 그는 닦은 실력을 인정받아 1999년 전국민요경창대회, 남도민요경창대회, 전통공연예술경연대회 등에서 최우수상을 받았다. 박수관은 1993년부터 국내외대회 21회의 동부민요 개인발표회와 200회의 공연을 갖기도 하였다.

그는 또한 해외에서도 우리 국악의 아름다움과 우수성을 널리 알려왔는데, 2001년부터 매년 뉴욕에서 전미주 한국국악경연대회를 개최해왔다. 특히 2001년 10월 뉴욕링컨센터에서 개최된 9·11 세계무역센터 참사 희생자 추모음악회에서 우리의 전통상여소리를 연주하여 미국인들을 위로하였다. 또 유엔식량농업기구의 기아와 난민을 위한 음악회, 미국의 어려운 학생들을 위한 장학기금 모금음악회 등에 출연해 왔다. 이러한 그의 공로를 인정하여 2005년 미국 대통령상 금상을, 2005년 러시아정부가 미국에서 개최하는 러시아문화축제위원회가 문화예술인들에게 수여하는 러시아타워상을 받기도 하였다. 그리고 그는 2003년 국민포장, 2005년 제2회 세계 델픽축전 금메달을 수상하였다. 한편 발매앨범으로 2004년에 나온 "백두대간소리 박수관 동부민요"가 있다.[22]

---

22) 조선일보, 2005. 02. 17.

(15) 박윤숙

뉴욕한국국악원을 운영하고 있는 박윤숙은 유대봉류 가야금 산조의 명인이다. 고 유대봉 선생은 1925년 전남 영광군 백수면 태생으로 남원 출신인 김종기 선생으로부터 가야금산조 및 병창을 사사받았다. 유대봉 류 가야금산조는 전통 풍류와 민속 우조계면 시나위 세계를 압축한 흥취가 있는 자유분방한 선율과 즉흥성으로 이어가는 특징이 있다. 박윤숙 명인은 1957년 유대봉 선생을 처음 만나 가야금산조와 병창을 1973 년까지 전수받았다. 유대봉 선생에게서 가야금 산조와 병창을 전수받은 뉴욕한국국악원의 박윤숙 원장은 현재 우리국악을 보호하는 데 정성을 다하고 있다.

다양한 민족이 모여 사는 뉴욕은 다민족사회, 다문화사회를 형성하고 있다. 특히 한인동포들이 제각기 경제생활을 영위하기 위하여 바쁘게 살아가고 있지만, 이렇듯 한인예술가들은 한민족의 문화를 알리고 빛내기 위한 노력을 게을리 하지 않고 있다. 세계문화의 중심지 맨하튼의 브로드웨이에서 한국문화를 알리고 전하는 작업에 전력을 다하고 있는 우리 민족문화의 전수자들은 참으로 장하다 하겠다. 바로 문화시장의 최첨단에서 박 명인 또한 민간 외교사절의 역할과 문화전도사의 사명을 감당하고 있다. 뉴욕한국국악원을 개원하여 한인사회에서 한국문화를 유지하고, 뉴욕에 우리 문화를 알리는 작업에 대한 공로는 충분히 치하받을 만하다.

(16) 백경환(白庚煥)

작곡가 백경환은 1942년 서울 마포에서 출생하여 미국에 건너가 유학을 하였다. 미국 매네스음악대학 대학원과 피바디대학 대학원에서 지휘를 전공하였다. 현재 나성세계복음교회 음악전당 책임자로서 한인기독합창단 상임지휘자를 맡고 있다. 그리고 베테스타 Christian University

교회음악과 강사를 역임하였다. 그의 공연 작품으로는 모스크바 차이코 프스키홀에서 "메시아" 공연을 지휘한 경력이 있다.

(17) 수지 서(Susie Suh)

1960년대 캘리포니아로 이민 간 재미동포 부모를 둔 가수 수지 서는 2005년 제1집 앨범 "Susie Suh"로 데뷔하였다. 앨범의 조직적인 기악 편성은 부드러우면서도 멜로디를 완벽히 소화하는 그녀의 목소리를 지 지하고, 자아 성찰적이면서 친숙하고 호소력 깊은 노래를 만들어냈다. 이 앨범은 그래미상 수상자인 글랜 발라드(앨리니스 모리셋, 마이클 잭 슨, 노다웃 담당)에 의해 프로듀싱 되고, 스콧 캠벨(데이브 매튜스 밴드, 쉘비 라인)에 의해 편곡 믹싱되었다.

수지 서는 8살 때 로스앤젤레스의 TV 방송국인 KTE의 한국인 어린 이 합창단에 참여함으로써 노래와 공연을 시작하였다. 그리고 13살 때 수지는 오빠가 준 낡은 기타를 통해서 코드를 배우고 노래를 쓰기 시작 하였으며, 고등학교에 재학하는 동안 노래를 쓰고 기타 공연을 하였다. 또한 아카펠라 노래그룹 활동과 하프를 연주하기도 하였다. 2002년 브 라운대학에 진학하여 잠시 동안 음악활동을 중단하였지만, 대학 3학년 에 진학하기 전 여름 뉴욕의 친구 아파트로 이사하여 그의 꿈인 음악활 동을 재개하였다. 이 때 그녀가 쓴 곡을 East Village의 클럽과 바에서 공연하였는데, 이 때 음악계의 전설로 불리는 찰스 코펠만과 돈 루빈의 관심을 끌게 되었다.

2003년 세계적인 레코드사인 소니뮤직의 에픽레코드와 전속 계약하 여 2005년 데뷔앨범 "Sosie Suh"를 출시한 포크 싱어송라이터 수지 서 는 2006년 6월 안트리오의 국내 공연 "Lullaby"에서 함께 출연할 예정 이다.[23] 음반의 두 번째 노래 "Your Battlefield"에서 이민 1세대인 부모

---

23) 한겨레신문, 2006. 05. 21.

와 현지에서 태어나고 자란 2세 간에 겪었던 문화적 갈등을 담고 있기도 한다. "언젠가 물을게요, 그 옛날 제가 실망스러웠는지, 언젠가 물을게요, 어렵게 번 돈을 잘못 쓴건지"라면서. 수지 서의 앨범은 데뷔앨범으로 최대의 판매기록을 갖고 있는 앨라니스 모리셋, 마이클 잭슨, 노다웃 등의 앨범을 기획 제작한 글렌 발라드가 프로듀서를 맡았으며, 스콧 캠벨에 의해 편곡 믹싱되었다.[24]

(18) 서혜경(徐彗景)[25]

피아니스트 서혜경은 1960년 3월 7일 서울에서 출생하였는데, 동생 서혜주는 바이올린 연주가이다. 그는 1973년 예원중학교 2학년 때 음악을 공부하고자 일본에 유학하여 도쿄 도립 복정(福井)중학교를 졸업하였다. 1975년 메네스음악대학에 장학생으로 선발되어 미국으로 유학을 하였다. 1977년부터 1981년까지 미국의 줄리아드음악학교, 1982년부터 1986년까지 줄리아드음악학교 대학원을 수료하고 박사학위를 취득하였다. 그는 여기서 라이젠버그, 고르드스키 등으로부터 사사 받았다. 오랫동안 뉴욕을 중심으로 활동을 해 온 서혜경은 현재는 경희대학교 음악대학 기악과 교수로 있다.

1988년 카네기홀이 선정한 세계 3대 피아니스트의 한 사람으로 연주를 한 서혜경은 8살 때 서울교대 제5회 피아노 콩쿠르 1위(1968), 10살 때 제19회 이화·경향콩쿠르 피아노부문 특상(1970), 5·16민족상(1972, 1973), 제5회 전미국청소년예술가경연대회 피아노부문 1위(1977), 쇼팽 콩쿠르 3위(1977), 줄리아드 음대 차이코프스키콩쿠르 2위(1977), 20세에 동양인 최초 부조니국제콩쿠르 대상(1980)을 수상하여 보관문화훈장 수상(1980), 뮌헨국제콩쿠르 2위(1983), 25세에는 링컨센터주최 월

---

24) 경향신문, 2006. 05. 21.
25) http://www.pianist-suh.com/ 참조.

리암펫첵상(1985), 팜비치 국제콩쿠르 입상자 초청 콩쿠르 우승(2000)
등의 수상경력을 갖고 있다.

그가 공연한 작품은 다음과 같다.
  1. 국립교향악단과 협연(1971)
  2. 서혜경 독주회(국립극장, 1975)
  3. 미국내셔널 심포니오케스트라 협연(1977)
  4. 국립교향악단과 협연(1977. 3. 31)
  5. 서혜경 독주회(링컨센터, 1978)
  6. 서울시립교향악단과 협연(세종문화회관, 1978. 9. 5,
  7. 일본 나고야필하모니와 협연(1978. 9. 19)
  8. 미국 찰네스톤심포니오케스트라 협연(1979)
  9. 일본 오사카필하모니와 협연(일본 오사카페스티벌 홀, 1980. 1. 9)
  10. 서혜경 독주회(국립극장, 1980. 11. 31)
  11. KBS 교향악단과 협연(1982. 6. 11)
  12. 서혜경 독주회(일본 문화회관홀, 1983. 3. 25)
  13. KBS 교향악단과 협연(1984. 7. 27)
  14. 필라델피아오케스트라 협연(1985)
  15. 서혜경 독주회(호암아트홀, 1985)
  16. 서울시립교향악단 협연(호암아트홀, 1985. 6. 11)
  17. 서혜경 피아노독주회(세종문화회관, 1987. 2. 4)
  18. 모스크바 필하모니오케스트라와 내한공연(1988)
  19. 서혜경 피아노독주회(예술의 전당, 1989. 11. 15)
  20. 서혜경 피아노독주회(예술의 전당, 1990. 10. 17)
  21. 모스크바국립교향악단과 협연(예술의 전당, 1991. 7. 17)
  22. 서혜경 독주회(예술의전당 음악당, 1994. 11. 10)
  23. 서울내셔널심포니자선음악회 협연(예술의 전당 음악당, 1995. 6)
  24. 광복 50주년 축전음악회(1995)
  25. 중국 상하이심포니오케스트라와 협연

26. 서혜경, 서혜주 듀오콘서트(서울, 포항, 청주, 진주, 광주, 1996. 4)
27. 인천시립교향악단 러시아음악의 밤 협연(인천 종합문화예술회관, 1996)
28. 경향·이화콩쿠르관현악단 연주회(세종문화회관 대강당, 1996. 10. 22)
29. 제1회 휘닉스파크 클래식페스티벌(강원도 평창 휘닉스파크, 1997. 1)
30. 피아니스트 서혜경 전국일주 연주여행(1997. 6. 10-7. 2)
31. 서혜경 피아노독주회(예술의전당 콘서트홀, 1997. 6. 29)
32. 국채판매 촉진음악회-조국을 위하여(워싱턴, 1998. 2. 18)
33. 서혜경 피아노독주회(예술의전당 콘서트홀, 1998. 11. 8)
34. 새 희망 99-경기음악회(경기도 문화예술회관, 1999. 1. 27)
35. 서혜경 피아노연주회(두물워크숍, 1999. 6. 18)
36. 서혜경 피아노연주회(미국 Southbuy Heritage Village, 1999. 6. 27)
37. Bernald Greenhouse와 Duo(예술의전당 콘서트홀, 1999. 9. 10)
38. 서울시립교향악단 정기연주회(세종문화회관 대강당, 1999. 9. 13)
39. 서혜경 피아노 독주회(예술의전당 콘서트홀, 2000. 5. 19)
40. 한독문화교류협회주최 북한어린이돕기자선음악회(일본 베토벤하우스, 2000. 9. 8)
41. 서혜경 피아노리사이틀(영산아트홀, 2001. 6. 23)
42. 서혜경 피아노독주회(호암아트홀, 2002. 5. 28)
43. 청계천 복원공사 기금 마련을 위한 음악회(세종문화회관 대강당, 2004. 6. 20)
44. 서혜경 피아노독주회(호암아트홀, 2006. 1. 11)

그가 펴낸 음반은 차이코프스키 피아노협주곡 1번, 베토벤독주, DG Deutch Grammophon 바바라 보니와 한국가곡 녹음, London/Decea, 독주CD(KBS) 등이 있다.

(19) 신영옥(申英玉)

성악가 신영옥은 1961년 7월 3일 출생하였다. 신영옥은 그의 어머니에 의하여 어렸을 때부터 성악공부를 하였으며, 11살부터 리틀엔젤레스활동으로 해외공연을 다녔다. 선화예술고등학교를 거쳐 도미하여 뉴욕의 줄리아드음악학교에 유학하였다. 이어서 줄리아드음악학교 대학원에서 성악을 계속 전공하였다. 줄리아드음악학교 시절 다니엘 페로에게 사사 받은 신영옥은 1989년 오페라 '피가로의 결혼'으로 데뷔하였다. 신영옥은 현재 뉴욕메트로폴리탄오페라단 단원으로 활동하고 있다.

신영옥의 상훈내역을 보면 다음과 같다. 제25회 난파음악상, 동아일보 음악콩쿠르 3위(1978), 메트로폴리탄 콩쿠르 우승(1990), 쿠세비츠키 콩쿠르 우승(1990), 보관문화훈장(세계를 빛낸 한국음악인, 1995), 제6회 운경상(문화·언론부문, 2000. 11. 6).

그가 펴낸 음반으로는 제1집 보칼리즈(삼성나이세스, 1995), 제2집 아베마리아(삼성뮤직, 1996. 10), 제3집 꿈(삼성클래식스, 1997. 12), 제4집 마이 로맨스(삼성클래식스, 1998), 소프라노 신영옥 독집 앨범(예당클래식스레이블, 2000. 12), 화이트 크리스마스(예당클래식, 2001), 마이 송(유니버설뮤직, 2003) 등이 있다.

(20) 마이클 리(Michael Lee)

뮤지컬배우 마이클 리는 1974년 미국에서 출생하여, 스탠포드대학교에서 의학을 전공하였다. 그의 데뷔작은 1995년 뮤지컬 "미스 사이공"이다. 그 외 뮤지컬 미스 사이공(2006), 뮤지컬 베이징 스피링, 뮤지컬 알라딘 등에 출연하였다.

(21) 다니엘 리

1980년 미국에서 출생한 첼로 연주가 다니엘 리는 본명이 이상화로 1994년 런던 위그모어홀에서의 독주회로 데뷔하였다. 커티스음악대학을 나온 다니엘은 노스웨스트 챔버 오케스트라 주최 영아티스트 첼로 콩쿠르 우승(1990), 필라델피아 콩쿠르 우승(1994), 에이버리피셔 상(2001) 등을 수상하였다. 발매앨범으로 Brahms : Cello Sonatas No.1 & No.2 가 있다.

(22) 안 트리오(Ahn Trio)[26]

루시아 안(Lucia Ahn, 피아니스트), 마리아 안(Maria Ahn, 첼리스트), 안젤라 안(Angella Ahn, 바이올리니스트) 세 자매로 구성된 안트리오는 1979년 이들이 9세, 7세 때 한국에서 결성되었다. 1987년 미국 시사주간지 '타임'에 아시아의 신동으로 소개한 안트리오의 앨범은 2003년 6월 '피플'지가 "부모님께 드리고 싶은 베스트클래식 CD"부문으로 선정되기도 하였다. 그들은 1991년 세계적으로 권위 있는 실내악 콩쿠르인 콜먼콩쿠르에서 우승하였고, 1998년 독일 에코 클래식음반상을 수상하였다. 안트리오의 발매앨범으로 Groove Box, Ahn-Plugged, Ahn Trio(안트리오), Villa-Lobos, Ravel: Piano Trios (Ahn Trio Paris Rio) 등이 있다.

쌍둥이인 루시아와 마리아는 1970년 8월 30일 한국에서 태어나서, 1981년 미국으로 유학하여 줄리아드스쿨 음악학교를 졸업하였다. 마리아는 1982년 필라델피아 오케스트라, 뉴욕 필하모닉과 협연을 가져 주목을 받았다. 바이올린 연주가 막내 안젤라 안은 언니들보다 두 해 늦게 1972년에 출생하여 줄리아드스쿨 음악학교를 졸업하였다. 안젤라는 도로시 딜레이, 이착 펄만 등으로 사사받았으며, 이들 자매 트리오는 아

---

26) http://www.ahntrio.com/index.htm 참조.

스펜 뮤직 페스티벌에도 참가하였다. 정트리오 이래로 한국이 낳은 최고의 음악자매로 세계무대에 부상한 안트리오는 1991년 세계적으로 권위있는 실내악 콩쿠르인 콜먼 콩쿠르에서 우승, 나움버그 실내악 경연대회에서 최종 결선에 오르는 등 다수의 수상 경력을 갖고 있다.

안트리오의 공연 스케줄에는 중서부 투어, 버지니아의 저명한 울프 트랩에서의 공연, 뉴욕의 92번가 "Y"에서의 공연, 그리고 전국 다수의 대학에서의 공연 등이 포함되어 있다. 또 정식 공연장이 아닌 학교 내 음악 진흥을 위한 링컨센터 인스티튜트에 참가하는 등 다양한 아카데믹 콘서트를 진행하고 있으며, 카리브 군도의 청중들을 위하여 연주하기도 하였다. 그리고 안트리오는 전 세계 성인 및 어린이들을 위하여 수백 회의 워크숍과 마스터클래스를 개최하고 있다. 이렇듯 음악교육에 대한 이들의 공헌을 인정받아 "켄터키 커널스 어워드"를 수상함으로써 빙 크로스비, 레드 스켈튼 등과 같은 영예를 누렸다.

전 세계를 순회하며 연간 100회 이상의 연주회를 갖는 안트리오 세 자매는 2005년 6월 국내 순회공연(서울 한국일보와 호암아트홀, 춘천시, 성남아트센터 등)을 가진 바 있으며, 2006년에도 국내 순회공연(서울 노원문화회관, 세종문화회관, 수원아트센터, 서울아트센터)이 예정되어 있다. 그들의 2006년 내한공연은 "Lullaby"(Lullaby for My Favorite Insomniac, 불면증 환자를 위한 자장가) 음반출시 기념공연으로 켄지 번치, 마이클 니만, 데이비드 보위, 박진영의 곡 등이 수록되어 있다. 그리고 제2의 노라 존스라 불리우는 소니BMG 아티스트 수지 서(Susie Suh)가 게스트로 참여한다.[27) 안트리오의 공연 프로그램은 다음과 같이 구성되어 있다. Dies Irie (Kenji Bunch), This is Not America (David Bowie/Pat Metheny), My Funny Valentine (Richard Rodgers/Kenji Bunch), Lullaby for my Favorite Insomniac (Kenji Bunch), Mr. Twitty's Chair (Katrina Wreede), Big My Secret (Michael Nyman), Oblivion

---

27) 연합뉴스, 2006. 05. 12.

(Piazzola), Purple Rain (Prince), Skylife (David Balakrishnan), Tremors (David Balakrishnan), All I Want (Susie Suh / Vocal Susie Suh), Solitary Singer (Terry & Phoebe Gilkyson / vocal Susie Suh), Harmony (Susie Suh / Vocal Susie Suh).

고전적인 클래식을 기반으로 하여 현존하고 있는 젊은 작곡가들의 생생한 작품들까지 연주하는 폭넓은 프로그램을 선보인 안트리오의 열정에 힘입어 피아노 트리오의 레퍼토리는 현저히 증가하게 되었다. 안트리오의 최근 초연으로는 에릭 이웨이즌의 트리오와 댄 콜먼의 '랩소디 리볼브드', 켄지 번치의 '피아노 트리오와 오케스트라를 위한 협주곡' 등을 꼽을 수 있다. 또한 마이클 니만, 폴 숀펠트, 죤 무스토, 죤 조른 등의 작품을 초연하였다.

(23) 밍크(이밍크)

노라 존스와 리앤 라임즈를 좋아하는 가수 이밍크는 1984년 한국에서 출생하였다. 중학교 시절 일본으로 유학하여 2005년 "밍크(mink)"로 데뷔하였다. 얼굴 없는 가수로 유명한 밍크는 "mkLee", "이밍크"로도 알려져 있다. 그녀는 2005년 프롤로그 앨범 "Mink"로 데뷔하였다. 그녀는 2006년 4월 8일자 미국 빌보드차트 Hot Dance Club Play에서 데뷔 음반에 수록된 "Glory of Life"가 1위를 차지하였다.[28] 발매앨범으로 "E＋Motion", "Beautiful/ One Suitcase", 1집 "Mink" 등이 있다.

(24) 이유선(李宥善, You Sun Lee)

한국음악의 선구자라고 할 수 있는 이유선은 1911년 평양에서 출생하여 2005년 사망하였다. 1928년 배재고를 졸업한 이유선은 1933년 연

---

28) 한겨레신문, 2006. 03. 31.

희전문 상과를 졸업한 뒤 미국에 유학하여 1940년 American Conservatory of Music 졸업, Chicago American 음대 성악과, 1950년 Chicago 음대 대학원을 수료하였다.

이유선은 1928년부터 현재까지 교회 성가대를 지휘하고 있으며, 1948년 한국에서 처음으로 오페라단을 조직하여 "춘희"를 공연하였다. 1976년 중앙대 음대 교수에 임용되어 1976년까지 근무하였으며, 1975년부터 1980년까지 총신대 종교음악과 교수를 역임하였다. 1980년부터 1990년까지는 천안 호서대학교 음악과 교수를 역임하였다. 그리고 1977년 복음대성회 음악위원장으로 여의도에서 1만 명의 합창단을 지휘하였고, 1977-85년 한국교회음악협회 및 한국성악회 회장(1979)을 역임하고, 1983년 대한민국 국민 문화훈장을 수상하였다. 1990년 미국에 가기 전까지 한국에 있는 동안 한국음악협회 초대이사장(1959), 한국예총 초대 부이사장, 한국합창연맹 이사장 등을 역임하였다. 그런 가운데 1976년 서울시 문화상, 1983년 대한민국 문화훈장을 수상하였다.

1990년 다시 미국이 이주하여 1992-94년 미주 총신대 대학원교수, 1992년 LA에서 제8회 독창회, 1998년 남가주 한인 원로 음악인회 회장 등을 역임하였다.

그의 저서로 『화성학』, 『서양음악사』, 『한국 양악 80년사』, 『기독교 음악사』, 『한국 양악 100년사』, 『음악대가 일화집』, 『오페라가이드』, 『오페라의 초대』 등이 있다. 그는 또 작곡가로서 찬송가 355, 378장, 성가곡 40여곡, 가곡 20여곡 등을 작곡하였으며, 성가곡 300여 곡을 번역하고 오페라 17편을 완역하였다. 그 중에서 11편을 상연하였다.

(25) 이태원

1966년 서울에서 출생한 브로드웨이 뮤지컬배우 이태원은 1981년 미국에 유학하여 줄리아드음악학교에서 학사학위를, 1992년 피바디음악대학교 대학원에서 석사를 취득하였다. 2004년에 결혼한 그의 배우자 방정식 역시 뮤지컬배우이다. 2003년 세계지구인평화포럼 홍보대사를 맡기도 한 그는 2005년부터 명지대학교 문화예술학부 교수로 있다.

그의 상훈내역을 보면 애나폴리스 오페라경연대회 최우수상(1995), 메트로폴리탄 오페라경연대회 전국 우수상(1996), 제4회 한국뮤지컬대상(1998. 3) 등을 수상하였다. 한편 그는 『나는 대한민국의 뮤지컬 배우다』(넥서스, 2003)라는 자전 에세이를 출판하기도 하였다.

그가 공연한 작품을 보면 다음과 같다.
  1. 뮤지컬 왕과 나, 티엥왕비역(뉴욕 브로드웨이)
  2. 뮤지컬 명성황후, 명성황후역(예술의전당, 1997)
  3. 뮤지컬 명성황후, 명성황후역(뉴욕 브로드웨이, 1998)
  4. 뮤지컬 왕과 나(런던 웨스트엔드프리디움, 2000)
  5. 창작뮤지컬 둘리, 둘리엄마역(예술의전당, 2001. 8)
  6. 뮤지컬 명성황후, 명성황후역(런던 아폴로 해멀스미스극장, 2002. 2)
  7. 코믹뮤지컬 유린타운, 페넬로페역(예술의전당, 2002. 8)
  8. 뮤지컬 나! 심청, 심봉사 어미역(국립극장 해오름극장, 2005. 9. 2-9. 3)
  9. 뮤지컬 넌센스 잼보리(충무아트홀 소극장, 2005. 10. 1-11. 30)
  10. 뮤지컬 사운드 오브 뮤직, 원장수녀역(성남아트센터 오페라하우스, 2006. 1. 13-2. 5)
  11. 뮤지컬 명성황후, 명성황후역(예술의전당 오페라극장, 2006. 3. 11- 3. 30)

(26) 임만섭(林萬燮, Man Sup Leem)

남가주의 원로음악인 성악가 임만섭은 1917년 황해도 은율에서 출생하였다. 그는 1937년 평양 숭실중학교 졸업, 1940년 동경 니혼음악고등학교 성악과 졸업, 1977년 총신대학원 특수선교 음악부를 졸업하였다.

1980년 미국에 건너가기 전까지 평양 음악대학 창립 성악부 교수(1946년), 상명여고 음악교사, 서라벌 예대교수(1954년), 해군정훈 음악대 오페라 실장(1950년), 한국전쟁당시 UN군 위문공연 600회, 동남아세아 순회공연(1955년), 국립오페라 창립단원(1962년), 춘향전, 왕자호동, 콩쥐팥쥐, 카르맨 등을 주연하였다.

1980년 음악선교사로 도미하여 성가곡 독창회(1983년), 8순 독창회(1997년), 원로음악인 사랑의 음악회 출연(1999년), 남북통일기원 열린음악회에 특별출연(2000년) 하였다. 그가 출연한 공연작품은 오페라 콩쥐팥쥐(주역), 오페라 왕자호동(주역), 오페라 춘향전(주역), 오페라 카르멘(주역), 오페라 일트로바토레(주역) 등이 있다.

(27) 장영주(張永宙, Sarah Jang)

기악과 작곡을 전공한 부모를 둔 장영주는 1980년 12월 10일 미국 필라델피아에서 출생하였다. 그는 6세의 나이로 1985년 데이빗번드 오케스트라와 협연하면서 데뷔하였는데, 줄리아드스쿨 예비학교와 줄리아드스쿨 음악학교에서 바이올린을 전공하였다. 여기서 그는 도로시 딜레이와 강효에게서 사사 받았다.

무대에서 긴장하지 않고, 현란한 기교와 풍부한 표현력을 가졌으며 생동감 넘치는 연주자인 장영주의 수상내역은 다음과 같다. 1992년 에이버리 피셔 커리어 그란트상(세계 최연소), 1993년 그라모폰 선정 올해의 젊은 음악가상, 뉴스위크지 금세기 10대 천재로 선정, 1994년 영국BBC방송 인디펜던트 주최 클래식 뮤직상 신인상, 1994년 에코 음반상, 1995년 세계를 빛낸 한국음악인 대통령 표창, 1999년 에이버리 피셔상, 제23회 난파음악상. 장영주는 EMI를 음반사로 두고 있으며, 매니저는 ICM Artists이다. 그의 국내 데뷔는 1990년 1월 30일 예술의 전당에서 개최된 신년음악회에서 이루어졌다.

그가 펴낸 음반은 다음과 같다.

1. 1992년　데뷔 (9세 때 녹음된 이 음반으로 세계 최연소 레코딩 기록)
2. 1993년　차이코프스키 바이올린 협주곡
3. 1994년　파가니니 바이올린 협주곡
4. 1995년　본 윌리엄스 교향곡 제 5번외 하이팅크
5. 1996년　랄로&비외탕
6. 1997년　Simply Sarah
7. 1998년　멘델스존&시벨리우스 바이올린 협주곡 (한국인 최초의 베를린 필 협연음반)
8. 1998년　Sweet Sorrow
9. 1999년　리하르트 슈트라우스 바이올린 협주곡
10. 2000년　골드마르크 바이올린 협주곡
11. 2001년　바이올린 소품집 Fire and Ice
12. 2002년　플로렌스의 추억(실내악)
13. 2003년　드보르작 바이올린 협주곡
14. 2004년　프랑스 바이올린 소나타집
15. 2006년　쇼스타코비치&프로코피예프 협주곡 1번[29]

기타 그의 발매앨범으로 Phantasia, Dvorak: Violin Concerto/Piano Quintet, String Sextet-Dvorak, Tchaikovsky Souvenir De Florence, Fire & Ice (Repackage)/Chang, Domingo 등이 있다.[30]

---

[29] 한국인 연주자로 유일하게 베를린 필하모닉과 3장의 음반을 낸 사라장은 사이먼 래틀이 지휘하는 베를린 필하모닉 오케스트라와 함께 쇼스타코비치&프로코피예프의 협주곡 1번 녹음실황을 녹음하였다. 연합뉴스, 2006. 01. 25. 사라장은 2005년 쿠르트 마주어가 지휘하는 런던필하모닉과의 한국공연에서도 이 작품을 연주한 바 있다. 한겨레신문, 2006. 02. 01.

[30] http://www.sarahfans.com/ ; http://dir.naver.com/People/Musician/Instruments/Violinists/Sarah_Chang ; http://10820.net/sarahchang/ 참조.

(28) 장한나(Han-Na Chang)

첼로 연주가 장한나는 1982년 12월 23일 경기도 수원에서 출생하였다. 1992년 9세에 미국에 유학하여, 1994년 줄리아드 음대 예비학교장학생으로 첼로를 전공하였다. 2001년에는 하버드대학교 철학과에 입학하였다. 그의 음악경력을 보면 1995년 독일 드레스덴 슈타츠카펠레교향악단과 협연, 1995년 첼로 "과다니니"를 한국기업 메세나협의회로부터 기증받고, 1995년 EMI사와 전속계약을 맺고, 런던무대에 데뷔하였다. 그리고 1995년 ICM사와 전속계약을 맺고, 몬트리올심포니와 협연으로 카네기홀에서 데뷔하였다. 1996년 링컨센터에서 뉴욕필하모니와 협연하였으며, 1997년 10월 줄리아드 음대 예비학교에서 일도 파라소트교수에게 사사 받았다. 2002년 한국기업메세나협의회 홍보대사로 위촉되었다.

장한나는 어렸을 때부터 음악적 재능을 나타냈다. 어머니에게서 피아노를 배우다 첼로로 바꾼 것은 여섯 살 때의 일로 자클린 뒤 프레의 "엘가 협주곡"을 들은 뒤부터라고 한다. 혼신을 다하는 자클린 뒤 프레의 연주에서 뿜어 나오는 엄청난 에너지와 열정, 듣는 이를 끌어들이는 강한 흡인력이 그녀를 첼로연주자가 되게 만들었다. 7살에 국내 음악콩쿠르에서 우승, 8살에 서울시향과 하이든 첼로 협주곡을 협연하는 등 특별한 재능을 보인 장한나는 9살에 미국으로 건너가 본격적으로 음악수업을 받았다.

바로 11살에는 첼로의 거장 로스트로포비치를 보고 싶은 마음에 참가한 로스트로포비치 첼로 국제 콩쿠르에서 대상과 현대음악상을 수상하면서 세계 음악계를 놀라게 하였다. 세계의 거장들이 장한나를 후원하고 있는데, 콩쿠르를 계기로 인연을 맺은 로스트로포비치, 장한나를 실질적으로 발굴하여 데뷔시킨 가장 큰 후원자 미샤 마이스키, 타계한 지휘자 주세페 시노폴리, 세계 음악계의 원로인 로린 마젤 등이 그들이다.

장한나는 세계 유수의 오케스트라와의 협연, 독주회, 음반 작업을 통해 음악적 영역을 넓혀가고 있다. 그가 협연한 세계 정상의 오케스트라는 베를린 필하모닉, 뉴욕 필하모닉, 바이에른 방송 교향악단, 드레스덴 슈타츠카펠레, 이스라엘 필하모닉, 런던 심포니, 플로렌스 마지오 뮤지칼레 오케스트라, 몬트리올 심포니, 밀라노 라스칼라 오케스트라, 샌프란시스코 오케스트라, 프랑스 국립오케스트라, 일본 NHK교향악단, 워싱턴 내셔널 심포니 오케스트라, 피츠버그 심포니, 보스톤 심포니, 클리블랜드 오케스트라, 필리델피아 오케스트라, 신시내티 심포니, 미네소타 오케스트라, 로마 산타체칠리아 오케스트라, 파리 오케스트라, 로스앤젤레스 필하모닉 오케스트라, 아틀란타 심포니 오케스트라, 오스트레일리아 국립(시드니) 오케스트라, 홍콩필하모닉 등이 있다.

그리고 함께 연주한 지휘자로는 로린 마젤, 주세페 시노폴리, 마리스 얀손스, 리카르도 무티, 세이지 오자와, 샤를르 뒤투아, 레너드 슬래트킨, 므스티슬라브 로스트로포비치, 제임스 콘론, 헤르베르트 블롬스테드, 제임스 드프리스트, 주빈 메타, 헤수스 로페즈-코보스, 유리 테미르카노프, 제프리 테이트 등이 있다.

장한나의 상훈내역을 보면 다음과 같다. 이화콩쿠르 3등, 프랑스 로스트로포비치 첼로경연대회 최우수상, 현대음악상, 월간음악콩쿠르 우승(1991), 줄리아드콩쿠르 우승(1993. 3), 제5회 로스트로포비치 첼로콩쿠르 최우수상(1994), 현대음악상(1994), 제28회 난파음악상(1995. 4), 뉴욕시 문화공헌상(1996), 1997 에코음반상 올해의 영 아티스트상(런던심포니와의 데뷔 음반, 1997. 9. 14), 제18회 시기아나아카데미 국제음악상(1999. 3), 독일잡지 그라모폰 선정 "올해 최고의 협주곡 음반"(2003), 독일음반협회 주최 에코클래식 선정 "올해 최고 협주곡 음반상"(2003. 10), 프랑스 칸 국제음반박람회 제10회 칸 클래식 음반상(협주곡 부문(2004. 1. 26).

그가 펴낸 음반은 런던심포니와의 데뷔 음반(EMI, 1996), 나라사랑

(EMI클래식, 1998. 3), 백조(EMI클래식, 2000), The Best of Han-Na Chang(EMI, 2004. 7), 쇼스타코비치 첼로 협주곡 제1번(EMI, 2005. 12), Haydn: Cello Concerto (하이든: 첼로협주곡), Prokofiev: Sinfonia Concertante / Antonio Pappano, Korean Virtuoso Series, Saint-Saens, Haydn, Tchaikovsky (Limited Edition), Saint-Saens, Faure, Bruch, Etc / Chang, Rostropovich 등이 있다.

(29) 정명화(鄭明和)

첼로 연주가 정명화는 1944년 3월 19일 서울에서 출생하였다. 정트리오로 유명한 정명화의 남매관계를 보면 바이올린연주가인 동생 정경화, 지휘자 남동생 정명훈이 있다. 현재 한국예술종합학교 음악원 기악과 교수인 정명화는 1965년 도미하여 뉴욕의 줄리아드음악학교, 1970 줄리아드음악학교 대학원을 수료하였다.

그의 경력을 요약하면 서던 캘리포니아대 피아티고르스크 조교, 인간생존을 위한 세계국회의원 및 종교지도자 기구의 예술위원회 창립회원 및 이사, 1992 UN 마약통제퇴치기구(UNDCP)초대 친선대사, 1992 미국 매니스 음대 교수, 1993 한국예술종합학교 음악원 기악과 초빙교수, 1999. 12 유니세프 한국위원회 친선대사, 2001 한국방문의 해 명예홍보사절을 역임하였다.

　　정명화의 상훈내역을 보면, 샌프란시스코 심포니재단 콩쿠르 1위, 제네바 국제콩쿠르 1위(첼로부문), 미국 엑셀런스 2000상, 미국 메인스트림 어메리카상, 은관문화훈장(1992), 이화학원 선정 자랑스런 이화인상(1997) 등이 있다.

(30) 최승원(崔乘元)

　　강원도 강릉 출생인 성악가 최승원은 용산고등학교를 졸업하고 1988년 한양대학교음악대학에서 성악을 전공한 뒤, 1990년 도미하여 미국 남가주대학교 대학원과 맨하탄 음대 대학원에서 유학하였다. 1993년 맨하탄 음대에서 헤르타 글라츠를 만나 음악의 깊이를 더하였다. 이미 동아 콩쿠르(1988), 대구 성악 콩쿠르에서 두각을 나타내기 시작한 그는 도미 후 패서디나 오페라 콩쿠르, 비엔나 푸스크 오페라 콩쿠르에서 우승하였다. 1993년 뉴욕 메트로폴리탄 오페라 콩쿠르에서 동양인 테너로서, 그리고 한국 남자 성악가로는 최초로 우승하는 등 세계무대에서 탁월한 역량을 떨치고 있다.

　　패서디나 Fine Art Club 초청 독창회, 아스펜 여름 음악축제 오페라 "리골fp토" 출연, 인도네시아 대통령, 모나코 국왕 초청 공연과 전 미국 대통령 로널드 레이건 대통령 초청 백악관 연주회, 시카고 심포니, 세인트루이스 심포니, 몬트리올 심포니, L.A 필하모니, 비엔나 필하모니, 피닉스 심포니, 패서디나 심포니, 샌프란시스코 필하모니, 토론토 심포니, 뉴욕 시티 앙상블, 클리브랜드 심포니 등 세계 유수의 오케스트라와 협연, 20여회 독창회와 듀오 음악회, 빅3 갈라음악회, 50여회의 오라토리오(베토벤 교향곡 9번 합창, 헨델의 메시아, 하이든의 천지창조, 멘델스존의 엘리야 등)의 솔리스트 협연 등 미국과 유럽을 중심으로 활발히 활동하고 있다.

　　그리고 뉴욕타임즈로부터 우아한 황금의 목소리와 타고난 연기력을 지녔다고 호평을 받은 테너 최승원은 소아마비라는 신체적인 장애를 극복하고 풍부한 감성과 미성으로 청중을 사로잡는 무대매너 등에서 좋은 평가를 받고 있다. 그의 강한 영혼과 신에 대한 겸손함이 깃든 테너 최승원은 뉴욕시가 선정하는 올해의 성악가로 "휴고 로스"상, "올해를 빛낸 음악가"로 대통령 표창을 수상하기도 하였다.

최승원이 펴낸 음반으로 찬송모음 1집과 2집, "Ich liebe dich"(삼성 클래식스, 1996. 4), "Nostalgia"(삼성클래식스, 1997. 9) 등이 있다. 네 살 때 소아마비를 앓아 몸이 불편한 최승원은 22살의 늦은 나이에 성가대 선생님의 권유로 총신대 종교음악과에 진학한 뒤부터 본격적인 성악을 전공하였다. 독실한 기독교 신자인 그는 국내공연 중에 있었던 일을 한 인터뷰에서 소개하면서 그의 노래를 통해 하나님을 알고 마음에 위로를 받기를 기대한다. 그 일은 최승원의 찬송음반을 즐겨 듣는 암말기 환자를 어머니로 둔 한 사람이 거동이 불편한 어머니를 위해서 최승원의 찬송가를 직접 들려주기를 원하자, 죽음을 앞둔 환자가 입원한 병실에서 반주자와 함께 공연을 하여 위로한 것이었다.[31] 1996년 4월 『월간 객석』의 설문조사에서 '한국인들이 가장 좋아하는 테너'로 선정되기도 하였다.

(31) 한대수(韓大洙)

한국 가요계에서 특이한 존재인 한대수는 최근 들어 국내에서 활동을 많이 하고 있다. 60에 가까운 나이에도 불구하고 영원한 청년으로, 여전한 자유정신으로 12번째 앨범을 준비하고 있는 그는 핵물리학자인 아버지와 피아니스트를 어머니로 하여 1948년 부산에서 출생하였다. 가수이면서 대중음악 작곡가이자 사진작가인 그는 1964년 경남고등학교에 입학하였다가, 2학년 재학 중에 미국으로 건너가 미국 롱아일랜드

---

31) 벤쿠버조선, 2002.

A. G. Berner고등학교로 전학하였다. 1966년 미국 뉴햄프셔대학교 수의학과에 입학, 1967년 뉴욕사진학교(New York Institute of Photography)를 다니다가, 1968년 한국에 다시 귀국하여 포크송, 싱어 송 라이터로 활동하였다.32) 1975년 두 번째 앨범 "고무신"이 금지곡으로 지정되자 미국으로 가서 2000년대까지 한국과 미국을 오가면서 음악활동을 하였다. 그러다가 2003년에 이르러서 미국생활을 정리하고 국내에서의 공연활동을 활발히 하고 있다. 이후 평범하지 않고 아주 이색적인 한대수의 이력을 홈페이지에서 인용하면 다음과 같다.

1970년 한국디자인포장센터에서 디자이너, 1971-1974년간 해군복무, 1974년 코리아 헤럴드지의 기자 및 사진기자, 1977년 뉴욕 Color Wheel, Chroma Copy 광고사진가, 락 밴드 "Genghis Khan"의 리더로 클럽 Trude Heller, CBGB's 등에서 공연, 1988년 LA 이주 Color House, Burbank사 매니저, 1991년 뉴욕 이주 Nathaniel Lieberman Studio 건축사진가, 1993년 Speed Graphics사 매니저.

한대수의 수상경력을 보면, 대한민국 국전 사진부문 수상(1970), 제1회 한국가요제에서 10대 작곡가상 수상(1974), 국제시인협회(워싱턴 D.C.) 'Distinguished member'로 선정(1996), 시집『대지의 새벽』에 수록된 시 "No Religion"으로 국제시인협회의 Editor's Award 수상(1997), KBS 가요대상 공로상 수상(2003), 2004 부산 국제락페스티벌 공로상 수상(2004), 제2회 한국대중음악상 공로상 수상(2005) 등을 수상하였다. 한대수의 대표곡으로는 "행복의 나라로"(1969), "물 좀 주소", "바람과 나", "아무리 봐도 안보여"(1990), "해가 서쪽에서 뜬다"(1990), "헤드리스 맨"(1990), "옥의 슬픔", "화이트 우먼"(1990) 등이 있다.

한대수가 펴낸 앨범은 다음과 같다.
1. 멀고 먼 길(신세계, 1974)

---

32) 이하 그의 홈페이지 http://www.hahndaesoo.co.kr/; Ohmynews, 2006. 03.08 참조.

2. 고무신(포 시즌, 1975)

3. 무한대(신세계, 1989)

4. 기억상실-잭 리 밴드(뮤직디자인, 1990)

5. 천사들의 담화-이우창 (삼화, 1991)

6. 1975 고무신-1997 후쿠오카 (도레미, 1999)

7. 이성의 시대, 반역의 시대(Gam Mee, 1999)

8. 마스터피스(신세계, 2000)

9. 기억상실/천사들의 담화(도레미, 2000)

10. Eternal Sorrow(EPI/Cream, 2001)

11. 고민 in "삼총사"(유니버셜, 2002)

12. 상처(서울음반, 2004)

13. 2001 Live(서울음반, 2005)

14. The Box(서울음반, 2005)

한편 사진작가를 겸하고 있는 한대수가 출판한 내역을 보면 다음과 같다.

1. 『한국복식사』 글 석주선, 촬영 및 편집 한 대수(1971)

2. 사진집 『Manhattan Lightscape』사진 Nathaniel Lieberman, 인화 한대수 (1993)

3. 사진시집 『Human Openings (Black Book)』(1997)

4. 자서전 『물 좀 주소 목 마르요』(가서원, 1998)

5. 사진시집 『Human Openings 2 (Blue Book)』(1999)

6. 자서전(1998) 개정증보판 『사는 것도 제기랄 죽는 것도 제기랄』(아침이슬, 2000)

7. 악보집 『한대수 노래모음』(이정선 출판사, 2001)

8. 시, 사진, 가사 선집 『침묵』(푸른미디어, 2002)

9. 사진집 『작은 평화』(시공사, 2003)

10. 음악에세이 『영원한 록의 신화 Beatles vs 살아있는 포크의 전설 Bob Dylan』(숨비소리, 2005)

11. 자서전(1998) 3판 『나는 행복의 나라로 갈테야』(아침이슬, 2005)

12. 에세이집 『올드보이 한대수』(생각의나무, 2005)

미국생활 이후 한대수가 공연한 활동 중에서 대표적인 것은 다음과 같다.

1. Crossbeat Asia 후원 하에 일본의 Carmen Maki와 함께 일본에서 합동공연 (1997. 9. 27)

2. 유니텔 락 페스티벌 "Koreanism" 공연(잠실 실내체육관, 1997. 10. 29) 참가

3. 양희은의 "아주 특별한 만남" 공연(영산 아트홀, 1999. 5. 5-9) 고정게스트로 참가

4. 뉴욕에서 공연된 '김영순댄스컴퍼니'의 현대무용 "Exile-a world premiere"(1999. 12. 21-23) 음악담당

5. SBS 포크 페스티벌(올림픽 공원 잔디마당, 2000. 5. 27-28) 참가

6. 한국포크 30년 기념공연 "행복의 나라로"(2001. 5. 15-16, 세종문화회관 대강당)의 둘째 날에 참가

7. "라스트 솔로 콘서트"(올림픽 공원 펜싱경기장, 2001. 10. 19)

8. 영화 "다큐멘터리 한대수"(장지욱·이천우 감독, 80분, 2002) 개봉

9. 한대수/김도균밴드/이우창 합동공연 "삼총사"(세종문화회관 대강당, 2002. 12. 6)개최

10. 제14회 인권콘서트 "보랏빛 수건"(장충체육관, 2002. 12. 14) 합동공연 참가

11. 영화 "다큐멘터리 한대수" DVD 발매(2003)

12. 단독공연 "눈물"(동덕여대 예술센터, 2003. 4. 25-26)

13. 쌈지 사운드페스티벌 제5탄(이화여대 운동장, 2003. 10. 3) 참가

14. 첫 개인 사진전 "작은 평화"(아티누스 갤러리, 2003. 11. 14-26)

15. 단독공연 "상처"(대학로 폴리미디어 씨어터, 2004. 4.24)

16. 합동공연 "2004 부산 국제락페스티벌"(부산 다대포해수욕장 야외특설 무대, 2004. 8. 5-7) 참가

17. 합동공연 "CBS 50주년 포크페스티벌"(연세대 노천극장, 2004. 9. 4-5) 참가
18. 합동공연 "국가보안법 폐지를 위한 국민문화제"(광화문 네거리, 2004. 10. 23) 참가
19. 합동공연 "2004 거창 민족예술제 노래판굿-작은 평화 ×3"(거창문화센터 공연장, 2004. 12. 8) 참가
20. 합동공연 "전주 MBC 기념공연"(전주 백제골, 2004. 12.9) 참가
21. 합동공연 시집 "노동의 새벽" 출간 20주년기념 헌정공연-스무 살 공순이의 노래(이화여대 대강당, 2004. 12. 10) 참가
22. 합동공연 "수퍼라이브 콘서트 '외출'"(연세대 노천극장, 2005. 4. 24) 참가
23. 합동공연 "포크 인 선셋"(서울랜드 삼천리대극장, 2005. 6.12) 참가
24. 대한민국 포크 음악제(올림픽공원내 88 잔디마당, 2005. 9. 3)
25. 합동공연 "2005 국악축전-종횡무진 우리음악 : 강원도 편"(춘천 강원대학교 백령문화관, 2005. 9. 20) 참가
26. 합동공연 "2005 광명음악밸리축제"(광명시 시민운동장, 2005. 10. 7) 참가
27. 단독공연 "EBS 스페이스 콘서트"(매봉역 EBS 스페이스 공연장, 2005. 10. 10-12)
28. 합동공연 "팝아시아 2005 후쿠오카"(일본 후쿠오카 스칼라 에스파시오, 2005. 10. 24) 참가
29. 특별공연 "한대수·도올 락콘서트"(광주 MBC 공개홀, 2006. 4. 8)

(32) 한동일(韓東一)

피아노 연주가 한동일은 1941년 12월 4일 함남 함흥에서 출생하였다. 현재는 미국에서 귀국하여 울산대학교 음악대학 음악학부 피아노전공 교수로 있다. 한동일은 1950년 미국에 유학하여 줄리아드음악학교 학사, 줄리아드음악학교 대학원 석사학위를 취득하였으며, 독일 쾰른국

립음악대학에 유학하기도 하였다.

한동일은 1954년 12살 때 명문 줄리아드 음대에 유학해, 1965년 리벤트리트 국제 음악경연대회에서 우승하면서 한국인으로서 국제 콩쿠르 첫 입상 기록을 세웠으며, 레너드 번스타인도 그를 동양의 모차르트라며 칭찬하였다. 미국 보스턴대 음악대학 종신교수이기도 한 한동일은 2005년 영구 귀국해 울산대학교 음악대학에서 교수로서 후진을 양성하고 있다. 울산대 음악대학에는 신설 이듬해인 1999년부터 세계 최고의 찬사를 받고 있는 바이올리니스트 김영욱, 첼리스트 조영창 등이 석좌교수로 활동하고 있다.[33]

그의 경력은 다음과 같다. 1973년 미국 일리노이 음악대 부교수, 1978년 텍사스주립대 교수, 1983－1986 중앙대 음악대주최 안성여름 음악학교 강사, 미국 보스턴대 음악대 종신교수, 2005년 울산대 음악대학 음악학부 피아노전공 교수.

그의 상훈내역은 다음과 같다. 에드거. M. 레벤트리트재단 국제음악경연대회 1위(1965), 마이겔상(1962), 메리 웨더 포스터경연대회 2위(1958), 국민훈장 모란장(1973), 줄리아드 기악독주 선발경연대회 1위(1961), 뉴욕 경향악단 주최 청소년대회 1위(1954), 제1회 이화경향콩쿠르 입상(1952), 내셔널 바이에불 미카엘 경연대회 1위, 제1회 한인하 피아노상(2004).

(33) 홍혜경

뉴욕에서 활동하고 있는 성악가 홍혜경은 1959년 서울에서 출생하였다. 그는 서울예원학교 재학 중 1972년 미국에 유학하여 줄리아드스쿨 음악학교에서 학부와 대학원을 다녔다. 1982년 한국인 최초로 뉴욕 메트로폴리탄 콩쿠르 우승, 1983년 미국을 대표하는 4인의 젊은 성악가

---

33) 연합뉴스, 2005. 02. 27.

로 선정되었으며, 1986 워싱턴 오페라 가이드 선정 올해의 예술가상 수상 등의 경력이 있다. 발매앨범으로는 한국 가곡집 My Favourite Korean Songs, Jennifer Larmore / Bellezza Vocale-Beautiful Opera Duets, Opera Arias 등이 있다.

1984년 제임스 레바인이 지휘하는 모차르트의 오페라 "티토왕의 자비"의 세르빌리아역으로 메트로폴리탄에 화려하게 데뷔하였다. 동양인으로서는 최초로 뉴욕 메트로폴리탄 오페라 무대에 진출해 지난 17년간 부동의 프리마돈나로 자리를 지켜온 홍혜경은 이제 동양인의 한계를 뛰어 넘은 하나의 '전설'로 음악팬들에게 기억되고 있다. 지난 1998년 6월 백악관 콘서트에서 한미 양국정상과 참석한 귀빈들을 깊이 감동시킨 그녀의 노래 속에는 얼마나 많은 삶에 대한 경외심과 예술혼이 피나는 자기 수련을 통해 녹아있는지를 웅변으로 보여준다. 그것은 까다롭기로 유명한 New York Times에서조차 그녀를 DIVA(女神)로 호칭하는 이유이기도 하다.

1988년 카네기홀에서 미 국립 PBS TV 주최 오페라 갈라 콘서트에 출연하여 오페라 "라보엠"의 '내 이름은 미미'를 불러, 시청자들과 평론가들로부터 '동양에서 온 가장 아름답고 기량이 뛰어난 미미'라는 찬사를 받은 그녀는 한번 서기도 어려운 메트로폴리탄 무대에서 한국인으로는 유일하게 매 시즌마다 "라보엠"의 미미, "리골레토"의 질다, "피가로의 결혼"의 수잔나, "코지 판 투테"의 데스피나 등 수많은 오페라의 주역으로 출연하여 테너 루치아노 파바로티, 플라시도 도밍고 등과 함께 환상적인 무대를 선보이며 명실공히 세계정상의 반열에 올라섰다.

(34) 리차드 용재 오닐(Richard Yongjae O'Neill)34)

1978년 미국에서 태어난 비올리스트 리차드 용재 오닐은 줄리아드음악학교 대학원을 나와 현재 세종솔로이스츠 단원으로 있다. 한국전쟁 중 미국으로 입양된 정신지체장애인 이복순(52)씨를 어머니로 둔 용재 오닐은 줄리아드음악학교 대학원 석사과정에 비올리스트로는 최초로, 그리고 유일하게 입학한 용재 오닐은 Paul Neubauer와 Donald McInnes에게서 사사받았다. 그리고 줄리아드음악학교 대학원 역사상 유일하게 전액 장학생으로 졸업했다. 용재 오닐 모자의 인생역정은 2004년 5월 KBS '인간극장'에서 소개되기도 하였다.

2000년 로스앤젤레스 필하모닉과 협연으로 데뷔한 용재 오닐은 2001년부터 줄리아드음악학교 강효교수가 이끄는 세종솔로이스츠에 합류한 데 이어 2003년부터 링컨센터의 챔버뮤직소사이어티 멤버로 활동하고 있다. 최근에는 작곡가 Carter의 ASKO 콘체르토를 카네기홀에서, 브렌델부르크 협주곡 전곡을 링컨센터의 챔버뮤직소사이어티와 함께 연주하였다. 앙상블 연주로 정평 있는 용재 오닐은 줄리아드, 과네리, 멘델스존, 오리온 스트링 콰텟, 빈-베를린 앙상블 등의 챔버뮤직 단체들과 길 샤함, Cho-Liang Lin, 정경화, 죠슈아 벨, 에드가 마이어, 게리 호프만, 스티븐 이세리스 등 세계적인 아티스트들과 함께 연주 한 경험이 있다. 용재 오닐은 현대 음악 연주에 심혈을 기울이기도 하는데, Elliot Carter, Oliver Knussen, Mario Davidovsky, David del Tredici, Charles Wuorinen, John Zorn 등 현존 작곡가들의 작품을 연주하였고 세계 초연을 맡은 경우도 있었다.

용재 오닐은 2004년부터 매년 국내연주회를 갖고 있는데, 2004년 첫 독주회에서 '비올라가 뿜어내는 순수 카리스마'로 깊은 인상을 남긴 용

---

34) 리차드 오닐에게 '용재(勇才)'라는 한국식 이름을 붙여준 사람은 줄리아드에서 그를 지도한 강효교수와 부인 강경원씨라고 한다.

재 오닐은 2005년 두 번째 독주회에서도 준비된 비올라의 거장으로서 그의 아름다운 선율을 국내의 팬들에게 다시 한번 선보였다.[35] 용재 오닐의 2006년 세 번째 국내 연주회는 2006년 5월에 있었다. 한편 용재 오닐은 2006년 5월 미국 뉴욕의 링컨문화센터와 애버리 피셔재단이 클래식음악계에서 뛰어난 재능을 지닌 젊은 연주자들에게 수여하는 애버리 피셔상을 수상하였다. 한국계 연주자로는 사라 장, 김지연, 다니엘 리에 이어서 네 번째 수상자가 되었다.[36]

2) 미 술

(1) 강익중(姜益中, Kang Ik-joong)[37]

1960년 충북 청주에서 출생한 강익중은 1984년 홍익대학교 서양화과를 졸업하고, 1984년 뉴욕으로 건너가 미국 프렛인스티튜트를 1987년에 졸업하였다. 뉴욕에 정착하여 창작활동을 해 오고 있는 강익중은 뉴욕에서 활동하고 있는 한국인 화가 중에서 손꼽히는 인물이 되었다. 1994년 뉴욕 휘트니미술관에서 백남준과 2인전을 가진 바 있고, 1997년에는 베니스 비엔날레에서 특별상을 수상하여 국제적인 설치미술가로 등장하였다. 2001년 UN본부에서 "Amazed World" 전시회를 가진 바 있고, 2005년 알리센터에 강익중의 작품을 설치하였다.

미국 켄터키주 루이빌에 있는 알리센터는 세계적인 권투선수 무하마드 알리의 평화사업을 기리는 기념관으로 그의 고향인 루이빌의 오하이오 강변에 건설되었다. 바로 여기 알리기념관 개관기념으로 설치미술가 강익중의 "희망과 꿈"(Hope & Dream)이 설치된 것이다. 이 작품은 141개국 어린이들의 그림 5,000여 개로 만들어진 것으로 길이 16m, 높

---

35) 한겨레신문, 2005. 04. 28.

36) 조선일보, 2006. 05. 04.

37) http://www.kcaf.or.kr/art500/kangikjoong/ ; http://www.ikjoong.com/.

이 3m의 대형 작품이다. 어린이들이 꿈을 모으는 작업은 1999년 파주 "10만의 꿈"을 비롯하여, 2001년 UN본부 "Amazed World", 2004년 일산호수 공원 "꿈의 달" 전시 등이 있다.[38)]

그의 수상경력은 다음과 같다.
1. 1998　뉴욕 WNBC 방송 "자랑스런 아시아인" 선정
2. 1998　미국 티파니재단 기금
3. 1997　베니스 비엔날레 특별상
4. 1997　오늘의 젊은 예술가상 문화관광부
5. 1996　존 미첼 기금
6. 1992　뉴욕주정부 예술기금(NYFA)
7. 1990　뉴욕주정부 예술기금(NYFA)

〈그림 II-1〉 강익중의 "Amazed World"

---

38) 재외동포신문, 2005. 12. 01.

(2) 곽 수(郭修)

1949년 출생한 재미화가 곽수는 일찍 미국에 유학하여 세인트토머스대학교, 시카고대학교 대학원, 헌터대학교 미술교육학 등을 수료하였다. 그녀의 수상경력을 보면, 1980년 Fairweather-Hardin 화랑순수미술 우수상, 1998년 메릴랜드주 예술원회 개인화가 우수상 등이 있다. 그녀이 작품으로 "갈라진 빛" 등이 있으며, 그가 참여한 개인전 단체전은 다음과 같다.

1. 1986   젠시세로화랑 초대전(젠시세로화랑)
2. 1991   롱아일랜드 미술관 공모전(뉴욕)
3. 1992   제1회 개인전(국제무역센터)
4. 1992   제2회 개인전(뉴욕과학관)
5. 1993   제3회 개인전(뉴욕 Humphrey화랑)
6. 1996   귀국 초대전(선화랑)
7. 1998   새바람 재미 한국화가전(락빌 아트센터)
8. 2001   개인전(서울 한남동 앨렌킴머피갤러리)
9. 2002   개인전(진화랑)

(3) 곽 훈(郭薰, Kwak Hoon)[39]

1914년 경북 대구에서 출생한 곽훈은 1963년 서울대학교 미술대학 회화과를 졸업하고, 미국에 건너가 LA에 있는 캘리포니아주립대학과 Long Beach에 있는 캘리포니아주립대학에서 석사학위를 취득하였다. 주로 LA에서 활동하고 있는 곽훈은 2003년 LA Andrew Shire Gallery에서, 2002년 울산 현대아트센터화랑, MBC화랑, 대구화랑에서 개인전시회를 가진 바 있다. 최근 2006년(2.17-3.9)에는 Pyo Gallery에서 "기"를 주제로 한 전시회를 개최한 바 있다.

---

39) http://www.hoonkwak.com/.

그는 작품활동 중에 다음과 같은 수상경력이 있다.
  1. 1984 가장 주목받는 졸업생상 캘리포니아주립대학
  2. 1982 수채화초대전 입상 플로리다 펜사콜라
  3. 1982 펜시콜라 월터 메디아 국립미술전 1등상
  4. 1981 국전 특선
  5. 1981 국제수채화전 입상 데저트박물관 주최
  6. 1981 롱비치 미술연합 공모전 특선 캘리포니아
  7. 1981 제10회 국립 판화 & 드로잉전 1등상
  8. 1981 LEAA전 입상 뉴멕시코
  9. 1962 현대작가 공모전 장려상 조선일보사

(4) 김구림(金丘林, Kim Ku-lim)[40]

1936년 경북 상주에서 태어난 김구림은 정규아카데미 코스를 밟지 않은 미술가이다. 또 그가 고등학교에서 미술을 공부하긴 하였지만, 미술에 본격적으로 투신하기 이전에 사업을 하였던 사실도 특이한 이력이다. 김구림은 태어난 경북 상주에서 어린 시절 성장하였다가, 경주에서 계림대학 미술과를 다녔다. 1957년 첫 개인전을 대구에서 가졌지만, 사업을 하다가 1965년에 이르러서야 본격적으로 미술에 전업하기 시작하였다. 물론 그가 사업을 하는 동안 미술활동을 하고 있었지만. 그는 화단에서 남보다 앞선 실험정신을 보여주었고, 끊임없이 깨어있는 작가로서 고집스럽게 오브제와 입체작품을 내놓고 해프닝을 벌였다.

김구림은 미술평론가, 국전 및 중앙미술대상전 심사위원을 지냈으며, 국민대 강사, 중앙대 강사, 홍익대 대학원 강사 등을 역임하였다.

---

40) http://www.kcaf.or.kr/art500/kimkulim/.

(5) 김병기(金秉騏, Kim Byung-ki)

1916년 평양에서 태어난 재미화가 김병기는 1966년 미국에 건너가 활동하였다.

1. 1978　미국 뉴욕 Empire State Collage 미술 지도교수
2. 1966　미국 뉴욕 Skidmove Collage 방문교수
3. 1965　제8회 상파울로 국제 미전, 대표 및 심사위원
4. 1964　한국미술협회 이사
5. 1954-1959　서울대학교 미술대학 교수
6. 1950　국방부 종군 화가단 부단장

(6) 김보현(金寶鉉, Kim Po)

현재 미국에 정착하여 활동중인 화가 김보현은 1917년 경남 창녕에서 출생하여, 1937년 일본으로 건너가 태평양미술학교를 나왔다. 일본에서 활동을 하다가 1946년 귀국하여 조선대학교 교수를 1955년까지 역임하였으며, 1955년 도미하여 일리노이주립대 교환교수로 있었다. 그는 뉴욕, 오하이오, 시카고, 뉴저지, 필라델피아, 독일의 뮌헨, 바덴바덴 등에서 전시회를 갖고 세계적인 화가로 명성을 떨치고 있으면서 그의 부인 실비아월드와 함께 맨하탄에서 말년까지 정력적으로 작품활동을 해 오고 있다.

김보현은 2005년 일찍이 그가 미술대학장으로 재직하였던 조선대학교로부터 명예문학박사학위를 받았다. 2001년 화가인 부인과 함께 만든 작품 340여 점의 그림을 조선대학교에 기증하기도 한 김보현은 그 공로로 특별전시실을 마련하여 그의 작품들을 보관·전시하고 있다. 그는 또 뉴욕 맨하탄의 8층 빌딩(370억원 상당)을 조선대에 기증하였다. 조선대 미술관에서는 개교 59주년을 기념하여 소장작 340여 점 가운데 40여 점을 전시하여 그 작품을 선보였다.41) 김보현의 작품으로 새, 욕

망, 고독, 얼굴, 무제, 풍경, 여인 등이 있다.

〈그림 Ⅱ-2〉 김보현의 조선대학교 소장 작품 중 하나

(7) 김봉태(金鳳台, Kim Bong-tae)42)

1937년 부산에서 출생한 김봉태는 서울대학교 미술대학 회화과를 졸업하고(1961), 1966년 미국으로 유학하여 오티스 미술대학 대학원을 졸업하였다(1966). 판화를 전공한 김봉태는 많은 작품을 국제전에 출품하였으며, 국내외에서 수많은 전시회를 가졌다. 1966년 미국에 건너 간 김봉태는 1986년 귀국하였는데, LA에서 활동할 당시 남가주한인미술협회장을 맡기도 하였다.

그는 다음과 같은 경력을 갖고 있다.

---

41) 남도일보, 2005. 09. 29.

42) http://www.kcaf.or.kr/art500/kimbongtae/.

1. 1996　홍익대 미술대학 출강
2. 1995-1997　동아대 대학원 판화과 출강
3. 1994-1997　이화여대 대학원 출강
4. 1994-1996　숙명여대 대학원 출강
5. 1990-1997　국립현대미술관 아카데미 출강
6. 1989　　　　서울대 대학원 판화과 출강
7. 1986-1992　덕성여자대학교 예술대 서양화과 교수
8. 1986-1992　성신여대 대학원 판화과 출강
9. 1982-1987　미국 로스앤젤레스 사우스베릴로대학 미술대학 학장
10. 1979-1982　미국 파슨스 디자인스쿨 오터스 미술연구소
11. 1971-1980　미국 남가주대학 출강
12. 1970-1979　미국 웨스트로스엔젤레스 대학 출강
13. 1969-1987　미국 캘리포니아 주립대학, 엘카미노대학 출강

그리고 김봉태는 1972년 판화 Purchase Award Downey Museum, 1969년 유화 소품상 미국 산타바바라 Small Image Exhibition 등의 수상 경력을 갖고 있다.

(8) 김소문(金昭文, Kim So-moon)

충남이 고향인 재미화가 김소문은 1946년 출생하였다. 그는 다음과 같은 전시회를 가졌다.

1. 1978-1986 남가주미술가협회전(미국 로스앤젤레스 한국문화원)
2. 1978　초대개인전(미국 로스앤젤레스 한일회관)
3. 1979-1983　초대개인전(미국 로스앤젤레스 삼일당화랑)
4. 1981　4인초대전(미국 로스앤젤레스 삼일당화랑)
5. 1982　뉴욕 재미작가들의 감각(미국 뉴욕 한국문화원)
6. 1982　예원전(미국 로스앤젤레스 삼일당화랑)
7. 1982　재미작가 초대전(미국 뉴욕 한국문화원)

8. 1982 초대개인전(미국 뉴욕 한국화랑)

9. 1983-1984 아시아 및 미국작가 초대전(미국 로스앤젤레스 갤러리스코프)

10. 1983 구상을 통해 보는 현대적 관점(미국 로스앤젤레스 삼일당화랑)

11. 1983 한국작가 10인전(프랑스 파리문화원)

12. 1983 한·중작가전, 미국 로스앤젤레스 중국문화원

13. 1983 현대작가 2인전－쉬보대학 초대전(미국 캘리포니아 훼이워드갤러리)

14. 1984 남가주작가전(미국 캘리포니아 C.J.화랑)

15. 1984 한국엑스포 ’84전(미국 캘리포니아 에너하임회관)

16. 1984 한·일·중 작가전(미국 로스앤젤레스 한국문화원)

17. 1984 한·미작가전(미국 로스앤젤레스 갤러리스코프)

18. 1984 "오늘의 한·미 감성전"(미국 뉴욕 에버슨미술관)

19. 1984 "L.A의 한·미작가 초대전"(캘리포니아주립대학)

20. 1984 "L.A의 10인전"(미국 로스앤젤레스 스페이스311화랑)

21. 1985 초대 개인전(미국 로스앤젤레스 한국문화원)

22. 1986 "1986 5인전"(미국 로스앤젤레스 시몬스갤러리)

23. 1986 초대개인전(미국 로스앤젤레스 아트코어화랑)

24. 1987 D.V.C전(미국 캘리포니아 플리전트힐)

25. 1987 단체전(미국 로스앤젤레스 군립미술관)

26. 1987 초대 개인전(미국 로스앤젤레스 그로리치화랑)

27. 1988 개인전(미국 로스앤젤레스 시몬스갤러리)

28. 1989 3인전(미국 로스앤젤레스 앤드류샤이어화랑)

29. 1990 ’90 L.A그룹전(미국 로스앤젤레스 앤드류샤이어화랑)

30. 1991 개인전(효천화랑)

(9) 김영길(金泳吉, Kim Yeong-gill)

1957년 경북 경주 출생의 김영길은 영남대학교 서양화 학사, 홍익대학교 대학원 석사를 마치고 1986년 미국으로 유학하였다. 프랫대학교

대학원 MFA를 취득한 김영길은 미국 뉴욕화단전시 초대작가, 미국 아트프로젝트인터내셔널(API) 전속작가(1996년 이후)이기도 한 그는 제5회 토탈미술상(1997)을 수상하기도 하였다.

(10) 김 웅(金雄, Kim Woong)

1944년 충남 강경에서 태어난 김웅은 뉴욕의 소호에 거주하면서 창작활동을 하고 있는 재미화가이다. 그는 1968년과 1969년 국전 심사위원과 초대작가를 역임하였다. 그는 1970년 도미하여, 1972년 New York School of Visual Art를 수료하고, 1978 미국 예일대학교 대학원에서 석사를 취득하였다. 그는 1979년부터 1987년까지 New York School of Visual Art 교수를 역임하였다.

(11) 김원숙(金元淑, Kim Won-sook)[43]

1953년 부산 태생의 재미화가 김원숙은 1972년 홍익대학교 미술대학 서양화과 재학 중에 미국에 유학하여 일리노이 주립대학교와 대학원을 마치고 1976년 석사학위를 취득하였다. 1975년 스타인상을 수상하였으며, 1995년 유엔이 선정한 "올해의 예술가"로 뽑힌 그녀는 유진 벨재단의 스티브 린튼이 부군이다. 1976년 명동화랑에서 첫 개인전을 가진 이후 한국, 미국, 일본 등지에서 개인전과 기획전 및 초대전을 가졌다. 그녀의 작품으로 침묵, 골드트리, 보름달 여인(판화), 우리가 얼굴을 가지게 될 때까지 연작, 지팡이를 짚은 남자 연작 등이 있다.

---

43) http://www.kcaf.or.kr/art500/kimwonsook/main.htm/.

〈그림 II-3〉 그의 작품 앞에 서 있는 작가 김원숙

(12) 김창열(金昌烈)44)

1929년 평남 맹산에서 출생한 판화가 김창열은 평양의 광성중학교를 거쳐, 서울대학교를 중퇴(1948-1950)한 학력을 갖고 있다. 1965년 도미하여 1966년 미국 뉴욕 아메리칸미술학교에서 판화를 공부하였다. 1968년 프랑스에 건너가서 작품활동을 하고 있다. 유럽은 물론이려니와 미국, 일본 등지에서 개인전과 국제전을 열면서 독자적인 회화세계를 구축하고 있다. 뉴욕 체재기간 중에 추상으로부터 사실주의 화가로 변모하였다. 1972년 파리의 권위있는 초대전 살롱 드메(Salon de mai)에 물방울 작가로 데뷔하였다. 극사실주의적 필치로 그려내는 그의 물방울 작품은 초기의 응집력이 강한 영롱한 물방울에서 최근에는 표면장력이 느슨해져 바탕에 스며들기 직전의 물방울까지 다양한 작품을 그리고 있다.

---

44) http://www.kcaf.or.kr/art500/kimtschangyeul/.

그의 작품 "회귀"(1989)는 1996년 프랑스 퐁피두센터에 소장되어 있다. 주요작품으로 수많은 물방울 작품과 "기억"(1975), "물방울의 형태"(1978), "물방울의 자욱"(1978), "해체"(1987), "La Coupe du Monde Football"(1998) 등이 있다. 그리고 1996년 일본 '물의 나라 미술관 개관 기념전'에 초대작가로 선정되기도 하였으며, 1963년 이후 세계 각지(한국, 프랑스, 독일, 스위스, 이탈리아, 일본 벨기에, 캐나다 등)에서 여러 차례 전시회를 개최 하였다.

(13) 김환기(金煥基, Kim Whan-ki)[45]

영원한 망향의 화가 김환기는 1913년에 전남 신안군 안좌면에서 태어나 1933년 도쿄 일본대학 예술학원 미술학부 입학하여 미술의 길에 들어섰다. 한국 추상미술의 1세대인 김환기는 1937년 귀국하여 국내외를 오가면서 왕성한 작품활동을 하다가 1974년에 사망하였다. 김환기는 한국의 아름다움을 가장 잘 이해하며 사랑한 세계적인 화가이며, 그러한 한국적인 것을 세계적인 것으로 창조한 동양의 피카소라고 할 수 있다.[46] 그의 일생은 1913-1937 서울, 동경시대, 1937-1951 귀국 서울시대, 1951-1953 부산시대, 1953-1956 서울시대, 1956-1959 파리시대, 1959-1963 서울시대, 1963-1974 뉴욕생활로 정리할 수 있다. 요컨대 청년기 5년의 일본시대, 3년의 파리시대, 그리고 말년의 뉴욕시대는 바로 고국을 떠나 외국에서 생활하였다. 그의 사후 후배들에 의해서 많은 기념전과 유작전이 개최되었다.

1. 1963-1974 뉴욕에서 작가활동
2. 1962 홍익대 미술대학 학장 역임
3. 1961 대한미술협회장 역임

---

45) http://www.whankimuseum.org/.
46) 오광수. 1996. 『영원한 망향의 화가』. 열화당.

4. 1960 유네스코 국제조형예술협회 한국 상임위원회장 역임

5. 1959-1963 홍익대학교 미술대학 교수

6. 1956-1959 파리에서 작가활동

7. 1953-1955 홍익대학교 미술대학 교수

8. 1951 부산으로 피난, 해군 종군화가로 활동

9. 1949-1974 국전 추천작가, 초대작가, 심사위원

10. 1948-1950 서울대학교 예술학부 미술과 교수

11. 1948 유영국, 이규상 등과 신사실파 조직

12. 1937 일본에서 귀국

(14) 노정란(盧貞蘭, Noh Jung-ran)[47]

재미화가 노정란은 1948년 서울에서 출생하였다. 그는 이화여자고등학교를 졸업하고, 이화여자대학교 미술대학에서 서양화를 전공하여 학사학위를 취득(1971), 1974년 이화여자대학교 대학원 서양화 석사학위를 받았다. 이후 1976년 미국으로 유학하여 1976-1977년간 미국 조지아주립대학교에서 회화를 전공하였으며, 1983년 미국 롱비치에 있는 캘리포니아주립대학교에서 회화전공 석사학위를 받았다. LA를 근거로 활동하고 있는 노정란의 대표작으로 진실의 사이클, 푸른 복숭아, 신비로운 사막 등이 있다.

노정란의 수상경력은 다음과 같다.

1. 1991 미국 캘리포니아 주립대학 '성공한 우수동창' 수상

2. 1986 미국 로스앤젤레스시 추천 예술인상 수상

3. 1981 미국 롱비치 미술관 전국공모전 2등상 수상

4. 1981 미국 버뱅크 크리에이티브 아트센터 공모전 명예상 수상

5. 1981 미국 브레아 아트센터 전국공모전 입선

---

47) http://www.kcaf.or.kr/art500/nohjungran/index.htm/.

   6. 1973　대한민국 국전 입선

   7. 1973　현대판화 그랑프리전 입선

   8. 1971　대한민국 미술대상전 입선

   9. 1970　대한민국 전국대학미전 은상 수상

(15) 박유아(朴裕雅, Park You-ah)

미국 뉴욕에서 활동하고 있는 한국화가 박유아는 1961년 서울에서 출생하여, 이화여대 동양화과에서 학부와 석사를 마쳤다. 이후 미국에 유학하여 하버드대학교와 컬럼비아대학교에서 회화를 전공하였다.

1997년 제3회 한국미술 정예작가상을 수상하기도 한 그녀는 농악(1993) 등의 작품이 있다. 귀국하여 활동을 하다가 1997년 다시 도미하여 뉴욕에 정착하여 작품활동을 하고 있다.

(16) 박혜숙(朴惠淑, Park Hye-sook)

재미조각가 박혜숙의 개인전 및 단체전 등의 작품활동은 다음과 같다.

   1. 1981　퍼포먼스 "홀로춤추기"(미국 캘리포니아 로스앤젤레스)

   2. 1981　퍼포먼스 "바다에 부치는 한"(미국 캘리포니아 로스앤젤레스)

   3. 1982　"라카전"(미국 로스앤젤레스 1:16갤러리)

   4. 1982　퍼포먼스 "곡1"(미국 로스앤젤레스 더블로킹G갤러리)

   5. 1983-1984　"현재의 한국과 미국의 감성전"(미국 뉴욕 한국문화원)

   6. 1983　"L.A 화가서울전"(동산방화랑)

   7. 1983　"남캘리포니아 여류정예화가전"(미국 캘리포니아 로스앤젤레스)

   8. 1983　"종이작업전"(미국 로스앤젤레스 1:16갤러리)

   9. 1983　개인전(미국 로스앤젤레스 1:16갤러리)

   10. 1983　개인전(미국 로스앤젤레스 아트코아갤러리)

   11. 1983　"바리에이션II-7인의 L.A 화가들"(미국 로스앤젤레스 프라자갤러리)

12. 1983 퍼포먼스 "다듬이"(미국 로스앤젤레스 롱비치미술관)

13. 1984 "캘리포니아 여류3인전"(프랑스 파리 한국문화원)

14. 1984 퍼포먼스 "일렉트로닉카페"(미국 로스앤젤레스 현대미술관)

15. 1984 개인전(미국 로스앤젤레스 아트코아갤러리)

16. 1984 "아시아계미국작가전"(미국 시애틀 윙룩기념박물관)

17. 1984 "L.A 한국화가전"(미국 캘리포니아 로스앤젤레스)

18. 1985 "7인의 목소리, 7인의 비전전"(미국 로스앤젤레스 스코프갤러리)

19. 1985 "어휘의 사이 : 여성제단의 예술전"(미국 캘리포니아 쌘타아나)

20. 1985 "충격전"(미국 일본문화원)

21. 1985 개인전(미국 로스앤젤레스 한국문화원)

22. 1985 퍼포먼스 "곡3"(미국 로스앤젤레스 더블로킹 G갤러리)

23. 1985 퍼포먼스 "곡3"(미국 로스앤젤레스 더 하우스)

24. 1985 퍼포먼스 "꿈-동양-여름밤"(독일 호스트딜리히화랑)

25. 1985 퍼포먼스 "에미의 신화(죽음의 새)"(미국 로스앤젤레스 올리오극장)

26. 1986 "고든햄튼콜렉션전"(미국 로스앤젤레스 프라자갤러리)

27. 1986 충격전(미국 로스앤젤레스 오렌지사딘스갤러리)

28. 1987 개인전(미국 로스앤젤레스 배드아이갤러리)

29. 1988 캘리포니아작가전(미국 로스앤젤레스 코스트라일화랑)

30. 1988 개인전(두손갤러리)

31. 1988 "곡" 퍼포먼스(두손갤러리)

32. 1988 이달의 작가(국립현대미술관)

33. 1989 녹색갤러리그룹전(독일 브레멘)

34. 1989 해트아폴로우스(네덜란드 아인트호반)

(17) 존 배(裵英哲, John Pai)

재미조각가 존 배는 항일우국지사를 배창근을 조부로, 항일투쟁과 농촌계몽운동을 한 배민수를 아버지로 하여 1937년 서울에서 출생하였다. 그의 어머니 최순옥은 블라디보스톡에서 태어나 조국에 유학을 와서 배민수를 만나 결혼하였다. 일제의 식민지배가 극성을 부리자 존 배의 아버지 배민수는 미국으로 건너가서 신학을 공부하여 목사가 되었다. 그의 아버지가 미국에 있는 동안 존 배는 경기도 일산에서 성장하였다. 해방 후 귀국한 그의 아버지는 빈민구호사업을 하느라 가정을 돌보지 않았다. 그런데 1949년 가족이 미국으로 이주하게 되었는데, 한국전쟁이 일어나자 다시 그의 아버지는 귀국을 하고, 그는 누나와 함께 미국에 남게 되었다. 요컨대 존 배는 가정을 돌보지 않는 아버지 때문에 거의 혼자서 어렵게 성장하였다.

어릴 때부터 남달리 미술에 소질을 발휘한 존 배는 뉴욕프랫대학에서 4년 동안 장학금을 받고 조각을 공부하였다. 이어서 대학원에 진학한 뒤 모교에 남아서 교수로서 작품활동과 후진양성을 하였다. 존 배는 쇠와 철사를 이용하여 인간존재에 대한 해답을 추구해 온 작가이다. 쇠와 철사라는 현대적인 재료에 메주, 새우젓 같은 한국적 정서를 결합하여 다양하게 변주하는 그의 작품 세계는 49년 미국으로 이주해 온갖 어려움을 딛고 숙성시킨 치열한 인생 이력의 반영이라고 할 수 있다. 그는 평생을 프랫대학에 재직하였는데, 그 경력은 다음과 같다.

(18) 백남준(白南準, Paik Nam-june)[48]

1932년 서울에서 출생하여 2006년 작고한 백남준은 한국이 낳은 세계적인 화가임이 분명하다. 그가 작고할 당시 그의 죽음을 전 세계의 화단이 슬퍼하고 추모전을 계속 열고 있을 정도였다. 그리고 그의 작품이 전 세계적으로 유명한 미술관에 전시되어 있는 것을 보면 더욱 그렇다. 비디오아트라는 독자적인 미술의 영역을 개척한 작가 백남준은 1984년 "굿모닝 미스터 오웰"로 우리 뇌리에 각인되었다.

---

48) http://www.kcaf.or.kr/art500/paiknamjun/. ; http://www.paikstudios.com/. ; 이용우, 『백남준 그 치열한 삶과 예술』, 열음사, 2005.

　　1932년 서울의 거부의 아들로 태어난 백남준은 경기고 졸업을 1년 앞둔 1949년 홍콩으로 일가족이 이사를 하였다. 1950년 귀국하였으나 한국전쟁으로 인하여 일본으로 유학을 하였다. 도쿄대학 문학부 미학과에서 공부하던 백남준은 1956년 일본에서 독일로 가서 뮌헨대학과 프라이프르그에서 수학하였다. 여기서 그는 음악을 행위예술화 시킨 존 케이지, 현대 미술의 아버지로 불리는 조셉 보이스 등을 만나 백남준의 예술을 잉태한다. 1964년 독일에서 미국으로 건너 간 백남준은 플럭서스 퍼포먼스를 벌여 이름을 알리기 시작하였다. 1977년 일본출신의 비디오아티스트 구보다 시게코와 결혼을 하였다. 1960년부터 TV작업을 시작한 백남준은 TV를 오브제로 간주한 작업을 선보여 비디오아티스

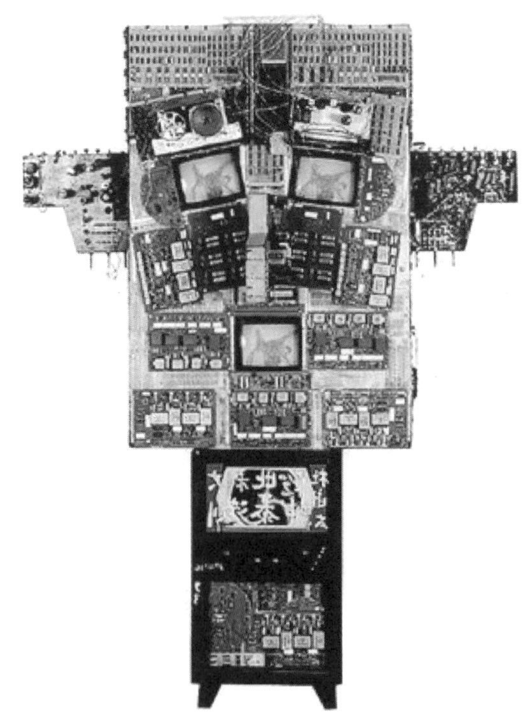

〈그림 Ⅱ-4〉 백남준의 작품

트로 등장하였고, 비디오아트를 미술의 한 영역으로 자리 잡게 한 선구자이다.

1960년 "피아노포르테를 위한 연습곡"을 발표할 당시 그는 무대 아래로 뛰어 내려가 넥타이를 자르는 등 관객에 대한 행위를 무대 밖으로까지 넓히는, 당시로선 파격적인 모습을 보이기도 했다. 특히 1963년 독일에서 첫 개인전을 열어 비디오 예술의 창시자로 세계 미술계의 주목을 받은데 이어 1969년 미국에서 샬롯데 무어맨과 공연을 하면서 비디오아트를 예술 장르로 편입시킨 선구자라는 평을 듣기 시작했다. 이어 1984년에는 파리와 뉴욕을 통신위성으로 연결하는 "굿모닝 미스터 오웰"을 기획, 지휘하기도 했다. 그는 1996년 뇌졸중으로 쓰러져 몸의 왼쪽 신경이 마비됐음에도 불구하고 독일 비디오조각전(1997), 바젤국제아트페어(스위스 바젤, 1997), 98서울판화미술제(예술의전당 미술관, 1998), 40년 회고전(미 캘리포니아 산타바바라 박물관, 2000) 등 왕성한 활동을 계속했다. 이런 활동의 결과 1996년 10월 독일 '포쿠스'지가 선정한 '올해의 100대 예술가' 중에 들었고, 1997년 8월에는 독일 경제월간지 '카피탈'이 선정한 '세계의 작가 100인' 가운데 8위에 오르기도 했다. 또 현대예술과 비디오를 접목시키는 데 기여한 공로로 '98년도 교토상', 한국과 독일의 문화교류에 기여한 공로로 '괴테메달'을 받았고, 2000년엔 금관문화훈장도 받았다.[49] 그 밖에 호암상(1996), 후쿠오카 아시아 문화상(1995), 베니스 비엔날레 황금사자상(백남준 : 일렉트릭 수퍼 하이웨이-베니스에서 울란바토르까지, 1993) 등을 수상하였다.

경기도는 2001년부터 백남준을 기리는 미술관을 용인에 건설하고 있다. 2007년 10월 개관 예정인 '백남준미술관'은 상설 및 기획전시실, 교육실, 자료실, 수장고, 연구실, 편의시설 등을 갖춘 지상 2층, 연면적 1,645 평 규모로 건립 중에 있다.[50]

---

49) 연합뉴스, 2006. 01. 30.
50) 연합뉴스, 2006. 01. 06 ; 한겨레신문, 2006. 03. 27.

(19) 변종곤(卞鍾坤, Byun Chong-gon)

1948년 대구에서 태어난 변종곤은 중앙대학교 회화과, 계명대학교 대학원을 거쳐 1981년 미국으로 건너가 Art Student League of New York에서 1984년까지 수학하였다. 변종곤은 도미 전에 철수한 미군비행장을 사실주의적으로 그린 작품으로 1978년 제1회 동아미술상 대상을 수상하면서 미술계에 등단하였으나, 자유로운 작품활동을 구속하는 당시의 사회적 상황 때문에 1981년 미국으로 건너갔다. 그의 수상경력은 앞서 언급한 1978년의 제1회 동아미술전 대상(새로운 형상성)이 있다.

뉴욕에 정착하여 활발하게 창작활동을 하고 있는 그는 한국, 일본 등을 오가면서 전시회를 갖고 있다. 쓰레기더미나 벼룩시장 등에서 구한 오브제들을 결합하거나 그 위에 사실주의적인 그림을 그려 넣는 그의 작품세계는 '아상블라지'(assemblage)라 불린다. 그는 회화와 조각을 합쳤다는 뜻의 '앙상블라지'(ensemblage)라는 표현을 사용한다.

변종곤의 2003년 작품은 '신은 죽었는가?(Is God Dead?)'를 주제로 하였다. 그 이유는 그가 9·11 테러의 산증인이기 때문이다. 9·11 테러 당시 그 근처의 브루클린 아파트 옥상에서 세계무역센터가 무너지는 비극의 현장을 망원경으로 지켜봤던 것이다. 무역센터 건물에서 부둥켜안은 남녀 한 쌍이 떨어지는 것을 본 적이 있었는데, 그때 그 자신도 모르게 입에서 튀어나온 말이 바로 '신은 죽었는가?'였다. 그는 그 시련을 미술에 대한 열정으로 이겨냈다. 그리하여 종교적 주제와 인간의 실존적 문제를 표출시켜 신과 신의 섭리에 대해 되묻고 있다.[51]

고집과 독창성으로 자신만의 세계를 구축해 온 그는 이제 뉴욕화단에서 확실하게 이름을 남겼다. 크리스티경매장에 그의 작품이 자주 등장하는 것이 한 예다. 2004년에는 소더비도 관심을 표명하고 나섰다.

그의 작품은 현재 The Albany Museum of Art(Albany, Georgia), The

---

51) 대구신문, 2003. 05. 01.

Indianapolis Museum of Art, The Cleveland Museum (Cleveland, Ohio), 한국 국립현대미술관, 서울에 위치한 포스코 센터, 뉴욕의 Riverdale Y.M.Y.W.H.A, 대구시립미술관 등에 소장되어 있다. 그는 "조합 그리고 자연스러움: 변종곤 뉴욕 25년"(Natural Synthesizer: Chong Gon Byun's 25 Years in New York) 특별전을 2005년 4월 8일(금)부터 4월 30일(토)까지 뉴욕한국문화원 갤러리 코리아에서 가졌다.[52] 그의 대표적인 작품으로 굿모닝 아메리카 시리즈, 방문객 연작, 비지터 시리즈, 시저의 브레인 등이 있다.

(20) 서도호(徐道濩, Do-ho, Suh)[53]

재미 설치미술가이자 조각가인 서도호는 1962년 서울에서 출생하였다. 그는 서울대학교에서 동양화를 가르친 서세호의 아들이기도 하다. 서울대학교 미술대학 회화과를 마치고(1985), 서울대학교 대학원에서 동양화을 전공하여 석사학위를 취득하였다(1987). 이후 미국으로 유학하여 로드아일랜드디자인학교에서 회화를 전공하여 학사학위를 받고(1994), 예일대학교 대학원에서 조소를 전공하여 석사학위를 받았다(1997).

뉴욕에 정착하여 작품활동을 하고 있는 서도호는 2000년 제49회 베니스비엔날레 한국관 전시작가로 선정되었으며, 2003년 에르메스 코리아 미술상을 수상하기도 하였다. 그리고 1999년 채널 재단 펠로우쉽 아티스트 인 레지던스, 1998년 '공적인 영역에서'-미국의 한국 예술 재단상 파이널리스트, 1997년 레베카 테일러 포터상 등을 수상하였다. 그의 작품으로 좌화상(1993), 쇠로 된 옷(1995), 3학년 1반(1995) 등이 있다. 서도호의 작품 중에서 "문"(Gate)은 LA카운티미술관에서 구입하여

---

52) 중앙일보, 2005. 04. 10.
53) http://www.dohosuh.com/.

2007년 개관할 현대미술관에 전시될 예정이다. 문은 스테인리스 스틸 구조에 비단을 사용하여 기와지붕이 있는 한국의 전통 대문을 형상화한 것이다.[54]

서도호는 미국에 가면서 고향에 대한 기억을 함께 가지고 가서 적극적으로 현재 자신의 삶 속에 녹여서 작품으로 표현하고 있다. 특히 너와 나를 연결시켜 주고, 안과 밖을 연결시켜 주는 공간을 표현하는 데 주력하고 있다.

〈그림 Ⅱ-5〉 서도호의 작품

(21) 안봉규(安鳳奎)

한국화가 안봉규는 1938년 충남 아산에서 출생하였다. 1962년 서라벌예술대학을 졸업하고, 소정(小亭) 변관식에게 사사 받았다. 현대미술

---

54) 연합뉴스, 2006. 05. 04.

전 초대작가, 대학미술대전 심사위원 등을 역임하였다. 그리고 1985년 부터 1991까지 중앙대학교 예술대 교수, 1995년부터 미국 뉴욕 머시대 동양미술과 교수를 역임하였다. 그의 작품은 스웨덴 국립동양박물관, 국회의사당, 럿거스대학(미국 뉴저지), 머시대학, 퀸즈도서관(뉴욕), 첼시센터미술관(뉴욕), UN센터(뉴욕) 등에 소장되어 있다. 그가 참여한 전시회는 개인전(국내 9회, 국외 8회), 신기회전(1965-1971) 등과 함께 수 많은 전시회에 참여하였다.

(22) 안영일(安榮一, Ahn Young-il)

1934년 개성에서 출생한 안영일은 미국 LA에서 작품활동을 하고 있는 서양화가이다. 그는 1963년부터 1981년까지 국전추천작가를 역임하였다.

그의 작품활동을 보면 다음과 같다.

1. 1958 개인전(동아갤러리)
2. 1959 개인전(미국 시카고 Hall House갤러리)
3. 1962 개인전(필란드 헬싱키 Usis갤러리)
4. 1963 국전(경복궁미술관)
5. 1965 개인전(파고동화랑)
6. 1966 개인전
7. 1967 개인전(신문회관)
8. 1968 개인전(미국 로스앤젤레스 Muckenthaler센터)
9. 1969 개인전(미국 로스앤젤레스 Muckenthaler센터)
10. 1970 개인전(미국 로스앤젤레스 Zachary waller갤러리)
11. 1977 한국 현대미술대전 : 서양화(국립현대미술관)
12. 1982 개인전(미국 로스앤젤레스)
13. 1982 개인전(현대화랑)
14. 1985 개인전(미국 로스앤젤레스 한국문화원)

15. 1986   개인전(현대화랑)
16. 1987   제2회 L.A아트페어(미국 로스앤젤레스)
17. 1988   제3회 L.A아트페어(미국 로스앤젤레스)
18. 1992   개인전(미국 베버리힐즈 갤러리365)
19. 1995   개인전(미국 로스앤젤레스 John&Joe갤러리)
20. 1995   개인전(가산화랑)
21. 1966   개인전
22. 1958   개인전(동아갤러리)
23. 1959   개인전(미국 시카고 Hall House갤러리)
24. 1962   개인전(필란드 헬싱키 Usis갤러리)
25. 1963   국전(경복궁미술관)
26. 1965   개인전(파고동화랑)
27. 1967   개인전(신문회관)
28. 1968   개인전(미국 로스앤젤레스 Muckenthaler센터)
29. 1969   개인전(미국 로스앤젤레스 Muckenthaler센터)
30. 1970   개인전(미국 로스앤젤레스 Zachary waller갤러리)
31. 1977   한국 현대미술대전 : 서양화(국립현대미술관)
32. 1982   개인전(미국 로스앤젤레스)
33. 1982   개인전(현대화랑)
34. 1985   개인전(미국 로스앤젤레스 한국문화원)
35. 1986   개인전(현대화랑)
36. 1987   제2회 L.A아트페어(미국 로스앤젤레스)
37. 1988   제3회 L.A아트페어(미국 로스앤젤레스)
38. 1992   개인전(미국 베버리힐즈 갤러리365)
39. 1995   개인전(미국 로스앤젤레스 John&Joe갤러리)
40. 1995   개인전(가산화랑)

(23) 이병용(李秉瑢, Lee Byoung-yong)

경남 하동에서 1948년 출생한 서양화가 이병용은 2001년 사망하였다. 그는 홍익대학교 회화과를 마치고 미국에 유학하여, 프랫대학 대학원에서 석사학위를 취득하였다. 젊은 시절 전위그룹 "에스프리"의 회원이기도 한 그는 미국 뉴욕을 중심으로 활동하다가 1991년 귀국하였다. 비교적 젊은 53세의 나이에 세상을 뜬 그는 '갤러리 서종'에서 전시회를 갖는 등 죽기 전까지 작품활동을 하였다.

(24) 이일(李逸, Lee II)

1952년 서울 출생의 판화가 이일은 홍익대학교에서 학사학위를 취득하였으며, 현재 미국 뉴욕에서 활동하고 있다. 그는 국제드로잉비엔날금상(1984), 한국현대판화가협회공모전우수상(1983) 등을 수상하였다.

(25) 임정욱(林延룍)

서양화가 임정욱은 1961년 서울에서 출생하여 미국에 건너가서 늦은 나이에 본격적인 화가수업을 한 경력의 소유자이다. 1985년 미국 노트르담대학교 경영학 학사학위 취득, 1991년 미국 스탠퍼드대학교 수학, 1995년 미국 샌프란시스코미술대학 서양화 학사학위 취득, 1996년 미국 샌프란시스코미술대학 대학원 서양화 포스트백 프로그램 수료 등이 그의 학력이다. 그는 국내에서도 학업을 수행하였는데, 1997년 홍익대학교 대학원 현대미술 최고위과정을 수료하였다.

1995년 제57회 산호제 아트 리그 미전국 공모전에서 2등상(서양화부문)을 수상한 것을 비롯하여, 1995년 제28회 코렛트 갤러리 드로잉 공모전과 1760 갤러리와 작업실 공모전 입선(서양화부문), 1997년 제5회 매일신문 미술대전 입선(서양화부문) 등의 수상경력이 있다.

(26) 임충섭(林忠燮, Lim Choong-Sup)55)

충북 진천이 고향인 임충섭은 1941년 태어났다. 1960년 서울 예술고등학교, 1965년 서울대학교 미술대학 회화과를 졸업하였다. 1973년 미국에 건너가 Blooklyn Museum 미술학교(막스 벡크만 기념장학금), 1975년 Art Student League of New York(루이스 뷔세 기념장학금) 등에서 미술을 전공하였다. 현재 뉴욕화단에서 활발한 작품활동을 하고 있는 임충섭은 고국을 오가면서 전시회를 자주 갖고 있다. 미국에서 수만개의 햄버거를 먹었지만 여전히 된장냄새 나는 한국인이라는 그는 최근에도 국내에서 전시회를 가졌다. "되돌린 버릇"(Habitual Habitat)이라는 제목으로 소격동 국제갤러리에서 개인전을 가진 재미작가 임충섭은 작품의 표현방식은 서구적일지라도 그 내용은 한국적일 수밖에 없다고 고백한다.56)

그의 작품은 1970년대 이후 1980년대 후반까지 미국을 풍미한 미니멀리즘과 유사성이 있는데, 이러한 작품 외면과는 달리 작품의 내용은 한국에서의 어린 시절 고향의 삶과 그 주변에 산재해 있던 농촌생활의 일상적인 도구들이 주요 재료로 등장하는 등 한국적인 정서를 내포하면서도 현대적인 성격을 표출하는 독특한 작품세계를 형성하고 있다. 이러한 임충섭의 작업은 서구의 형식을 수용하면서도 우리의 정신을 아름답게 간직하고 있어, 서구와 동양의 가치관의 혼재 속에서 그 정체성을 찾는데 큰 어려움을 겪고 있는 한국의 많은 작가들에게 매우 긍정적인 모델이 될 수 있을 것이다.

한국적 내용과 서구적 형식이 결합하는 독특한 작품세계를 펼치는 임충섭은 1980년대 이후 뉴욕에서 작품활동을 해 왔으며, 한국적인 감성을 기반으로 정제된 기억의 단편들을 종합한 설치작품을 제작함으로

---

55) http://www.kcaf.or.kr/art500/limchoongsup/.
56) 경향신문, 2006. 01. 24. 한겨레신문, 2006. 01. 25.

서 물질적 상황의 이면에 숨어 있는 정신과 물질의 교류현상을 표현하고 있다. 이와 더불어 최근에는 20세기 이후 아방가르드 미술에서 주요한 물질적 주제로 이용되어온 "빛"을 작품의 물질적 주제로 이용하여 호평 받고 있다.[57]

임충섭은 1994 뉴욕의회예술기금, 1991, 1992 메리월쉬샤이프아트화운데이션, "스페이스프로그램" 수상하였다.

<그림 Ⅱ-6> 작가 임충섭과 그의 작품

(27) 장 발(張勃, Chang Louis-pal)

1901년 인천에서 출생한 장발은 2001년 사망하였다. 제2공화국 국무총리를 지낸 장면의 친동생이다. 장발은 1922년 일본 도쿄미술학교를 거쳐 미국 컬럼비아대학교에서 미학과 미술사를 전공하고 1925년 귀국하였다. 작품활동 초기에는 한국 천주교회를 위한 성화 작업을 많이 하

---

57) 국민일보, 2006. 01. 22.

였고, 1934년 조선미술전람회를 거부한 작가들의 모임인 목일회 창립전과 1937년 목시회 회원전에 참여하였다. 그는 김복진·안석주 등과 속칭 선전이라 불리는 조선미술전람회를 반대하는 운동을 일으켰으나 일본 경찰의 탄압과 이간책으로 실패하였다. 8·15광복 후에는 한국사실작가회원전·한국현대서양화대전 등에 출품하였다. 이어 대한민국예술원상·서울시문화상을 수상하였으며, 대한민국미술전람회 심사위원·대한민국예술원 회원을 지냈다.

장발은 국내에서 작품활동보다는 교육에 힘써 서울대학교 미대 학장과 중앙대학교 교수 등을 역임하였다. 만년에는 미국으로 가서 생활했으며 동양적 비구상화 계열의 작품을 남겼다. 주요작품으로는 "12사도상", "성 김대건 신부상", "작품 A", "작품 3" 등이 있다.

그의 경력을 보면 다음과 같다. 1964년부터 미국 St. Vincent 대학 명예교수, 1957-1961 서울대 미대 초대학장(서울대 교수로 15년간 재직), 1949-1963 국전 추천작가, 초대작가 및 심사위원. 그의 수상경력은 다음과 같다. 1984 제19회 대한민국 은관 문화훈장, 1957 제4회 대한민국 예술원상, 1949 제2회 서울시 문화상.

그가 참여한 전시회는 다음과 같다.
1. 1992 (단체전) 원로작가 회화전(국립현대미술관)
2. 1992 (단체전) 한국 근대미술 : 유화-근대를 보는 눈(국립현대미술관)
3. 1987 (단체전) 한국 인물화전(호암 갤러리)
4. 1987 (단체전) 한국 현대미술에 있어서의 흑과 백전(국립현대미술관)
5. 1984 (단체전) 카톨릭 미술전(미술회관)
6. 1984 (단체전) 한국 현대 성화전(이태리)
7. 1984 (단체전) 현대 종교 미술전(국립현대미술관)
8. 1976 개인전(신세계 미술관)
9. 1972 (단체전) 한국 근대미술 60년전(국립현대미술관)

10. 1945 (단체전) 해방 기념 미술전(서울)
11. 1929 (단체전) 협전 ― 서화미술가협회전(서울)

(28) 정관훈(鄭官勳)

　요절한 화가 정관훈은 1965년 대구에서 출생하여 2005년 NJ에서 사망하였다. 영남대학교에서 서양화를 전공한 그는 계명대학교 예술대학원에서 석사학위를 취득하였다. 2001년 도미하여 뉴저지에서 활동한 그는 미국생활 5년 만에 아깝게도 불의의 사고로 일찍 세상을 떴다. 그를 추모하는 전시회가 뉴욕 스페이스월드에서 기획되기도 하였다.[58] 그의 수상경력은 다음과 같다. 대한민국미술대전 입선, 신라미술대전 특선, 경상북도미술대전 특선, 입선 2회, 목우회전 입선 2회, 매일신문사 입선.

　꽃과 정물, 길, 악기 등을 정교하게 그리는 사실주의 작가였던 그의 활동을 정리하면 다음과 같다.

1. 대구은행 5인전
2. 표상회 정기전
3. 청년작가회전
4. 신세대 작은그림 큰 감동전(현대아트갤러리)
5. 서양화 6인 기획전(한성갤러리)
6. 서양화 2인전(봉성갤러리)
7. 1994　제1회 개인전(문화예술회관)
8. 1995　장용길·정관훈 작품전(중앙화랑)

---

58) 연합뉴스, 2005. 12. 17. 여기에 참여한 작가는 뉴욕에서 활동하고 있는 작가와 한국의 작가를 포괄하고 있다. 김용휘 김익규 김일권 김정향 김제나 김준용 김진수 김청윤 김포 김호득 김호연 김희수 김희자 김희정 남기창 민병옥 민지영 박가혜 박만희 박애기 박유아 박은희 박응호 박정환 박종경 박 준 배소현 백남준 송기창 송태식 서태현 안재희 양희성 이늠이 이목을 이목일 이민영 이수임 이 승 이영경 이운주 등 (70명).

9. 1995　화랑미술제
10. 1995　봉산미술제
11. 1996　제2회 개인전(도올갤러리)
12. 1997　제3회 개인전(대백프라자 갤러리)
13. 1998　제4회 개인전(갤러리 B612)
14. 1998　제5회 개인전(송화당갤러리)
15. 1999　제6회 개인전(사비나갤러리)

(29) 조숙진(趙淑眞, Jo Sook-jin)[59]

1960년 광주 출생의 조숙진은 나무를 사용하는 독특한 방법을 갖고 있다. 미국 폴록 크레이스너 기금(1996), 미국 KAFA상(1993)을 수상한 조숙진은 미국 뉴욕을 중심으로 활동하고 있는 재미 조각가이다.

(30) 한용진(韓鏞進, Han Yong-jin)

1964년 미국에 건너가서 활동하고 있는 조각가 한용진은 1934년 서울에서 출생하였다. 그는 서울대학교에서 조각을 전공하여 학사학위를 취득하고(1959), 1961년 중앙여자고등학교에서 미술교사로 2년을 재직하였다. 1963년 이화여자대학교 전임강사로 근무하다가, 1964년 국제교육재단 초청으로 미국으로 유학하였다. 1965년 덴마크에 가서 호밍 사범대학에서 강의를 하면서 창작활동을 한 결과 50여 점의 작품을 남겼는데, 이 작품들은 Miming 미술관에 보관되어 있다.

1967년 이후 뉴욕에 정착하여 활발하게 창작활동을 해 온 한용진을 기리기 위한 뉴욕의 한인미술가들이 모여서 미술상을 제정하기도 하였다. 돌과 브론즈로 조각에 일생을 바친 그를 기리기 위한 '한용진미술상'은 2004년 1월 음력설에 제1회 시상식을 가졌는데, 수상자로 김제

---

59) http://www.sookjinjo.com/.

나, 손한샘, 임지아, 정석희 등이 선정되었다.

한용진이 수상한 여러 가지의 상은 다음과 같다.

1. 1963 한국미술협회전 장려상 한국미술협회
2. 1962-1963 제11-12회 국전 특선
3. 1949-1961 제1, 7-10회 국전 입선 1회, 특선 1회
4. 1949-1961 제1, 7-10회 국전 입선 1회, 특선 1회

(31) 황주리(黃珠里, Hwang Ju-lie)[60]

1987년 미국에 건너 간 이후 한국과 미국을 오가면 활동하고 있는 재미화가 황주리는 1957년 서울에서 출생하였다. 이화여자대학교 서양화 학사(1980), 홍익대학교 대학원 미학 석사학위를 취득하였다(1983). 그리고 1987년 미국에 유학하여 뉴욕대학교 대학원에서 석사학위를 취득하였다(1990).

그녀는 앙데팡당전 수상(1982), 제5회 석남미술상(1986), 제14회 선미술상(1999) 등을 수상하였으며, 『아름다운 이별은 없다』(자유문학사, 1991), 『어머니 찾아가기』(공저 혜화당, 2000), 『날씨가 너무 좋아요』(생각의 나무, 2001), 『세월』(이레, 2005) 등의 저서가 있다. 그녀의 작품으로 가면무도회, 거울 앞에서, 그대안의 풍경, 그중에 일인의 아해가 무서운 아해라도 좋소, 땅에서..., 참을 수 없는 존재의 무거움, 추억제, 맨하탄 블루스(1996), 추억의 고고학(1996), 식물학(1996) 등이 있다.

그녀의 작품은 다음과 같은 곳에 소장되어 있다. 국립현대미술관, 후쿠오카 시립미술관, 선재미술관, 성곡미술관, Borden.New York, 삼성의료원, 경찰병원, 부산방송국, 호암미술관, 광주시립미술관(하정웅 컬렉

---

60) http://www.kcaf.or.kr/art500/hwangjulie/.

션), 삼성전자, (주)미원, (주)한창, 남양알로에, E랜드 등.

3) 무 용

(1) 김명수(金明洙)

1954년에 출생한 한국무용가 김명수는 현재 뉴욕에서 "김명수댄스프로젝트"를 운영하면서 교포 2세들에게 한국춤을 통한 정체성 찾기를 목적으로 하는 교육사업을 펼치고 있다. 태평무, 승무, 살풀이를 전문분야로 하는 그는 1977년 이화여자대학교에서 현대무용을 전공하여 무용학사를 받았고, 미국에 건너가 마사그레이엄현대무용학교에 유학하였다. 그는 링컨센터 공연예술 공공도서관 국제자문위원을 역임하였으며, 무용평론가협회 회원이다.

그가 출연한 공연은 2006년 공연예술아트마켓(APAP) 쇼케이스 공연,

〈그림 Ⅱ-7〉 무용가 김명수

2005년 댄스시어터 워크숍공연, 1997년 "굿춤 97 망명자의 폐허, 그리고 재생" 등이 있다. 그리고 1990년과 1991년에 1, 2회 범민족대회에 참가하였다. 연구실적으로는 "이동안 태평무의 연구"가 있다. 좀 더 일찍이 소급하면 공연작품으로 1980년 9월의 현대무용발표회, 1982년의 전통무용발표회(세종문화회관 소강당) 등이 있다. 그는 2006년 6월 뉴욕 맨하탄 42번가에 위치한 듀크극장에서 "김명수 아리랑 : Korean Ritual Solos"(아리랑 : 김명수류 한국굿춤 독무공연)을 공연하였다.

(2) 김영순(金英順)

현대무용가이면서 안무가인 김영순은 1952년 광주에서 출생하여 광주여자고등학교를 졸업하고, 이화여자대학교에서 무용학사학위를 받았다. 그는 1977년 루돌프 누레예프 장학생으로 선정되어 도미 유학하였으며, 제니퍼 먼로 무용단 단원을 거쳐 1983년부터 1987에 Throne Dance팀 부단장을 역임하였다. 화이트 웨이브 라이징 현대무용단 창단하여 현재 화이트 웨이브 라이징 현대무용단 예술감독으로 있다.

그의 수상내역을 보면 뉴욕주 안무상(ALIVE), 뉴욕한인회 선정 한국을 빛낸 인물상(1991) 등이 있다. 그의 공연작품으로 저류, 떠오르는 희망결(대구문화예술회관, 1992), 초생달과 2인무(대구문화예술회관, 1992), 우리는 어디로 가고 있는가(대구문화예술회관, 1992), ALIVE 안무, 꿈을 찾아서, 무녀도 등이 있다.

(3) 손인영(孫仁英)

한국무용가이며 안무가인 손인영은 1962년 9월 2일 부산에서 출생하여 진주여고를 졸업하였다. 이어서 1985년 세종대학교 무용학사, 1992년 이화여자대학교 대학원 무용학석사, 1996년 미국 컬럼비아대학교 대학원 무용교육학석사 학위를 수여받았다. 그는 문예진흥원 해외연수

장학생으로 선발되었고, 미국 록펠러 문화재단에서 3년 연속 예술장학금을 수혜받기도 하였다.

그는 1985년부터 1992년까지 국립무용단 프로무용수, 1994년부터 1996년까지 미국 컬럼비아대학교 대학원 국제무용클래스 한국무용전공 강사, 1996년 9월 이후 현재까지 미국 뉴욕 퀸즈대 연극무용학과 한국무용강좌 초빙교수, 1999년 이후 서울예술단 무용감독, 2005년 11월 이후 한국문화예술위원회 무용위원회 위원을 역임하였으며, 현재 "손인영NOW무용단" 예술감독을 맡고 있다.

1997년부터 5년 동안 "세계인이 함께 추는 한국춤" 5개년 프로젝트를 주관한 그는 학술논문으로 "한국무용극의 창작 메소드에 관한 연구"(석사학위논문, 이화여대학교 대학원, 1992), "한국무용의 창작과 재창작"(석사학위논문, 미국 콜럼비아대학교 대학원, 1996) 등이 있다.

그의 공연작품으로는 다음과 같은 것들이 있다.
1. "호기심 1"(극장 P.S. 122, 1994. 9)
2. "여름"(컨텍스트극장, 1994. 10)
3. "내말이 내춤의 옷을 입는다면"(뉴욕 DTW, 1996. 2)
4. "아시아의 달"(1996. 5)
5. "세계인이 함께 추는 한국춤 시리즈-강강술래"(뉴욕. 워싱턴, 보스턴, 1996. 9)
6. 록펠러재단 주최 아시아의 춤 공연(1997. 5)
7. "내말이 내춤의 옷을 입는다면"(뉴욕 제로우갤러리, 1997. 11)
8. 손인영의 춤(문예회관대극장, 1998. 3. 12-3. 13)
9. 가무악 "상생-비나리 99"(국립국악원 우면당, 1999. 4. 2-10. 15)
10. 손인영의 이야기가 있는 물의 춤(토탈미술관, 1999. 9. 2)
11. 향가. 사랑의 노래-서동요 안무(예술의전당 토월극장, 1999. 9. 30-10. 3)
12. 무용극 "청산별곡" 안무(예술의전당 토월극장, 2000. 6. 8-6. 11)
13. 중견안무가 신작무대(예술의전당 자유소극장, 2000. 10. 12-10. 13)

그가 안무한 작품으로는 "틀 벗기기"(1990), "어제, 그리고 오늘"(1992), "황사"(1992), "춘(春)"(1992), 컨템포러리 춤 "호기심"(1994), 컨템포러리 춤 "어느 여름, 어느 하루"(1996), "소리춤"(1996), 컨템포러리 춤 "물이 움직인다"(1997) 등이 있다.

손인영은 미국에서 6년 동안의 유학 생활을 통해 한국의 전통춤과 미국의 현대무용을 비교 연구한 후 무용수들을 위한 훈련 메소드인 '서예를 하는 것과 같은 춤 메소드'를 독자적으로 개발하여 미국과 한국 등에서 강의하고 있다. 그는 국립무용단에서 7년 동안 프로 무용수 경험과 한국 춤과 현대무용을 두루 연마한 경력 등을 인정받아 1999년 귀국하여 서울예술단의 무용감독직을 맡아 1년 6개월 재임 동안 "청산별곡", "서동요", "상생 비나리" 등을 안무했다.

최근의 근황을 보면, 2001년 전문 무용단 체제의 "손인영 NOW 무용단"을 창단하여 3월 봄 시즌 정기공연 "전승과 창조", 5월 뉴욕 카우프만 극장에서의 공연과 세 차례의 워크숍을 가졌다. 8월에는 가나 아트센터에서 열린 '춤추는 조각전'에서 "손의 죽음"을 공연했으며, 그해 9월에는 화제작 "소통"을 공연했다.

2002년에는 정기공연 작품으로 "페미타지"를 안무하여 문예진흥원의 사후 지원 대상 작품으로 선정되기도 하였다. 8월에는 토탈 미술관의 9개 공간을 이용한 크로스 오버 댄스 작업인 "감각"을 공연하여 호평을 받았으며, 9월에는 죽산 국제예술제, 부산 아시안 게임 문화 엑스포 개막 공연에 초청되어 단독 공연을 갖기도 하였다. 11월에는 상주 예술가(Artist Residence)로 초청되어 미국 버팔로 대학에서 강의 및 공연을 가졌으며, 뉴욕을 중심으로 모두 11개 학교를 방문해 한국 춤에 대한 워크숍을 실시하는 School Visit 프로그램을 시행하기도 하였다.

(4) 손정아

손정아는 국악예술중학교, 국악예술고등학교를 졸업하고, 1983년 19세에 미국으로 건너가 브로드웨이 Social Dance School과 뉴욕 락클랜드 대학에 유학하였다. 그리고 고려대학교 ICP 최고위 과정과 EBP문화예술대학원 댄스스쿨을 수료하였다. 그는 재미민족예술가무단 수석안무가, 미동부문화위원회 회장, 민주평화통일자문위원, 한국예술문화단체 총연합회 해외예술전문위원장, 한울림예술단 미동부지부장 등을 역임하였다.

손정아의 자료는 그의 홈페이지 한국무용회(http://www.koreamusical.co.kr/)에 소개되어 있는데, 이하의 자료는 주로 거기서 얻었다. 그는 중요무형문화재 제27호 한영숙선생에게 승무, 살풀이, 학무 등을 이수하였다. 그리고 중요무형문화재 제23호 박귀희선생에게 가야금 병창 사사하였으며, 중요무형문화재 제19호 김순태선생에게서 경기소리를 사

〈그림 II-8〉 무용가 손정아

사 받았다. 또 중요무형문화재 제 5호 판소리 정권진선생에게 소리를 사사 받았다.

그의 경력을 보면 1987년 New York과 New Jersey에 한국무용회를 개원하였고, 1988년 FIT New York University faculty of Fashion에 출강하였으며, 한국고전무용 어린이학교를 개원하였다. 1989년 Korea Music & Dance School 개원하였으며, 1990년 Beyside High School 에 출강하였다. 1992년 158 Junior High School 출강, 1995년 Colombia university 출강하였다.

그리고 그의 수상내역을 보면 다음과 같다. 1981년 하와이 전통의상 패션쇼 포토제닉상 수상, 1988년 Asian Society 세계전통예술경연대회 대상 수상, 1993년 Hudson Country 시장 표창장, 1993년 Queens Borough 청장 표창장 수상, 1993년 내시와주 시장상, 1994년 Korean-American Association of Southern Jersey 표창, 1994년 뉴저지 주지사(크리스틴 토드 위드먼) 공로패 수상, 1995년 퀸즈보로 커뮤니티칼리지 공로패, 1995년 America Museum of Natural History 표창장 수상, 1995년 케네디가 공로상 수상, 1995년 1996년 뉴욕 시장 Rudolph W. Giuliani 표창장, 1996년 NYC Commission for International Business and United Nations 공로상, 1996년 쿨케이트 대학교 공로상, 1993, 1996년 the Mayor of New York(DKINS) 공로패 수상, 1997년 SAMSUNG OPTO. ELECTRONICS AMERICA 공로상, 1997년 The Assembly State of New-York ALBANY Nick Perry 표창, 1997년 허드슨 카운티 시장 표창, 1999년 롱아이래드시 시장 표창, 2004년 한국예술문화단체총연합회 예술문화인상 수상, 2004년 대한민국 대통령 표창장, 2004년 서울 시의회 교육문화위원장상 수상.

손정아는 특히 미국 뉴욕에서 활발한 공연활동을 통하여, 뉴욕의 명물로 자리 잡은 퀸즈페스티벌을 정착시키는 데 크게 공헌하였다. 바로 우리 문화의 우수성을 널리 알린 공로로 뉴욕시장의 감사패를 받기도 하였다. 특히 한국무용회를 통하여 미국에서 한국의 무용을 계승하려는 후진들을 양성한 점이 그의 공로이기도 하다.

뉴욕을 무대로 해외에서 활동하였던 있는 그가 최근에 서울 공연을 하였다. 이 공연에서 우리 소리, 우리 춤, 우리 가락이 어우러진 총체극을 선보였는데, 황진이를 주인공으로 한 "나비야! 저 청산에"라는 이름으로 공연되었다. 그는 이 공연을 시발점으로 황진이의 삶을 총체극으로 만들어내고 한국의 전통 가락이 담겨진 노래도 세계에 알려 나가겠다는 포부를 밝혔다.[61]

(5) 안은미(安銀美)

현대무용을 전공한 안은미는 1962년 경북 영주에서 출생하였다. 이화여자대학교 대학원에서 현대무용으로 석사학위를 받았으며, 1992년 미국으로 건너가 뉴욕대학교 대학원에서 유학하였다. 그는 1986년부터 1992까지 안은미 무용원 "풀이"를 운영하였으며, 1988 서울 올림픽 개막식에서 메스게임을 지도하였다. 또 2003년 대구에서 개최된 하계유니버시아드대회에서 개회식과 폐회식의 안무를 맡았다. 그는 2000년 미국에서 귀국하여 2002년까지 대구시립무용단장으로 재직하기도 하였다.

그의 수상경력을 보면 1992년 MBC 창작무용제에서 "비상의지"로 우수상을 받았으며, 1994년 18회 서울무용제에서 "알리랄 알라리오"로 연기상을 받았다. 미국으로 건너가서 활동 중에 1999년 맨하탄예술재단의 안무가상을 받았으며, 2002년에는 뉴욕예술재단(NYFA) 무용부문에서 아티스트 펠로우쉽스(Artist Fellowships)를 받았다.

그의 활동 작품으로는 다음과 같은 것들이 있다.

---

61) 재외동포신문, 2005. 04. 02.

1. "우리시대의 춤"(예술의 전당 자유소극장, 1996. 9. 4-9. 14)
2. "98 안은미의 춤"(예술의 전당 자유소극장, 1998. 3. 19-3. 20)
3. 댄스 씨어터 온 정기공연 "가족과 함께 보는 춤" 안무(예술의 전당 토월 극장, 1998. 6. 19-6. 21)
4. "99 안은미의 춤, 무지개다방"(예술의 전당 자유소극장, 1999. 3. 11-3. 14)
5. 2000 무용 "춘향이"
6. 2000 무용 "하늘 고수"
7. "안은미 춤, 빙빙 : 회전문"(문예회관 대극장, 2000. 3. 13-3. 15)
8. 무용기획사 MCT 설립 5주년 축하공연(예술의 전당 토월극장, 2000. 5. 21)
9. "유네스코 페스티벌 2000 : 세계에 귀 기울이며"(국민대, 2000. 10. 27-10. 29)
10. "우리 시대의 무용가 2000"(LG아트센터, 2000. 12. 14-12. 15)
11. 2003 안무 "카르미나 부라나"
12. "안은미와 어어부 프로젝트"(예술의 전당 자유소극장, 2003. 6. 5-6. 8)
13. "오늘의 춤작가 Big 4 초대전"(서울LG아트센터, 2005. 3. 12-3. 13)
14. 서울국제공연예술제 출품작 "Let's Go!"(서강대 메리홀, 2005.6.4-6.)
15. 서울국제공연예술제 출품작 "Let Me Change Your Name", 2005. 9
16. "Let Me Tell You Something"(국립중앙박물관 극장 용, 2005.11.18-11.19)

그는 최근 미국과 유럽을 오가며 활동의 폭을 높이고 있는데, 2004년 서울국제공연예술제에 "Let's Go"를, 2005년에 "Let Me Change Your Name"를 출품하여 큰 호응을 얻었다. 2005년 작품은 유럽(베를린)에서 공연하여 화제를 모았던 작품이었다. 또 2005년 말에 국립박물관 극장 개관작품으로 "Let Me Tell You Something"을 선보이기도 하였다.

2006년에는 세계음악극축제(World Music and Theater Festival)의 초청으로 이탈리아, 벨기에, 영국, 네덜란드 등 4개국에서 공연을 하였는데, 최근의 유럽 순회공연작 "신(新)춘향"을 2006년 5월 12일-14일 국립중앙박물관 극장 용 무대에 올리기도 하였다.

이 작품은 박용구의 대본에 안은미 특유의 발상과 기질과 동작들, 음악감독 장영규의 개성있는 곡과 현장연주가 어우러진 작품이다. 여기에 극장 용이 공동 프로젝트로, 작품 제작에서 유럽순회 및 귀국공연에 이르기까지 국립중앙박물관 문화재단의 지원으로 이루어졌다. 삭발 머리 노처녀 춘향부터 이몽룡과 변학도의 꿈 속에서 펼쳐지는 동성애까지 에로스와 에너지가 분출하는 무대가 새롭고 파격적인 이 작품은 한국적 소재에 머물지 않고 동양과 서양, 과거와 현재를 오가며 다채롭고 의외로운 움직임을 만들어냈다. 총천연색 무대와 국악을 현대적으로 해석한 독특한 음악이 눈과 귀를 끌었다.62)

유럽 4개국 7개 도시 순회공연에서 유럽은 안은미의 작품을 좋게 평가하여 2007-08년 동안 유럽의 여러 극장들로부터 초청을 받았다. 먼저 유럽 투어의 첫 공연장이었던 이탈리아 우디네의 누보 조반니 극장은 2006년 안은미의 신작에 대한 이탈리아 공연 독점권을 요청했다. 이 극장은 피나 바우슈, 윌리엄 포사이드, 네덜란드 댄스시어터 등 현대무용의 주요 공연들이 열리는 중요한 극장이다. 또 볼로냐, 시칠리아, 피렌체, 밀라노의 오페라극장들도 공연을 요청하여 2008년 이탈리아 전국 순회공연을 하기로 결정했다. 안은미는 2007년 버밍햄, 에든버러, 스코틀랜드를 도는 영국 투어나 파리, 마드리드, 바르셀로나, 베를린, 러시아, 그리스, 로마를 도는 유럽 투어를 계획하고 있다.63)

---

62) 안은미를 초청한 세계음악극축제는 1996년에 생겼다. 네덜란드 이탈리아 벨기에 오스트리아 프랑스 등 유럽 각국에 걸쳐 열리는 축제이다. 안은미의 초청 공연은 이 축제 예술감독인 로버트 반 덴 보스(네덜란드 안마로 아시아 기획사 대표)가 2004년 방한, 공연기획자 김성렬 씨의 소개로 처음 접촉해 성사됐다. 연합뉴스, 2006. 05. 06.

63) 로버트 반덴부스는 "안은미는 한국적인 틀 안에서 독창적인 움직임을 만들어내는 비범한 재능을 갖고 있다"며 "일본의 산카이 주쿠를 능가하는 세계적 성공을 거둘 수 있을 것이다"며 확신하였다. 무용평론가 김남수씨는 "이제 우리나라 현대무용도 세계적 주류와 어깨를 나란히 할 수 있다는 자신감을 가져도 좋을 것 같다"고 말했다. 한겨레신문, 2006. 04. 17.

"신춘향"은 판소리 "춘향전"을 무용으로 재해석한 작품으로, 마흔을 넘긴 '빡빡머리'의 안은미가 춘향으로 나온다. 이 작품은 한국적 소재에 머물지 않고 동양과 서양, 과거와 현재를 종횡무진으로 오가며 새로운 움직임을 보여주고, 뛰어난 색채 감각이 빚어내는 총천연색 무대와, 장영규가 작곡한 국악과 테크노의 퓨전음악으로 다듬어져 있다. 그래서 영국 런던에서 발행되는 유럽의 무용전문지 『댄스 유럽』은 2006년 4월 11~12일 런던 피콕 극장 무대에 오른 "신춘향"을 보고, 동양의 피나 바우슈라고 평했다. 피나 바우슈는 절망과 폭력을 독일 표현주의 미학으로 소화한 탄츠 테아터의 시조로서, 세계 현대무용계를 주름잡고 있는 거장이다. 바로 피나 바우슈는 안은미를 독일에 초청하여 2005년 가을까지 1년 동안 독일 부퍼탈 등에서 활동하였으며, 그렇게 인지도를 높인 결과 2006년 유럽 투어를 할 수 있었다. 『댄스 유럽』은 안은미의 자극적인 색채 사용, 창의적인 포즈와 동작을 만드는 인체의 극적인 활용이 훌륭하다고 평하였다.[64]

색채와 몸짓을 포함한 다섯 가지 열쇠말로 "신춘향"의 특징을 정리하면 다음과 같다.

① 색채 : "신춘향"의 무대는 온통 붉은색이다. 마치 당집에 온 것 같은 착각이 든다. 오색찬란한 키치 미학으로 원색의 보자기로 허공에 던져 '날리고', 사람을 태워 '이끌고', 몸에 '두른다'.

② 몸짓 : 전속력으로 뛰어다니던 무용수들은 이제 기어다닌다. 무대 양옆에서 '스멀스멀' 기어나오는 몸은 유기체에 대한 섬뜩한 각성이다. "렛 미 체인지 유어 네임"에서 달팽이를 만들어 낸 안은미의 몸은 "렛 미 텔 유 섬싱"에서 반인반수 켄타우로스가 되더니, "신춘향"에서는 상상의 동물로 변해 있다.

③ 알몸 : 무대바닥에 누워있는 한 무리의 알몸들은 남자인지 여자인지는 중요하지 않다. 안은미의 알몸은 성적 환상을 제거한 것이다. 알몸은

---

64) 한겨레신문, 2006. 05. 03.

야한 것, 은밀한 것, 상업적인 것이라는 사회의 편견에 저항한다.

④ 도발 : 안은미의 작품은 무용을 모르는 사람에게도 쉽게 다가간다. 아니 무용을 모르는 사람에게 더욱 강한 호소력을 가진다. '무용은 이래야 한다'는 고정관념이나 선입견은 안은미의 작품을 이해하는 데 되레 걸림돌이 된다. 안은미의 작품이 도발적이라는 평가는 기성 무용계의 시각이다.

⑤ 음악 : 어어부밴드의 장영규가 빚어내는 음악은 단순하면서도 중독적이다. 오래전부터 안은미와 함께 해온 그의 음악은 "신춘향"에서도 핵심을 이룬다. 안은미는 이 현란한 음악을 '무당 작두 타듯' 타고 넘는다. 고지연의 가야금, 강은일의 해금 등 국악 반주와 판소리를 테크노 리듬으로 용해된다. 이렇게 "신춘향"은 판소리 "춘향전"을 바탕으로 한 것이지만, 한국의 전통에 안주하지 않고 동양과 서양, 과거와 현재의 경계를 녹여버리는 용광로이다.65)

〈그림 Ⅱ-9〉 안은미 작품 신춘향

---

65) 한겨레신문, 2006. 05. 03.

(6) 옹경일(邕敬壹)

한국무용가인 옹경일은 서울예술고등학교를 졸업하고, 1995년 성균관대학교 무용학학사, 2001년 성균관대학교 대학원 교육학석사 학위를 취득하였다. 2003년까지 국립무용단 수석무용수를 지냈으며, 서울예술고등학교 강사, 세종대학교 강사 등을 역임하였다. 그리고 2005년에 "Ong Dance Company"를 창단하여 대표를 맡고 있다.

그의 수상내역을 보면 다음과 같다. 1995년 제25회 동아무용콩쿠르 금메달, 2005년 제27회 샌프란시스코 세계민속무용축제 안무가상, 2006년 제20회 이사도라 던컨상 수상. 2003년 도미하여 활동 중인 옹경일은 일명 이지스(izzies)상이라고 불리는 이사도라 던컨상을 뉴스타일 마더로드 무용단과 공동으로 '단체공연' 상을 수상하여 발전가능성을 높이 사고 있다.66)

(7) 임미자(林美子, Mi Ja Lim)

서울에서 출생한 임미자는 서라벌 예술대학 무용과를 졸업하고, 1961년 동아일보사 주최 신인무용가로 금메달을 수상한 바 있다. 이후 한국무용협회 이사, 명지대학교 강사 등을 역임하였고, 현재는 미국 LA에서 "임미자무용학원"을 운영하고 있다.

경력으로 개인 무용발표 5회(국립극장), 1994년 10월 임미자 무용발표회(LA), 1995년 12월 1일 임미자 무용발표회(라미라다 공연예술극장) 공연 등이 있다. 그리고 1996년-97년 미주 한국무용협회 회장을 역임하였고, 현재 남가주 문화예술단체 총연합회 부회장과 남가주 무용협회 회장(President Korean American Dancing Association of Southern California)으로 있다.

---

66) 경향신문, 2006. 05. 09.

(8) 전명숙(全明淑)

현대무용가 전명숙은 1945년 중국에서 출생하였다. "전명숙무용학교" 대표인 그는 1968년 이화여자대학교 무용학사, 1974년 유학차 도미하여 뉴욕대학교 대학원에서 현대무용 석사학위를 받았다. 그리고 뉴욕시티대학교에서 현대무용을 전공하였다. 도미 전에 이화여대, 상명여대, 서라벌예술대 등에서 강사를 하였으며, 미국 뉴욕시립요크대 조교수를 역임하였다.

그의 공연작품으로 귀국무용발표회(호암아트홀, 1986), "농자천하지대본" 안무, "이 무엇일까" 안무, "어디로부터" 안무, "근원" 안무, "풀이" 안무, "조화" 등을 안무하였다.

4) 연극·영화인

(1) 김소영

부산에서 태어난 영화감독 김소영은 그가 제작한 작품 "인 비트윈 데이즈"(2006)으로 제56회 베를린국제영화제 국제비평가상(2006), 미국 선댄스영화제 독립영화 다큐멘터리 부문 심사위원특별상(2006) 등을 수상하였다. 선댄스영화제에서 받은 상은 미국으로 건너 간 한 한국여성의 이야기를 소재로 한 "인 비트윈 데이즈"(In Between Days)에 대한 상이었다.[67]

(2) 김윤진[68]

한국을 오가면서 주로 미국에서 활동 중인 영화배우 김윤진은 1973

---

67) 경향신문, 2006. 01. 31.
68) http://www.yunjinkim.com/.

년 출생하였다. 미국 뉴욕공연예술고등학교를 마치고 보스턴대학교에서 연극학학사 학위를 취득하였다. 김윤진은 1996년 MBC 드라마 "화려한 휴가"로 국내에서 데뷔하였다. 미국에서 인기 있었던 ABC TV드라마 "로스트"(2004)에 김윤진이 출연하였는데, 이어서 "로스트"시즌2가 방영되었다. 이 시리즈는 국내의 TV를 통해서도 볼 수 있었다.

한편 시즌2에는 한국인 출신 김수진(크리스티나 김) 작가가 집필에 참여해 화제를 모으고 있다. 시카고에서 출생한 김수진은 원자력컨설턴트 일을 하는 아버지 찰스 김을 따라서 한국에서 중학교를 다니기도 하였다. 그는 조지타운대 영문과, USC 대학원 영화학과에서 시나리오를 전공했으며, 최종 선발된 6명의 작가 가운데 한 명으로 뽑혔다.[69]

그의 수상내역을 보면 다음과 같다.
1. 제22회 한국영화촬영감독협회 신인연기상(1999)
2. 대종상 신인상(쉬리, 1999)
3. 황금촬영상 신인상(쉬리, 1999)
4. 제23회 청룡영화상 여우주연상(밀애, 2002)
5. 여성 영화제 여우주연상(밀애, 2002)
6. 신진 영화감독모임 '디렉터스 컷' 여자연기상(밀애, 2002)
7. 대만 금마장 아시아 여배우상(2002)
8. 미국 AZN TV 2006 아시안 엑설런스 어워즈(AEA) 최우수여자배우상(2006)
9. 제12회 미국영화배우협회(SAG) TV드라마부문 앙상블연기상(2006)
10. 제63회 골든글로브 TV부문 드라마시리즈 최우수작품상(2006)
11. 미국작가협회(EGA) TV드라마부문상(2006)

---

69) 연합뉴스, 2006. 01. 02.

그가 출연한 작품을 보면 다음과 같다.

◆ 드라마
1. MBC 미니시리즈 화려한 휴가(1996)
2. MBC 미니시리즈 예감(1997)
3. KBS 주말드라마 웨딩드레스(1998)
4. KBS 주말극 유정(1999)
5. 미국 ABC TV 로스트(2004)

◆ 연극
6. 조이럭클럽
7. 바다의 여인
8. 마빈의 방
9. 마라사드
10. 햄릿

◆ 영화
11. 강제규감독 쉬리(이방희 역, 1999)
12. 박제현감독 단적비연수(연 역, 2000)
13. 정윤수감독 예스터데이(노희수 역, 2001)
14. 육상효감독 아이언 팜(지니 역, 2002)
15. 변영주감독 밀애(미흔 역, 2002)
16. 임경수감독 6월의 일기(서윤희 역, 2005)

기타작품으로 CF 가네보(2002), CF 뉴트로지나(2000), 장혜진 뮤직비디오 "마주치지 말자"(2006), SG워너비 뮤직비디오 "Timeless" 등이 있다.

(3) 제인 김

재미동포 영화배우 제인 김(본명 김은정)은 1981년 대구에서 태어났다. 두 살 때 부모를 따라 미국에 건너 간 제인 김은 조지아주 애틀랜타에서 성장한 후, 뉴욕대학교에서 연극을 전공하였다. 2000년 미스코리아선발대회 미스뉴욕 미로 뽑힌 제인 김은 2006년 영화 "필"에 출연하여 영화계에 데뷔하였다. 윌리엄 볼드윈과 공연한 그는 여주인공 수제트 역을 맡았다. "상하이호텔"(2006)에서는 중국에서 미국으로 이주한 여주인공을 괴롭히는 악역을 맡는다. 또 그가 출연한 드라마작품으로 "법과 질서", "가이딩 라이트" 등이 있다. 그녀는 뉴욕TV의 "뉴욕의 명물"에서 MC로 출연하였다.

(4) 랜달 덕 김(Randall Duk Kim)

본명이 김덕문인 영화배우 랜달 덕 김은 조부모가 1910년 하와이에 이주한 교포 3세이다. 한국계 아버지와 중국계 어머니를 부모로 1944년 미국에서 태어난 랜달은 1970년 영화 "The Hawaiians"로 데뷔하였다. 1999년 뉴욕 오비상을 수상한 그가 출연한 영화작품은 "게이샤의 추억"(닥터 크랩 역, 2005), "매트릭스 2-리로디드"(키메이커 역, 2003), "애나 앤드 킹"(알락 장군 역, 1999), "씬 레드 라인"(1998) 등이 있다.

(5) 대니얼 대 킴(Daniel Dae Kim)

영화배우 대니얼 대 김은 1968년 부산에서 태어나 두 살 때 부모를 따라 미국 펜실베이니아 이스튼에 이주하였다. 하버포드대학 예술학사를 취득한 뒤, 코네티컷의 워터포드에 있는 유지 오닐 연극센터에서 연기공부를 하였다. 1993년 뉴욕대학 티쉬예술학교에서 MFA과정을 시작한 대니얼은 1996년 학위를 받았다.

뉴욕대학 졸업 후 1997년 LA에 건너온 대니얼은 TV와 영화 일을 시작하였다. 그는 아시안 엑셀런스 어워즈 TV부문 최우수 아시안 남자배우(2006), 미국배우조합상 TV드라마 시리즈부문 앙상블상(2006) 등을 수상하였다. 그가 출연한 영화작품은 "케이브"(킴 역, 2005), "크래쉬"(박 역, 2004), "스파이더맨 2"(레이먼드 역, 2004), "크레이들 투 그레이브"(2003) 등이 있다. 또 그가 출연한 드라마작품으로 "24 시즌 2"(MBC), "로스트"(KBS 2TV), "CSI 과학수사대 시즌5"(MBC) 등이 있다.[70] TV시리즈 "로스트"로 스타덤에 오른 그는 권위적이고 진지하며 카리스마 넘치는 모습을 리얼하게 표현하였다는 평가를 받고 있다.

(6) 박선민(Sunmin Park)

영화감독 박선민은 1962년 출생하여 7세 때 부모를 따라 미국에 이주한 재미동포이다. UCLA 학사, Columbia 대학교 대학원 동양학석사를 취득한 재원으로 UCLA시절 서울대에 교환학생으로 모국에 왔다가기도 하였다. 그의 데뷔작은 "너무나 순수한"(제작, 감독, 각본 1998)이었다. 이어서 영화 "디 아더스"(제작, 2001), "원더풀 데이즈"(영문버전감독, 2003), "카미오"(감독, 2007) 등을 감독하였다. 그는 2003년 카를로비바리영화제 심사위원을 지내기도 하였다.

(7) 그레이스 박(Grace Park)

1981년 캐나다에서 태어난 영화배우 그레이스 박은 벤쿠버대학을 졸업하였다. 대학에서 심리학을 전공한 그레이스 박은 영어는 물론 한국어, 프랑스어, 중국어, 스페인어에 능통하다.[71] 본명이 박민경인 모델출신 그레이스 박은 2000년 홍콩스타 이연걸이 주연한 영화 "로미오 머

---

70) http://www.danieldaekim.org/.
71) 연합뉴스, 2005. 01. 16.

스트 다이"(Romio must Die)에서 단역으로 데뷔하였다. 그 뒤 TV 드라마 "다크 앤젤" 등에 출연하면서 인기를 얻었다. 그가 출연한 작품은 앞의 영화 "로미오 머스트 다이"(2000), 드라마 "우주전함 갤럭티카"(2005년), "휴먼카고"(2004년), "제이크 2.0"(2004년), "스타게이트 SG-1"(2002년) 등이 있다.

(8) 소냐 손(Sonja Sohn)

영화배우 소냐 손은 아프리카계 미국인 아버지와 한국계 미국인 어머니 사이에서 태어났다. 그는 1996년 영화 "워크"를 통해서 데뷔하였다. 그가 출연한 영화는 "G"(2002), "샤프트"(2000), "비상 근무"(1999), "슬램"(주연, 각본, 1998) 등이 있다.

(9) 조셉 칸(Joseph Kahn)

1973년 부산에서 태어난 조셉 칸은 3살 때 이탈리아를 거쳐 7살 때 부모를 따라 미국 텍사스에 정착하였다. 본명이 안준희인 영화감독 조셉칸은 K(Korean) + ahn(안)이 합성된 Kahn이라는 성을 만들어 사용하고 있다. 그의 성이 칸으로 둔갑한 것은 미군에 입대한 그의 아버지가 알파벳 순서로 맨 앞줄에 서는데 지친 나머지 원래 라스트 네임에 K를 하나 더 붙이는 바람에 그렇게 됐다고 한다. 그는 텍사스 휴스턴에서 고교를 졸업한 뒤 뉴욕대(NYU)에 진학했으나 등록금이 비싸 도중하차한 뒤 그 돈으로 비디오를 제작하면서 영상세계에 발을 들여놓았다. 조셉 칸은 1994년 영화·연예산업 중심지인 로스앤젤레스로 터전을 옮겨 영화제작에 전념하게 된다. 그가 지금까지 만든 뮤직비디오만 약 300편이다.

조셉 칸은 2003년 MTV 비디오뮤직 시상식에서 에미넴의 "Without Me" 비디오 최우수상 등 4개 부문을 석권한 조셉 칸은 뮤지비디오 업계에서는 미국 정상급 감독이다. 또 그의 뮤직비디오 연출작으로 넬리의 "Work It"이 유명하다. 그는 브랜디&모니카 뮤직비디오 최우수 리듬앤블루스상(1988), 백스트리트 보이스 뮤직비디오 최우수그룹상(1998), MTV 비디오 뮤직어워드 올해의 비디오 상(2002) 등을 수상하였다.

그의 영화감독으로서 데뷔작은 범죄 스릴러 액션영화 "토크"(Torque, 2004)이다. 워너 워너브라더스사가 제작비 5000만 달러를 투입해 만든 "토크"는 캘리포니아 남부 사막인 랭카스터와 팜 스프링스 일대에서 박진감 넘치는 오토바이 폭주 장면을 스크린에 담았다. 손에 땀을 쥐게 하는 액션에 웃음을 선사할 이 영화에는 흑인 래퍼 아이스 큐브, "윈드토커(Windtalkers)"의 마틴 핸더슨, "007 다이 어나더데이"에 출연했던 한국계 윌 윤 리(이상원)가 조연으로 출연했다.[72]

(10) 오순택(吳純澤, Soon-Tek Oh)

38년간 미국에서 영화와 연극에 많이 출연한 오순택은 2002년 귀국하여 계명대학교 연극영화과 교수를 거쳐 지금은 서울예술대학 석좌교수로 있다. 1936년 전남 목포에서 태어 난 오순택은 광주고등학교를 거쳐, 1957년 연세대학교 정치외교과를 졸업하였다. 1959년 미국에 건너가 The Neighborhood Playhouse School of the Theater(2년 수학), NYC, UCLA Theater, MFA에서 연기를 전공하였다.

그의 연기에 관한 경력을 보면 다음과 같다.
1. Drama Center 교수
2. 서강대학교 교수
3. 보스톤대학 및 예일대학 매스터 크라스 지도
4. 한국종합예술대학교 연극원 교수
5. 1965년　East-West Players 창립멤버
6. 1979년　Korean American Theater Ensemble 창립

---

72) 연합뉴스, 2004. 01. 15.

7. 1993년 Society of Heritage Performers 창립

8. 1983, 1986년 미스유니버스 심사위원

9. 2001년 서울종합예술학교 겸임교수

10. 2002년 계명대 공연예술대 연극영화과 전임대우교수

11. 2005년 서울예술대 석좌교수

12. 1979년 미국 드라마 로지 비평가상 최우수연기상, 뉴욕주 예술위원회상

오순택이 출연한 작품은 다음과 같다.

◆ 드라마

1. CBS 찰리의 천사들

2. CBS MASH

3. CBS 하와이 화이브 C

4. TV 시리즈 5-0 수사대

5. TV 시리즈 아이언 사이드

6. TV 시리즈 침략자

7. ABC 영화 에덴의 동쪽

8. ABC 서부는 어떻게 이겼는가

◆ 연극

9. 뮤지컬 태평양 서곡-해설자역(브로드웨이, 1974)

10. 퍼시픽 오버투어

11. 검찰관

12. 햄릿

13. 나생문

14. 순교자들은 집에 못 간다

15. 로미오와 줄리엣

16. 오페라 돈파스콸레 연출

17. 떼도적(국립극장 해오름극장, 2005. 4. 29-5. 8)

◆ 영화

18. 007 황금의 총을 가진 사나이(1975)

19. 다시 한번 열차강도

20. 뛰지 말고 걸어라

21. 살인자의 대열

22. 포레지던트. 애널리스트

23. 미-중 합작 "마크로폴로"

24. 미싱 인 액션 2

25. 파이널 카운트다운

26. 월트디즈니 만화 "뮬란"(뮬란 아버지 목소리)

(11) 산드라 오(Sandra Oh)[73]

1971년 토론토에서 한국인 2세로 태어난 산드라 오는 본명이 오미주이다. 어려서 발레를 하면서 방송국 출입을 하였던 산드라 오는 몬트리올의 National Theatre School 연극학과에서 3년간 연기를 공부하였다. 캐나다의 '오스카상'이라고 불리는 '지니'상을 두 번이나 수상하는 등 다양한 연극 영화관련 상을 수상하였다.

그녀는 "Double Happiness"에서 주연을 맡아 첫 번째 지니상(캐나다의 오스카상)을 수상했는데, 이 영화는 젊은 중국계 캐나다인 여성의 성장기에 대한 이야기였다. 그녀는 1996년 로스앤젤레스로 이사해서 HBO사의 코미디 시리즈인 ARLISS의 첫 여섯 시즌에 출연했다. 맡은 역할은 리타 우라고 하는 똑똑하고 세련된 조수역이었는데, 이 역으로 그녀는 케이블 에이스(Cable Ace) 코미디 부문 여우주연상을 수상했다. 그 밖에 텔레비전 활동으로는 HBO사의 Six Feet Under, 쇼타임의 Further Tales of the City가 있고, Judging Amy에도 종종 출연했다.

영화로는 다이안 레인과 함께 연기한 Under the Tuscan Sun, 그리고

---

73) http://www.sandraoh.com.

빌 풀만과 아그네스 버크너와 출연한 Rick이 있다. 다른 영화로는 Bean, Guinevere, The Red Violin, Waking the Dead, The Princess Diaries, 그리고 Pay or Play 등이 있다. 그녀는 마이클 래드포드의 즉흥극인 Dancing at the Blue Iguana에 출연했는데, 줄거리는 LA 스트립클럽의 우울하고 꾸밈없는 삶에 관한 것이었다. 독립영화인 Long Life, Happiness and Prosperity에도 출연했다. 세계의 종말에 관한 캐나다 영화인 Last Night 에서의 연기로, 그녀는 99년 두 번째 지니 여우주연상을 수상했다.

작가이자 감독인 알렉산드라 페인과 결혼하였다가 이혼하기도 하였다. 페인과의 첫 작품 "사이드웨이즈"(Sideways)는 2004년 각종 매체에서 최고의 영화로 평가받았으며, LA비평가협회 최우수작품상, 전미영화비평가협회 작품상, 남우주연상, 감독상 등을 수상하였다. 이 영화에서 산드라 오는 자유분방한 캐릭터인 스테파니역으로 출연하였는데, 2005년 제11회 미국 영화배우조연상(SAG)상에서 올해의 작품상을 수상하였다.[74]

연극 무대를 결코 멀리하지 않는 산드라 오는 La Jolla Playhouse에서 열린 제시카 해쥐돈 연출의 Dogeaters 세계 초연에도 출연했다. 그리고 뉴욕에 있는 Joseph Papp 공립극장에서 다이애나 손이 연출한 Stop Kiss 에도 출연해 Theatre World Award를 받았다. 또 그녀는 최근 뉴욕에서 Vagina Monologues에 나오기도 했다.

실화를 바탕으로 한 CBS TV 시리즈물 'The Diary of Evelyn Lau'를 통해 연기력을 인정받은 그녀는 캐나다의 에이미상으로 불리우는 Gemini 에서 최우수 여우 주연상에 노미네이트 되기도 하였다. 이후 1996년 할리우드로 진출한 산드라 오는 HBO 코미디 시리즈 'ARLISS' 를 케이블 에이스 어워드 최우수 코미디 연기상으로 수상한다.

산드라 오는 최근 히트 영화인 "투스카니의 태양, UNDER THE TUSCAN SUN"에 오스카상 및 골든 글로브상 후보에 오른 다이앤 레

---

74) 재외동포신문, 2005. 02. 09.

인과 함께 출연했다.

성장기 영화 "DOUBLE HAPPINESS"에서 중국 출신의 캐나다인으로 출연해 캐나다의 오스카상이라 할 수 있는 Genie 상을 수상했으며 이 역으로 캐나다의 떠오르는 신인 여배우로 자리를 굳히는 계기를 마련했다. 산드라가 출연한 다른 영화들로는 "미스터 빈", "기네비어, GUINEVERE", "풀 프론탈, FULL FRONTAL", "빅 팻 라이어", "레드 바이올린", "웨이킹 더 데드", "프린세스 다이어리", "클럽 이구아나", "PAY OR PLAY" 등이 있다. 그녀는 캐나다의 에미상인 Gemini상을 수상하는가 하면 1994년 칸느 FIPA의 최우수 여배우로 선정되기도 했다.

산드라 오는 HBO의 코미디 시리즈 "ARLISS"에서 똑똑하고 활기찬 조수역인 리타 우를 연기하면서 미국 대중에게도 익숙한 얼굴이 되었다. 이 역할로 그녀는 2001년 Image Award의 최우수 여우 조연상과 Cable Ace의 최우수 여우상을 수상하기도 했다.

그녀는 캐나다에서 TV시리즈와 영화에 출연한 경력을 갖고 있는데, "미스터 빈", "레드 바이올린", "프린세스 다이어리"등이 출연하였다. 그리고 코미디시리즈 "ARLISS"에서 열연하여 1996년 이미지어워드 최우수여우조연상과 케이블에이스 최우수여우상을 수상하였다. 또 2006년 제63회 골든글러브 TV 미니시리즈 단막극 부문에서 "그레이의 해부학"(Grey's Anatomy)으로 여우조연상을 받았다. 그리고 한국계 영화감독 그레이스 리의 "스멜 라이크 버터"에 출연하기도 하였다.

그의 출연작품은 다음과 같다.
1. 2004 사이드웨이(Sideways)-스테파니 역
2. 2003 투스카니의 태양(Under the Tuscan Sun)-패티 역
3. 2002 빅 팻 라이어(Big Fat Liar)-콜드웰 부인 역
4. 2000 웨이킹 더 데드(Waking the Dead)-킴 역
5. 2005 버터 냄새(Smells Like Butter)

6. 2005 그레이 아나토미(TV드라마, Grey's Anatomy)-크리스티나 역
7. 2002 보호장치(Barrier Device)
8. 2000 블루 이구아나(Dancing at the Blue Iguana)-자스민 역
9. 1998 라스트 나잇(Last night)-산드라 역
10. 1994 먹이(Prey)-닐 배 역

그의 수상경력은 다음과 같다.
1. 1994 칸느 국제 시청각프로그램 축제 여우주연상
2. 1996 케이블 에이스 어워드 코미디 연기상
3. 2005 미국 다문화영화협회 창조적 자유상
4. 2006 제36회 골든글로브 TV미니시리즈, 영화부문 여우조연상
5. 2006 미국배우조합상 TV드라마 시리즈부문 여자 연기상

(12) 윌 윤 리(Will Yun Lee)

1975년 버지니아 웰링턴에서 태어 난 영화배우 윌 윤 리는 본명이 이상욱이다. 태권도 사범인 아버지의 영향으로 태권도 5단 등 각종 호신술과 무술을 익힌 윌 윤 리는 UCLA 버클리에서 정치학을 전공하고, 인종학(소수민족연구)을 부전공하였다. 1997년 "나스 브리지"(Nash Bridge)로 데뷔한 그는 2002년 피플지로부터 "올해의 아름다운 50인"에 선정되기도 하였다.[75]

그가 출연한 영화작품은 제니퍼 가너와 맞서는 키리지 역할을 한 "엘렉트라"(2005), 한국계 영화감독 조셉 칸이 연출한 "토크"(발 역, 2004), "페이스"(조연, 2002), 007 제20탄 "어나더 데이"(문대령 역, 2002) 등이 있다. 드라마작품으로는 FX의 "도둑"(Thief, 2006)에 고정 출연하고 있다.

---

75) 연합뉴스, 2005. 03. 18.

(13) 필립 리(Philip Rhee)

미국 샌프란시스코 출생의 영화배우 필립 리는 격투기 선수출신이다. 본명이 이원영인 그는 UCLA를 나왔으며, AAAF 골든 링 어워드를 수상하였다. 그의 영화작품으로는 식스영화사에서 만든 "베스트 오브 더 베스트"(조연, 제작, 원안, 1989)가 있다. 전세계적으로 컬트영화가 되어 버린 이 영화는 "베스트 오브 더 베스트 4-파이널 러쉬"(주연, 제작, 감독, 각본, 1998), "베스트 오브 더 베스트 3"(주연, 제작, 감독, 1995), "베스트 오브 더 베스트 2"(조연, 제작, 1993) 등의 속편을 만들게 된다. 그 외에 "침묵의 암살자"(1988), "터프가이"(1985) 등이 있다.

(14) 이지수

1982년 출생한 영화배우 이지수는 보스턴대학교 경영학과 학사를 받았다. 미국 청소년 모델로 Hugo Boss, Guess, Polo, Armani, Nautica의 모델을 한 그는 많은 연극과 CF에 출연하였다. 그의 출연작품은 CF로는 미국 펩시, 코닥 디스크 카메라, 신성 미소지움 아파트 등이 있다. 뮤직비디오로 "오렌지마켓-날 위한 사람"(2005)이 있으며, 연극으로 "크리스마스 캐롤", "올리버 트위스트", "시저", "햄릿" 등이 있다.

(15) 쟈니 윤

본명이 윤종승인 쟈니 윤은 코미디언, 방송인 등 여러 가지의 역할을 해 왔다. 1936년 충북 음성에서 태어 난 그는 성동고등학교를 나와, 미국에 건너가서 웨슬리교대학교 성악과를 졸업하였다. 미국 NBC TV 자니카슨쇼에서 데뷔한 쟈니 윤은 1973년 뉴욕 최고연예인상을 수상하기도 하였다. 그가 출연한 방송은 iTV 워츠 업(What's up, 2002), KBS 코미디클럽(2002), SBS 자니윤이야기쇼(1991), KBS 쟈니윤 쇼(1989) 등이 있다.

(16) 릭 윤(Richard Sung Yune)

본명이 윤성식인 영화배우 릭 윤(Rick Yune)은 1971년 서울에서 출생하여 부모를 따라서 미국 워싱턴에 이주하였다. 영화배우 칼 윤이 동생인 릭 윤은 굿카운슬고등학교, 펜실베니아대학교 와튼비즈니스스쿨(1994)을 나왔다. 그는 1998년 영화 "Nathan Grimm"으로 데뷔하였다. 그가 출연한 작품으로 "007 제20탄-어나더 데이"(자오 역, 2002), "분노의 질주"(자니 트랜 역, 2001), 데뷔 작품 "삼나무에 내리는 눈"(카즈오 미야모토 역, 1999) 등이 있다.[76]

(17) 칼 윤(Karl Yune)[77]

재미동포 영화배우 릭 윤의 동생 칼 윤은 본명이 윤성권으로 컬럼비아대학교를 졸업하였으며, 2004년 액션 블록버스터 "아나콘다스 2"로 데뷔하였다. 그가 출연한 영화작품은 "아임 오케이"(이종격투기 선수 역, 2005), "3인 3색 러브 스토리-사랑 즐감"(2005), "기적의 도로"(주연, 2005), "프리저번"(조연, 2005), 기타 작품으로 뮤직비디오 "아이비-오늘 밤 일"(2005)이 있다.

칼 윤은 영화계 거장 스필버그가 제작을 맡고 '시카고'의 마셜 감독이 메가폰을 잡은 "게이샤의 추억"에서 사유리(장쯔이, 章子怡)의 이상적 모델인 하쓰모모(궁리, 鞏利)의 숨은 애인 고이치 역으로 출연하였다. 이 영화는 2005년 아카데미영화상에서 6개 부문을 석권하였다. 이 영화는 장쯔이, 궁리 외에도 사유리와 사랑에 빠지는 '노부'역을 맡은 '라스트 사무라이'의 와타나베 켄, 사유리에게 게이샤 수업을 해 준 마

---

76) http://www.rickyune.com/.
77) http://www.karlyune.com/.

메하 역의 말레이시아 여배우 미첼 여가 출연하는 등 아시아계 스타들이 대거 등장한다. '쉘 위 댄스', '우나기' 등으로 유명한 일본 국민배우 야쿠쇼 코지도 캐스팅, 할리우드에 데뷔한다.

(18) 알렉산드라 전

본명이 전복연인 영화배우 알렉산드라 전은 미국에서 태어났으며, 미국 TV 시리즈 "어나더 월드"로 데뷔하였다. 그가 출연한 영화작품은 "쏘우"(칼라 역, 2004), "알리"(2001), "무궁화 꽃이 피었습니다"(미현 역, 1995) 등이 있다.

(19) 마거릿 조(Margaret Cho)

본명이 조모란(Moran Cho)인 코미디언 마거릿 조는 1968년 미국 샌프란시스코에서 태어났다. 샌프란시스코주립대학교를 졸업한 마거릿 조는 코미디물 미국 ABC "올 아메리칸 걸"(1994)의 주인공으로 캐스팅되어 일약 스타가 되었다. 그는 "나는 내가 원하는 사람"(1999)이라는 브로드웨이 연극으로 뚱뚱하고 못 생긴 아시안이라는 편견을 극복하였다. 또 SBS "마거릿 조는 못말려"(1995)에 출연하였다. 그가 출연한 영화로는 "어쌔신"(본인 역, 기획, 각본, 2005), "악명 높은 조"(주연, 기획, 각본, 2002), "내 멋에 살아"(주연, 기획, 각본, 2000), "그라운드 콘트롤"(조연, 1998) 등이 있다.

재미동포 여성 코미디언 마거릿 조는 조지 부시대통령 낙선운동 선봉에 선 공로로 2004년 민권연맹(ACLU) 남가주 지부 연례 기금모금 파티에서 인권상을 수상하기도 하였다. 수상이유는 조씨가 아시안 여성으로 스탠딩 코미디와 배우, 자선활동 등을 통해 아시안과 여성, 동성연애자 등 소수계의 권익보호에 앞장 선 공로 때문이다.[78] 그에 앞서 2003년 아시안법률교육재단(AALDEF)에서 수여하는 행동정의상을 수상하기도 하였다.

특히 아시아인들이 많이 거주하는 샌프란시스코에서 성장한 마거릿 조는 소수민족을 소재로 한 코미디를 많이 하였다. 인종 문제와 관련한 소재로 오랫동안 웃음을 선사해 온 코미디언 마거릿 조는 웃음을 통해서 소수민족에 대한 고정관념에 도전하는 독특한 방법을 구사하고 있습니다. 특히 자신이 성장한 이민 1세대 한국가정에서 일어나는 에피소드를 때로는 조롱으로 때로는 자조적인 고백으로 풀어내는 마거릿 조의 스탠딩개그는 자신만의 영역을 확보하였다. 예를 들어서 편지를 붙이려고 하는데 풀, 접착제, 스카치테이프 등이 모두 없어 절절매는데 그의 엄마가 밥풀로 붙이라는 내용을 가지고 개그의 소재로 한다. 한국사람이면 충분히 생각할 수 있는 원시적인 아이디어로 관객을 즐겁게 한다.79)

〈그림 Ⅱ-10〉 마거릿 조

---

78) 연합뉴스, 2004. 09. 14.

79) 재외동포신문, 2006. 01. 31.

(20) 존 조

본명이 조요한인 영화배우 존 조는 1972년 서울에서 태어나 부모를 따라 미국에 건너간 1.5세대 재미교포이다. 존 조는 하버트후버고등학교를 거쳐 UCLA 버클리에서 영문학학사 학위를 취득하였다. 밴드 'Left of Zed' 리드싱어를 맡기도 한 조는 1997년 드라마 "Boston Common"으로 데뷔하였다. 그가 출연한 영화로는 "아메리칸 드림즈"(2006), "인 굿 컴퍼니"(2004), "해롤드와 쿠마, 화이트 캐슬에 가다"(2004), "아메리칸 파이 3-아메리칸 웨딩"(2003), "파빌리온의 여인들" 등이 있다.

(21) 홍의봉(洪義峰, Eui Bong Hong)

평안북도 강계가 고향인 영화감독 홍의봉(Elliott Hong)은 선교사라고 할만큼 독실한 기독신앙에 따라 영화제작을 해 오고 있다. 서울고등학교 졸업(1961년), 서울문리대 미학과를 졸업(1965년)한 홍의봉은 ROTC 3기로 소위 임관 군복무를 마치고, 1965년부터 1968년까지 실험극단에서 조감독 및 영화감독, 제작자로 활동하였다. 그리고 1968년 미국에 건너가 UCLA 영화과 대학원을 수료하고 미국 시네마 인디펜던트 아티스트 감독을 맡았다.

그가 제작한 영화로 "수잔과 수"(1972), "부친의 눈물", "코메리칸의 밤과 낮"(1977), "저 황금거위를 죽여라"(1977), "캘리포니아 90006", "그들은 나를 블루스라고 부른다"(They Call Me Bruce, 1982), KBS TV 영화 "서울로부터 영혼과 함께"(1983), 미국 TV영화 "새해"(1984), "천국의 비밀"(1989), "휴거"(1990), "예수천당"(1991), "They Call Me Bruce", "To Kill the Golden Goose", "The Retriver" 등 5편, 선교비디오 "야슈아의 약속" 등 2편 등이 있다. 그의 저서로는 『캘리포니아 90006』(1975), 『통곡하는 사람들』(신유문화사, 1974), 『천국의 비밀』 등이 있다.

(22) 에이머리(Amerie Mi Marie Rogers)

아프리카계 미국인 아버지와 한국계 미국인 어머니 사이에 태어난 에이머리는 1980년 미국에서 태어났다. 가수이자 배우인 에이머리는 조지타운대학교 영문학 학사학위를 취득하였다. 그는 먼저 2002년 1집 앨범 "All I have"로 가수로 데뷔하였다. 이어서 이듬해 2003년 드라마 "더 센터"로 배우로도 데뷔하였다.

그는 "러브 인 맨하탄" OST 참여, "대통령의 딸" OST 참여, "Mr. 히치 : 당신을 위한 데이트코치" OST 참여하였고, 그가 출연한 영화작품으로는 "대통령의 딸"(조연, 2004)이 있다. 발매앨범으로 "Touch", "All I Have"(2002) 등이 있다.

에이머리는 2006년 그래미상 시상식에서 여성보컬부문과 R&B 음반부문에 각각 후보로 올랐다. 비록 수상은 못하였지만 미국 치대의 음악 시상식에서 후보로 지명된 것은 영광이 아닐 수 없다. 후보에 오른 그의 앨범 "Touch"는 2002년에 출시된 "All I Have"에 이은 두 번째 앨범으로 대표곡인 1thing은 미국 R&B/힙합부문 순위 1위에 오르는 등 많은 인기를 모았다.

에이머리는 가수활동을 시작하면서 자신이 한국계임을 당당히 밝혀 주목을 받기도 하였으며, 한국어로 "에이머리"라는 문신을 허리에 하여 화제를 모았다. 그는 한국어 실력이 뛰어나고 어머니의 한국식 교육에 자부심을 갖고 있는 것으로 알려지고 있다.[80]

5) 기타 : 이영희(李英姬)[81]

한복을 가장 한국적이면서 동시에 세계적인 패션으로 자리매김한 패션디자이너 이영희는 1936년 대구에서 출생하였다. 그녀는 경북여자고

---

80) 재외동포신문, 2006. 02. 15.

81) http://www.leeyounghee.co.kr/.

등학교 졸업(1954), 성신여자대학교 대학원 염직공예학 석사학위를 취득하였다(1983). 그녀는 평생 바느질을 하던 어머니의 영향을 받아 전통한복 디자이너의 꿈을 이루어 나갔다. 1976년 서교동에서 본격적인 한복연구에 돌입하였고, 1980년 한국의상창립기념 12인의 의상발표회를 시작으로 한복패션업계에 뛰어들었다.

이영희의 경력을 소개하면 다음과 같다. 1974년 한복집 경영, 1977년 이영희한국의상 설립, 1994년 한국전통미술인회 부회장, 1994년 한국 최초 파리뷰틱 오픈, 1995년 프레미엄 비종(파리) 칼라선정위원, 1997년 매종드이영희 설립, 2004년 이후 동덕여대 디자인대 디자인학부 의상디자인전공 초빙교수.

'동양과 서양의 만남', '고대와 현대의 만남' 등의 테마를 주로 한 의상을 디자인하는 이영희의 수상경력을 보면 다음과 같다.

1. 국제소롭티미스트 한국리젼 공로상(1992)
2. 우리옷인상(1993)
3. 한국패션기자모임 황금바늘 특별상(1993)
4. 국제소롭티미스트 여성을 돕는 여성상(1994)
5. 한국섬유대상 패션디자인개발부문(1994)
6. 아름다운 우리 옷 주최 우리 옷 디자이너상 대상(1994)
7. 국제섬유신문사 삼우당 섬유진흥대상(1995)
8. 올해의 디자이너상(1996)
9. 제1회 서울패션위크 '97 서울패션인상 패션디자이너부문(1997)
10. ELLE주최 패션인상(1999)
11. 제1회 산업디자인진흥대회 대한민국디자인대상 대통령표창(1999)

이영희는 1981년4월 최초로 신라호텔에서 개인패션쇼를 열었으며, 1983년에는 미국 워싱턴 백악관 초청으로 미국 독립기념 축하 행사에 참가하였다. 1984년에는 L.A. KOREA PLAZA에서 LA올림픽 개막 기넘쇼를, 1988년 9월에는 뉴욕 플라자 호텔에서 서울 올림픽을 위한 의상쇼를 열었다. 1993년에 파리 쁘레타뽀르테 콜렉션에 한국 최초로 참가하였으며 이후 계속하여 7차례나 참가하였다. 또한 이영희는 1996년 7월 "한복-바람의 옷"이란 타이틀로 파리 뤽상 부르그궁 오랑제리 전시장에서 전시회를 열었다. 이 전시회에는 궁중의상, 서민복, 승복, 전통결혼의상, 무녀복 등 5개 테마로 옛것 40점과 현대감각으로 표현한 한복 60점이 전시되었다.

패션의 본고장 파리에서 한복의 우수함을 알린 이영희는 뉴욕에서도 한복을 세계적인 명품 브랜드로 승화시키는 노력을 아끼지 않고 이영희박물관을 개관하기도 하였다. 이를 통해서 한복의 아름다움을 세계에 알리는 한국전통문화의 전도사로 활약하고 있다. 이영희가 그동안 개최한 작품전시회와 패션쇼는 다음과 같다.

1. 파리 퐁피두센터 한국영화제 Open기념 패션쇼(1993)
2. 한복 : 바람의 옷(파리 뤽상부르그궁 오랑제리, 1995)
3. 한국의상협회 창립기념 15인 발표회(1980)
4. 제1회 개인 패션쇼(신라호텔, 1981)
5. 제1회 해외 패션쇼(미국 워싱턴, 1983)
6. 백악관 초청 미국 독립기념 축하 패션쇼 참가 : 국제무대 데뷔(1983)
7. LA 올림픽 개·폐막 기념 패션쇼 참가(1984)
8. 한·불 수교 100주년 기념 패션쇼(1986)
9. 서울올림픽 전야제 패션쇼(1988)
10. 북경 패션쇼(1989)
11. 모스크바 패션쇼(1991)
12. 파리 프레타 포르테(1993-1999)
13. 한국최초 파리부틱 오픈(1994)
14. 서울 정도 600년 기념 및 작품집 출판기념 패션쇼(1994)
15. 파리 뤽상부르궁전 오랑제리 전시장, '한복 : 바람의 옷' 주제 전시회

(1996)

10. '97 서울국제 패션컬렉션(1997)

11. 대우마티즈 출시기념 이영희패션쇼(경주, 서울, 바르샤바, 밀라노, 파리, 1998)

12. '99 서울국제패션컬렉션(1999)

13. 미국 카네기홀 메인홀 Wind of History 공연(2000)

14. 평양 초청 이영희 민속의상전(2001)

15. 이영희민족옷전시회(평양 대동강구역 옥류동 청년문화회관, 2001)

16. 일본 오이타 전시회(2002)

17. 미주 한인 이민 100주년 기념 및 워싱턴 스미소니언박물관 초청 기념 쇼(2003. 5)

18. 한·캐나다 수교 40주년 기념 순회 패션쇼(2003. 9)

19. 미래문화 1주년 창립 기념 및 개인 패션쇼(2003. 11)

20. 뉴욕, 워싱턴 이영희 박물관 개관(2004. 9)

21. 한일 국교 정상화 40주년 기념 한일 전통의상쇼(2004. 10)

22. ASIAN FANTASIA 2005 참가(2005. 6)

23. 이영희박물관 개관1주년기념 패션쇼(뉴욕 유엔주재 한국대표부, 2005)

24. 부산 APEC 정상회의 두루마기 디자인

한복만들기 30년 동안 이영희는 한복디자인을 단순한 의복 디자인의 개념에서 예술품으로 한 차원 높이는 작업을 하고 있다. 지구촌에 한국 혼을 입히는 한복예술가라고 할 수 있는 그녀의 업적을 정리하면 다음과 같다.

1. 전통한복의 색 개발

2. 소재 개발

3. 용무늬 숙고사 : 다양한 모시 소재 개발

4. 디자인 개발 : 말기수 치마, 한복 디자인의 다양화, 개량한복의 선두주자

5. 전통을 모티브로 한 한국적 홈패션

6. 한복을 모티브로 한 현대적 의상 디자인

7. 각종 패션쇼를 통한 세계 속에 한국 알리기

8. 한복(Han Bok)의 고유명사화

〈그림 Ⅱ-11〉 이영희 옷 박물관

3. 문화예술 네트워크 실태

1) 문화단체 및 문화공간

브니엘합창단은 뉴욕에서 주로 활동하면서 매년 두 차례의 정기공연을 해 오고 있다. 그리고 인근의 뉴저지와 캐나다 등지에서도 방문연주회 및 초청연주회를 가졌다. 2001년에는 최초의 한국공연을 갖기도 하였다.

세종솔로이스츠 역시 뉴욕을 중심으로 활동하고 있는데, 1997년부터는 아스펜음악제에 상임 실내악단으로 초빙되어 매년 공연을 갖고 있다. 세종솔로이스츠는 2004년부터 강원도 평창에서 개최되고 있는 대관령국제음악제에 상임연주단체로 참가하고 있다. 2005년에는 세종솔로이스츠의 많은 단원들이 참가하였다.

뉴욕한국음악재단도 뉴욕을 활동무대로 하고 있다. 링컨센터, 알리스 털리 홀, 뉴욕한국문화원 등에서 공연을 하고 있다. 2004년 10월에는 한국음악재단 창립 20주년 을 맞아 예술의전당 콘서트홀에서 공연을 하기도 하였다.

뉴욕한국문화원은 한국문화의 이해 및 한미관계의 우호 증진을 위해 많은 자료와 공간과 기회를 제공하고 있다. 영화, 음악, 미술, 무용, 연극 등 다양한 장르의 문화생활을 즐길 수 있도록 노력하고 있다. LA한국문화원 역시 미국 서부지역에서 한국문화를 소개하는 것과 더불어 미술, 음악, 연극, 영화, 무용 등 다양한 한국문화를 즐길 수 있도록 많은 배려를 하고 있다.

LA 한국의 날 축제 재단은 재미한인이 가장 많이 사는 LA에서 한국의 고유한 문화와 축제를 공동체 주민들과 함께 즐길 수 있도록 상시적으로 조직된 단체이다. 이는 한국의 고유한 문화를 유지 계승하는 데 크게 기여하고 있다.

마지막으로 뉴욕의 열린공간은 재미한인들의 각종 문화행사를 지원하고 공간을 제공하려는 목적으로 설립되어, 한인들의 문화공간으로서뿐만 아니라 공동체 주민들과 화합하는 자리가 되고 있다.

2) 음악가

앞서 미국에서 활동하고 있는 문화예술인들의 활동을 자세하게 살펴보았는데, 여기서는 그러한 활동을 중심으로 거주국가 지역간, 국가간, 모국간, 모국와 함께 여러 국가들과 어떻게 연대활동을 하고 있는지 점검해 보고자 한다. 특히 전시활동 내지 공연활동이 많은 예술인들을 상대로 그들의 활동을 분석해 보고자 한다. 그 중에서 음악가 8명과 미술가 29명이 분석대상이 된다.

(1) 제니퍼 고

2001/02 시즌 : 스폴레토 페스티벌, 인디애나폴리스 심포니와, 독일의 슐레스비히-홀스타인 페스티벌에서 크리스토프 에센바흐와 협연, 독일과 폴란드에서 폴리쉬 챔버 오케스트라와 순회 연주를, BBC 런던 심포니 오케스트라와 연주, 국립 오케스트라와 베토벤의 바이올린 협주곡 협연.

2002/03 시즌 : 이탈리아 스폴레토 페스티벌 오케스트라, 싱가폴 심포니, 헬싱키 필하모닉, 신시내티 심포니 등과 협연 및 샌프란시스코, 뉴욕, 필라델피아 등지에서 독주회.

더불어 라비니아 시카고 심포니, 디트로이크 심포니, 신시내티 심포니 오케스트라, 샌디에고 심포니, 하트포드 심포니, 툴사 필하모닉, 잭슨빌 심포니, 일본 규슈 오케스트라, 독일 도르트문트 필하모닉, 휴스턴 심포니, 찰스턴 심포니, 세인트루이스 심포니, 시카고 신포니에타, 아이슬란드 심포니, 헬싱키 필하모닉, 모스크바 라디오 심포니, 모스코바 스테이트 아카데미 심포니 오케스트라, 브란덴부르그 앙상블 등과 협연.

워싱턴 D.C.의 케네디센터 테라스 씨어터에서의 리사이틀, 국립 미술

〈표 Ⅱ-1〉 제니퍼 고의 공연활동

교류 유형	횟 수	교류활동 중 평균(%)
거주지역 활동(NY)	3	9.4
거주국내 지역교류	12	37.5
국가간 교류	13	40.6
모국과의 교류	4	12.5
모국과 교류 + 국제교류		
	32	

관에서의 연주회. 그 외 말보로 뮤직 페스티벌, 모스틀리 모짜르트 페스티벌, 라비니아 페스티벌 등에 참가.

(2) 권길상

1. 1945년-50년　서울 명륜중앙교회(숭이동, 동소문) 오르가니스트
2. 1952년-53년　서울 연동교회 찬양대 지휘
3. 1964년-66년　나성 한인연합장로교회 오르가니스트
4. 1966년-68년　LA. Bel Vue Community Church(PCUSA) Organist
5. 1968년-79년　LA. First Presbyterian Church, Music Director
6. 1969년-77년　LA. Korean United Methodist Church, Music Director
   　　　　　　　(한인 연합감리교회 찬양대 지휘)
7. 1973년-74년　남가주 한인교회음악협회 제2대 회장
8. 1978년-79년　나성 제일장로교회 찬양대 지휘
9. 1979년-85년　성림장로교회 찬양대 지휘
10. 1985년-90년　가주 한인장로교회 찬양대 지휘
11. 1995년-97년　가주 새가나안교회 찬양대 지휘
12. 2002년-현재　미주장로교회 올갠반주 봉사

〈표 Ⅱ-2〉 권길상의 공연활동

교류 유형	횟 수	교류활동 중 평균(%)
거주지역 활동(LA)	10	83.3
거주국내 지역교류		
국가간 교류		
모국과의 교류(도미 전)	2	16.7
모국과 교류 + 국제교류		
	12	

(3) 신영옥

1. 오페라 피가로의 결혼-수잔나역(링컨센터, 1987. 3)
2. 오페라 일 레 파스로레-아민타역(리스오페라극장, 1991)
3. 오페라 리골레토-질다역(메트로폴리탄 오페라하우스, 1991. 5)
4. 오페라 돈 지오반니-제를리나역(메트로 폴리탄극장, 1992)
5. 소프라노 신영옥 독창회(예술의 전당, 1992)
6. 오페라 루치아-루치아역(예술의 전당, 1992)
7. 오페라 가면무도회(파리, 1993)
8. 신영옥 독창회(예술의 전당 음악당, 1995. 6)
9. 오페라 가면무도회-오스카역(메트로폴리탄 오페라하우스)
10. 오페라 리골레토-질다역(메트로폴리탄 오페라극장)
11. 오페라 세미라미데-아제마공주역(메트로폴리탄 오페라하우스)
12. 오페라 사랑의 묘약-아디나역(파리 코미크극장, 1996. 5. 8-5. 31)
13. 오페라 연대의 아가씨(라스칼라극장, 1996. 7)
14. 중앙일보주최 평화와 화합의 음악회(애틀란타 심포니홀, 1996. 8. 3)
15. 오페라 리골레토-질다역(파리 바스티유극장, 1996. 9-10)
16. 오페라 청교도(뉴욕 메트로폴리탄 오페라하우스, 1996. 12)
17. 신영옥 송년음악회(대구, 서울, 부산, 대전, 진주, 1996)
18. 한국전쟁 47주년기념 평화와 화합을 위한 갈라콘서트(세종문화회관 대강당, 1997. 6. 25-6. 26)
19. 제3집 음반 드림 발매기념 순회독창회(서울, 광주, 청주, 전주, 울산, 1997. 12. 5-12. 16)
20. 소프라노 신영옥 초청 독창회(서울 예술의전당 콘서트홀, 1997. 12. 8)
21. 유니세프 주최 북한동포돕기 콘서트(뉴욕 퀸즈칼리지, 1997. 12. 28)
22. 소프라노 신영옥 독창회(예술의전당 콘서트홀, 1998. 12. 4)
23. KBS교향악단 크리스마스음악회(KBS홀, 1998. 12. 23)
24. 코리안심포니오케스트라 소프라노 신영옥 초청연주회(예술의 전당 콘서트홀, 2000. 10. 22)
25. 신영옥 크리스마스 특별공연(예술의 전당 콘서트홀, 2001. 12. 23)

26. 독일 도이치 오페라 베를린 오페라단 '피가로의 결혼'-수잔나역(예술의 전당, 2002. 5. 21, 23-25)

27. 제2회 사랑의 열매 음악회 "신영옥이 들려주는 따뜻한 겨울 이야기"(코엑스 오디토리룸, 2002. 12. 3)

28. 오페라 리골레토-질다역(예술의 전당 오페라극장, 2003. 9. 28, 9. 30, 10. 2, 10. 4)

29. 호세 카레라스와 신영옥의 빅 콘서트 2003(상암서울월드컵경기장, 2003. 10. 15)

30. 소프라노 신영옥 콘서트(예술의전당 콘서트홀, 2003. 11. 14)

31. 신영옥과 시크릿가든 합동 콘서트(세종문화회관 대극장, 2004. 5. 8-5. 9)

32. 신영옥과 함께하는 신년음악회(호암아트홀, 2005. 1. 9)

<표 Ⅱ-3> 신영옥의 공연활동

교류 유형	횟 수	교류활동 중 평균(%)
거주지역 활동(NY)	10	31.2
거주국내 지역교류	1	3.1
국가간 교류	3	9.4
모국과의 교류	15	46.9
모국과 교류 + 국제교류	3	9.4
	32	

(4) 장영주

1. 1985 필라델피아오케스트라홀에서 데이비드 번드오케스트라와 공식 협연

2. 1987 아스펜음악축제 데뷔연주회

3. 1990. 1. 13 링컨센터에서 주빈 메타가 지휘하는 뉴욕 필과 데뷔, 파가니니 바이올린 협주곡 1번 연주

4. 1990. 1. 30 예술의전당에서 KBS교향악단과 협연

5. 1991. 5. 9 장영주독주회(세이트제임스궁)

6. 1991-92 레비나아 페스티벌에서 시카고 심포니와 협연

7. 1992 콜린 데이비스가 지휘하는 런던 심포니와 유럽 무대 데뷔

8. 1992. 6. 7 유엔환경개발회의 문화축전 지구정상회담 콘서트

9. 차이코프스키 바이올린 협주곡 연주

10. 1993 볼프강 자발리쉬 지휘 필라델피아 오케스트라와 파가니니 협주곡 1번 협연

11. 요요마와 브람스 이중 협주곡 연주

12. 1993. 6. 8 장영주독주회(예술의전당)

13. 1993. 10. 24 독일 라이프치히 게반트하우스 오케스트라와 협연(유엔총회회 의장)

14. 1994. 1. 16 장영주연주회(뉴욕 카네기홀)

15. 1994. 2. 14 장영주연주회(파리 상젤리제 극장)

16. 1994. 3. 4 -5 독일 라이프치히 게반트하우스 오케스트라와 협연

17. 1994. 6. 10 KBS교향악단과 협연(예술의 전당)

18. 1994 주빈 메타가 지휘하는 베를린 필과 파가니니 협주곡 1번 협연

19. 1995. 5 뉴욕필하모닉오케스트라와 협연(링컨센터)

20. 1995 아스펜 음악제에서 린 해럴, 브룩 스미스와 멘델스존 피아노 3중주 연주

21. 1995 세계를 빛낸 한국음악인 대향연(잠실올림픽 주경기장)

22. 1996 레너드 슬래트킨이 지휘하는 뉴욕 필하모닉과 새해 첫 음악회 출연, 시카고심포니, 클리블랜드오케스트라, 엘에리 필하모닉, 샌프란시스코심포니 등과 협연

23. 1996. 4. 21 뉴욕메트로폴리탄 오페라단과 협연(카네기홀)

24. 1996. 10 빈필하모닉오케스트라와 협연(세종문화회관 대강당)

25. 1997. 3. 13 몬트리올심포니오케스트라와 협연(세종문화회관 대강당)

26. 1997. 3. 20 몬트리올심포니오케스트라와 협연(일본 후쿠오카심포니홀)

27. 1997. 6. 25 한국전쟁 47주년기념 갈라콘서트(세종문화회관 대강당)

28. 10. 1997. 11. 16 뉴욕 카네기홀 데뷔 리사이틀

29. 1998. 3. 3 뉴욕필하모닉과 협연(링컨센터 에리버리 피셔홀)

30. 1999. 3. 23-4. 2 장영주 전국순회 독주회

31. 2001. 1. 25-27 뉴욕필하모닉과 협연(링컨센터 에리버리 피셔홀)

32. 2001. 5. 10 LA필하모닉 협연(LA뮤직센터 도로시챈들러 파빌리온)

33. 2001. 10. 24-25 런던필하모닉과 협연(예술의전당 콘서트홀)

34. 2001. 12. 25 장영주의 크리스마스 콘서트(예술의전당 콘서트홀)

35. 2002 베를린필 유럽콘서트 95

36. 2005. 10. 20 크르트 마주어, 장영주 & 런던 필하모닉 오케스트라(세종문화회
    관 대극장)

〈표 Ⅱ-4〉 장영주의 공연활동

교류 유형	횟 수	교류활동 중 평균(%)
거주지역 활동	9	25.0
거주국내 지역교류	7	19.4
국가간 교류	4	11.1
모국과의 교류	8	22.2
모국과 교류 + 국제교류	8	22.2
	36	

(5) 장한나

1. 서울시립교향악단과 협연(1992. 7)

2. 드레스덴 슈타츠카펠레 교향악단과 협연(세종문화회관, 1995)

3. 기업메세나 콘서트(예술의 전당, 1995. 4)

4. 라 스칼라오케스트라와 협연(예술의 전당 음악당, 1996. 9. 6)

5. 보스턴심포니오케스트라와 협연(1996. 9. 20)

6. 몬트리올심포니오케스트라와 데뷔협연(카네기홀, 1996. 10. 27)

7. 아시아의 평화와 화합을 위한 갈라콘서트(세종문화회관 대강당, 1997. 6. 25-6.
   26)

8. 이스라엘 필하모닉 오케스트라와 협연(세종문화회관 대강당, 1997. 10. 25-10.
   26)

9. 독주회(서울, 대전, 대구, 전주, 광주, 부산, 1999. 6. 20-7. 2)

10. 베를린필하모니 데뷔공연(2000. 3. 2-3. 4)

11. 북한 조선국립교향악단과 협연(예술의전당. KBS홀, 2000. 8. 21-8. 22)

12. 첼리스트 장한나 순회독주회(대구시민회관, 현대예술관, 부산문예회관, 경기

도문예회관, 예술의전당 음악당, 2001. 8. 13-8. 18)

13. 테러희생자 추모음악회(미국 필라델피아 페어마운트공원 야외음악당 만센
    터, 2001. 9. 16)

14. 2002 아시아현대음악제 개막 무대(예술의전당 콘서트홀, 2002. 5. 3)

15. 서울시교향악단 특별연주회(예술의전당, 2003. 3. 13)

16. 장한나 데뷔 10주년 10개 도시 순회공연(대전, 대구, 부산, 서울, 춘천, 전주,
    수원, 광주, 울산, 제주, 2004. 8. 17-9. 4)

17. 첼리스트 장한나와 베를린필 신포니에타(예술의 전당 콘서트홀, 2005. 8. 18)

<표 Ⅱ-5> 장한나의 공연활동

교류 유형	횟 수	교류활동 중 평균(%)
거주지역 활동(NY)	1	5.9
거주국내 지역교류	2	11.7
국가간 교류		
모국과의 교류	10	58.8
모국과 교류 + 국제교류	4	23.5
	17	

(6) 정명화

1. 귀국 독주회(1982)

2. KBS교향악단과 협연(1982)

3. 정명화, 김두민 첼로 듀오콘서트(서울, 인천, 광양)

4. 서울필과 정명훈의 환경음악제 협연(세종문화회관 대강당)

5. 유엔 창설 50주년 기념연주회(뉴욕 유엔본부)

6. 2002년 월드컵 유치 기념 국민축제(올림픽주경기장, 1996. 8. 16)

7. 경향. 이화콩쿠르관현악단 연주회(세종문화회관 대강당, 1996. 10. 22)

8. 정명화 첼로독주회(정동문화예술회관, 1997. 4. 29-5. 3)

9. 첼로연주회(금호미술관, 1997. 8. 30)

10. 유니세프 주최 북한동포돕기 콘서트(뉴욕 퀸즈칼리지, 1997. 12. 28)

11. 국채판매 촉진음악회-조국을 위하여(워싱턴, 1998. 2. 18)

12. 스위스 카르미나 4중주단 협연(판문점 공동경비구역 중립국 감시위원회 스위스캠프 야외무대, 1998. 10. 20)

13. 한-베트남음악회(베트남 하노이 오페라하우스, 2000. 2. 18)

14. 정명화, 이타마 골란 듀오콘써트(예술의전당 콘써트홀, 2000. 3. 25)

15. 첼리스트정명화, 피아니스트강충모 듀오연주회(금호아트홀, 2001. 9. 15)

16. 한국의 명인 명연주회(예술의전당 콘서트홀, 2002. 5. 17)

17. 한·일 우정의 가교 특별음악회(일본 민예관, 2005. 7. 30)

18. SPO 비르투오조 콘서트(세종문화회관 대극장, 2006. 4. 7)

〈표 Ⅱ-6〉 정명화의 공연활동

교류 유형	횟 수	교류활동 중 평균(%)
거주지역 활동(1965-1993 NY)	2	11.1
거주국내 지역교류	1	5.6
국가간 교류	0	
모국과의 교류(1993 귀국)	13	72.2
모국과 교류 + 국제교류	2	11.1
교류희망 분야	18	

(7) 최승원

1. 빈필하모닉과 협연

2. 뉴욕 앙상블오케스트라와 협연

3. 오라토리오 콘서트(링컨센터 카네기홀)

4. 테너 최승원 초청독창회(예술의전당, 1993. 10. 27)

5. Grand Concert 코리안심포니 협연(세종문화회관 대강당, 1994. 5)

6. 미국 10대 도시 "Opera High Light" 순회연주(1994. 7)

7. Aspen Music Festival 베르디의 리골레토 3막, 4막 공연(1994. 8)

8. Opera Gala Concert "La Boheme" 3막 공연(1994. 10)

9. 헨델의 오라토리오 메시아 Pacific Symphony와 협연(1994. 12)

10. 링컨센터 Avery Fisher Hall 헨델의 메시아 공연(1994. 12)

11. 한국 8대 지방도시 순회공연(1995. 5-6)

12. 카네기홀 Gala Concert 뉴욕 앙상블 오케스트라 협연(1995. 2)

13. Phoenix Music Festival 초청공연(1995. 3)

14. Opera Gala Concert(1995. 5)

15. La Traviata 1막 3막, La Gioconda 공연(1995. 5)

16. 링컨센터의 Alice Tully Hall 하이든의 "천지창조" 공연(1995. 6)

17. Opera Gala Concert "Lucia" 3막 공연(1995. 10)

18. 필라델피아 헨델의 메시아 공연(1995. 12)

19. 베토벤 심포니 9번 맨하탄 음대 오케스트라 협연(1996. 3)

20. 말러 8번 교향곡 맨하탄 음대 오케스트라 협연(Riverside Church, 1996. 3)

21. 헨델의 오페라 "Tamerlano"의 Bajazet의 공연(머킨 콘서트홀, 1996. 4)

22. Marlboro Music Festival 초청공연(1996. 6-7)

23. 아틀란타 올림픽 Gala Concert 참가(1996. 8)

24. 세종문화회관 공연(1997. 4)

25. Tenors 전국 순회공연(1997. 3)

26. 예술의전당 리사이틀(1997년)

27. 평화와 화합의 음악회(애틀란타심포니홀, 1996. 8. 3)

28. 빅3콘서트(예술의 전당 콘서트홀, 1997. 7. 1)

29. 장애인을 위한 "다시 서는 사람들을 위한 음악회"(KBS홀, 1997. 10. 7)

30. 최승원 독창회(호암미술관내 전통정원 희원, 1997. 10. 18)

31. 최승원, 유니스리 듀오콘서트(예술의전당 콘서트홀, 1997. 12. 15)

32. 테너3인 송년음악회(세종문화회관 대강당, 1997. 12. 16)

33. 최승원 독창회(예술의 전당 콘써트홀, 1998. 3. 28)

34. 최승원 독창회(인천 종합문화예술회관 대공연장, 1998. 5. 16)

35. 사랑과 나눔의 콘서트(예술의전당 콘서트홀, 1998. 6. 29)

36. 테너 최승원과 조이 오브 스트링스(영산아트홀, 1999. 4. 5)

37. 테너 최승원독창회(예술의전당 콘서트홀, 1999. 10. 11)

38. 빅3테너초청 송년음악회(예술의전당 콘서트홀, 1999. 12. 8)

39. 테너 최승원독창회(문화일보홀, 2000. 1. 12)

40. 테너 최승원독창회(호암아트홀, 2003. 3. 29)

<표 Ⅱ-7> 최승원의 공연활동

교류 유형	횟 수	교류활동 중 평균(%)
거주지역 활동	26	65.0
거주국내 지역교류	4	10.0
국가간 교류	1	2.5
모국과의 교류	19	47.5
모국과 교류 + 국제교류		
	50	

(8) 한동일

1. 한동일 리사이틀(텍사스 포트워드, 1955)

2. 뉴욕필하모닉과 협연(1956)

3. 한동일 독주회(미국 백악관, 1963)

4. 한동일 독주회(영국 런던 위그모어 홀, 1965)

5. 뉴욕 필하모닉 공연(1966)

6. 클리블랜드 오케스트라 공연(1966)

7. 런던 심포니오케스트라 공연(1966)

8. 한동일 파리 독주회(파르 살르 가보, 1966)

9. 영국 스코틀랜드국립교향악단 순회공연(1971)

10. 한동일 독주회(유관순 기념관, 1976)

11. 한동일연주회(아테네, 1977)

12. 독주회(1978)

13. 한동일 독주회(미국 유니언홀, 1980)

14. 한동일 독주회(영국 위그모어홀, 1980)

15. 도미30주년 기념연주회(세종문화회관, 1984)

16. 서울시립교향악단 특별연주회(호암아트홀, 1986)

17. 한동일 독주회(호암아트홀, 1987)

18. 1992 음악페스티벌(1992)

19. 한동일 피아노연주회(예술의전당 음악당, 1995. 6)

20. 광복 50주년 축전음악회-세계를 빛낸 한국음악인 대향연(잠실올림픽 주경기

장, 1995. 8)

21. 피아니스트 한동일 초청연주회(부산문화회관 대강당, 1997. 5. 23)

22. 1997 서울국제음악제-한국을 빛낸 7인의 남자들(예술의전당, 1997. 9. 1-9. 2)

23. 유니세프 주최 북한동포돕기 콘서트(뉴욕 퀸즈칼리지, 1997. 12. 28)

24. 국채판매 촉진음악회-조국을 위하여(워싱턴, 1998. 2. 18)

25. 한동일 독주회(예술의전당 콘써트홀, 2000. 3. 15)

26. 서울시립교향악단협연(예술의전당 콘서트홀, 2001. 5. 31)

27. 한동일 독주회(금호아트홀, 2001. 11. 3)

28. 한동일 도미 50주년 기념 음악회(예술의전당 콘서트홀, 2004. 6. 1)

29. 한동일 피아노 독주회(나루아트센터 대공연장, 2005. 5. 29)

30. 서울스프링실내악축제(호암아트홀, 2006. 4. 28-5. 7)

<표 Ⅱ-8> 한동일의 공연활동

교류 유형	횟 수	교류활동 중 평균(%)
거주지역 활동(1950-2005 NY)	3	10.0
거주국내 지역교류	5	16.7
국가간 교류	6	20.0
모국과의 교류(2005 귀국)	15	50.0
모국과 교류 + 국제교류	1	3.3
	30	

이들의 활동을 거주국내 지역간 교류활동, 국가간 교류(국제교류), 모국과의 교류, 모국과 교류를 함께하는 국제교류활동으로 나누어 본 결과는 위의 표들과 같다. 이를 종합적으로 살펴 보면 다음의 표와 같다.

대체적으로 재미음악가들은 70% 정도를 자기 거주공간을 벗어나 교류활동을 활발히 하고 있는 것으로 나타났다. 특히 그들의 공연활동 중에서 41% 정도를 모국과의 교류활동에 힘쓰고 있는 것은 민족문화공동체 구축에 많은 시사를 주고 있다. 그들 중에서 1명은 최근에 귀국을 하여 활동을 하고 있는 것으로 조사되었지만, 세계적으로 유명한 음악

가들이 조국을 항상 잊지 않고 공연활동을 하고 있는 것은 고무적인 것
으로 받아들여진다. 이로써 미국 주류사회에서 당당하게 활동하고 있는
세계적인 한인 음악가들이 바로 한민족의 문화적 자긍심을 키워주고
있다고 평가할 수 있다.

〈표 II-9〉 재미음악가들의 공연활동

(단위 : %)

	성 명	거주지역 활동	거주국내 지역교류	국가간 교류	모국과 교류	모국과 교류 +국제교류
1	제니퍼 고	9.4	37.5	40.6	12.5	0
2	권길상	83.3	0	0	16.7	0
3	신영옥	31.2	3.1	9.4	46.9	9.4
4	장영주	25.0	19.4	11.1	22.2	22.2
5	장한나	5.9	11.7	0	58.8	23.5
6	정명화	11.1	5.6	0	72.2	11.1
7	최승원	65.0	10.0	2.5	47.5	0
8	한동일	10.0	16.7	20.0	50.0	3.3
	계	240.9	104	83.6	326.8	69.5
	평균	30.1	13.0	10.6	40.9	8.7

3) 미술가

(1) 강익중

1. 2005 "Amazed World" 알리센터(미국 켄터키 루이스빌)

2. 2004 "달의 꿈"-141개 국가의 126,000명의 어린이 그림(일산 호수공원)

3. 2004 행복한 오브제로 만든 부처, Speed 박물관(미국 켄터키 루이스빌)

4. 2003 행복한 오브제로 만든 부처 외 작품(미국 LA 사비나 리 갤러리)

5. 2003 "Amazed World" 외(독일 베를린 괴테연구소)

6. 2003 행복한 믿음 외(미국 롱아일랜드 대학 헛친스 갤러리)

7. 2002 밥을 먹는 부처(중국 상하이)

8. 2001 "Amazed World"-135개 국가의 34,000 어린이 그림(미국 UN본부)

9. 2001 천국으로(독일 뮌헨 문화센터)

10. 2000 천국으로(독일 베를린 아시아명화전)

11. 2000 새천년의 항로 : 주요 국제전 출품작가들, 1990-99(국립현대미술관)

12. 2000 정신의 풍경(대구 갤러리M)

13. 1999-2000 십만의 꿈(파주 통일동산)

14. 1998 코리안 다이알로그 : 백남준과 2인전(독일 베를린)

15. 1996 개인전 : 산타부처전(캘리포니아 산타바바라 컨템포러리아츠포럼)

16. 1996 초콜릿을 먹는 부처전(영국 리이즈메트로폴리탄대학교)

17. 1996 개인전(서울 아트스페이스 등)

18. 1996 8,490일의 기억(미국 휘트니미술관)

19. 1994 새로운 이야기전(캘리포니아)

20. 1994 모든 것을 함께 넣어 더하다－20,000점(캘리포니아 샌프란시스코 캡스 트릿프로젝트)

21. 1994 백남준 · 강익중 2인전 : 멀티플 / 다이얼로그 커네티컷 챔피언(휘트니 아메리칸미술관)

22. 1993 아시안 아메리칸미술의 신표현전(뉴욕 뉴욕시립대 대학원센터)

23. 1993 느린 미술전(뉴욕 롱아일랜드시티 P.S.I.미술관)

24. 1993 보이지 않음의 해체전(뉴욕 에이스페이스갤러리)

25. 1992 부처전(뉴욕 아시안아메리칸아트센터)

26. 1992 강익중 3×3전(뉴욕 퀸즈미술관)

27. 1991 더 큰 소리전(일리노이대학교 갤러리400)

28. 1991 빙리. 강익중 2인전 : 많은 것이 더 좋다(뉴욕 아멜리에이왈레스미술관)

29. 1990 무제(뉴저지 메인갤러리)

30. 1990 사운드페인팅스(뉴저지 메인갤러리)

31. 1990 무제(뉴욕 브룩클린 에퍼키갤러리)

32. 1990 음식전(뉴욕 헌터돈아트센터)

33. 1990 차이나전(홍콩P · S · I미술관 등)

34. 1990 인종차별주의에 대항하는 예술가(뉴욕 베드포드스타이브생문화센터 등)

35. 1990 국제아트쇼(일본 아이다미술관)

36. 1989   업타운 다운타운(뉴욕 시티갤러리 등)

37. 1988   6,000 페인팅스(뉴욕 브로드웨이윈도우스갤러리)

38. 1987   300페인팅스(뉴욕 논문전시회)

39. 1987   모두가 오랄섹스를 생각하다(뉴욕 브롱스리버갤러리)

40. 1987   퍼스널히스토리(뉴욕 마이너인저리)

41. 1987   언제나 함께전(뉴욕 브롱스리버갤러리)

42. 1986   1개월 퍼포먼스실연(뉴욕 투투로우갤러리)

43. 1986   프라이페인팅스(독일 카셀 오펜플라츠)

44. 1986   차가운 벽을 위하여(독일 베를린 레기엔/루이쇼르담)

45. 1986   최소 최대(뉴욕 나우갤러리)

46. 1985   1,000페이팅스(브룩클린 롱아일랜드대학교)

47. 1985   여름그룹전(뉴욕 라세갤러리)

48. 1982   FU전시회(서울 토탈갤러리)

49. 1981   앙데팡당전(국립현대미술관)

<표 Ⅱ-10> 강익중의 전시활동

교류 유형	횟 수	교류활동 중 평균(%)
거주지역 활동(NY)	24	48.9
거주국내 지역교류	9	18.3
국가간 교류	10	20.4
모국과의 교류	6	12.2
모국과 교류 + 국제교류		
	49	

(2) 곽 수

1. 1986   젠시세로화랑 초대전(젠시세로화랑)

2. 1991   롱아일랜드 미술관 공모전(뉴욕)

3. 1992   제1회 개인전(국제무역센터)

4. 1992   제2회 개인전(뉴욕과학관)

5. 1993   제3회 개인전(뉴욕 Humphrey화랑)

6. 1996 귀국 초대전(선화랑)

7. 1998 새바람 재미 한국화가전(락빌 아트센터)

8. 2001 개인전(서울 한남동 앨렌킴머피갤러리)

9. 2002 개인전(진화랑)

<표 Ⅱ-11> 곽수의 전시활동

교류 유형	횟 수	교류활동 중 평균(%)
거주지역 활동(NY)	5	55.5
거주국내 지역교류		
국가간 교류		
모국과의 교류	4	44.4
모국과 교류 + 국제교류		
	9	

(3) 곽 훈

1. 2001 개인전, Gallery M

2. 2000 개인전, 조현 갤러리(부산), Rong bao zhai Gallery(중국)

3. 2000 (단체전) 새천년의 항로 : 주요 국제전 출품작가들, 1990-99, 국립현대미술관

4. 1999 개인전, 시공 갤러리(대구)

5. 1998 개인전, 금호 미술관

6. 1998 개인전, Charles Cowles Gallery(미국 뉴욕)

7. 1997 개인전, 시공 갤러리(대구)

8. 1997 개인전, 63 갤러리

9. 1997 개인전, Carinthia Klagenfurt 갤러리(오스트리아)

10. 1996 개인전, 표 화랑

11. 1996 개인전, 조현 화랑

12. 1996 개인전, 마산 MBC

13. 1996 (단체전) FIAC 프랑스 파리

14. 1996 (단체전) 베니스 비엔날레 서울전, 예술의전당

15. 1996 (단체전) Who Afraid of Freedom 뉴포트하버 뮤지엄(미국 L.A)
16. 1996 개인전, 버밍햄 미술관(미국 알라바마)
17. 1996 개인전, 대구 문화예술회관
18. 1995 개인전, 인공 갤러리
19. 1995 (개인전) 베니스 비엔날레, 이태리 베니스
20. 1995 개인전, Sigma Gallery(미국 뉴욕)
21 1995 개인전, 선 갤러리
22. 1995 개인전, Palos Verdes Art Center(미국 L.A)
23. 1994 개인전, The Works Gallery(미국 캘리포니아)
24. 1994 개인전, Andrew Shire gallery(미국 L.A)
25. 1993 개인전, 선재 미술관(경주)
26. 1993 개인전, 국립현대미술관
27. 1993 개인전, 선 화랑
28. 1993 (단체전) Fusion 미국 캘리포니아
29. 1992 개인전, 부산 갤러리(부산)
30. 1992 개인전, MacQuaire Gallery(호주 시드니)
31. 1992 개인전, The Works Gallery(미국 캘리포니아)
32. 1992 개인전, 스페인
33. 1992 (개인전) 시카고 국제 아트페, 선 화랑 미국 시카고
34. 1992 (개인전) 동경 국제 아트페어, 선 화랑 일본 동경
35. 1991 개인전, 선 화랑
36. 1991 (단체전) 한국 현대미술 초대전, 선재 미술관(경주)
37. 1991 (단체전) 한국 현대미술의 한국성 모색 II부전, 한원 갤러리
38. 1991 개인전, Pacific Asian Museum(미국 캘리포니아)
39. 1990 개인전, 지니스 화랑(부산)
40. 1990 개인전, 선 화랑
41. 1990 개인전, The Works Gallery(미국 캘리포니아)
42. 1990 개인전, MacQuaire Gallery(호주 시드니)
43. 1990 (개인전) L.A 국제 아트페어-선 화랑 미국 L.A
44. 1989 개인전, The Works Gallery(미국 캘리포니아)

45. 1989　개인전, Karl Bornstein gallery(미국 캘리포니아)

46. 1988　개인전, Iannetti Lanzone Gallery(미국 샌프란시스코)

47. 1988　개인전, 선 화랑

48. 1988　(단체전) 모더니즘 이후전 Ⅱ, 현대 미술관

49. 1988　(단체전) 한국 현대미술전, 국립현대미술관

50. 1988　(단체전) 미국 현대미술작가 5인전, 선 화랑

51. 1987　개인전, 인공 갤러리(대구)

52. 1987　개인전, 두손 갤러리

53. 1987　(단체전) 제2회 L.A 아트페어 미국 L.A

54. 1986　개인전, L.A 한국문화원 (미국)

55. 1986　(단체전) 한국 현대미술의 어제와 오늘전, 국립현대미술관

56. 1986　개인전, Harcourts Contemporary(미국 샌프란시스코)

57. 1986　개인전, 이목 화랑(대구)

58. 1985　개인전, Karl Bornstein gallery(미국 산타모니카)

59. 1985　개인전, 두손 갤러리

60. 1984　개인전, Q 갤러리(일본 동경)

61. 1983　개인전, 동산방 화랑

62. 1983　개인전, 아트스페이스 갤러리(미국 L.A)

63. 1982　개인전, 동산방 화랑

64. 1982　(단체전) 재외작가 초대전, 국립현대미술관

65. 1982　개인전, Traction Gallery(미국 L.A)

66. 1982　(단체전) Los Angeles 작가전, 동산방 화랑

67. 1981　(단체전) 한국 현대작가 드로잉전, L.A 아트 코리아

68. 1981　(단체전) 로스앤젤레스 서양화가 6인전, 부산 미국문화원

69. 1981　(단체전) 81 Los Angeles Visual Art, 일미 문화센터

70. 1981　개인전, L.A Artcore Gallery(미국 L.A)

71. 1981　(단체전) 제10회 국제 판화 드로잉전

72. 1981　(단체전) 판화 드로잉 8인 초청전

73. 1980　개인전, L.A Artcore Gallery(미국 L.A)

74. 1980　(단체전) 웨슬얀 국제 판화 드로잉전

75. 1980   (단체전) 제10회 아시아 태평양 미국작가 초대전, 미국 텍사스 주립대
    학

76. 1980   (단체전) 시각예술전, 롱비치 화랑(미국)

77. 1970   (개인전) 전자예술 작품전, 신문회관

78. 1968-1969   (단체전) 제12-13회 현대작가 초대전, 경복궁미술관

79. 1962   (단체전) 현대작가 공모전

<표 Ⅱ-12> 곽훈의 전시활동

교류 유형	횟 수	교류활동 중 평균(%)
거주지역 활동(LA-)NY)		
거주국내 지역교류	30	37.9
국가간 교류	8	10.1
모국과의 교류	38	48.1
모국과 교류 + 국제교류	3	37.9
	79	

(4) 김구림

1. 2003   (단체전) 드로잉의 새로운 지평, 국립현대미술관

2. 2002   개인전, 마로니에 미술관

3. 2002   개인전, UM 갤러리

4. 2001   (단체전) 한국 현대미술의 전개 : 전환과 역동의 시대, 국립현대미술관

5. 2000   (단체전) 현존과 흔적, 미술회관

6. 2000   개인전, 가나 아트센터

7. 2000   개인전, 미술회관

8. 2000   (단체전) 한국 현대미술의 시원, 국립현대미술관

9. 1999   (단체전) 시각문화-세기의 전환전, 성곡미술관

10. 1998   (단체전) 아름다운 성찬, 국립현대미술관

11. 1998   (단체전) 정부 소장미술품 특별전, 국립현대미술관

12. 1997   (2인전) 김구림, 조성묵 조현갤러리

13. 1996   (단체전) 마니프 서울 96전, 예술의전당 한가람미술관

14. 1995 　(단체전) 현대미술 50년전, 국립현대미술관

15. 1995 　(단체전) COLLABORATIONS전, BLACK 갤러리(미국 L.A)

16. 1995 　개인전, 쟌엔죠갤러리(미국 L.A)

17. 1994 　개인전, 동숭갤러리

18. 1993 　(단체전) 한국 현대판화 40년전, 국립현대미술관

19. 1992 　(단체전) 한 세대의 위상, 예맥화랑

20. 1991 　(단체전) 한국 현대미술의 한국성 모색 Ⅱ부전, 한원갤러리

21. 1991 　(단체전) 한국 현대미술 초대전, 선재 현대미술관(경주)

22. 1991 　개인전, 산타아나 현대미술관(미국)

23. 1991 　(단체전) 제3 제안전, LACA 갤러리(미국)

24. 1991 　(단체전) 시카고 아트페어 미국 시카고

25. 1990-1992 　(단체전) 현대미술 초대전, 국립현대미술관

26. 1990 　(단체전) 한국미술-오늘의 상황전, 예술의전당

27. 1990 　(단체전) 토쿄 아트 엑스포 하루미 국제무역센타(일본)

28. 1990 　(단체전) 침묵의 대화-서구와 일본의 정물화, 시주오카 현립미술관(일본)

29. 1989 　(단체전) 서울 미술제 동숭 갤러리, 호암갤러리

30. 1989 　개인전, 니시우찌 갤러리(일본)

31. 1989 　(단체전) 한국 현대미술, 베르센 미술관(미국)

32. 1988 　개인전, 인공갤러리(대구)

33. 1988 　(단체전) 제3회 L.A.Art Fare, 로스앤젤레스 컨벤션센타(미국)

34. 1988 　(단체전) 국제 소형 판화 트리엔날레, 프랑스

35. 1988 　(단체전) 한국미술의 모더니즘 1970-79전, 현대미술관

36. 1988 　(단체전) 한국 현대미술전, 국립현대미술관

37. 1988 　(단체전) 한국 현대 회화전, 대만

38. 1988 　(단체전) 현대회화 70년대의 흐름, 워커힐미술관

39. 1987 　개인전, 현대화랑

40. 1987 　(단체전) 뉴욕의 한인작가전, 가나화랑

41. 1987 　(단체전) 오늘의 6인전, 뉴저지 아트센터(미국)

42. 1986 　(단체전) ARTISTIC LICENSE전, 뉴욕갤러리(미국)

43. 1986 개인전, 미국 뉴저지

44. 1986 개인전, 돌로레스안 갤러리(미국 뉴저지)

45. 1986 (단체전) 한국 현대미술의 어제와 오늘전, 국립현대미술관

46. 1986 (단체전) ROOTS TO REALITY 2전, 루이스마브로스 미술관(미국 뉴욕)

47. 1985 (단체전) 서울 미술대전, 국립현대미술관

48. 1985 (단체전) 판화 6인전, Q 화랑(일본 동경)

49. 1985 (단체전) 도쿄 아트페어, 센트럴미술관(일본 동경)

50. 1985 (단체전) 한국 현대판화 어제와 오늘전, 호암갤러리

51. 1984 개인전, 아미노갤러리(일본 오사카)

52. 1984 개인전, 아미노갤러리(일본 오사카)

53. 1984 (2인전) 곽인식, 김구림 판화전, 나화랑

54. 1984 개인전, 리비달갤러리(미국 뉴욕)

55. 1984 (단체전) 한국 양화 70년전, 호암갤러리

56. 1983 (단체전) 현대미술 초대전, 국립현대미술관

57. 1983 (단체전) 한국 현대미술전-70년대 이후 하나의 양상, 동경도 미술관, 우
수노미야, 오사카, 삿포로, 후쿠오카(일본)

58. 1983 (단체전) 서울 국제 임펙트전, 국립현대미술관

59. 1983 (단체전) 판화 5인전, 미화랑

60. 1983 (단체전) 한국 현대미술전, 일본 순회전

61. 1983 (단체전) 제8회 국제 판화 비엔날레, 영국 런던

62. 1983 (단체전) 유고슬라비아 국제 판화 비엔날레, 유고슬라비아

63. 1982 개인전, 수화랑(대구)

64. 1982 개인전, 청탑화랑(청주)

65. 1982 (단체전) 한국 현대미술의 위상전, 교토 시립미술관(일본)

66. 1982 (단체전) 현대종이의 조형-한국과 일본 국립현대미술관, 교토 시립미술
관(일본)

67. 1981 초대 개인전, 공간화랑(부산)

68. 1981 (단체전) 한국 드로잉전, 브루클린 미술관(미국 뉴욕)

69. 1981 (단체전) 뉘클레우스 I 우편미술

70. 1981 (단체전) 81 드로잉전, 국립현대미술관

71. 1981 (단체전) 제16회 상파울로 비엔날레, 브라질 상파울로

72. 1981 (단체전) 중앙 미술대전, 국립현대미술관

73. 1981 (단체전) 한국미술 81전, 국립현대미술관

74. 1980 (단체전) 아시아 현대 미술제, 후쿠오카 시립미술관(일본)

75. 1980 (단체전) 한국미술대상전, 국립현대미술관

76. 1980 (단체전) 한국 판화 드로잉대전, 국립현대미술관

77. 1979 개인전, 공간화랑

78. 1979 (단체전) 판화 6인 초대전, 샘터화랑

79. 1979 (단체전) 한국미술 오늘의 방법 개관 기념전, 미술회관

80. 1979 (단체전) 국제 소형 오늘의 드로잉전, 마로니에 갤러리(일본 교토)

81. 1979 (개인전) A.I.D 한국판화, 미국

82. 1979 (단체전) 중앙 미술대상전, 국립현대미술관

83. 1978 개인전, 선화랑

84. 1978 (단체전) 한국 현대미술 20년의 동향전, 국립현대미술관

85. 1978 (단체전) 한국 판화 12인전, 한국화랑

86. 1978 (단체전) 서울 국제판화 교류전, 국립현대미술관

87. 1978 (단체전) 제4회 인도 트리엔날레, 인도 뉴델리

88. 1977 (단체전) 작은 자화상전, 아트코아 갤러리(일본 교토)

89. 1977 개인전, 카네코 갤러리(일본 동경)

90. 1977 (단체전) 한국미술대상전, 국립현대미술관

91. 1977 (단체전) 한-중 현대판화 교류전, 대북 국립역사박물관(대만)

92. 1977 (단체전) 한국 현대미술대전 : 서양화, 국립현대미술관

93. 1977 개인전, 견지화랑

94. 1977 (단체전) 한국 현대미술의 단면전, 센트럴미술관(일본 동경)

95. 1976 개인전, 명동화랑

96. 1976 (단체전) 제7회 카뉴 국제 회화제, 프랑스 카뉴

97. 1976 (단체전) 제5회 국제 Open Encounter On Video 초대전, 벨기에

98. 1976 (단체전) 몬테카를로 국제 회화제, 모나코 몬테카를로

99. 1976 (단체전) L.A 국제 판화 교류전, 미국 로스앤젤레스

100. 1976   (단체전) 한국 현대미술 5인 초대전, 서울화랑

101. 1976   판화 개인전, 목마화랑(부산)

102. 1975   개인전, 백록화랑

103. 1975   판화 개인전, 백록화랑

104. 1975-1977   (단체전) 에꼴 드 서울전, 국립현대미술관

105. 1975-1977   (단체전) 앙데팡당전, 국립현대미술관

106. 1975-1977   (단체전) 서울 현대 미술제, 국립현대미술관

107. 1975   (단체전) Recycling 1995 이스라엘 미술관(이스라엘 예루살렘)

108. 1975   (단체전) Rencontre International Orverte de Video 아르헨티나 부에노스아
    이레스

109. 1975   (단체전) Encontra 국제 Video 초대전, 프랑스 파리

110. 1974   개인전, 니레노키 갤러리(일본 동경)

111. 1974   개인전, 16 갤러리(일본 동경)

112. 1974   (단체전) 오늘의 방법 74전, 교토 시립미술관(일본)

113. 1974   (단체전) SIGNIFYING 국제 초대전, 교토 시립미술관(일본)

114. 1974   (단체전) 제2회 국제 IMPACT ART VIDEO 74전, 스위스 로잔

115. 1974   (단체전) 제26회 일본미술가연맹전

116. 1974   (단체전) 제9회 일본 국제 판화 비엔날레, 동경 국립근대미술관(일본)

117. 1974   (단체전) 제1회 서울 비엔날레, 국립현대미술관

118. 1973   개인전, 시로타 갤러리(일본 동경)

119. 1973   (단체전) 서울 현대미술 13인전, 시그넘 갤러리(일본 교토)

120. 1973   (단체전) 제12회 상파울로 비엔날레, 브라질 상파울로

121. 1973   (단체전) 현대미술 73전, 명동화랑

122. 1973   (단체전) 한국 현대미술 57-72 조형과 반조형전, 명동화랑

123. 1972   (단체전) A.G 판화전, 국립중앙공보관

124. 1972   (단체전) A.G전 : 탈관념의 세계, 국립현대미술관

125. 1971   (단체전) 제7회 파리 비엔날레, 파리 시립현대미술관(프랑스)

126. 1971   (단체전) 회화, 오늘의 한국전, 명동화랑

127. 1971   (단체전) A.G전 : 현실과 실현 국립현대미술관

128. 1970   (단체전) 한국미술대상전, 국립현대미술관

129. 1970   (단체전) A.G전 : 확장과 환원의 역학, 국립중앙공보관

130. 1969　(단체전) 24분의 1초의 의미-퍼포먼스, 아카데미음악실

131. 1969　(단체전) 한국 청년작가 11인전, 소리다리드 화랑(필리핀 마닐라)

132. 1969　(단체전) 매스미디어의 유물-우편미술

133. 1969　(단체전) 현대작가 초대전, 경복궁 미술관

134. 1968　(단체전) 회화 68전, 신문회관 화랑

135. 1967　개인전, 부산 공보관

136. 1965　(단체전) 신작가협회전, 신문회관 화랑

137. 1963　(단체전) 현대작가 초대전, 중앙공보관

138. 1958　개인전, 대구 공보관

〈표 II-13〉 김구림의 전시활동

교류 유형	횟 수	교류활동 중 평균(%)
거주지역 활동		
거주국내 지역교류(미국)	16	11.6
국가간 교류	34	24.6
모국과의 교류(귀국)	84	60.8
모국과 교류 + 국제교류	4	29.0
	138	

(5) 김병기

1. 2000　개인전, 가나 아트센터

2. 2000　(단체전) 한국 현대미술의 시원, 국립현대미술관

3. 1998　(단체전) 전속작가전, 가나아트센터

4. 1997　개인전, 가나화랑

5. 1996　개인전, Benamou-Gravier 화랑(프랑스 파리)

6. 1992　(단체전) 원로작가 회화전, 국립현대미술관

7. 1990　개인전, 가나 화랑

8. 1986　개인전, 가나 화랑

9. 1977　(단체전) 한국 현대미술대전 : 서양화, 국립현대미술관

10. 1972　개인전, Polyarts 갤러리(미국 보스톤)

11. 1958 (단체전) 현대작가 초대전

12. 1958 (단체전) 한국미협전

13. 1948 (단체전) 미술문화협회전

14. 1936 (단체전) 백만(白蠻)전 일본 동경

〈표 II-14〉 김병기의 전시활동

교류 유형	횟 수	교류활동 중 평균(%)
거주지역 활동(미국)	1	7.1
거주국내 지역교류		
국가간 교류	2	14.3
모국과의 교류	11	78.6
모국과 교류 + 국제교류		
	14	

(6) 김보현

1. 종이 작업전(산타바바라 미술관, 1975)

2. 오늘의 회화와 조각전(인디아나 폴리스 미술관, 1978)

3. 시각잔치(해커 미술관, 1981)

4. 오늘의 한국드로잉전(브룩클린 미술관, 1981)

5. 예술의 전당 초대전(한가람미술관, 1995)

6. 실비아월드(부인)과 소품전(동아갤러리, 1995)

〈표 II-15〉 김보현의 전시활동

교류 유형	횟 수	교류활동 중 평균(%)
거주지역 활동(NY)	1	11.1
거주국내 지역교류	3	33.3
국가간 교류		
모국과의 교류	5	55.6
모국과 교류 + 국제교류		
	9	

7. 개인전(동명문화학원, 1996)

8. 김보현, 실비아워드전(대구 대백프라자갤러리, 1996)

9. 제19회 개인전(박여숙화랑, 1996)

(7) 김봉태

1. 2004　(초대 개인전) 창으로부터, 가나아트센터

2. 2003　(단체전) 드로잉의 새로운 지평, 국립현대미술관

3. 2003　(단체전) 제18회 아시아 국제전, 해리티지박물관(홍콩)

4. 2003　(단체전) 광야의 식탁전, 인사 아트센터, 빛갤러리

5. 2003　3인전, 미술세계갤러리(일본 도쿄)

6. 2003　(단체전) 한·일 교류전, 인사아트센터

7. 2003　(단체전) 서울 미술대전, 서울시립미술관

8. 2003　(개인전) 마니프, 서울 한가람미술관

9. 2002　개인전, 수가화랑(부산)

10. 2002　개인전, 현대미술관(울산)

11. 2002　(단체전) 제17회 아시아 국제 미술전람회, 대전시립미술관

12. 2002　(단체전) 보자기의 월장, 마로니에미술관

13 2002　(단체전) 추상회화의 이해, 성곡미술관

14. 2002　(단체전) 한국의 색, 서울시립미술관, 오사카근대미술관, 아이치현립미
　　술관, 이와테현립미술관(일본)

15. 2001　(개인전) 마니프, 서울 한가람미술관

16. 2001　(단체전) 세종 문화회관 개관 기념전, 세종문화회관

17. 2001　(단체전) 아시아 작가전, 브라이튼 포리테크닉갤러리

18. 2000　개인전, 아시아갤러리(홍콩)

19. 2000　(단체전) 한국 현대미술의 시원, 국립현대미술관

20. 2000　(단체전) 한국과 서양의 전후 추상미술-격정과 표현, 삼성현대미술관

21. 1999　(단체전) 제14회 아시아 국제 미술전, 일본 후쿠오카

22. 1999　(단체전) 한-일 회화 교류전, 서울갤러리

23. 1998　(단체전) 아름다운 성찬, 국립현대미술관

24. 1998　(단체전) 정부 소장미술품 특별전, 국립현대미술관

25. 1998　(단체전) 제6회 호주 현대 미술제, 멜버른 로얄전시장

26. 1998　(개인전) 마니프, 서울 한가람미술관

27. 1997　개인전, 박영덕화랑

28. 1997　(단체전) 한국의 미를 찾아서, 사바나갤러리

29. 1997　(단체전) 제11회 SAGA 국제전, 에스파스 에펠 브랑리(프랑스 파리)

30. 1997　(단체전) 97 서울 현대 판화가, 서울갤러리

31. 1997　(단체전) 에꼴 드, 서울 관훈미술관

32. 1997　(단체전) 교과서 미술전, 한가람미술관

33. 1997　(단체전) 96 서울 제주갤러리(제주)

34. 1996　(단체전) 문화의 촌락, 서울시립미술관

35. 1996　개인전, 서울클럽

36. 1996　(단체전) 마이아미 아트페어, 박영덕 화랑

37. 1996　(단체전) 제29회 카뉴 국제 회화제, 프랑스 카뉴

38. 1996　(단체전) 한국미술 새로운 감성, 페맥스 미술센터 등(멕시코)

39. 1996　(단체전) 아시아 국제 미술전람회, 아보라 메트로폴리탄 미술관(필리핀)

40. 1996　(단체전) 아시아 판화, 미술제 부산

41. 1995　(단체전) 현대미술 50년, 국립현대미술관

42. 1995　(단체전) 홍콩 아트페어, 홍콩컨벤션센터

43. 1995　(단체전) 색채와 정서, 화인갤러리

44. 1995　개인전, 화인갤러리

45. 1995　(개인전) 마니프, 서울 한가람미술관

46. 1995　(단체전) Pacific Pacific, 라스카갤러리(미국 L.A)

47. 1995　(단체전) 한국회화 50년의 전개, 한림갤러리(대전)

48. 1995　(단체전) 20세기의 동경, 사계화랑

49. 1994　개인전, 송원 화랑(부산)

50. 1994　(단체전) 서울 국제 현대미술제, 국립현대미술관

51. 1994　(단체전) 서울 판화 미술제, 예술의전당

52. 1994　개인전 에스파스, 에펠 브랑리(프랑스 파리)

53. 1994　(단체전) NICAF 요코하마 94, 아미 갤러리(일본 요코하마)

54. 1994 (단체전) 현대회화 : 한국미술 빛과 색, 호암갤러리
55. 1994 (단체전) 아사이카와전, 일본 아사이카와
56. 1994 (단체전) 에꼴 드, 서울 관훈갤러리
57. 1993 개인전, 아민갤러리
58. 1993 (단체전) Abstract, 예맥화랑
59. 1993 개인전, 아민갤러리
60. 1993 (개인전) 김봉태 판화 30년, 공평아트센터
61. 1993 (단체전) 한국 현대판화 40년, 국립현대미술관
62. 1993 (단체전) 움직이는 미술관, 국립현대미술관
63. 1993 (단체전) 한국 현대미술 격동과 도전의 세대, 토탈미술관
64. 1993 (단체전) 서울 국제 판화 교류전, 한국문화원
65. 1992 개인전, 예술의전당
66. 1992-1996 (단체전) 화랑 미술제, 예술의전당
67. 1992 개인전, 동아미술관(부평)
68. 1992 (단체전) L.A. 판화미술가협회전, 산타모니카대학 갤러리(미국 L.A)
69. 1992 (단체전) 현대미술 9인전, 한국미술관
70. 1992 (단체전) 한국 현대미술, 63갤러리
71. 1991 개인전, 월드갤러리
72. 1991 (단체전) 한국 현대미술 한국성 모색
73. 1991 (단체전) 회화와 판화의 만남, 데코미술관
74. 1991 (단체전) 한국 현대미술 초대전, 선재미술관(경주)
75. 1991 (단체전) 제19회 유부리아나 국제 판화 비엔날레, 유고 유부리아나
76. 1991 (단체전) 서울 미술대전, 서울시립미술관
77. 1991 (단체전) 한국 현대회화, 호암미술관
78. 1990 개인전, 한국미술관
79. 1990 (단체전) 12인 현대작가, 금호미술관
80. 1990 (단체전) 12인의 현대작가, 한국미술관
81. 1990 (단체전) 제1회 부산 판화대전, 부산시민회관 전시실
82. 1990 (단체전) 동아 국제 판화전, 프레스센터
83 1990 (단체전) 한국 현대작가 12인, 파리 한국문화원(프랑스)

84. 1989　(단체전) 제4회 중화민족 국제 판화전, 대북미술관

85. 1988　(단체전) 한국 현대미술전, 국립현대미술관

86. 1988　(단체전) 조선일보 미술관 개관 기념전

87. 1988　(단체전) 5인 현대작가, 국제화랑

88. 1988　(단체전) 영·미 판화 교류전, 미국 L.A., 영국 런던

89. 1987　(단체전) 프린트 어드벤쳐전, 국립현대미술관

90. 1987　(단체전) 한·일 판화 교류전, 시모노세키 미술관(일본)

91　1987　(단체전) 15인 현대작가, 동경 한국문화원(일본)

92. 1987　(단체전) 제2회 국제 현대미술제, 진화랑(미국 L.A)

93. 1986　개인전, 광주 미국문화원

94. 1986　(단체전) KBS 초대전

95. 1986　(단체전) 아시아 태평양계 미국작가 스코프 갤러리, 엑스프로테트리움 갤러리 (미국 L.A)

96. 1986　갤러리스코프한국작가 5인, 다빈치 갤러리(미국 L.A)

97. 1985　개인전, 한국미술관

98. 1985　(단체전) 60년대전, 워커힐미술관

99. 1985　(단체전) 한국 현대판화 어제와 오늘, 호암미술관

100. 1984　(단체전) 현대작가전, 미국 로스앤젤레스

101. 1984　(단체전) 당신의 주의를 주세요, 윙크루 미술관, 미국 시애틀, 워싱턴

102. 1983　(단체전) 한·미 드로잉 판화 교류전, 포토메이슨 판화센터(미국)

103. 1982　(단체전) 재외작가 초대전, 국립현대미술관

104. 1982　(단체전) 한국 현대미술전, 일본 교토

105. 1981　개인전, 삼일당 갤러리(미국 L.A)

106. 1981　(단체전) 제3회 국제 판화 비엔날레

107. 1981　(단체전) 13인 한국 현대작가 동산방 화랑, 아토코어 갤러리(미국 L.A)

108. 1981　(단체전) 한국 현대 드로잉전, 브루클린 미술관(미국 뉴욕)

109. 1981　(단체전) 동서양의 만남, 조슬린센터(미국 캘리포니아)

110. 1980　개인전, 동산방화랑

111. 1980　개인전, 부산 미국문화원

112. 1980　(단체전) 제5회 호놀룰루 아카데미 주최 판화 공모전, 호놀루루아카데

미(미국 하와이)

113. 1980　(단체전) 판화와 드로잉, 국립현대미술관

114. 1980　(단체전) 아시아 미국인 전통의 날 로스엔젤레스 일본지역 사회센타 (미국)

115. 1979　개인전, 피셔갤러리(미국 L.A)

116. 1979　개인전, ADI 갤러리(미국 샌프란시스코)

117. 1979　개인전, 레이빗슨갤러리(미국 시애틀)

118. 1979　(단체전) 오늘의 한국 현대판화전, ADI 갤러리(미국 샌프란시스코)

119. 1979　(단체전) 착각의 실제, 덴버미술관 등(미국)

120. 1979　(단체전) 국제 판화 비엔날레, 미국 필라델피아

121. 1979　(단체전) 에디지오날 스페이스 아트 엑스포 카운티 미술관, 아트렌탈 갤러리 (미국 L.A)

122. 1979　(단체전) 동서의 만남

123. 1978　개인전, 시벽센터 갤러리

124. 1978　(단체전) 8인 판화가 초대전, 미국 캘리포니아주립대학

125. 1978　(단체전) 제5회 전국 판화 공모전, 미국 캘리포니아주립대학

126. 1978　(단체전) 4인전

127. 1978　3인전, 뉴미디어 갤러리(미국)

128. 1978　(단체전) 국제 판화 교류전, 국립현대미술관

129. 1978　(단체전) 4인전

130. 1978　개인전, 미국 캘리포니아

131. 1977　(단체전) 제3회 마이아미 판화 비엔날레, 미국 마이아미

132. 1977　(단체전) L.A. 판화가협회 순회전, 센트랄와이오밍 미술관(미국)

133. 1977　(단체전) 브렌드 Ⅶ, 미국 캘리포니아 그렌대일

134. 1977　(단체전) 시시커우스 대학 주최 판화 드로잉전, 미국 캘리포니아

135. 1977　(단체전) 드로잉과 판화, 미국 마이애미대학

136. 1976　(단체전) 페전트 오브 옥스, 미국 캘리포니아 사우전드옥스

137. 1976　(단체전) 제1회 전국 판화 드로잉전

138. 1975　(단체전) 4인 판화전, 터어키 당카라

139. 1975　(단체전) 제7회 판화 드로잉전, 미국 미노트주립대학

140. 1975 (단체전) 잉크와 진흙, 미국 캘리포니아주립 폴리테크닉대학

141. 1974 (단체전) 국제 교류전, 노르웨이 토롱트하임

142. 1974 (단체전) 판화전, 산호세미술관(미국)

143. 1974 (단체전) 제6회 서부 판화전, 산호세미술관(미국)

144 1974 (단체전) 로스앤젤레스 판화가협회전, 맨튼갤러리(미국)

145. 1973 개인전, 진화랑

146. 1973 개인전, 페시픽컬춰 아시아박물관(미국 캘리포니아)

147. 1973 개인전, ADI 갤러리(미국 샌프란시스코)

148. 1972 (단체전) 신작-신인, 아트렌탈 갤러리(미국 L.A.)

149. 1972 (단체전) 제5회 판화전, 미국 산디에고 주립대학

150. 1972 (단체전) 제2회 서울 국제 판화 비엔날레, 경복궁미술관

151. 1972 (단체전) 제15회 제한 없는 미술공모전, 다우니미술관(미국)

152. 1972 (단체전) 로스앤젤레스판화가협회전, 파나로스벨레스 미술관(미국)

153. 1971 개인전, 부산 미국문화원

154. 1971 개인전, 명동화랑

155. 1970 (단체전) 새로운 소재전, 그래픽스갤러리(미국 샌프란시스코)

156 1970 (단체전) 제1회 서울 국제 판화 비엔날레, 경복궁미술관

157. 1970 (단체전) 제2회 브리티쉬 국제 판화 비엔날레, 브레드포드 시립미술관
   (영국)

158. 1970 (단체전) 제4회 판화전, 미국 샌디에고 주립대학

159. 1969 (단체전) 소형 회화 비엔날레, 미국 인디아나 퍼듀대학

160. 1968 (단체전) 앰버시 프로그램전, 미국 워싱턴

161. 1968 (단체전) 백악관 대여 작품전, 미국 워싱턴

162. 1968 (단체전) 제20회 보스턴 판화전, 미국 보스톤, 메사츄세스

163. 1968 (단체전) 세리토스 오픈 68, 세리토스대학 갤러리

164. 1963 (단체전) 국립박물관 초대 판화가 5인전

165. 1963 (단체전) 제3회 파리 비엔날레, 에스파스 에펠 브랑니(프랑스 파리)

166. 1963 (단체전) 남가주 한인미술가협회 창립전, 미국 로스앤젤레스

167. 1963 (단체전) 70 판화전, 부산 미국공보관

168. 1962 (단체전) 악듀엘 창립전, 경복궁미술관

169. 1962 (단체전) 조선일보 주최 현대작가 초대전, 덕수궁미술관
170. 1962 (단체전) 제5회 한국판화가협회전, 중앙공보관
171. 1961 (단체전) 60년 한국미협-현대미협 연립전, 경복궁미술관
172. 1961 (단체전) 제2회 60년 한국미협전, 동화백화점 화랑, 국립도서관 화랑
    등
173. 1960 (단체전) 60년 미술가협회 창립전, 덕수궁벽

〈표 Ⅱ-16〉 김봉태의 전시활동

교류 유형	횟 수	교류활동 중 평균(%)
거주지역 활동		
거주국내 지역교류(미국)	60	34.7
국가간 교류	22	12.7
모국과의 교류(귀국)	84	48.6
모국과 교류 + 국제교류	7	4.0
	173	

(8) 김소문

1. 1978-1986 남가주미술가협회전, 미국 로스앤젤레스, 한국문화원
2. 1978 초대개인전, 미국 로스앤젤레스 한일회관
3. 1979-1983 초대개인전, 미국 로스앤젤레스 삼일당화랑
4. 1981 4인초대전, 미국 로스앤젤레스 삼일당화랑
5. 1982 뉴욕 재미작가들의 감각, 미국 뉴욕 한국문화원
6. 1982 예원전, 미국 로스앤젤레스 삼일당화랑
7. 1982 재미작가 초대전, 미국 뉴욕 한국문화원
8. 1982 초대개인전, 미국 뉴욕 한국화랑
9. 1983-1984 아시아 및 미국작가 초대전, 미국 로스앤젤레스 갤러리스코프
10. 1983 구상을 통해 보는 현대적 관점, 미국 로스앤젤레스 삼일당화랑
11. 1983 한국작가 10인전, 프랑스 파리문화원
12. 1983 한·중작가전, 미국 로스앤젤레스 중국문화원
13. 1983 현대작가 2인전(쉬보대학초대전), 미국 캘리포니아 훼이워드갤러리

14. 1984   남가주작가전, 미국 캘리포니아 C.J.화랑
15. 1984   한국엑스포 '84전, 미국 캘리포니아 에너하임회관
16. 1984   한·일·중 작가전, 미국 로스앤젤레스 한국문화원
17. 1984   한·미작가전, 미국 로스앤젤레스 갤러리스코프
18. 1984   "오늘의 한·미 감성전", 미국 뉴욕 에버슨미술관
19. 1984   "L.A의 한·미작가 초대전", 캘리포니아주립대학
20. 1984   "L.A의 10인전", 미국 로스앤젤레스 스페이스311화랑
21. 1985   초대 개인전, 미국 로스앤젤레스 한국문화원
22. 1986   "1986 5인전", 미국 로스앤젤레스 시몬스갤러리
23. 1986   초대개인전, 미국 로스앤젤레스 아트코어화랑
24. 1987   D.V.C 전, 미국 캘리포니아 플리전트힐
25. 1987   단체전, 미국 로스앤젤레스 군립미술관
26. 1987   초대 개인전, 미국 로스앤젤레스 그로리치화랑
27. 1988   개인전, 미국 로스앤젤레스 시몬스갤러리
28. 1989   3인전, 미국 로스앤젤레스 앤드류샤이어화랑
29. 1990   '90 L.A그룹전, 미국 로스앤젤레스 앤드류샤이어화랑
30. 1991   개인전, 효천화랑

〈표 Ⅱ-17〉 김소문의 전시활동

교류 유형	횟 수	교류활동 중 평균(%)
거주지역 활동(LA)	19	63.3
거주국내 지역교류	4	13.3
국가간 교류	1	3.3
모국과의 교류	1	3.3
모국과 교류 + 국제교류	5	16.8
	30	

(9) 김영길

1. 1983   개인전, 관훈미술관
2. 1983   개인전, 청주 청탑화랑

3. 1983 원우전, 디자인포장센타

4. 1983 접근. 가능. 도달전, 경인미술관

5. 1984 11인의 작업, 수화랑

6. 1984 젊은 세대전, 수화랑

7. 1985 앙데팡당전, 미술회관

8. 1985 홍익M.F.A 전, 동방플라자

9. 1986 개인전(5.10-16), 대구 이복화랑

10. 1987 7인의 유망작가전, 미국 뉴욕 갤러리코리아

11. 1988 이민전, 미국 뉴욕 알파인화랑

12. 1989 개인전, 뉴욕 PRATT Gallery

13. 1989 폐허의 향기, 미국 뉴욕 갤러리코리아

14. 1989 고향이야기, 미국 뉴욕 부룩클린

15. 1989 "선발44" 드로잉센트

16. 1990 한국현대작가전, 멕시코국립미술관

17. 1990 조용한 반란, 미국 뉴욕 수연이화랑

18. 1990 멀티칼추랄이즘, 미국 뉴욕 스카이라잇갤러리

19. 1991-1992 개인전, 미국 뉴욕 수연이화랑

20. 1992 신호전, 미국 뉴욕갤러리코리아

21. 1992 한국작가전, 미국 뉴욕텐리갤러리

22. 1992 자기를 표현하는 방법과 자화상, 미국 뉴욕페인웨버갤러리

23. 1992 개인전, 미국 뉴욕 수연이화랑

24. 1992 그룹전, 청남미술관

25. 1993 "We Count" 미국 뉴욕트위드갤러리

26. 1993 개인전(9.17-27), 금호미술관

27. 1995 단조의 세계, 뉴욕 아트프로젝트인터내셔널

28. 1995 광주비엔날레 : 한국 현대미술의 오늘, 광주

29. 1996 ART PROJECTS INTERNATIONAL 뉴욕

30. 1996 아시아현대미술제, 대구 문화예술회관

31. 1996 개인전(9.5-10.12), 미국 뉴욕

32. 1997 50회 도쿄앙데팡당기념-아시아와, 카리브해의 영혼전, 일본 도쿄시립

미술관

33. 1997   Relocating Landscape : 동과 서, 뉴저지 콜드웰칼리지갤러리

34. 1997   제5회 토탈미술상 수상작가전, 토탈미술관

35. 1997   개인전(3.5-25), 금호미술관

36. 1998   개인전

37. 1998   드로잉의 재발견, 환기미술관

38. 1999   "7lb.9 oz."전, 뉴욕 Asian American Arts Centre

39. 1999   새로운 밀레니엄을 이끄는 작가전, 가람아트갤러리

<표 II-18> 김영길의 전시활동

교류 유형	횟 수	교류활동 중 평균(%)
거주지역 활동	17	43.5
거주국내 지역교류	1	2.6
국가간 교류	1	2.6
모국과의 교류	18	46.2
모국과 교류 + 국제교류	2	5.1
	39	

(10) 김 웅

1. 2004   개인전, 성곡 미술관

2. 2000   한국의 미감(美感)전, 예화랑

3. 2002   개인전, 인갤러리

4. 2000   개인전, M-13 갤러리 (미국 뉴욕)

5. 1999   곽훈, 김웅, 김종학 3인전, 예화랑

6. 1998   100호 특별전, 예화랑

7. 1998   (개인전) 인화랑 이전 개관 기념전, 인 갤러리

8. 1998   (단체전) 실내풍경, 델라웨어 아트 미술관 (델라웨어)

9. 1997.   다름의 사랑전(금호미술관), 1997.2.11-2.25

10. 1997   개인전 에디슨/리프리 갤러리 (워싱턴)

11. 1997   단체전 인티멧 유니버스 제임스 홈 갤러리

12. 1997 단체전, 킨 대학 (뉴저지)

13. 1997 단체전, 로버트 스틸 갤러리 (뉴욕)

14. 1996 개인전, 예 화랑

15. 1996 (2인전) 김웅, 오수환, 박여숙 화랑

16. 1995 개인전, 부산 갤러리

17. 1995 (단체전) 추상 재생, 리치몬드1708 갤러리 (미국 버지니아)

18. 1995 (단체전) 로맨틱 임펄스, 오하라 갤러리 (미국 뉴욕)

19. 1994 예화랑, 추천작가전

20. 1993 개인전, 예 화랑

21. 1993 개인전, M-13갤러리 (미국 뉴욕)

22. 1993 (단체전) 희망과 꿈, 트위드 갤러리 (미국 뉴욕)

23. 1992 개인전, 에디슨리프리 갤러리 (미국)

24. 1991 개인전, M-13갤러리 (미국 뉴욕)

25. 1991 개인전, 예 화랑

26. 1991 (단체전) 종이 위에 한 작품전 1975-91, 서울 갤러리

27. 1991 (단체전) 종이작품 11인전, 엠써틴 갤러리 (미국 뉴욕)

28. 1991 (단체전) 한국 현대미술 초대전, 선재 미술관 (경주)

29. 1989 개인전, 미국 뉴욕

30. 1988 개인전, 미국 워싱톤

31. 1987 개인전, 미국 워싱톤

32. 1987 (단체전) 한국 현대미술에 있어서의 흑과 백전, 국립현대미술관

33. 1986 (2인전) 김종학, 김웅, 예 화랑

34. 1986 (단체전) 재미 뉴욕 작가전, Hof 갤러리 (미국 뉴욕)

35. 1985 개인전, 박여숙 화랑, 공간 미술관, 동우 화랑

36. 1984 개인전, 휘스엔드회월 건축 갤러리 (미국 뉴욕)

37. 1983 개인전, 미국공보관

38. 1983 (6인전) 사람들, 빛나는 정신들, 앙굴렘 미술관 (프랑스)

39. 1983 (단체전) 국회 개원 35주년 기념 미술 초대전

40. 1982 (단체전) 82 한·중 현대 서화전, 국립현대미술관

41. 1982 개인전, 워싱턴이스트 갤러리 (미국 뉴욕)

42. 1982 (단체전) 제1회 재미 작가전, 뉴욕 한국문화원 (미국)

43. 1981 개인전, 에디슨리프리 갤러리 (미국 워싱턴)

44. 1981 (단체전) 한국미술 81전, 국립현대미술관

45. 1981 (단체전) 한국의 자연전, 국립현대미술관

46. 1979 (단체전) 초대전, 미국 뉴욕, 워싱턴

47. 1979 (단체전) 한국 현대미술 1950년대의 서양화전, 국립현대미술관

48. 1978 4인전, 예일대 갤러리 (미국)

49. 1977 개인전, 로녹 미술관 (미국 버지니아)

50. 1977 개인전, 태인 화랑

51. 1977 (단체전) 영 아티스트 77, 유니온카바이트 갤러리 (미국 뉴욕)

52. 1977 (단체전) 한국 현대미술대전 : 서양화, 국립현대미술관

53. 1976 개인전, 미도파 화랑

54. 1975 개인전, 양지 화랑

55. 1975 (단체전) 일본 및 동남아 미술전, 일본, 동남아

56. 1973 (단체전) 한국 현역작가 100인전, 국립현대미술관

57. 1972 개인전, 신문회관

58. 1972 개인전, 신세계 화랑

59. 1972 (단체전) 한국 근대미술 60년전, 국립현대미술관

60. 1969 (단체전) 제8회 국전, 국립현대미술관

61. 1968 (단체전) 제7회 국전, 경복궁 미술관

〈표 II-19〉 김웅의 전시활동

교류 유형	횟 수	교류활동 중 평균(%)
거주지역 활동(NY)	15	24.6
거주국내 지역교류	10	16.4
국가간 교류	2	3.3
모국과의 교류	33	54.1
모국과 교류 + 국제교류	1	1.6
	61	

(11) 김원숙

1. 2004   개인전, 현대 갤러리
2. 2003   단체전, 스미소니언 인스티튜트 (워싱턴)
3. 2003   (단체전) Dreams and Reality 조이스미스 갤러리 (멤피스)
4. 2002   개인전, 공간 화랑 (부산)
5. 2002   단체전, Drawing Center (미국 뉴욕)
6. 2002   단체전, 가모 화랑
7. 2001   개인전, Thomas McCormick 화랑 (미국 시카고)
8. 2001   개인전, 토마스 콘 갤러리 (상파울로)
9. 2001   (단체전) Mega Morning Calm 풀턴 갤러리, Salisbury University Gallery (NJ)
10. 2001   (단체전) 한국미술 2001 : 회화의 복권, 국립현대미술관
11. 2001   (단체전) Wooden Boxes, 가람 화랑
12. 2001   (단체전) 서울, 제주, 그리고 뉴욕, 조 갤러리 (뉴욕)
13. 2001   (단체전) Korean Contemporary Art 앤드류배 갤러리 (시카고)
14. 2001   (단체전) Shared spirits & Sensibilities 하워드 카운티 아트센터
15. 2001   개인전, 하나 갤러리 (독일)
16. 2001   개인전, 중앙문화센타
17. 2000   개인전, 예화랑
18. 2000   개인전, 팔로쵸 몬테파노 (이탈리아)
19. 2000   개인전, United Nations Mission of the Rep. of Korea (미국 뉴욕)
20. 2000   (단체전) 아트 퀼른 퀼른
21. 1999   개인전, 사비나 리 갤러리 (미국 LA)
22. 1999   단체전, 에르미타주 미술관 (캘리포니아 산호세)
23. 1999   단체전, 메릴랜드 아트 플레이스 (볼티모어)
24. 1999   (단체전) 전통과 개혁전, 메릴랜드 대학
25. 1999   (단체전) 록 빌 아트 플레이스 M.D
26. 1998   개인전, 조선일보 미술관
27. 1998   개인전, 아트스페이스 서울, 학고재
28. 1998   개인전, 공간 화랑 (부산)

29. 1998   개인전, Walsh Gallery (미국 시카고)

30. 1998   개인전, Brewster 갤러리 (미국 뉴욕)

31. 1998   개인전, Bowie 아트센타 (미국 사우스 캐롤라이나)

32. 1998   (단체전) Int'L Art Contemporiain de Monte-Carlo 모나코

33. 1997   (개인전) 지팡이를 든 남자, 예 화랑

34. 1997   개인전, Manderville Gallery (미국 뉴욕)

35. 1997   (단체전) The Ontimate Brush Polo Alto 문화센타 (미국)

36. 1997   개인전, 가나보브르 갤러리 (파리)

37. 1996   개인전, Walsh Gallery (미국 시카고)

38. 1996   개인전, 빌리 그래함 미술관 (미국 휘튼)

39. 1996   개인전, 칼슨타워 화랑 (시카고)

40. 1996   (단체전) FIAC 프랑스 파리

41. 1995   개인전, d.p.FONG Gallery (미국 산호세)

42. 1995   2인전 ISE, 예술재단 (미국 뉴욕)

43. 1994   개인전, Sigma Gallery (미국 뉴욕)

44. 1994   개인전, Vitosha 갤러리 (불가리아)

45. 1994   소품전, d.p.FONG Gallery (미국 산호세)

46. 1994   개인전, 공간 화랑 (부산)

47. 1993   개인전, Allrich Gallery (미국 샌프란시스코)

48. 1993   개인전, 박여숙 화랑, 삼풍 갤러리

49. 1993   개인전, Galerie Esperanza (캐나다 몬트리올)

50. 1993   개인전, Locks Gallery (미국 필라델피아)

51. 1993   개인전, Sigma Gallery (미국 뉴욕)

52. 1993   개인전, 예 화랑

53. 1993   개인전, Muhlenberg 아트센타 (미국)

54. 1993   개인전, 공간 화랑 (부산)

55. 1993   (단체전) 시카고 인터내셔날 아트 엑스포 미국 시카고

56. 1992   개인전, ARTE CONTEMPORANEO (스페인 마드리드)

57. 1992   (단체전) Visions in Between ISE 예술재단 (미국 뉴욕)

58. 1992   (단체전) Spirits Decending 일리노이 주립대 미술관 (미국)

59. 1992   단체전, Fukuyama Museum (일본 히로시마)

60. 1992   단체전, New Trends Gallery (대만 대북)

61. 1991   (단체전) 한국 현대미술 초대전, 선재 미술관 (경주)

62. 1991   (단체전) 한국 현대회화 유고 순회전, 유고

63. 1991   개인전, Sigma Gallery (미국 뉴욕)

64. 1991   개인전, Locks Gallery (미국 필라델피아)

65. 1991   (단체전) Directions : 회화, 조각, 판화, Locks Gallery (미국 필라델피아)

66. 1991   (단체전) 10인의 한국 현대 여류작가전, 국립여성미술관 (미국 위싱턴)

67. 1990   개인전, 예 화랑

68. 1990   개인전, NORTH DAKOTA MUSEUM OF ART (미국)

69. 1990   (단체전) 한국 현대회화전, 유고 국립미술관

70. 1989   개인전, Locks Gallery (미국 필라델피아)

71. 1989   개인전, Galerie Esperanza (캐나다 몬트리올)

72. 1989   (단체전) 한국 현대미술전, Bergan Museum (유고)

73. 1988   개인전, 가나 갤러리 (독일 함부르크)

74. 1988   (단체전) 포름 아트페어, 독일 함부르크

75. 1988   (단체전) 한국 현대미술전, 국립현대미술관

76. 1988   개인전, KUKWA Gallery (미국 뉴져지)

77. 1987   개인전, Watari 화랑 (일본 동경)

78. 1987   개인전, 한국 미술관

79. 1987   개인전, INAX 화랑 (일본 동경)

80. 1987-1988   개인전, HAMBURG MASSE (독일 함부르크)

81. 1987   (단체전) The Lyrical Line, 한국 화랑 (미국 뉴욕)

82. 1987   단체전, 국립현대미술관

83. 1987   단체전, 현대 화랑

84. 1986   (단체전) 6인의 한국과 미국의 미술가들전, SIMARD HALM$SHEE Gallery (미국 L.A)

85. 1986   개인전, KUKWA Gallery (미국 뉴져지)

86. 1986   (단체전) 국립 미술 리뷰전 제임슨메디슨 대학교 (미국)

87. 1986   (단체전) 한국 현대미술의 어제와 오늘전, 국립현대미술관

88. 1985 (단체전) 현대작가전, 예 화랑

89. 1984 개인전, 앤더슨 화랑 (미국 버지니아)

90. 1984 개인전, 앤더슨 화랑 (미국 버지니아)

91. 1983 개인전, 예 화랑

92. 1983 (단체전) 한국 현대 드로잉전 브루클린 미술관 (미국 뉴욕)

93. 1983 (단체전) Compassionate Images N.A.M.E Gallery (미국 시카고)

94. 1982 개인전, 미국 뉴욕

95. 1982 (단체전) 재외작가 초대전, 국립현대미술관

96. 1982 (단체전) 회화, 조각 82전, 인디애나폴리스 미술관 (미국)

97. 1982 (단체전) 흑백전, 뉴욕 현대미술관 (미국)

98. 1981 (단체전) 동물원전, 미국 뉴욕

99. 1981 개인전, 뉴욕 한국문화원 (미국)

100. 1981 (단체전) 한국작가전, 한국 화랑 (미국 뉴욕)

101. 1981 (단체전) 한국 현대 드로잉전, 브루클린 미술관 (미국 뉴욕)

102. 1981 (단체전) 현대 드로잉 이미지의 추구전, 캘리포니아대 미술관 (미국)

103. 1981 (단체전) 우화전 미국 뉴욕

104. 1981 단체전, 한국 화랑 (미국 뉴욕)

105. 1981 (단체전) Menagerie전 Gooard-Riverside Comunity CTR (미국 뉴욕)

106. 1981 (단체전) 에피소드전 Grace Borgenight Gallery (미국 뉴욕)

107. 1981 단체전, Brook Alexander (미국 뉴욕)

108. 1980 (단체전) 삽화와 우화전, Brook Alexander (미국 뉴욕)

109. 1980 단체전, 뉴욕 드로잉센터 (미국)

110. 1979 단체전, ARC Gallery (미국 시카고)

111. 1978 개인전, 길 화랑

112. 1977 개인전, 일리노이주립대학 시각예술센타 (미국)

113. 1976 (단체전) Celebration 76 판화전

114. 1976 (단체전) Davidson National 76 판화 및 드로잉

115. 1976 (단체전) National Drawing전

116. 1976 (단체전) Potsdom 76 판화 및 드로잉전

117. 1976 개인전, 명동 화랑

118. 1975　개인전

119. 1975　(단체전) 국제 판화 드로잉전

120. 1974　개인전

121. 1973　(단체전) Art On Paper전

<표 Ⅱ-20> 김원숙의 전시활동

교류 유형	횟 수	교류활동 중 평균(%)
거주지역 활동(NY)	31	25.6
거주국내 지역교류	35	28.9
국가간 교류	16	13.2
모국과의 교류	35	29.0
모국과 교류 + 국제교류	4	3.3
	121	

(12) 김창열

1. 1957－1964　한국현대작가초대전(경복궁미술관)

2. 1961　제2회 파리비엔날레(프랑스 파리)

3. 1965　제8회 상파울로비엔날레(브라질)

4. 1968　뉴욕아방가드예술제(뉴욕)

5. 1971　한국 현대회화전(파리 / 서독)

6. 1972－1973　살롱·드·레알리떼누벨(파리)

7. 1972－1976　살롱·드·메(파리)

8. 1972　4인전 (프랑스 생폴시립미술관) / 까뉴국제회화제 (프랑스 까뉴)

9. 1975　개인전(독일 쿤스트하우스)

10. 1976　현대화랑 초대전

11. 1976－1992　에꼴드서울 (관훈미술관)

12. 1976　아스펙트 오브 레알리즘(카나다)

13. 1977　한국 현대서양화대전 (국립현대미술관) / 한국 현대미술선 6인전(나고야)

14. 1978－1979　Work on Paper전(견지화랑)

15. 1978－1980　파리살롱 "거장과 신인"(파리)

16. 1979　착각의 현실 (덴버미술관) / FIAC '79 파리(뉴욕 스템플리갤러리)

17. 1981　FIAC '81파리(뉴욕 스템플리갤러리) / 화상의눈(뉴욕 롱아일랜드미술관)

18. 한국현대드로잉전(뉴욕 브룩클린미술관)

19. 1982　현대미술의 위상전(동경 근대미술관)

20. 한국 현대미술의 위상전(교토 국립근대미술관)

21. 1983　한국현대미술전 70년대 후반 하나의 양상(일본)

22. 1984　바젤국제화상제(스위스)

23. 한국현대미술전 : 70년대의 조류(대만 대북시립미술관)

24. 1985　휴먼도큐먼트 '84/'85(동경화랑)

25. 1988　서울올림픽 국제미술제

26. 1988　한국 미술의 모더니즘 1970-'79전(현대미술관) / 국제현대회화전(동경화랑)

27. 1989　시카고 국제화랑제(현대화랑) / 로스엔젤레스 국제화랑제(현대화랑)

28. 1991　한국현대미술초대전(경주 선재현대미술관)

29. 1993　SAGA, 파리 ; 마쓰무라 그래픽(동경) / 한국현대판화40년전(국립현대미술관)

30. 1994　서울풍경의 변천전(예술의전당) / 서울 국제현대미술제(국립현대미술관)

31. 1995　FIAC(갤러리현대, 파리 앙리코 나바라갤러리)

32. 1995　한국 현대미술북경전(중국미술관, 북경) / 현대미술50년전(국립현대미술관)

33. 1996　1970년대 한국의 모노크롬전(현대화랑)

34. 1996　타이페이 아트페어(대만 대북) / 시카고 아트페어(시카고 갤러리현대)

35. 1997　메이드인 프랑스전(프랑스 국립근대미술관)

36. 1997　김창열 드로잉, 판화전(가나아트숍)

37. 1997　물의 나라 개관기념전(일본 시마네현)

38. 1998　그림보다 액자가 더 좋다(금호미술관)

39. 1998　자연과 사유 : 박여숙화랑 15주년 개관기념전(박여숙화랑)

40. 1999　한국미술 50년 : 1950-1999(갤러리현대)

41. 2000 침묵의작가들-한국현대작가8인전(프랑스 몽베리에시립미술관, 니스미
  술관)

42. 2000 한국과 서구의 전후 추상미술 : 격정과 표현(호암갤러리)

43. 2000 개인전(갤러리현대)

44. 2001 한국 현대미술제 : 21세기 세계로 가는 한국미술전(서울 예술의 전당
  미술관)

45. 2001 한국 현대미술의 전개 : 1970-1990전(서울 사간동 갤러리현대)

46. 2002 개인전(박영덕화랑)

47. 2003 한국 현대미술의 원류전(이화익갤러리)

48. 2004 김창열 회고전(프랑스 국립죄드폼미술관)

49. 2005 김창열 물방울그림전(갤러리현대)

50. 2005 시카고아트페어(시카고 박영덕화랑)

51. 2005 김창열 화전(중국 국가박물관)

<표 Ⅱ-21> 김창열의 전시활동

교류 유형	횟 수	교류활동 중 평균(%)
거주지역 활동(NY: 1965-1971)	4	7.8
거주국내 지역교류	2	3.9
국가간 교류(1972년 이후 프랑스)	23	45.1
모국과의 교류(국제교류와 중복 포함)	15	28.8
모국과 교류 + 국제교류	8	15.4
	52	

(13) 김환기

1. 2004.11-2005.02 (개인전)사람은 가고 예술은 남다: 김환기30주년 기념전2부,
  환기미술관

2. 2004 (개인전) 사람은 가고 예술은 남다 : 김환기 30주년 기념전 1부, 환기미술관

3. 2004 (개인전) 김환기 1965-68 : 산월과 문자 그림, 환기미술관

4. 2003 (개인전) 환기미술관

5. 2002 (개인전) 김환기 탄신 기념전, 환기미술관

6. 2001 (개인전) 유작전 노화랑

7. 2001 (개인전) 탄생 기념전, 환기미술관

8. 2001 (단체전) 한국 현대미술의 전개 : 1970-90, 현대갤러리

9. 2001 (단체전) 조선 화랑 개관 30주년 : 70년대 회화정신전, 조선화랑

10. 2000 (단체전) 한국 현대미술의 시원, 국립현대미술관

11. 1999 (개인전) 김환기 25주기전, 현대갤러리 등

12. 1999 (단체전) 한국미술 50년 : 1950-1999, 현대갤러리

13. 1998 (단체전) 다시 찾은 근대미술, 덕수궁석조전

14. 1997 (단체전) 반향, 아트 선재센터

15. 1997 (단체전) 한국 근대미술 : 유화-근대를 보는 눈, 국립현대미술관

16. 1996 (개인전) 김환기 미공개 : 종이 위의 유채 및 과슈, 환기미술관

17. 1995 (개인전) 김환기, 십자구도, 환기미술관

18. 1995 (단체전) 한국 현대미술 50년 전, 환기 미술관, 호암미술관

19. 1994 (개인전) 김환기 20주기 회고전 : 어디서 무엇이 되어 다시 만나랴, 환기미술관

20. 1994 (2인전) 김환기, 김향안 50주년 기념전, 환기미술관

21. 1993 (개인전) 환기 미술관 전관 기념전, 환기미술관

22. 1993 (개인전) 김환기 장정과 삽화전, 환기미술관

23. 1993 (개인전) 김환기 탄생 80년 기념전 : 영원의 노래, 환기미술관

24. 1992 (단체전) 국립현대미술관 소장작가 작품전, 대구, 강릉

25. 1992 (단체전) 한국 근대미술 명품전, 호암갤러리

26. 1992 (단체전) 환기 미술관 개관 기념 특별전, 신현대갤러리, 원화랑

27. 1992 (개인전) 김환기 뉴욕 1963-1974, 환기미술관

28. 1991 (개인전) 김환기 뉴욕 1966-1969, 환기미술관

29. 1991 (단체전) 한국 현대미술의 한국성 모색 I부전, 한원갤러리

30. 1989 (개인전) 김환기 1963년 과슈전, 원화랑

31. 1989 (개인전) 김환기 데생, 과슈전, 현대화랑

32. 1988 (개인전) 현대화랑 분점

33. 1988 (개인전) 딘텐파스 화랑(미국 뉴욕)

34. 1987 (개인전) 회고전 파리 국립조형예술센타

35. 1987 (단체전) 한국 인물화전, 호암갤러리

36. 1986 (단체전) 서울-파리전 서울 갤러리, 파리 국립조형예술센터

37. 1986 (단체전) 한국 현대미술의 어제와 오늘전, 국립현대미술관

38. 1985 (개인전) 10주기전, 가나화랑

39. 1985 (단체전) 한국 양화 70년전, 호암갤러리

40. 1985 (단체전) 현대미술 40년전, 국립현대미술관

41. 1984 (개인전) 10주기전, 국립현대미술관

42. 1984 (개인전) 딘텐파스 화랑(미국 뉴욕)

43. 1983 (단체전) FIAC Poindexter 화랑(미국 뉴욕)

44. 1982 (개인전) 회고전, 현대화랑

45. 1982 (개인전) 스켓치북 1963-64 Poindexter 화랑(미국 뉴욕)

46. 1981 (단체전) 회화와 오브제전 1967-71 Dintenfass 화랑(미국 뉴욕)

47. 1980 (개인전) 진화랑

48. 1978-1980 (단체전) FIAC 프랑스 파리

49. 1978 (개인전) Dintenfass 화랑(미국 뉴욕)

50. 1978 (개인전) Poindexter 화랑(미국 뉴욕)

51. 1977-1978 (개인전) 회고전 뉴욕, 동경

52. 1977 (개인전) Poindexter 화랑(미국 뉴욕)

53. 1977 (개인전) 회고전 1954-74, 현대화랑

54. 1975 (개인전) 회고전, 국립현대미술관

55. 1975 (개인전) Poindexter 화랑(미국 뉴욕)

56. 1975 (단체전) 제13회 상파울로 비엔날레 브라질 상파울로

57. 1974 (제22회 개인전) 슈레브포트 반웰 미술관(미국 루이지애나)

58. 1973 (제21회 개인전) Poindexter 화랑(미국 뉴욕)

59. 1972 (단체전) 한국 근대미술 60년전, 국립현대미술관

60. 1971-1972 (개인전) Poindexter 화랑(미국 뉴욕)

61. 1971 (개인전) 신세계화랑

62. 1965 (제16회 초대 개인전) 제8회 상파울로 비엔날레 특별실(브라질 상파울로)

63. 1964 (제15회 개인전) 아시아하우스화랑(미국 뉴욕)

64. 1963 (개인전) 중앙공보관

65. 1963 (단체전) 제7회 상파울로 비엔날레, 브라질 상파울로

66. 1959 (개인전) 반도화랑

67. 1959 (제11회 개인전) 귀국전, 중앙공보관 화랑

68. 1958 (제10회 개인전) 앵스티튀화랑(프랑스 파리)

69. 1957 (개인전) M. 베네지트화랑(프랑스 파리)

70. 1957 (단체전) 파리 외국인 작가전, 모나코

71. 1957 (개인전) 슈발드베레화랑(벨기에 브뤼셀)

72. 1957 (단체전) T.V MONTECALO전, 모나코

73. 1957 (개인전) MURATORE화랑(프랑스 니스)

74. 1956 (제6회 개인전) M. 베네지트화랑(프랑스 파리)

75. 1956 (단체전) 파리 외국인작가전, 이탈리아 플로랜스

76. 1954 (개인전) USIS 화랑(서울)

77. 1953 (단체전) 신사실파전, 부산 임시국립박물관

78. 1952 (개인전) 뉴서울 다방(부산)

79. 1948-1949 (단체전) 신사실파전, 화신 화랑, 동화 화랑

80. 1940 (개인전) 丁字屋 화랑

81. 1937-1940 (단체전) 자유미술협회전(일본 동경)

82. 1937 (제1회 개인전) 아마기화랑(일본 동경)

83. 1936 (단체전) 백만회(일본 동경)

<표 II-22> 김환기의 전시활동

교류 유형	횟 수	교류활동 중 평균(%)
거주지역 활동(NY : 1963 -)	17	20.5
거주국내 지역교류	1	1.2
국가간 교류	17	20.5
모국과의 교류	48	57.8
모국과 교류 + 국제교류		
	83	

(14) 노정란

1. 2003　개인전, 박영덕 화랑
2. 2003　(단체전) 한국의 색채와 꿈 국립현대미술관, 작은미술관(대전정부청사)
3. 2002　(단체전) 한민족의 빛과 색, 서울 시립미술관 ; 아이치 현립미술관 ; 오사카 근대미술관 ; 이와테 현립미술관(일본)
4. 2001　개인전, 앤드류사이어 화랑(미국 L.A)
5. 2000　개인전-황금분할의 색놀이, 박영덕 화랑
6. 1999　(단체전) 여성미술제전, 예술의전당
7. 1998　개인전, 스페이스 언타이틀드 화랑(미국 N.Y)
8. 1997　개인전, 앤드류샤이어 화랑(미국 L.A)
9. 1996　개인전, 박여숙 화랑
10. 1995　(단체전) 여성미술제전, 서울 시립미술관
11. 1995　(단체전) 동세대전, 관훈 미술관
12. 1994　개인전, 서미화랑
13. 1994　1994 현대한국회화, 호암갤러리
14. 1994　1994 현대한국회화, 호암갤러리
15. 1994　종이작품전(Works on Paper), 서화갤러리
16. 1994　한국의 빛과 색, 호암 갤러리
17. 1993　서울-캘리포니아7, 벽산미술관 ; 조선일보미술관
18. 1993　개인전, 미국 앤드류샤이어화랑
19. 1993　퓨전, LA 폴린호쉬화랑
20. 1992　LA 추상표현주의, 영국 엑세더시 갤러리
21. 1992　개인전, 미국 퍼시픽아시아미술관
22. 1992　2인전, 미국 새틀라이트화랑
23. 1991　재외작가전, 멕시코 국립현대미술관
24. 1991　2인전, 미국 알파갤러리
25. 1991　3세계-1 미술, 미국 바이올라대화랑
26. 1991　개인전, 선화랑
27. 1990　L.A 미술축제전, 미국 엔젤스케이트미술관

28. 1990   개인전, 미국 로스앤젤레스 앤드류샤이어화랑

29. 1990   왐 미국 다우니미술관

30. 1990   인트러덕션 미국 롱비치미술관

31. 1990   캘리포니아 3인전, 서울 두손 화랑

32. 1990   패시픽큐런트, 미국 맥캔탈러 미술관

33. 1989   경험의 재결합, 미국 캘리포니아 올프트화랑

34. 1989   이스트인모션, 미국 로스앤젤레스 한국문화원

35. 1989   최근작품전, 미국 로스앤젤레스 앤드류샤이어화랑

36. 1989   커뮤니티L.A 최근작품전, 미국 로스앤젤레스 한국문화원

37. 1988   개인전, 두손갤러리

39. 1988   올림픽축제전, 국립현대미술관

40. 1988   이달의 작가전, 국립현대미술관

41. 1988   한국현대미술전, 국립현대미술관

42. 1987   Connections, 미국 캘리포니아주립대 화랑

43. 1985   개인전, 두손갤러리

44. 1985   동서대전, 관훈미술관

45. 1985   환태평양작가전, 미술회관

46. 1984   개인전, 주한미국문화원

47. 1984   한국현대미술전, 미국 로스앤젤레스 한국문화원

48. 1983   개인전, 미국 캘리포니아주립대 화랑

49. 1983   한미작가전, 미국 로스앤젤레스 한국문화원

50. 1982   재외작가초대전, 국립현대미술관

51. 1982   개인전, 미국 로스앤젤레스 아트코아화랑

52. 1981   13회 남가주한인미술가협회전, 미국 로스앤젤레스 한국문화원

53. 1981   동과서의 만남전, 미국 죠스린미술관

54. 1980   6인의 한국작가전, 미국 로스앤젤레스 1:16화랑

55. 1978-1979   아시아계 미국인작가전, 미국 로스앤젤레스 M.M시노화랑

56. 1975   개인전, 미국 아틀란타 뮤니테리안화랑

57. 1974   개인전, 주한독일문화원

58. 1974   미술회관개관 초대전, 미술회관

59. 1973 현대판화 그랑프리전

60. 1972 제21회 국전, 국립현대미술관

61. 1972 제21회 녹미회전, 국립중앙공보관

62. 1972 제2회 표현그룹작품전, U.S.I.S

57. 1971 제1회 표현그룹작품전, 명동화랑

63. 1971 제20회 녹미회전, 국립중앙공보관

64. 1971 제2회 한국미술대상전, 국립현대미술관

65. 1970 제1회 전국대학생문화예술축전, 국립현대미술관

<표 Ⅱ-23> 노정란의 전시활동

교류 유형	횟 수	교류활동 중 평균(%)
거주지역 활동(LA)	26	40.0
거주국내 지역교류	2	3.1
국가간 교류	2	3.1
모국과의 교류	33	50.7
모국과 교류 + 국제교류	2	3.1
교류희망 분야	65	

(15) 박유아

1. 1985-1993 채연전

2. 1989 Juried Exhibition, 미국 Boltimore Gallery

3. 1990 개인전, 미국 뉴욕 Jadite Galleries

4. 1992 Toward a New Dawn 미국 Washington D.C I.M.F Gallery

5. 1993 개인전, 삼풍갤러리

6. 1993 서울예고 개교40주년 기념전 예술의전당

7. 1993 Free in between 미국 애틀란타 Clayton Eye Center

8. 1993 Reaching for New Horizons;Self-Awareness 오타와 Elysee at the world Exchange plaza

9. 1994 개인전, 미국 뉴욕 East-West Cultural Studies

10. 1994 '94 화랑미술제, 예술의전당

11. 1995   개인전, 서림화랑

12. 1995   한집 한그림 걸기 소품전, 인화랑

13. 1995   '95 화랑미술제, 예술의전당

14. 1995   이원전, 보다갤러리

15. 1995   Vulnerability 미국 뉴욕 Gallery Dhan

16. 1996   개인전, 갤러리시몬

17. 1996   MANIF '96, 예술의전당

18. 1996   개인전, 프랑스 파리 MAC 200 QUAI Branly

19. 1996   현대미술조형의 모델전, 갤러리지현

20. 1996   SIAF '96 진화랑

21. 1997   개인전, 일본 Shirota Gallery

22. 1997   개인전(11.18-28), 박영덕화랑

23. 1997   현대미술의 표상전-아름다운 공룡들, 예술의전당

24. 1997   '97 NICAF, 일본 동경 Tokyo Big Sight

<표 II-24> 박유아의 전시활동

교류 유형	횟 수	교류활동 중 평균(%)
거주지역 활동(NY)	3	12.5
거주국내 지역교류	4	16.7
국가간 교류	4	16.7
모국과의 교류	13	54.1
모국과 교류 + 국제교류		
	24	

(16) 박혜숙

1. 1981   퍼포먼스 "홀로춤추기", 미국 캘리포니아 로스앤젤레스

2. 1981   퍼포먼스 "바다에 부치는 한", 미국 캘리포니아 로스앤젤레스

3. 1982   "라카전", 미국 로스앤젤레스 1:16갤러리

4. 1982   퍼포먼스 "곡1", 미국 로스앤젤레스 더블로킹G갤러리

5. 1983-1984   "현재의 한국과 미국의 감성전", 미국 뉴욕 한국문화원

6. 1983 "L.A 화가서울전", 동산방화랑

7. 1983 "남캘리포니아 여류정예화가전", 미국 캘리포니아 로스앤젤레스

8. 1983 "종이작업전", 미국 로스앤젤레스 1:16갤러리

9. 1983 개인전, 미국 로스앤젤레스 1:16갤러리

10. 1983 개인전, 미국 로스앤젤레스 아트코아갤러리

11. 1983 "바리에이션Ⅱ-7인의 L.A 화가들", 미국 로스앤젤레스 프라자갤러리

12. 1983 퍼포먼스 "다듬이", 미국 로스앤젤레스 롱비치미술관

13. 1984 "캘리포니아 여류 3인전", 프랑스 파리 한국문화원

14. 1984 퍼포먼스 "일렉트로닉카페", 미국 로스앤젤레스 현대미술관

15. 1984 개인전, 미국 로스앤젤레스 아트코아갤러리

16. 1984 "아시아계미국작가전", 미국 시애틀 윙룩기념박물관

17. 1984 "L.A 한국화가전", 미국 캘리포니아 로스앤젤레스

18. 1985 "7인의 목소리, 7인의 비전"전, 미국 로스앤젤레스 스코프갤러리

19. 1985 "어휘의 사이 : 여성제단의 예술전", 미국 캘리포니아 싼타아나

20. 1985 "충격전", 미국 일본문화원

21. 1985 개인전, 미국 로스앤젤레스 한국문화원

22. 1985 퍼포먼스 "곡3", 미국 로스앤젤레스 더블로킹 G갤러리

23. 1985 퍼포먼스 "곡3", 미국 로스앤젤레스 더 하우스

24. 1985 퍼포먼스 "꿈-동양-여름밤", 독일 호스트딜리히화랑

25. 1985 퍼포먼스 "에미의 신화(죽음의 새)", 미국 로스앤젤레스 올리오극장

26. 1986 "고든햄튼콜렉션"전, 미국 로스앤젤레스 프라자갤러리

27. 1986 충격전, 미국 로스앤젤레스 오렌지사딘스갤러리

28. 1987 개인전, 미국 로스앤젤레스 배드아이갤러리

29. 1988 캘리포니아작가전, 미국 로스앤젤레스 코스트라일화랑

30. 1988 개인전, 두손갤러리

31. 1988 "곡" 퍼포먼스, 두손갤러리

32. 1988 이달의 작가, 국립현대미술관

33. 1989 녹색갤러리그룹전, 독일 브레멘

34. 1989 해트아폴로우스 네덜란드 아인트호반

<표 II-25> 박혜숙의 전시활동

교류 유형	횟 수	교류활동 중 평균(%)
거주지역 활동(LA)	23	67.6
거주국내 지역교류	3	8.8
국가간 교류	4	11.8
모국과의 교류	4	11.8
모국과 교류 + 국제교류		
	34	

(17) 존 배

1. 2003　(개인전) 공간의 시학, 로댕갤러리
2. 2001　(단체전) 환기 미술관 1975-2001, 환기미술관
3. 2000　(단체전) 20 / 20, UN 한국대표부(뉴욕)
4. 2000　(단체전) 20세기의 용접조각, 뉴버거미술관(뉴욕)
5. 1997　개인전, 시그마갤러리(뉴욕)
6. 1997　(단체전) 아시아의 전통-현대의 표현, 지멜리미술관 등
7. 1996　단체전, 현대갤러리
8. 1996　(단체전) 아트 1996 시카고, 시카고
9. 1995　(단체전) 한국미술 95-질량감, 국립현대미술관
10. 1994　개인전, 시그마갤러리(뉴욕)
11. 1993　개인전, 현대갤러리
12. 1993　단체전, 환기미술관
13. 1991　단체전, 미국 뉴욕 Souyun Yi Gallery
14. 1990　개인전, 이수연갤러리(뉴욕)
15. 1988　개인전, 이수연갤러리(뉴욕)
16. 1987　개인전, 뉴욕 한국문화원
17. 1987　개인전, 원화랑
18. 1986　단체전, 뉴욕 한국문화원
19. 1986　단체전, 프랫 인스티튜트(미국 뉴욕)
20. 1986　(단체전) ENERGY OF LIGHT, 미국 보스톤센타

21. 1986　(단체전) KOREA / NEW YORK, 미국 뉴욕

22. 1985　단체전, 뉴욕 한국문화원

23. 1985　(단체전) ENERGY OF LIGHT, 미국 뉴욕

24. 1985　단체전, 미국 뉴욕

25. 1984　단체전, 뉴욕 한국문화원

26. 1983-1985　(단체전) 조각가협회 연례전, 리버하우스 화랑(미국 뉴욕)

27. 1983　단체전, 미국 뉴욕

28. 1983　단체전, 뉴욕 한국문화원

29. 1982　개인전, 원화랑

30. 1982　개인전, 뉴욕 환기재단

31. 1982　(단체전) 재외작가 초대전, 국립현대미술관

32. 1981　(단체전) 초대전, 아랭우당화랑(프랑스 파리)

33. 1981　(단체전) 조각가 연합전, 미국 뉴욕

34. 1981　(단체전) 한국 현대 드로잉전, 브룩클린미술관(미국 뉴욕)

35. 1981　(단체전) 초대전, 한국화랑(미국 뉴욕)

36. 1981　(단체전) 초대전, 뉴욕 환기재단

37. 1980　(단체전) FIAC 파리전, 포인텍스터화랑(프랑스 파리)

38. 1979　(단체전) 아트 엑스포, 뉴욕 환기재단

39. 1979　(단체전) 대서양 조각 교류전, 미국 조지아주

40. 1978　(단체전) 가레리아 초대전, 미국 뉴욕

41. 1977　(단체전) 현대조각 4인전, 미국 뉴욕

42. 1976　(단체전) 초대전, 오기화랑(미국 코네티컷)

43. 1973　(단체전) 뉴욕 국제 조각 심포지움 6인전, 뉴욕시립대학교

44. 1967　(단체전) 종이 조형전, 현대그래프트미술관(미국 시카고)

45. 1964　개인전, 프랫 인스티튜트(미국 뉴욕)

46. 1964　(단체전) 쎄인트마크 초대전, 미국 뉴욕

47. 1961　단체전, IBM 화랑(뉴욕)

48. 1960　단체전, IBM 화랑(뉴욕)

49. 1952　개인전, Olgeagay Institute(미국 버지니아)

<표 II-26> 존 배의 전시활동

교류 유형	횟 수	교류활동 중 평균(%)
거주지역 활동(NY)	31	63.3
거주국내 지역교류	7	14.3
국가간 교류	2	4.1
모국과의 교류	9	18.4
모국과 교류 + 국제교류		
	49	

(18) 백남준

1. 2004　(단체전) Reality Check : 한국 테크놀러지 아트의 태동과 전개, 대전 시립 미술관

2. 2003　(개인전) 백남준 드로잉전, 마노 갤러리

3. 2001　(개인전) 세기를 넘어서, 박영덕 화랑

4. 2000　(개인전) 백남준의 세계, 구겐하임 미술관(미국 뉴욕)

5. 2000　(단체전) 새천년의 항로 : 주요 국제전 출품 작가들, 1990-99, 국립현대미술관

6. 1999　개인전, 브레멘 미술관(독일)

7. 1999　개인전, 바탕골 예술관

8. 1998　(단체전) 시카고 아트페어

9. 1998　(단체전) 경주 세계 문화 엑스포 경주 멀티미디어아트

10. 1998　(단체전) 한국 현대미술전 : 시간, 호암 갤러리

11. 1996　(단체전) 미디어 스케이프전, 구겐하임 미술관(미국 뉴욕)

12. 1996　(2인전) 백남준, 피터 캠퍼스, 시몬 갤러리

13. 1995　(단체전) 제1회 광주 비엔날레, 인포 아트(광주)

14. 1995　(개인전) 일렉트로닉 수퍼 하이웨이 : 백남준 90년대전, 인디애나폴리스 미술관

15. 1995　(개인전) 아트 엔드 커뮤니케이션, 현대 갤러리, 조선일보 미술관, 박영덕 화랑

16. 1995　(단체전) 한국 현대미술 북경전, 중국 미술관(중국 북경)

17. 1995 (단체전) 베니스 비엔날레 특별전 : 「아니아나」, 이태리 베니스

18. 1995 (단체전) 한국미술 95-질, 량, 감, 국립현대미술관

19. 1994 (단체전) 창조적 재료로서의 TV, 휘트니 미술관(미국 뉴욕)

20. 1994 (단체전) 음악과 무용의 미술전, 예술의전당

21. 1994 (단체전) 현대 한국회화, 호암 갤러리

22. 1994 개인전, KOEX, 시우터 갤러리

23. 1994 (개인전) 일렉트로닉 슈퍼 하이웨이 : 백남준 90년대전, 후쿠오카 미술
관(일본)

24. 1994 (개인전) 백남준 90년대전, 포트로터데일 미술관

25. 1993 (단체전) 대전 엑스포 : ARCO 93, 마드리드

26. 1993 (단체전) 베니스 비엔날레 : 「일렉트로닉 수퍼 하이웨이」 이태리

27. 1993 (단체전) 대전 엑스포 : 「거북선」, 「해초」 대전 엑스포 재생조형관

28. 1993 (단체전) 반향과 예측 와타리, 현대미술관(일본 동경)

29. 1992 (개인전) 비디오 때, 비디오 땅, 국립현대미술관

30. 1992 (단체전) 새로운 비디오 조각전, 한스마이어 화랑(뒤셀도르프)

31. 1992 (회고전) 비디오 아트 30년 회고전, 현대 갤러리, 원 화랑

32. 1992 플럭서스 자세 뉴 뮤지엄(뉴욕)

33. 1992 X-6 다양함의 새로운 방향들 알드리히, 현대미술관(미국 코네티컷)

34. 1992 (개인전) 이백전, 원 화랑

35. 1992 (개인전) 제1회 NICAF전, 현대 갤러리(일본 요코하마)

36. 1991 (단체전) 시카고 아트페어 : ARCO 91, 마드리드

37. 1991 (회고전) 비디오 타임-비디오 스페이스, 바젤 미술관, 취리히 미술관(스
위스)

38. 1991 개인전, 이태리 밀라노

39. 1991 (단체전) 현대 일본미술의 양상, 산타모니카 미술관(미국 L.A.)

40. 1991 개인전, 하라 미술관(일본)

41. 1991 최근의 비디오 조각, 칼솔웨이 갤러리(미국 오하이오)

42. 1990 Blau 독일 하이델베르크

43. 1990 (개인전) 늑대 걸음으로 : 서울에서 부다페스트까지, 현대 화랑

44. 1990 (개인전) 보이스 소리 (1961-1986), 현대 갤러리, 원 화랑

45. 1989 Japan, 1989 독일

46. 1989 (개인전) 요정 일렉트로닉, 파리 근대미술관(프랑스)

47. 1989 Croisement de Signes, 프랑스 파리

48. 1988 (개인전) 판화전, 원 화랑, 현대 화랑

49. 1988 서울 올림픽을 위한 인공위성 TV쇼 「다다익선」 설치, 국립현대미술관

50. 1988 Mono-ha, 이태리 로마

51. 1988 개인전, 일본

52. 1988 개인전, 이태리 밀라노

53. 1987 Mono-ha and Postmono-ha, 세이브 미술관(일본 동경)

54. 1987 (단체전) 한국 현대미술에 있어서의 흑과 백전, 국립현대미술관

55. 1986 개인전, 인공 화랑(대구)

56. 1986-1987 Le Japon des Avant-Gardes 프랑스 파리

57. 1986-1989 개인전, 프랑스 파리

58. 1986 퐁피두 센터에서 서울 아시안 게임을 기념한 「바이 바이 키플링」 위성
TV쇼로 비디오 개선문 설치, 프랑스 파리

59. 1986 (단체전) 시카고 아트페어 : 로보트 가족

60. 1986 (개인전) 듀엣, 백남준, 와타리, 와타리 갤러리(일본 동경)

61. 1985 (단체전) 상파울로 비엔날레 초대전

62. 1985-1990 개인전, 카마쿠라 화랑(일본 동경)

63. 1984 (개인전) 판화전, 원 화랑, 진 화랑

64. 1984 백남준 구상, 연출로 위성 TV쇼 「굿모닝 미스터 오웰」 중계

65. 1984 Wiesbadener Skulpturentage 독일

66. 1984 (개인전) 대부분의 비디오, 메트로폴리탄 미술관 (일본 동경)

67. 1984 Mostly Video Nam June Paik, 일본 동경

68. 1984 (개인전) 시간 뜯어붙이기, 와타리 갤러리(일본 동경)

69. 1982 개인전, 이태리 밀라노

70. 1982 (개인전) 하늘의 랑데부, 에릭파브르 화랑(프랑스 파리)

71. 1982 (개인전) 3색 비디오, 국립현대미술관, 퐁피두 센터(프랑스 파리)

72. 1982 회고전, 휘트니 미술관(미국 뉴욕)

73. 1982 Meister der Zeichnung, 독일 뉘른베르크

74. 1982　Material Gets Art, 독일 베를린
75. 1982　(단체전) 일본 현대 미술제, 영국 런던
76. 1981　(퍼포먼스) 제10회 키친 기념 콘서트 : 인생의 야망은 실현되었다, 키친 센터(미국 뉴욕)
77. 1981　(단체전) 휘트니 비엔날레, 뉴욕 휘트니미술관
78. 1980　(개인전) 뉴 아메리칸 영화 제작자 시리즈로서 비디오테이프에 의한 백남준전, 휘트니 미술관(미국 뉴욕)
79. 1980-1989　개인전, 우에다 화랑(일본 동경)
80. 1980　인터미디어 아트 페스티벌 : 비디오 소나타, 구겐하임 미술관(미국 뉴욕)
81. 1980　비데아, 와타리 갤러리(일본 동경)
82. 1980　Skulptur in 20 Jahrhundert, 스위스 바젤
83. 1979　(퍼포먼스) 듀엣백/타키스(타키스와 함께 초연), 퀼른 예술협회
84. 1978　개인전, 와타리 갤러리(일본 동경)
85. 1978　개인전, 퐁피두 센터(프랑스 파리)
86. 1978-1990　개인전, 현대 화랑
87. 1978　FOCUS 78, 파리
88. 1978　Z.B Sculpture, 독일 프랑크프루트
89. 1978　개인전, 독일 뒤셀도르프
90. 1978　개인전, 루이지애나 현대미술관(미국), 덴마크
91. 1977　(단체전) 제13회 일본 현대미술전, 동경 국립현대미술관(일본)
92. 1977　(단체전) 카셀 도큐멘타 6 독일
93. 1977　「감옥에서 정글로-과다카날 진혼곡 50분」 카네기홀(미국 뉴욕)
94. 1976-1989　개인전, 엠 갤러리(독일)
95. 1976　개인전 달은 가장 오래된 TV이다, 르네블록 화랑(미국 뉴욕)
96. 1975-1984　개인전, 에릭파브로 화랑(프랑스 파리)
97. 1975　(단체전) 비디오 아트, 카리카스 현대미술관
98. 1975　개인전, 르네블록 화랑(미국 뉴욕)
99. 1974　「전자예술Ⅳ」 보니노 화랑(미국 뉴욕)
100. 1974　개인전 비디안 비디올로지 1969-1973, 에버슨 미술관(미국 뉴욕)

101. 1973　(퍼포먼스) 플럭서스 소나타 우스터 스트리트(미국 뉴욕)

102. 1973　개인전, 퐁피두 센터(프랑스 파리)

103. 1973-1989,　73, 77, 80, 83, 86, 89 개인전, 일본 동경, 교토

104. 1973　(단체전) 제11회 현대미술제, 일본 동경, 교토

105. 1972　(퍼포먼스) 키친 「라이브 비디오」 프로그램, 머서 아트센터(미국 뉴욕)

106. 1971　(단체전) 제7회 파리 비엔날레, 프랑스 파리

107. 1971　「전자예술 3, TV 첼로와 비디오 테이프를 위한 콘서트」 보니노 화랑
　　　(미국 뉴욕)

108. 1971　히트 앤 런 비디오 필름 영사전, 뉴욕 리졸리 영사실(미국)

109. 1970　(비디오테이프) 비디오 대담

110. 1970　(비디오테이프) 일렉트로닉 오페라 No.2

111. 1970　개인전, 타부라 화랑(일본 동경)

112. 1969-1973　(단체전) 상파울로 비엔날레, 브라질 상파울로

113. 1969　전화기에 의한 예술-피아노 소나타, 시카고 현대미술관

114. 1969　(퍼포먼스) 제7회 뉴욕 아방가르드 페스티벌 : 물고기 소나타, 미국
　　　뉴욕 워즈아일랜드

115. 1968　(단체전) 기계시대의 종언을 알리는 기계전, 뉴욕 근대미술관

116. 1968　전자예술 2, 보니노 화랑(미국 뉴욕)

117. 1967　빛, 움직임, 공간, 워커 아트센터

118. 1967　(퍼포먼스) 조작 12밤 : 팔자르기, 저드슨 화랑(미국 뉴욕)

119. 1967　개인전, 뉴욕 주립대학 스토니브룩 미술관

120. 1966　(퍼포먼스) 오페라 섹스트로니크 (무어맨과 함께 초연), 아헨 대학(서
　　　독)

121. 1966　(퍼포먼스) 가능한 한 무료하게 (무어맨과 함께 초연), 포룸 극장, 르네
　　　블록 화랑(서독)

122. 1965　(개인전) 성인을 위한 첼로 소나타 No.1 (무어맨과 함께 초연) 미국

123. 1965　최초의 비디오 설치 작업, 보니노 화랑(미국 뉴욕)

124. 1964　(퍼포먼스) 제2회 뉴욕 아방가르드 페스티벌 : 로봇 오페라, 괴짜들
　　　(샬롯 무어맨과 함께 초연) 저드슨 홀(미국 뉴욕)

125. 1963　(제1회 개인전) 음악의 전시-전자 텔레비전, 파르나스 화랑(독일 부퍼

탈)

126. 1963-1988　(개인전) 비디오 작업, 헤이워드 갤러리(영국 런던)

127. 1962　높은 탑을 위한 음악과 무관객, 에펠탑(프랑스 파리)

128. 1962　(퍼포먼스) 음악의 네오 다다 : 바이올린 독주, 뒤셀도르프 카마슈필레

129. 1961　플럭서스 멤버로 활동 시작

130. 1960　(퍼포먼스) 피아노포르테를 위한 연구, 마리 바우어마이스터 아틀리에
　　(쾰른)

131. 1959　(제1회 퍼포먼스) 존 케이지에게 바치는 경의, 갤러리 22(뒤셀도르프)

132. 1958-1963　존 케이지와 만남

〈표 Ⅱ-27〉 백남준의 전시활동

교류 유형	횟 수	교류활동 중 평균(%)
거주지역 활동(NY)	41	31.1
거주국내 지역교류	5	3.8
국가간 교류	56	42.4
모국과의 교류	25	18.9
모국과 교류 + 국제교류	5	3.8
	132	

(19) 변종곤

1. 2003　(개인전) Is God Dead?, 박여숙 화랑

2. 2003　(단체전) Dream & Reality : Korean Art Exhibition to Celebrate 100 Years of Korean Immigration to the US International Gallery(워싱턴)

3. 2002　(단체전) 26 Metro Artist Parker Gallery(뉴져지)

4. 2002　(단체전) Art Cologne 박여숙 화랑, 독일 Cologne

5. 2002　(단체전) 대구 아트 엑스포 2002, 대구 문화예술회관

6. 2002　(단체전) 제1회 BEXCO, 부산

7. 2002　(단체전) Ihatov Japan &Korea Art Festival Ihatov(일본)

8. 2002　(단체전) -100 +100, 24 Gallery(미국 뉴욕)

9. 2002　(단체전) Expression of Intention, Road Gallery(미국 뉴욕)

10. 2000　(단체전) Absorption on the Ground 31, Space World Gallery(미국 뉴욕)

11. 2000　(단체전) Illusion and Reality : Hyperrealism Painting in Korea and America, 삼성미술관

12. 2000　(단체전) 15 Asian American Artists, Stony Brook University Art Gallery

13. 2000　(단체전) 2000 Cow Parade, 미국 뉴욕

14. 2000　(단체전) InternationalArtists Event, CAYA Gallery(미국 L.A)

15. 2000　(단체전) Focus, 한국갤러리(미국 뉴욕)

16. 2000　개인전, 대백프라자 갤러리(대구)

17. 2000　개인전, Hudson River Gallery(미국 뉴욕)

18. 1999　개인전, Nardin Gallery(미국 뉴욕)

19. 1999　(단체전) The Impact of Millennium, Space World Gallery(미국 뉴욕)

20. 1999　(단체전) Last Century Group Show, NABI Gallery(미국 뉴욕)

21. 1999　(단체전) Romance & Surrealism, NABI Gallery(미국 뉴욕)

22. 1997　(단체전) 부산 국제 현대 페스티벌, 부산 시립미술관

23. 1997　(단체전)　Landscape, Ramnarine Gallery(미국 뉴욕)

24. 1997　(단체전) Active Vision 2, Space World Gallery(미국 뉴욕)

25. 1997　(단체전) Inner Realms, NABI Gallery(미국 뉴욕)

26. 1997　(단체전) New York New World : Korean Artists 98, 한국갤러리(미국 뉴욕)

27. 1996　개인전, 박여숙 화랑

28. 1996　개인전, Space Untitle 갤러리(미국 뉴욕)

29. 1996　(단체전) 대상 수상작가전, 국립현대미술관

30. 1995　개인전, 미국 뉴욕

31. 1995　(단체전) Works Old and New, Prezant 갤러리(미국 뉴욕)

32. 1994　개인전, 이목 화랑, 박여숙 화랑

33. 1994　(단체전) N.Y의 한국작가전, 헤나-켄트 화랑(미국 뉴욕)

34. 1993　개인전, 프레젠트 화랑(미국 뉴욕)

35. 1993　(단체전) 특별 초대전, 대전 엑스포 재생조형관

36. 1992　(단체전) PDF 10주년 기념 초대전, The Forum 화랑(미국 뉴욕)

37. 1992　(단체전) 꿈과 현실의 대결, 현대미술관

38. 1992　(단체전) 동양과 서양의 만남전, 헤나-켄트 화랑(미국 뉴욕)

39. 1991 (단체전) 제2회 동경 미술제, 일본 동경 하루미

40. 1991 (단체전) 4인 초대전, Prezane 화랑(미국 뉴욕)

41. 1990 개인전, 이목화랑

42. 1990 (단체전) 관찰과 이미지전, 미국 뉴욕

43. 1989 (단체전) 뉴욕의 현대 한국미술전, 미국 뉴욕

44. 1989 (단체전) 결정체의 사, 미찌도화랑(일본)

45. 1988 개인전, 시공화랑

46. 1988 개인전, Gallerie La Maison de N.Y(미국)

47. 1988 개인전, Riverdale 화랑(미국 뉴욕)

48. 1987 개인전, Riverdale 화랑(미국 뉴욕)

49. 1986 개인전, Riverdale 화랑(미국 뉴욕)

50. 1986 (단체전) 형상적 Ideas전, 미국 뉴욕

51. 1985 개인전, Riverdale 화랑(미국 뉴욕)

52. 1982 (단체전) 제1회 한·미 현대 감성전, 미국 뉴욕

53. 1981 개인전, 신세계미술관

54. 1981 개인전, 이목화랑

55. 1981 개인전, 미국 뉴욕, 한국

56. 1981 (단체전) 바판적 형상전, 프랑스

57. 1980 개인전, 국립현대미술관

58. 1979 (단체전) 한·일전, 일본

59. 1978 (단체전) 한국 현대회화전, 대만

60. 1978 부부 초대전, 이목화랑(대구)

61. 1976 (단체전) 제4회 앙데팡당전, 국립현대미술관

62. 1976-1981 (단체전) 제2-6회 에꼴 드 서울전, 국립현대미술관

63. 1976 (단체전) 제2회 D.C.A.A전, 대백화랑(대구)

64. 1974 부부전, 대백화랑(대구)

65. 1966 개인전, 경북문화원(대구)

<표 Ⅱ-28> 변종곤의 전시활동

교류 유형	횟 수	교류활동 중 평균(%)
거주지역 활동(NY)	34	52.3
거주국내 지역교류	3	4.6
국가간 교류	7	10.8
모국과의 교류	21	32.3
모국과 교류 + 국제교류		
	65	

(20) 서도호

1. 1982　판화 30인전
2. 1085　서울판화 '85
3. 1085　프린트 '85전
4. 1986　한국화 제3세대전
5. 1987　프린트미디어전
6. 1987　서울판화 '87
7. 1987　한국화, '80년대의 기수전
8. 1987　생동하는 신세대전
9. 1987　서울 Print-'87(갤러리 P&P)
10. 1988　한국현대회화전(호암갤러리)
11. 1989　한국현대회화(호암갤러리)
12. 1990　젊은 모색 '90(국립현대미술관)
13. 1990　서울 판화전(신세계 미술관)
14. 1994　단체전, 우즈개리 화랑
15. 1995　오늘의 작가 6인전(갤러리현대)
16. 제5회 로고스와 파토스전(관훈미술관)
17. 생동하는 신세대전(예화랑)
18. 한국화-우리시대의 이미지전(현대미술관)
19. 제20회 상파울로 비엔날레(상파울로)
20. 동방의 빛전(키에프)

21. 1997 아시아산보전(일본 도쿄 시세이도미술관)

22. 1998 단체전, 베를린 아트페어, 리만 머핀갤러리(베를린)

23. 1999 개인전, "서울집/LA집", 한국문화회관 ; LA

24. 1999 단체전, '자아, 마음을 빼앗긴', 벨르뷰미술관

25. 2000 코리아메리카코리아(KoreaAmericaKorea)전(서울 소격동 선재아트센터)

26. 2000 개인전, 리만 머핀 갤러리(뉴욕)

27. 2001 단체전, '나의 집은 나의 것, 너의 집은 너의 것', 도쿄 오페라시티아트
갤러리

28. 2001 개인전, 휘트니미술관 필립 모리스 분관(뉴욕)

29. 2002 개인전(영국 런던 서펜타인갤러리)

30. 2003 서도호 전(아트선재센터)

<표 Ⅱ-29> 서도호의 전시활동

교류 유형	횟 수	교류활동 중 평균(%)
거주지역 활동(NY)	3	10.0
거주국내 지역교류	1	3.3
국가간 교류	7	23.3
모국과의 교류	19	63.3
모국과 교류 + 국제교류		
	30	

(21) 안봉규

1. 1995 뉴욕 머시대 개강기념전(뉴욕 머시대), 1995. 9

2. 한국의 자연전(국립현대미술관)

3. 미술단체연립전(국립현대미술관)

4. 한국미술 81전

5. Sweden 동양박물관 초대 개인전

6. 한국미술특별전(파리)

7. 한 · 베네쥬엘라 국제교류전

8. 1983 국회개원 35주년 초대전

9. 창림회전

10. ASIA현대미전(동경)

11. 한국일보 초대 백상미술대전

12. 한중일교류전

13. 12인 초대전(서울신문)

14. AAI(Artist Association international)(샌프란시스코)

15. 1997   한중 작가 초대전(뉴욕 한국일보)

16. 1998   퀸즈 도서관 개관기념 개인전(뉴욕)

17. 1998   안봉규 한국화초대전-한국일보 창간44주년 기념(금호미술관)

18. 1999   개인전(미국 롱아일랜드 첼시센터)

19. 한 · 러 초대작가전(모스크바)

20. 1999   뉴욕 조선일보 초대개인전

21. 한국 현대미술초대전(뉴욕 첼시센타미술관)

22. 전영화 · 안봉규 2인 초대전(뉴욕갤러리)

<표 II-30> 안봉규의 전시활동

교류 유형	횟 수	교류활동 중 평균(%)
거주지역 활동(NY)	7	31.8
거주국내 지역교류	1	4.6
국가간 교류	1	4.6
모국과의 교류	9	40.9
모국과 교류 + 국제교류	4	18.1
	22	

(22) 안영일

1. 1958   개인전, 동아갤러리

2. 1959   개인전, 미국 시카고 Hall House갤러리

3. 1962   개인전, 필란드 헬싱키 Usis갤러리

4. 1963   국전, 경복궁미술관

5. 1965   개인전, 파고동화랑

6. 1966　개인전

7. 1967　개인전, 신문회관

8. 1968　개인전, 미국 로스앤젤레스 Muckenthaler센터

9. 1969　개인전, 미국 로스앤젤레스 Muckenthaler센터

10. 1970　개인전, 미국 로스앤젤레스 Zachary waller갤러리

11. 1977　한국 현대미술대전 : 서양화, 국립현대미술관

12. 1982　개인전, 미국 로스앤젤레스

13. 1982　개인전, 현대화랑

14. 1985　개인전, 미국 로스앤젤레스 한국문화원

15. 1986　개인전, 현대화랑

16. 1987　제2회 L.A아트페어, 미국 로스앤젤레스

17. 1988　제3회 L.A아트페어, 미국 로스앤젤레스

18. 1992　개인전, 미국 베버리힐즈 갤러리365

19. 1995　개인전, 미국 로스앤젤레스 John&Joe갤러리

20. 1995　개인전, 가산화랑

21. 1966　개인전

22. 1958　개인전, 동아갤러리

23. 1959　개인전, 미국 시카고 Hall House갤러리

24. 1962　개인전, 필란드 헬싱키 Usis갤러리

25. 1963　국전, 경복궁미술관

26. 1965　개인전, 파고동화랑

27. 1967　개인전, 신문회관

28. 1968　개인전, 미국 로스앤젤레스 Muckenthaler센터

29. 1969　개인전, 미국 로스앤젤레스 Muckenthaler센터

30. 1970　개인전, 미국 로스앤젤레스 Zachary waller갤러리

31. 1977　한국 현대미술대전 : 서양화, 국립현대미술관

32. 1982　개인전, 미국 로스앤젤레스

33. 1982　개인전, 현대화랑

34. 1985　개인전, 미국 로스앤젤레스 한국문화원

35. 1986　개인전, 현대화랑

36. 1987　제2회 L.A아트페어, 미국 로스앤젤레스
37. 1988　제3회 L.A아트페어, 미국 로스앤젤레스
38. 1992　개인전, 미국 베버리힐즈 갤러리365
39. 1995　개인전, 미국 로스앤젤레스 John&Joe갤러리
40. 1995　개인전, 가산화랑

〈표 Ⅱ-31〉 안영일의 전시활동

교류 유형	횟 수	교류활동 중 평균(%)
거주지역 활동(LA)	18	45.0
거주국내 지역교류	2	5.0
국가간 교류	2	5.0
모국과의 교류	18	45.0
모국과 교류 + 국제교류		
	40	

(23) 이병용

1. 1993　개인전, 공간화랑(부산)
2. 1993　개인전, 박영덕화랑
3. 1993　(단체전) 기호와 상향전, 현대갤러리
4. 1992　개인전, Andre Zarre 화랑(미국 뉴욕)
5. 1992　(단체전) 요코하마 국제 아트페어, 일본
6. 1992　(단체전) 5 Perspective, 코리아갤러리(미국 뉴욕)
7. 1992　(단체전) 한국작가 30인전, 헤나켄트화랑(미국 뉴욕)
8. 1992　개인전, LACA 화랑(미국 뉴욕)
9. 1991　개인전, 현대갤러리
10. 1991　(단체전) 신소장품전, 국립현대미술관
11. 1991　(단체전) 동서 작가전, 헤나켄트화랑(미국 뉴욕)
12. 1991　(단체전) 재미 한국작가전, 멕시코 국립미술관
13. 1991　(단체전) 초대전, 뉴욕갤러리(미국 뉴욕)
14. 1988　(단체전) 30주년 기념전, 피닉스화랑

15. 1988 (단체전) 한국 현대미술전, 토탈미술관

16. 1988 (단체전) 대뉴욕지구 한국작가전, 알파인 화랑(미국 뉴욕)

17. 1987 (단체전) 빛과 그림자전, 피닉스화랑(미국 뉴욕)

18. 1986 (단체전) 오늘의 뉴욕, 한국작가전, 코리아 갤러리(미국 뉴욕)

19. 1986 (단체전) 피닉스 화랑 회원전, 쉬르기념관 화랑(미국 뉴욕)

20. 1986 (단체전) 한국, 뉴욕전 미국 뉴욕

21. 1985 (단체전) 임팩트전, 일본 쿄토

22. 1985 (3인전) 판화전, 미국 뉴욕문화원

23. 1985 (단체전) 중앙 미술대전, 한국문화원

24. 1985 (단체전) 영국 판화 비엔날레, 영국

25. 1985 (단체전) Hudson Valley전, Mid hudson 예술-과학관(미국 뉴욕)

26. 1984 (단체전) 서울 국제 드로잉 비엔날레

27. 1983 (단체전) 재미 한국작가전 미국 뉴욕문화원

28. 1983 (단체전) 한국작가전, Old Chutch 문화센터(미국 뉴저지)

29. 1983 (단체전) 뉴욕작가 6인전, Scope 화랑(미국 캘리포니아)

30. 1983 (단체전) Fantastic Art 전, 이태리

31. 1982 (단체전) 재외작가 초대전, 국립현대미술관

32. 1981 (단체전) 젊은작가 6인 초대전, 한국화랑(미국 뉴욕)

33. 1980 (단체전) 한국 판화 드로잉, 대전 국립현대미술관

34 1978 (단체전) 한국 현대미술 20년의 동향전, 국립현대미술관

35. 1977 (단체전) 서울, 부산, 광주 현대미술제

36. 1976 개인전, 서울화랑

37. 1976 (단체전) 한국 입체작가 10인 초대전, 태인화랑

38. 1975-1976 (단체전) 제1회 서울 현대미술제, 미술회관

39. 1975 (단체전) 오늘의 방법전-서양화 9인 초대전, 백록화랑

40. 1974-1975 (단체전) 대구 현대미술제, 계명대 미술관

41. 1974 (단체전) 파리 비엔날레, 프랑스 파리

42. 1974 (단체전) 제1회 서울 비엔날레, 국립현대미술관

43. 1973-1974 (단체전) 20대 현대작가전, 중앙공보관

44. 1972-1974 (단체전) 앙데팡당전, 국립현대미술관

45. 1972-1974 (단체전) 에스쁘리 그룹전, 중앙공보관

<표 II-32> 이병용의 전시활동

교류 유형	횟 수	교류활동 중 평균(%)
거주지역 활동(NY)	18	40.0
거주국내 지역교류	1	2.2
국가간 교류	5	11.1
모국과의 교류(1991귀국)	20	44.5
모국과 교류 + 국제교류	1	2.2
	45	

(24) 이 일

1. 1972-1974 국전, 국립현대미술관
2. 1974 판화 10인전, 미국문화원
3. 1974 제2회 앙데팡당전, 국립현대미술관
4. 1974-1976 홍익판화회전
5. 1975 앙데팡당전, 국립현대미술관
6. 1975 14인 판화작가전, 그로리치화랑
7. 1975 종횡그룹 창립전, 신문회관
8. 1976 홍익판화전, 서울화랑
9. 1979 뉴욕 6인작가전, 미국 뉴욕 한국화랑
10. 1980 Vermillion 80, 미국 타코타대학
11. 1980 Small Works, 미국 뉴욕대학
12. 1981 한국 현대드로잉전, 미국 뉴욕 브룩클린미술관
13. 1981 개인전 미국 뉴욕 프랫대학원
14. 1981 Chatauqua 미국미술전, 미국 뉴욕 치토오카화랑
15. 1981 국제판화비엔날레, 영국 베드필드
16. 1982 해외작가전, 국립현대미술관
17. 1982 한국현대판화드로잉, 유고
18. 1982 한국현대작가전, 뉴욕 Sarah Lawrence대학

19. 1982　7회 국제판화전, 영국 Cortqright화랑

20. 1982　개인전(10. 14-23) 공간화랑

21. 1983　한국현대판화가협회공모전, 미술회관

22. 1983　뉴욕6인 작가전, 미국 로스앤젤레스 스코프화랑

23. 1983　한국현대화전, 미국 뉴저지 Old Church Cultural Center

24. 1983　한국8인의 판화드로잉전, 유고 Rosba화랑

25. 1984　개인전, 미국 로스앤젤레스 Pace-311화랑

26. 1984　국제드로잉비엔날, 미술회관

27. 1985　현대자화상전, 미국 뉴욕 Minor Injury화랑

28. 1985　중앙미술전, 미국 뉴욕 한국문화원

29. 1985　한국 현대판화의 어제와 오늘, 호암미술관

30. 1986　트리엔날전, 인도 뉴델리

31. 1986　뉴욕작가 오늘전, 미국 뉴욕 한국문화원

32. 1986　서울-뉴욕 '86전, 미국 뉴욕 스카빌 Thope Intermedia화랑

33. 1986　개인전, 미국 뉴저지 Dolores An화랑

34. 1987　개인전, 힐튼화랑

35. 1987　개인전, 일본 동경 Gallery TE

36. 1988　25회 올림픽기념, 국립현대미술관

37. 1988　한국현대작가전, 토탈미술관

38. 1989　재뉴욕작가전, 미국 뉴욕 Alpine화랑

39. 1991　24인 작가전, 미국 뉴욕 혜나켄트화랑

40. 1991　재미작가 멕시코전, 금호미술관,멕시코국립현대미술관

41. 1992　개인전, 미국 뉴욕 혜나켄트화랑

42. 1992　1:5전, 미국 뉴욕 At Tribeca 148화랑

43. 1992　아시아작가전, 미국 뉴욕 Emerging Collector화랑

44. 1992　4인 작가전, 미국 뉴욕 혜나켄트화랑

45. 1992　The Salon Of The Mating Spiders 미국 뉴욕 Heron Test-site화랑

46. 1993　한국현대판화 40년 전, 국립현대미술관

47. 1993　개인전, 서울, 부산 한국미술관

48. 1994　Perceptual-Dialog전, 미국 뉴욕 갤러리코리아

49. 1994 6인회화전, 미국 뉴욕 혜나켄트화랑

50. 1995 New Vision, 미국 뉴욕 브룩클린개스커뮤니티화랑

51. 1996 개인전(6.8-21) 갤러리웅

52. 1996 개인전, 미국 뉴욕 Api화랑

〈표 Ⅱ-33〉 이일의 전시활동

교류 유형	횟 수	교류활동 중 평균(%)
거주지역 활동(NY)	25	48.1
거주국내 지역교류	4	7.7
국가간 교류	3	5.7
모국과의 교류	16	30.8
모국과 교류 + 국제교류	4	7.7
	52	

(25) 임정욱

1. 1995 개인전(샌프란시스코 아트 인스티튜트 카페)

2. 1997 개인전(모인화랑)

3. 1997 '97 환경설치 미술전(88올림픽공원)

4. 1997 루마니아 정부초청 한국현대미술 초대전(루마니아 국립미술관)

5. 1997 한·중 현대미술 교감전(중국미술대학전시실)

6. 1997 환경미술전(공평아트갤러리)

〈표 Ⅱ-34〉 임정욱의 전시활동

교류 유형	횟 수	교류활동 중 평균(%)
거주지역 활동(SF)	2	20.0
거주국내 지역교류		
국가간 교류		
모국과의 교류	5	50.0
모국과 교류 + 국제교류	3	30.0
	10	

7. 1997   8.15광복절 기념전(샌프란시스코 한국영사관)

8. 1997   한국 현대미술 작가전(베트남)

9. 1998   개인전(이명숙갤러리)

10. 1998   샐럼 갤러리 그룹전(샐럼갤러리)

(26) 임충섭

1. 1968-1977   앙가쥬망동인전

2. 1971   한국미술대상전, 국립현대미술관

3. 1974   브룩클린미술관대학전, 미국 뉴욕

4. 1978   O.J.A국제전, 볼로냐, 이태리등

5. 1980   제4회 뉴욕대학소품공모전, 미국 뉴욕

6. 1980   퀸즈박물관공모전, 미국 뉴욕

7. 1980   환기와 젊은이들전, 프랑스 파리

8. 1981   미국국제교류국전, 서울 미국대사관홀

9. 1981   32가 화랑 4인전, 미국 뉴욕

10. 1981   개인전, 미국 뉴욕 O. K. Harris 화랑

11. 1981   개인전, 미국문화원

12. 1981   한국현대드로잉전, 브룩클린미술관

13. 1982   제1회 한미작가초대전, 미국 뉴욕 한국문화원

14. 1982   재외작가초대전, 국립현대미술관

15. 1983   시드니대학파워미술연구소전, 오스트리아

16. 1983   퀸즈미술관연례전, 미국 뉴욕

17. 1983   한국현대미술전 '70년대 후반, 일본순회전

18. 1985   Not Just Black and Whit전, 미국 O.I.A 뉴욕시화랑

19. 1986   개인전, 원화랑

20. 1986   Korea, New York '86전, 미국 뉴저지 돌프인테메디아

21. 1987   환기예술재단, 파리 내셔날센터

22. 1987   Not Just Black and White, 뉴욕 시티갤러리

23 1988   국제슈박스조각전 : 세계순회전

24. 1988　한국현대미술전, 국립현대미술관

25. 1989　제4회 L.A Art Fair, L.A컨벤션센터

26. 1989　개인전 : 물활론-회화와 나무 앗상블라쥬, 미국 뉴욕 샌드라게링화랑등

27. 1990　그룹전, 미국 뉴욕 샌드라게림갤러리

28. 1990　그룹전, 멕시코 현대미술관

29. 1991　스페이스프로그램개관전, 미국 뉴욕 메리월쉬샤아프예술재단

30. 1991　한국현대미술전, 경주 선재현대미술관

31. 1991　한국의현대미술전, 멕시코 근대미술관

32. 1991　개인전 : 인간의 서식지, 국제갤러리

33. 1991　예술의 진상전, 미국 뉴욕 BWAC

34. 1991　O.I.A.Selection from Slide File, 미국 뉴욕

35. 1992　세계와 함께 : 서울과 파리와 뉴욕에서 온 한국미술전, 뉴욕시립미술관

36. 1992　자연 속에서의 예술의 근원전, 이태리 타베르나 시립미술관

37. 1992　개인전 : Reversed Tent, 미국 뉴욕 샌드라게림갤러리

38. 1992　자연 속에서의 예술의 근원전, 미국 뉴욕

39. 1993-1994　개인전, 미국 뉴욕 뉴버거미술관

40. 1993-1994　다른 시각들전, 뉴욕 뉴욕주립대학교, 뉴버거미술관

41. 1993　그룹전, 미국 뉴욕 샌드라게림갤러리

42. 1993　우물-개미둑전, 캘리포니아 로스앤젤레스 도로시골딘갤러리

43. 1993　개인전, 미국 로스앤젤레스 도로시골딘갤러리

44. 1994　츄마전, 뉴욕

45. 1994　개인전, 미국 뉴욕

46. 1994　다중단편들, 미국 로스앤젤레스 도로시골딘갤러리

47. 1995　한국현대미술전 '95 독일 갤러리 코넬리우스헤르츠등

48. 1995　개인전, 국제화랑

49. 1995　한국미술 '95-"질 · 량 · 감", 국립현대미술관

50. 1997-1998　호랑이의 눈 전, 뉴욕 엑시트아트, 서울 일민미술관

51. 1997　교차전(Transversions) : 제2회 요하네스버그비엔날레, 아프리카미술관

52. 1997　국제현대미술제 : '97광주비엔날레, 광주 비엔날레전시관

53. 1997　허쉬혼컬렉션구입소장품전 : 1992-1996, 스미소니언 인스티튜트, 허쉬

혼미술관

54. 1997   개인전, 뉴욕 산드라게링화랑

55. 1999   흙과 실로-고침, 국제화랑

56. 1999   도시와 영상전, 서울시립미술관

57. 2000   새천년의 항로 : 주요국제전출품적가들, 1990-99, 국립현대미술관

<표 Ⅱ-35> 임충섭의 전시활동

교류 유형	횟 수	교류활동 중 평균(%)
거주지역 활동(NY)	29	50.9
거주국내 지역교류	5	8.8
국가간 교류	5	8.8
모국과의 교류	8	14.5
모국과 교류 + 국제교류	10	17.5
	57	

(27) 조숙진

1. 2004   개인전, O.K. Harries Gallery(미국 뉴욕)

2. 2002   개인전, O.K. Harries Gallery(미국 뉴욕)

3. 2002   개인전, Galerie Hertz(미국 켄터키)

4. 2002   개인전, Korean Cultural Center(미국 워싱턴)

5. 2002   개인전, Indianapolis Art Center(미국 인디애나폴리스)

6. 2001   개인전, O.K. Harries Gallery(미국 뉴욕)

7. 1998   개인전, St. Peter's Church(미국 뉴욕)

8. 1997-1998   (단체전) 호랑이의 눈전, 엑시트아트(뉴욕), 일민 미술관(서울)

9. 1996   개인전, Wood and paper Work, O.K. Harries Gallery(미국 뉴욕)

10. 1995   (단체전) Exploring Undefined Boundaries Montclair State University(미국 뉴
저지)

11. 1994   (단체전) Six Kerean Artists in New York Haenah-Kent Gallery(미국 뉴욕)

12. 1993   개인전, 로스엔젤레스 한국문화원(미국)

13. 1993   (단체전) The College Aesthetic : Six Directions 미국 순회

14. 1993   개인전, O.K. Harries Gallery(미국 뉴욕)

15. 1992   (단체전) 에꼴 드 서울전, 관훈 미술관

16. 1992   (단체전) 3 Artists from Korea Tenri Gallery(미국 뉴욕)

17. 1992   개인전, O.K. Harries Gallery(미국 뉴욕)

18. 1991   (단체전) 오로라전, Asian American Arts Center(미국 뉴욕)

19. 1991   (단체전) Wood Anita, Shapolsky Gallery(미국 뉴욕)

20. 1991 (단체전) A Small Bite of The Big Apple : Contemporary Art From O.K Harris
    Bobbit Visual Arts Center(미국 미시건)

21. 1991   개인전, Pratt Institute(미국 뉴욕)

22. 1991   개인전, O.K. Harries Gallery(미국 뉴욕)

23. 1991   개인전, Bo Yoon Gallery(미국 뉴욕)

24. 1991   (단체전) Centerpiecos, Norton Center(미국 댄빌)

25. 1991   (단체전) 24 Korean Artists in N.Y, Haenah-Kent Gallery(미국 뉴욕)

26. 1990   (단체전) Orora Asian American Arts Center(미국 뉴욕)

27. 1990   개인전, O.K. Harries Gallery(미국 뉴욕)

28. 1989   (단체전) Resonance of Decay, 한국 화랑(미국 뉴욕)

29. 1988   개인전, 하나로 미술관

30. 1988   (단체전) 60 Artists in Korea, 하나로 미술관

31. 1987   (단체전) 비정형전, 수 화랑

32. 1987   (단체전) 한국 현대미술의 최전선, 관훈 미술관

33. 1987   (단체전) 한국회화의 신자질, Nanis 화랑(일본 동경)

34. 1987   (단체전) 오늘의 청년작가전, 바탕골 미술관

35. 1986-1992   (단체전) 에꼴 드 서울전, 관훈 미술관

36. 1986   (단체전) 물의 신세대전, 관훈 미술관

37. 1986   (단체전) 젊은 작가 12인전, 관훈 미술관

38. 1986   (단체전) 신상회 초대 현대 한국작가전, 서울 시립미술관

39. 1986   (단체전) 한국 현대미술 31인의 여류전, 관훈 미술관

40. 1986   개인전, Today in Seoul Aunkan Gallery(일본 오사카)

41. 1985   개인전, 관훈 미술관

42. 1985   (단체전) 격동인전, 관훈 미술관

43. 1985 (단체전) 평면 구조전, 후전 화랑
44. 1985 (단체전) 군산 국제 현대미술제-KIS 85, 전주 예술회관
45. 1985 (단체전) New Direction-Summer 85, 윤 갤러리
46. 1985 (단체전) Two-Dimensional Works, 후전 갤러리
47. 1985 (단체전) Representation-10, 석 화랑
48. 1985 (단체전) 제11회 서울 현대미술제, 미술회관
49. 1984 (단체전) 서울 국제 드로잉, 비엔날레 미술회관
50. 1984 (단체전) 물성, 그 새로운 존재방식, 청년 미술관
51. 1984 (단체전) 홍익 M.F.A전, 관훈 미술관
52. 1983-1984 (단체전) 동시전
53. 1983-1985 (단체전) 제10-11회 앙데팡당전, 국립현대미술관

<표 II-36> 조숙진의 전시활동

교류 유형	횟 수	교류활동 중 평균(%)
거주지역 활동(NY)	20	37.7
거주국내 지역교류	8	15.1
국가간 교류	2	3.8
모국과의 교류(도미 전 활동)	23	43.4
모국과 교류 + 국제교류		
	53	

(28) 한용진

1. 2000 (단체전) 한국 현대미술의 시원, 국립현대미술관
2. 1999 큰 산의 세 물길전, 갤러리현대
3. 1995 한국미술 50인 유네스코초대전, 파리 유네스코본부
4. 1994 개인전, 현대 갤러리
5. 1991 (3인전) 한규남, 한용진, 최분자, Blue Hill Cultural Center(미국 뉴욕)
6. 1989 (2인전) 백남준, 한용진 : 시계와 바위, La Galerie De Paris(프랑스 파리)
7. 1988 (단체전) 한국 현대미술전, 국립현대미술관
8. 1984 (단체전) 현대미술 초대전, 국립현대미술관

9. 1984 개인전, 원 화랑

10. 1983 (단체전) FIAC 83 Poindexter 화랑(프랑스 파리)

11. 1980-1983 (단체전) 뉴욕 석조협회전, 워나커뮤니케이션 화랑(미국 뉴욕)

12. 1983 (단체전) 석조 심포지움, 일본

13. 1982 단체전, 미국 뉴욕

14. 1982 (단체전) 재외작가 초대전, 국립현대미술관

15. 1981 단체전, 버건카운티커뮤니티 미술관(미국 뉴저지)

16. 1979 (단체전) Art Expo 79 콜리세움(미국 뉴욕)

17. 1966 개인전, 뉴익스페리먼트대학 화랑(덴마크 유란트)

18. 1966 개인전, 헤르닝크 미술관(덴마크)

19. 1966 (단체전) 현대작가 공동작업전, 덴마크 오당가르트

20. 1964 (단체전) 제3회 문화자유 초대전

21. 1963 (단체전) 제7회 상파울로 비엔날레, 브라질 상파울로

22. 1963 (단체전) 판화 5인전(강환섭, 김봉태, 김차섭, 윤명호, 한용진), 국립중앙
   박물관

23. 1963 (단체전) 한국미협전

24. 1962-1963 (단체전) 제6-7회 현대작가 초대전

25. 1960 (단체전) 지우전

26. 2000 (단체전) 한국 현대미술의 시원, 국립현대미술관

27. 1994 개인전, 현대 갤러리

28. 1991 (3인전) 한규남, 한용진, 최분자, Blue Hill Cultural Center(미국 뉴욕)

29. 1989 (2인전) 백남준, 한용진 : 시계와 바위, La Galerie De Paris(프랑스 파리)

30. 1988 (단체전) 한국 현대미술전, 국립현대미술관

31. 1984 (단체전) 현대미술 초대전, 국립현대미술관

32. 1984 개인전, 원 화랑

33. 1983 (단체전) FIAC 83 Poindexter 화랑(프랑스 파리)

34. 1980-1983 (단체전) 뉴욕 석조협회전, 워나커뮤니케이션 화랑(미국 뉴욕)

35. 1983 (단체전) 석조 심포지움, 일본

36. 1982 단체전, 미국 뉴욕

37. 1982 (단체전) 재외작가 초대전, 국립현대미술관

38. 1981   단체전, 버건카운티커뮤니티 미술관(미국 뉴저지)

39. 1979   (단체전) Art Expo 79 콜리세움(미국 뉴욕)

40. 1966   개인전, 뉴익스페리먼트대학 화랑(덴마크 유란트)

41. 1966   개인전, 헤르닝크 미술관(덴마크)

42. 1966   (단체전) 현대작가 공동작업전, 덴마크 오당가르트

43. 1964   (단체전) 제3회 문화자유 초대전

44. 1963   (단체전) 제7회 상파울로 비엔날레, 브라질 상파울로

45. 1963   (단체전) 판화 5인전(강환섭, 김봉태, 김차섭, 윤명호, 한용진), 국립중앙
박물관

46. 1963   (단체전) 한국미협전

47. 1962-1963   (단체전) 제6-7회 현대작가 초대전

48. 1960   (단체전) 지우전

〈표 Ⅱ-37〉 한용진의 전시활동

교류 유형	횟 수	교류활동 중 평균(%)
거주지역 활동	8	16.7
거주국내 지역교류	2	4.2
국가간 교류	13	27.1
모국과의 교류	17	35.4
모국과 교류 + 국제교류	8	16.6
	48	

(29) 황주리

1. 2006   (단체전) 한국현대미술 시각과 조형전, 두산아트센터

2. 2005   개인전, 갤러리아트사이드

3. 2005   (단체전) The Face전, 영은미술관

4. 2005   (단체전) 시대의 초상, 일상의 울림전, 박수근미술관

5. 2003   (개인전) 안경 넘어 어렴풋이 옛 생각이 나겠지요, 노 화랑

6. 2002   (개인전) 한국 국제 아트페어, 진 화랑 벡스코(부산)

7. 2002   (단체전) 아름다움과 깨달음전 가나아트센터, 선재 미술관

8. 2002 (단체전) 마음으로 그리는 우리 얼굴전, 제비울 미술관

9. 2002 (단체전) 개전 사비나 미술관

10. 2001 개인전, Squre Windows Gallery(미국 워싱턴)

11. 2001 (단체전) 한국미술 2001 : 회화의 복권전, 광동 미술관(중국)

12. 2001 (단체전) 한국미술 2001 : 회화의 복권전, 국립현대미술관

13. 2001 (단체전) Kcaf, 21c 세계로 가는 한국미술전, 예술의전당

14. 2001 (단체전) 횡단하는 이미지전, 피쉬 갤러리

15. 2000 개인전, 선 미술상 수상 기념전, 선 화랑

16. 2000 (단체전) 미와 질서 전, 노 화랑

17. 1999 (단체전) 한국 현대미술 캐나다 순회전, 캐나다

18. 1999 (단체전) 삽화로 찾아가는 문학의 향기, 박영덕 화랑

19. 1999 (단체전) 여성 미술제, 예술의전당

20. 1999 (단체전) 21세기 한국미술전, Space World(뉴욕)

21. 1999 (단체전) MINI Art Market, 노 화랑

22. 1999 (단체전) 시가 있는 그림전, 서림 화랑

23. 1999 (단체전) 여류작가 12인전, 리이키 갤러리

24. 1999 (단체전) NICAF 99, 일본 동경

25. 1999 (단체전) 99 하모니즘 Ten 창작 화랑

26. 1999 (단체전) 르네 갤러리 개관기념전, 르네 갤러리

27. 1999 (단체전) 봄의 소리, 작은 그림전, 선 화랑

28. 1999 (단체전) Manif Seoul, 아담과 이브전, 예술의 전당

29. 1998 (단체전) 4 Artist, Space World(미국 뉴욕)

30. 1997 (단체전) 아름다운 공룡전, 예술의 전당

31. 1997 (단체전) 미술관에 넘치는 유머, 성곡 미술관

32. 1996 개인전, 서울, 뉴욕

33. 1996 (단체전) 도시와 미술전, 서울 시립미술관

34. 1996 (단체전) 동시대작가전, 아라리오 갤러리(천안)

35. 1996 (단체전) 한국 현대미술, 평면회화 주소 찾기전, 성곡 미술관

36. 1995 (단체전) 서울 아트 페어전, 한국 화랑

37. 1995 (단체전) 여성 미술제, 서울 시립미술관

38. 1995 (단체전) 의자, 계단, 그리고 창, 환기 미술관
39. 1995 (단체전) 다섯화가의 입체전, 한국 화랑
40. 1995 개인전, 화랑미술제, 한국 화랑
41. 1994 (단체전) 서울 국제 현대미술제, 국립현대미술관 서울정도600주년기념
42. 1994 개인전, Art Projects International 미국 뉴욕
43. 1993 개인전, 프레스센터 서울 갤러리
44. 1993 (단체전) 박영덕 화랑 개관기념전, 박영덕 화랑
45. 1993 개인전, Sigma Gallery(미국 뉴욕)
46. 1993 (단체전) 이야기가 있는 그림전, 서림 화랑
47. 1993 (단체전) 예술의전당 전관 개관기념, 현대미술전 예술의전당
48. 1992 (단체전) 92 한국 현대미술의 21전, 21 갤러리
49. 1992 (단체전) 이콘 갤러리 개관기념전, 이콘 갤러리
50. 1992 (단체전) 90년대 우리미술의 단면전, 우리미술문화연구소
51. 1992 (단체전) 92 서양화 정예작가 초대전, 서울 갤러리
52. 1992 (단체전) 92 한국미술의 상황과 진단전, 공평아트센타
53. 1992 (단체전) 인간전, 포커스 갤러리
54. 1992 (단체전) 한국 현대미술전, 선재 현대미술관
55. 1992 (단체전) 한국 현대미술전, 일본
56. 1992 개인전, Washington Square East 갤러리(미국 뉴욕)
57. 1992 (개인전) 청담 미술제, 한국 화랑
58. 1991 개인전, 진 화랑
59. 1991 (단체전) 시가 있는 그림전, 서림 화랑
60. 1991 (단체전) 한국 현대미술 초대전, 선재 현대미술관 개관기념전(경주)
61. 1991 (단체전) Tokyo 아트 엑스포, 진 화랑(일본 동경)
62. 1991 (단체전) 한국 현대미술전, 선재 현대미술관(경주)
63. 1991 개인전 Art Jonction Nice, 프랑스 니스
64. 1991 (단체전) 4인의 시각전, 청각 미술관
65. 1990 (단체전) 10인의 이미지전, 현대 미술관
66. 1990 (단체전) 90년대 작가전, 한국 화랑
67. 1990 개인전, 112 Greene Gallery(미국 뉴욕)

68. 1990 개인전, L.A Art Fair, 진 화랑(미국 L.A.)

69. 1990 개인전, 서울 Art Fair, 진 화랑

70. 1989 (단체전) 한국 화랑 개관기념전, 한국 화랑

71. 1989 개인전, 니시다 화랑(일본 나라)

72. 1989 개인전, 오사카 아트페어 일본

73. 1988 개인전, 서울 갤러리

74. 1988 개인전, 진 화랑

75. 1988 (단체전) 88 한국 현대미술전, 국립현대미술관

76. 1988 (단체전) 88 한국 현대회화전, 대만

77. 1988 (단체전) 국제 현대미술전, 국립현대미술관

78. 1988 (단체전) 석남 미술상 기념전, 호암 미술관

79. 1987 (단체전) 현대 화랑 개관기념전, 현대 화랑

80. 1987 (단체전) 범태평양 미술제, 도야마 미술관(일본)

81. 1987 (단체전) 80년대 작가전, 한강 미술관

82. 1987 (단체전) L.A 아트 페어, 로스앤젤레스 컨벤션 센타(미국)

83. 1986 개인전, 그로리치 화랑

84. 1986 (단체전) 아르코스모 미술관 개관기념전, 아르코스모 미술관

85. 1986 개인전, 서울 아트 페어, 진 화랑

86. 1986 (단체전) 한국 현대미술 31인의 여류전, 관훈 미술관

87. 1986 개인전, 힐튼 갤러리

88. 1986 (단체전) 한국 현대미술의 새 흐름전, 신세계 미술관

89. 1986 (단체전) 한국 현대미술의 어제와 오늘전, 국립현대미술관

90. 1986 (단체전) 30대 중추적 작가들의 현장전, 백송 화랑

91. 1986 (단체전) 아르코스모 미술관 개관기념전, 아르코스모 미술관

92. 1986 (단체전) 동숭 미술관 개관기념전, 동숭 미술관

93. 1986 (단체전) 만남 86전(파리 5개 화랑 순회전) 프랑스 파리

94. 1986 (단체전) 프랑스 비평구상전, 그랑팔레(프랑스 파리)

95. 1986 (단체전) 에꼴 드 서울전, 관훈 미술관

96. 1986 (단체전) 뉴웨이브 86전, 워커힐 미술관

97. 1985 (단체전) 아시아 미술제, 후쿠오카 미술관(일본)

98. 1985　(단체전) 에꼴 드 서울전, 관훈 미술관

99. 1985　(단체전) 제3회 청년작가전, 국립현대미술관

100. 1985　(단체전) 한국 현대미술 31인의 여류전, 관훈 미술관

101. 1984　개인전, 미술회관

102. 1984　(단체전) 80년대 미학의 진로전, 한강 미술관

103. 1984　(단체전) 삶의 미술전, 아랍 미술관

104. 1984　(단체전) FIAC 84 진 화랑, 그랑팔레(프랑스 파리)

105. 1983　(단체전) 청년작가 대상전, 청년 미술관

106. 1983　(단체전) 인간과 자연의 이미지전, 제3 미술관

107. 1983　(단체전) 서울 국제 메일 아트전, 미술회관

108. 1983　(단체전) 제2회 젊은의 식전, 관훈 미술관

109. 1982　(단체전) 서울 방법전, 미술회관

110. 1982　(단체전) 창작미술협회전, 국립현대미술관

111. 1982　(단체전) 앙데팡당전, 그랑팔레(프랑스 파리)

112. 1981　개인전, 미술회관

113. 1981　(단체전) 앙데팡당전, 국립현대미술관

114. 1981-1983　(단체전) 동경전, 동경도 미술관(일본)

115. 1981-1986　(단체전) 구조그룹전, 미술회관

116. 1981　(단체전) 구조그룹 : 현대미술의 동향전, 고전 화랑(청주)

117. 1981　(단체전) 제4회 중앙 미술대상전, 국립현대미술관

118. 1980　(단체전) 제3회 동아미술제, 국립현대미술관

〈표 Ⅱ-38〉 황주리의 전시활동

교류 유형	횟 수	교류활동 중 평균(%)
거주지역 활동(NY)	3	2.5
거주국내 지역교류	3	2.5
국가간 교류	10	8.3
모국과의 교류	90	75.0
모국과 교류 + 국제교류	14	11.7
	120	

119. 1980   (단체전) 채림전, 미술회관
120. 1979-1982   (단체전) 창작미협전, 국립현대미술관

　　미국에서 활동하는 미술가 중에서 29명의 전시활동을 유형화하면 다음의 표와 같다. 앞서 분석한 음악가들과 마찬가지로 거의 같은 비율로 작품활동을 하고 있는 것으로 나타났다. 거주지 중심의 작품활동이 30% 정도를 차지하고, 40% 정도의 활동을 모국과의 교류활동에 할애되고 있음은 음악가들의 활동 비율과 비슷하다. 지역간 교류활동, 국제교류활동, 모국을 포함한 국제교류활동에 있어서도 비슷한 비율을 보이고 있다.

　　미술가 역시 모국과의 연대 내지 공감대를 통하여 정서적으로 안정되고, 창조적인 작품활동을 하고 있는 것으로 보인다. 예술가들의 창조활동이 고향의 기억으로부터 비롯한다고 할 수 있겠다. 흔히 창작의 동기를 바로 그들의 태반이었던 모국으로부터 구한다는 점에서 문화공동체의 구축을 시사 받을 수 있다.

〈표 Ⅱ-39〉 재미미술가들의 전시활동

(단위 : %)

	성 명	거주지역 활동	거주국내 지역교류	국가간 교류	모국과 교류	모국과 교류 +국제교류
1	강익중	48.9	18.3	20.4	12.2	0
2	곽 수	55.5	0	0	44.4	0
3	곽 훈	0	37.9	10.1	48.1	37.9
4	김구림	0	11.6	24.6	60.8	29.0
5	김병기	7.1	0	14.3	78.6	0
6	김보현	11.1	33.3	0	55.6	0
7	김봉태	0	34.7	12.7	48.6	4.0
8	김소문	63.3	13.3	3.3	3.3	16.8
9	김영길	43.5	2.6	2.6	46.2	5.1
10	김 웅	24.6	16.4	3.3	54.1	1.6
11	김원숙	25.6	28.9	13.2	29.0	3.3

	성 명	거주지역 활동	거주국내 지역교류	국가간 교류	모국과 교류	모국과 교류 +국제교류
12	김창열	7.8	3.9	45.1	28.8	15.4
13	김환기	20.5	1.2	20.5	57.8	0
14	노정란	40.0	3.1	3.1	50.7	3.1
15	박유아	12.5	16.7	16.7	54.1	0
16	박혜숙	67.6	8.8	11.8	11.8	0
17	존 배	63.3	14.3	4.1	18.4	0
18	백남준	31.1	3.8	42.4	18.9	3.8
19	변종곤	52.3	4.6	10.8	32.3	00
20	서도호	10.0	3.3	23.3	63.3	0
21	안봉규	31.8	4.6	4.6	40.9	18.1
22	안영일	45.0	5.0	5.0	45.0	0
23	이병용	40.0	2.2	11.1	44.5	2.2
24	이 일	48.1	7.7	5.7	30.8	7.7
25	임정욱	20.0	0	0	50.0	30.0
26	임충섭	50.9	8.8	8.8	14.0	17.5
27	조숙진	37.7	15.1	3.8	43.4	0
28	한용진	16.7	4.2	27.1	35.4	16.6
29	황주리	2.5	2.5	8.3	75.0	11.7
	계	877.4	306.8	356.7	1,196	223.8
	평균	30.3	10.6	12.3	41.2	7.7

4) 무용가

① 김명수 : 일찍이 모국에서 활동을 하였던 한국무용 전공자 김명수는 뉴욕에서 공연활동을 하면서도 "김명수댄스프로젝트"를 통하여 교포 2세들에게 교육사업을 하고 있다. 1990년대 초반 범민족대회에 참가하여 공연을 한 바 있다.

② 김영순 : 현대무용가이면서 안무가인 김영순은 뉴욕을 중심으로 활동을 하고 있다. 그런 가운데 대구 등에서 국내 공연활동을 하기도 하였다.

③ 손인영 : 한국무용가이며 안무가인 손인영은 뉴욕을 중심으로 공연 활동을 하고 있는데, 모국을 자주 방문하여 국내의 공연활동을 겸하고 있다.

④ 안은미 : 현대무용을 전공자 안은미는 1992년 미국으로 건너가 유학을 하고, 뉴욕에서 활발히 활동을 하다가 2000년 귀국하여 국내에서 활동하고 있다. 최근에는 미국과 유럽지역을 오가면서 공연활동을 갖고 있다.

⑤ 손정아 : 손정아에 대하여 공연활동을 정리하면 다음과 같다. 한국무용가 손정아는 한국무용회를 통하여 공연활동을 하고 있으며, 무용학교를 만들어 교육을 하고 있다. 그녀는 일본, 인도네시아, 호주, 이란 등 해외공연과 미국 내 순회공연 등을 자주 가졌으며, 뉴욕을 중심으로 매우 활발히 공연활동을 하고 있는데, 퀸즈페스티벌을 정착시키는 데 크게 기여하였다. 근자에는 국내에서 공연을 갖기도 하였다.

1. 1970년　The World Expo Exhibition 세계 순회공연
2. 1975년　광복 30주년 기념 일본 27주 순회공연(일본)
3. 1975년　오키나와 해양박람회 참가 공연(일본)
4. 1978년　남태평양국제영화제 참가공연(인도네시아)
5. 1979년　파타'79 파타 총회 참가공연(호주)
6. 1980년　시드니 오페라하우스 기념공연(호주)
7. 1980년　미국독립기념일 LA 컨벤션센타 공연
8. 1981년　이란 국제박람회 참가 공연(이란)
9. 1982년　아시안 아메리칸 축제 공연(뉴욕)
10. 1985년 5월15일　미국교사의 날 고연사의 날 축제공연
11. 1985년 7월 4일　미국독립기념일 기념공연
12. 1987년 11월　미방송사 채널13 "백남준 비디오아트" 출연
13. 1988년　브루클린 페스티벌 참가공연(뉴욕)
14. 1989년　신년 신춘기념 무용대향연(Carnegie Hall in NY) 발표회

15. 1989년   자연사박물관 공연(뉴욕)

16. 1989년 11월   한·흑 갈등해소 화합의 날 선포기념 공연(LA Convention Center)

17. 1990년 3월   한국전 기념일 공연(뉴욕, 알바니)

18. 1990년 3월   보스턴 시장주최 미국독립기념 공연

19. 1990년 7월   City Log 주최 센트럴파크 썸머스테이지 공연

20. 1990년 9월   유엔가입 기념축제 공연(LA)

21. 1991년 5월   남북한 유엔가입 경축 추석 맞이 대공연(뉴욕)

22. 1991년 10월   "한국의 춤과 소리" 발표회(Francis Lewis Memorial Hall in NY)

23. 1991년 11월 23일   뉴욕 전통국악예술원 제2회 정기공연

24. 1993년 11월 9일   한울림예술단 미동부지부설립기념 공연(퀸즈 칼리지)

25. 1993년 11월 10일   아시안 소사이티 교육프로그램 강연

26. 1993년   Asian Society 주최 Asian Festival(Lincoln Center)

27. 1993년   대전 EXPO 기념 축하 공연

28. 1994년 1월 2일   뉴욕시장 루돌프 줄리아니 취임축하 공연

29. 1995년 5월 19일   AT & T 주최 한미문화의 달 기념공연

30. 1995년 6월 10일-11일   자연사박물관 공연 및 강의

31. 1995년 8월   세계 JC 총회 공연(마이애미)

32. 1995년 10월 15일   유엔창립 50주년 유엔의 날 공연 참가

33. 1996년 10월   한국무용회 장애인 돕기 정기 공연(포트리 오디트리움)

34. 1997-1999년   매년 9월 미방송사 채널 13 기금공연 공연

35. 1997년 11월   김대중 총재 후원 기금모금 공연(쟌 함스 띠어터)

36. 2001년   한국예술문화단체총연합회 전국대표자대회 공연(아산 충남)

37. 2001년   미스월드주니어 선발대회 심사위원(하얏트 호텔)

38. 2001년   민주평화통일 자문위원 10기 출범식 공연(잠실체육관)

39. 2001년   9·11 테러 참사 위안공연 NY

40. 2001년   Oxford University 주최 ASIANDAY 한국대표 참가공연 외(영국)

41. 2002년 4월   총체극 '나비야, 저 청산에' 귀국 공연(국립극장 대극장)

42. 2002년 7월   아시아 태평양 아티스트 네트웍 서울국립박물관

43. 2002년 8월 15일   민족통일대회 참가공연(워커힐)

44. 2002년 8월 16일   남북 장관급 회담 공연(코엑스)

45. 2002년 9월 18일   경기도 창무극 삼생인연(三生因緣) 창립공연(국립도립문화회관 대공연장)

46. 2002년 9월 27일   경기도 창무극 삼생인연(三生因緣) 창립공연(국립국악원예악당)

47. 2002년 11월 22일-24일   청소년 문화예술대회 심사위원

48. 2002년 12월 28일   경주불국사 자원봉사단기금모금 공연(현대호텔컨벤션홀)

49. 2002년 2월 31일   송년 제야의 행사 기획 총괄(경주 불국사 석굴암)

50. 2003년 3월 7일   샌프란시스코 한국예총지부설립기념공연

51. 2003년 3월 14일   샌프란시스코 청소년 열린음악회 특별초청공연

52. 2003년 5월 8일   불기2547 부처님오신날 기념 문화예술대축전(대한 불교조계종 청계사)

53. 2004년 6월 14일-19일   제1회 대한민국 명인명장전 오프닝 공연(일본 요나고)

54. 2004년 8월 20일-27일   푸치니 재단 초청 100주년 기념 오페라 '나비부인' 공연(이태리),

55. 2004년 12월 31일   송년제야 타종식 기념 공연(토암산)

〈표 Ⅱ-40〉 손정아의 공연활동

교류 유형	횟 수	교류활동 중 평균(%)
거주지역 활동(NY)	26	47.3
거주국내 지역교류	7	12.7
국가간 교류	8	14.5
모국과의 교류	14	25.5
모국과 교류 + 국제교류		
	55	

5) 연극영화인

미국에서 활동하고 있는 연극 영화 종사자는 최근 들어서 많이 등장하고 있다. 그들을 소개하면 영화감독으로 김소영, 박선민, 조셉 칸, 홍의봉 등이 있으며, 영화배우로는 다수가 있다. 영화감독의 경우는 아직 모국과의 교류가 활발하지 않으며, 영화배우 김윤진과 코미디언 쟈니 윤을 제외하면 모국과의 교류가 활발하지 않다. 미국 내 소수인종으로서 핸디캡을 극복하고 연기력으로 할리우드에 진입한 배우로는 제인 김, 랜달 덕 김, 대니얼 대 킴, 그레이스 박, 소냐 손, 산드라 오, 윌 윤 리, 필립 리, 이지수, 릭 윤, 칼 윤, 알렉산드라 전, 마거릿 조, 존 조, 에이머리 등이 있다. 이들은 매우 활발한 활동을 하고 있으며, 모국으로 지출하기를 희망하는 이도 몇 명 있다. 영화배우 중에서 오순택은 귀국하여 후학을 가르치고 있다.

III
재일한인사회

1. 문화예술단체

1) 문화단체

(1) 사물유격대[82]

사물이란 한국어로 네 개로 한국의 대표적인 4개의 악기, 꽹과리, 장구, 북, 징을 가리킨다. 이러한 한국의 대표적인 네 개의 악기를 사용해 연주하는 것을 풍물, 농악 또는 사물놀이라고 한다. 사물유격대는 미에현에 사는 재일 한국인 2세·3세 4명의 젊은이들에 의하여 시작되었다. 모국에서 전해진 전통 타악기를 사용해 사물놀이를 연주하는 사물놀이를 접하고 충격을 받을 정도로 놀란 재일동포 청년들에 의해서 사물유격대가 출발하였다. 그때의 그들의 충격은 지구가 뒤집힐 정도로 놀랐다고 한다. 사물놀이를 본 그들은 그것을 연주하고 싶은 견딜 수 없는 충동에 휩싸였고, 이후 그들은 맹렬한 연습을 통하여 1987년 첫 공연을 가졌다. 1987년 10월 25일 제6회 민단 욧카이치지부 부모와 자식 대운동회(욧카이치 중앙녹지경기장)에서 첫 무대를 가졌다.

---

82) e-mail : mindan369@ybb.ne.jp ; 전화 : (059) 225-5577.

(2) 류카이

오사카에서 활동하고 있는 류카이는 한국무용을 전공으로 하고 있다.[83] 날씬하고 씩씩한 버드나무와 같이 대지에 뿌리를 내려 아름다운 예술의 꽃을 피우고 싶은 소원을 담아 붙여진 이름 "柳會". 주로 일본에서의 한국 전통 문화의 발전에 공헌하고 있는 류카이는 일본에서 한국의 문화와 정신을 표현하는 데 중점을 두고 있다. 명명자 및 무용 사사는 교방무 전승자인 송화영씨이다.

류카이의 수상경력을 보면 다음과 같다.
1. 2004　전국 경연 대회 금상
2. 2003　전국 경연 대회 금상
3. 2001　한국 정부 문교부 금상
4. 2000　한국 정부 문교 부장관상
5. 1999　九條축제 최우수상
6. 1998　코리아타운 빛나는 여성상

(3) 교토 한마당[84]

1986년의 여름 교토에서 마당극을 하고 싶은 양민기의 강한 의지와 교토대 조선어 자주강좌나 한국의 민주화운동 지원에 관련되었던 청년들과 히가시9죠에서 지역 운동을 하고 있던 청년들이 함께 「한마당」을 만들었다. 그들은 그 해 7월부터 시작하여 악기의 기초나 몸동작을 연습하여 11월의 공연을 준비하였다. 당시 일본인의 참가문제가 논쟁이

---

83) 〒577-0036　東大阪市御廚榮町1-3-13-312,　電話 06-6781-7311 FAX 06-6781-7317, 1-3-13-312 Mikuriya-sakae Higashiosaka　Osaka　Japan　577-0036,　E-mail : newkorea@podulfe.com

84) 〒612, 京都市　南區　東九條南　河原町 3, TEL&FAX : 075-661-4376,　E-mail : h-madang@excite.co.jp.

되기도 하였는데, 이는 「한마당」의 성격과 관련되어 있었다. 「한마당」은 재일조선인에게는 빼앗긴 민족과 인간성을 되찾는 장소이며, 일본인에게는 일본 사회의 억압으로부터 스스로를 해방하는 장소로서 기능하고 있는 것이다. 그런 기초 위에 비로소 조선인과 일본인은 모두 더불어 산다고 할 수 있다는 것이다.

(4) 극단 상사화[85]

서로 사랑한다는 의미를 갖는 극단 상사화는 1997년 재일교포 3세인 고규미에 의해 창단되었다. 극단 상사화는 전통적 소재와 정서를 바탕으로 인형극, 춤, 민속악기연주 등을 통해 일본에 우리 문화를 소개하는 정력적인 활동을 펴왔으며 국내외뿐만 아니라 해외공연도 활발히 진행하고 있다. 특히 인형을 매개로 한 작품들은 깊은 상상력의 공유와 함께 인형이 살아있는 듯한 아름다움과 애틋한 그리움으로 관객들의 마음을 사로잡는다.

고규미는 그녀가 본국에서 배운 전통예술을 기본으로 자신이 춤추며, 연기하며, 또는 살아있는 듯한 가련한 인형으로 독창적인 작품세계를 보여 주고 있다. 고규미는 오사카에서 출생하였으며, 이동안에게서 전통무용을, 성우향에게서 판소리를 사사 받았다.

---

85) 연락처 : (한국) 서울시 구로구 오류 2동 217-53, 현대별장빌라 402, 전화/팩스 : 82-2-593-2122, 휴대폰 : 011-1707-3512. (일본) 日本國 大阪市 東成區 玉津 3-14-10, 전화/팩스 : 81-6-6976-0727, E-mail : natuzuisen@manetmime.net.

2. 문화예술가

1) 음 악

(1) 강명수86)

강명수는 1987년부터 장구를 배우기 시작해 사물놀이의 김덕수 외 여러 선생에게 나가노현 美麻村에서 농악, 풍물을 배웠다. 그리고 1990년부터 도쿄 한국 YMCA에서 장구를 배웠다. 1991년 한국에 건너와 사물놀이의 계승자로서 김덕수 외 여러 선생에게 사물놀이 · 웃타리 풍물 사사 받았다.

강명수는 현재 한국국악협회 일본도쿄지부 부지부장, 사물놀이 한울림 도쿄지부장, '안대미 노름세' 대표를 맡고 있다. 한국 전통타악기 그룹 '안대미'란 한반도의 전통 타악기 장구의 은어이며, '노름세'란 솜씨가 좋다고 말하는 의미이다. '안대미 노름세'는 2004년 1월에 강명수가 중심이 되어 재일한국·조선인 및 일본인으로 결성한 그룹이다. 사물놀이 연주가인 강명수와 함께 장구, 사물놀이, 풍물의 애호가 회원으로 구성되어 있다. 이 단체는 일본 각계에서 사물놀이, 풍물(농악)의 연주, 공연, 보급 활동 등 폭넓게 활동하고 있다.

강명수의 공연활동을 정리하면 다음과 같다.
1. 1993 사단법인 사물놀이 한울림 창립. 사물놀이 경연대회 개인상, 농악 부문 대통령상 등을 한울림 예술단으로서 수상.
2. 1994 오오타 엑스포 개막식에서 1000명 사물놀이 연주 지도, 전국 체육 대회, 여고생 사물놀이대 지도, 사물놀이 교육원 강사 등을 함. 또 우도농악의 소고무용의 제일인자인 황재기에게서 소고 무용 사사. 최종 실에게서 소고무용 사사.

---

86) e-mail : t-myungsoo@fan.hi-ho.ne.jp ; TEL/FAX : 03-3892-5566.

3. 1995 귀국하여 청소년극장 음악감상회일과 전국의 학교공연이나 체
　　고·사물놀이 교실·사물놀이의 공연·강좌 등 한국 문화의 보급 활
　　동
4. 1995-1998 도쿄 사물놀이 소속
5. 2000-2003 사물놀이 '신명'의 리더로서 활약
6. 2005 세계 한민족 문화제전 재외 동포 전통 예술 경연 대회 대상 수상

(2) 보 아[87]

일본에서 활동하고 있는 대중가수 보아는 본명이 권보아이다. 그녀는
1986년 출생하였다. 삼육중학교와 한국켄트외국인학교를 나온 보아는
2003년 서울시 홍보대사, 2004년 가톨릭대 150주년 홍보대사, 2005년
보건복지부 국민건강 홍보대사를 지냈다. SM엔터테인먼트 소속으로 일
본에서 주로 활동하고 있다.

그의 상훈내역을 보면 다음과 같다.
　1. M.net 2000뮤직비디오 페스티벌 여자신인상(2000)
　2. KMTV 가요대전 올해의 여자신인상(2000)
　3. 2002 SBS 가요대전 본상 대상(2002)
　4. 2002 MBC 10대 가수가요제 10대 가수상(2002)
　5. 일본 골든디스크대상 본상(2003)
　5. 제30회 한국방송대상 가수상(2003)
　6. 한국언론인연합회 선정 자랑스런 한국인대상 대중예술부문(2003)
　7. 서울 외신기자클럽 외신 홍보상 음악부문(2003)
　8. 2003 m.net 뮤직비디오 페스티벌 댄스상 아틀란타스 소녀(2003)
　9. 일본 "베스트히트 가요제 2003" 골드아티스트상 본상(2003)
　10. 2003 대한민국 국회 대상 대중음악부문(2003)
　11. 2003 코리안 뮤직 어워드(KMA) 올해의 가수상 스페셜 Honor 상(2003)

---

87) http://www.smtown.com/smtown/boa/.

12. 2003 SBS 가요대전 본상(2003)

13. 2003 MBC 10대 가수상(2003)

14. 2004 MTV 아시아 어워즈(MMA) 한국의 최고 인기가수상(Favourite Artist Korea)

15. 아시아에서 가장 영향력 있는 가수상(Most Influ ential Asian Artist, 2004)

16. 제11회 대한민국 연예예술상 특별상 한류열풍공로(2004)

17. 제12회 대한민국 연예예술상 한류올스타상(2005)

18. 2005 Mnet KM 뮤직비디오 페스티벌 여자솔로부문상(2005)

19. 2005 SBS 가요대전 본상(2005)

20. 2005 MBC 10대 가수가요제 본상(2005)

21. 일본 제17회 주얼리 베스트 드레서 10대부문(2006)

22. 일본 제20회 골드디스크대상 본상(2006)

보아는 2005년 상암월드컵경기장 야외공연장에서 서울뮤직페스티벌 공연을 가졌다.

그녀의 대표곡으로 ID : Peace B(2000), SARA(2000), 비밀일기(2000), Don't Start Now(2001), No.1(2002), 발렌티(2002), 아틀란티스 소녀(2003), Double(2003), 마이 네임(2004), Girls On Top(2005) 등이 있다.

그녀의 발매음반은 다음과 같다.

1. 제1집 ID : Peace B(2000)

2. 스페셜-Jumping into the World(2001)

3. 일본 제1싱글앨범 ID : Peace B(2001)

4. 일본 제2싱글앨범 Amazing Kiss(2001)

5. 일본 제3싱글앨범 기모치와 쓰타와루(2001)

6. 일본 제4싱글앨범 Listen To My Heart(2002)

7. 일본 제5싱글앨범 Every Heart(2002)

8. 일본 제1정규앨범 Listen To My Heart(2002)

9. 제2집 No.1(2002)

10. 스페셜 Miracle(2002)
11. 일본 제2정규앨범 발렌티(2003)
12. 제3집 아틀란티스 프린세스(2003)
13. 한·일 동시발매 싱글 더블(Double, 2003)
14. 제4집 마이 네임(2004)
15. 일본 제1베스트 앨범 "BEST OF SOUL-PERFECT EDITION"(2005)
16. 제5집 Girls On Top(2005)
17. 크리스마스캐롤음반-Merry Christmas from BoA(2005)

그 외 그녀의 발매앨범으로 七色の明日 Brand New Beat/Your Color [Single], Outgrow, Everlasting [Single](Korea Ver.), Everlasting [Single](Japan Ver.), Everlasting, ID: Peace B, Moto, Shine We Are! 등이 있다. 그리고 보아는 2006년 영화 헷지에서 헤더의 더빙 목소리 역할을 하기도 하였다.

(3) 김범수

대중음악 작곡자이자 가수인 김범수는 1970년 출생하여 대일외국어고등학교, 일본 쇼오비음악전문대학을 나왔다. 1995년 가수로 데뷔한 김범수의 대표곡으로 해피엔드(1995), 아찌 아빠(영화음악), 수호천사, 멈춰, 잊을 수 없어, 다른 시작 등이 있다.

(4) 양방언88)

피아노연주가 양방언은 1960년 제주가 고향인 아버지와 신의주가 고향인 어머니 사이에서 일본에서 출생하였다. 5세부터 동경예술대학원 교수 다키자키 시즈요코에게 피아노를 사사 받았다. 중학생시절 당시

---

88) http://www.yangbangean.co.kr/.

프로그레시브록라는 음악적 충격을 받아 이후, 조숙한 음악소년으로서 음악적 탐구심은 한층 확대되어, 록-소울-재즈-크로스오버 등 다양한 장르의 음악을 접하고, 학생시절의 밴드활동에서부터 와세다 고등학교에서 일본의과대학에 진학할 무렵까지 준프로로서 활동을 시작하게 된다.

그리고 일본의과대학 재학 시부터 키보디스트로 음악활동을 시작하여 퓨전 팝밴드 샴바라(전 카시오페아 멤버 아키라 짐보, 사쿠라이 데쯔오와 함께)활동하였다. 졸업 후 의사로서 1년간 근무하기도 하였으나, 음악인으로의 길을 다시 결심하고 키보드플레이어/사운드프로듀서로서 활동하기 시작하였다. 학생시절부터의 다양한 장르의 밴드활동을 통해 현장에서 트레이닝된 확실한 연주력과 풍부한 음악적 소양에 기반한 상상력 풍부한 기획력을 가지고 다수의 싱어들의 백그라운드에서 활동하게 된다. 특히 1986년부터 참가한 하마다 쇼고와의 활동은 그룹 내 최연소 멤버임에도 불구하고 그 섬세하고 성숙한 음악성을 평가 받아 프로듀서로서 기용되어, 다방면에서 그 재능을 주목받는 계기가 된다. 이 활동으로 양방언은 일본 국내뿐 아니라 아시아전역을 커버하고 있는 "스타TV"의 간판 프로그램 "정무문"의 음악을 담당하게 되었고, 성룡주연의 영화 "썬더볼트" 사운드트랙을 제작하였고, 홍콩 No.1 밴드 비욘드의 사운드 프로듀서로서도 활동하게 되는 등 그의 이름을 아시아 전역에 알리게 되었다. 그 외 Toshihiko Furumura, Origa, Dai rio 등 다수의 아티스트들의 프로듀서로서 활동하였다.

다양한 프로듀서로서의 작업을 거듭하면서 히트 메이커로서의 역할이 아닌 솔로아티스트로서 자신만의 음악을 하고 싶다는 강한 의지를 가지고 준비를 계속하던 중 1996년 11월 일본 Polydor로부터 첫 솔로앨범 "The Gate of Dreams"를 발매하게 된다. 이 작품은 그가 지금까지 활동해온 팝 세계로부터 크게 비약한 개성 넘치는 연주음악으로 프로그레시브록의 역동성을 느끼게 하는 키보드플레이, 중국중앙교향악단의 광대한 스케일 감, 여러 가지 아시아 각국의 고전악기들이 유기적으로 결합되어 높은 완성도를 보여주고 있다. 이것을 계기로 솔로아티스트로서의 활동을 본격적으로 시작한 양방언은 1997년 3월 시부야 오챠드홀에서 밴드와 오케스트라와 함께 첫 번째 솔로 라이브를 치루고 대성공을 거두었다.

1998년 4월 두 번째 앨범 "Into the Light"를 발매한다. 내몽골을 여행하면서 현지에서 녹음한 민요를 소재로 한 곡, 유럽에서 전해져오는 고악기를 퓨처링한 곡, 런던필하모닉오케스트라와 협연한 곡 등 버라이어티가 풍부하고 폭넓은 음악세계를 보여주고 있다. 1995년 같은 해 5월에는 동경 국제포럼홀에서 대규모의 콘서트를 치렀다. 또한 그 무렵에는 러시아 출신 아티스트 오리가의 앨범의 프로듀서로서도 활동하였다.

1999년은 그에게 있어 큰 분기점이 되었다. 재일한국인 2세로서 일본에서 태어나 자란 양방언은 솔로아티스트로서의 경력을 쌓아가면서 한국에 자연스럽게 도달하게 된다. 태어나 처음으로 부모님과 그 자신의 모국에서 국악의 젊은 계승자들이 연주하는 타악기 앙상블의 뜨거운 폴리리듬에 감동한다. 그리하여 그는 지금까지의 여러 가지 장르의 음악을 통해 스스로 찾아가던 하나의 해답을 발견하게 된다.

세 번째 앨범 "Only Heaven Knows"는 자신이 직접 내몽고, 한국, 영국을 방문하여 녹음한 현장감 가득한 음원들, 그리고 고전 민족악기의 음색으로 연주하는 고전적인 선율, 최첨단의 샘플링 감상을 통해 표현해내는 로맨틱한 곡들이 수록되어 있다. 동시에 한국의 젊은 연주자를 기용하여 지금까지는 없었던 강한 웨이브를 가진 리듬이 도처에서 느껴지고 현재의 긍정적인 하모니를 형성하게 되는 큰 계기가 되었다.

1999년 후반은 최근 앨범의 밑바탕에 흐르는 피아노를 기본으로 한 클래시컬한 라이브무대와 아이리쉬뮤직을 시작으로 고전음악을 중심으로 한 라이브무대, 또 서울에서의 첫 공연을 치뤄내는 등 활발한 라이브 활동을 진행하였다. 한국에서의 공연이후 매스컴으로부터 집중적인 조명을 받아 라디오, TV, 신문 취재 등이 잇달았으며, 그 해 최고 주목받는 뉴에이지 아티스트로서의 이름을 알리게 된다. 전통문화에 강한 자부심을 갖고 그 계승을 중시하는 한국의 청중들에게 양방언은 국악과 서양음악을 유기적으로 융합할 수 있는 재능을 가진 것으로 비추어졌다. 그리고 이것은 문화를 흡수하고 독자성 풍부한 새로운 작품으로 승화시킨다는 지극히 일본적인 특성에도 어필하여 그가 전혀 새로운 타입의 재일한국인 아티스트로서 일본사회에 인정받는 계기가 되었다.

2001년 발매된 네 번째 앨범 "Pan-O-Rama"는 광대한 양방언의 음악적인 스펙트럼이 반영되어 아시아/유럽, 고전/최첨단이라는 대립개념을 추월하여 모든 것을 포용하는 그리고 독창적인 사운드포맷을 펼쳐낸다. 런던필하모닉오케스트라가 한국의 국악 타악그룹 '푸리'와의 만남을 통해 열광적인 그루브감과 함께 진동하는 "Frontier!"(2002년 부산 아시안 게임 공식음악)를 시작으로 아시아에서 유럽에 이르기까지 국경을 초월한 음악세계가 다시 양방언의 필터를 통해 선명하게 표현되고 있다. 이 앨범은 국내에 일본보다 먼저 발매되어 발매와 함께 각 대형매장에서 곧 뉴에이지 차트 톱을 장식하였고, 이후에도 TV, 라디오, CF, 패션쇼, 뮤지컬 등 다수의 매체를 통하여 소개되어 지속적인 롱셀러를 기록하였다. 또한 서울에서의 공연도 대성공을 거두었고, 국악이벤트로의 초대, 서울대학교에의 특별강의 등 문화적 활동도 활발하게 전개하는 한편 MBC 개국 40주년 기념제작 대하 드라마 "상도"의 메인테마를 작곡하여 일반적으로도 그 이름을 널리 알리게 되었다.

2002년 지금까지 발매된 4장의 앨범으로부터 피아노 솔로 소품을 중심으로 선곡한 첫 편집음반 "Piano Sketch"를 발매하여 창조적인 멜로디의 보편적인 아름다움을 재평가 받았다. 또한 일본에서는 NHK-BS2가 제작한 장편 환타지 애니메이션 "十二國記"의 음악을 담당하여 4장의 OST를 발매하였다. 이후 英國戀物語EMMA, Fantastic Children(엔딩테마)등 각종 일본에니메이션의 음악감독으로 활동하게 된다.

2004년 5월 그의 다섯 번째 정규앨범 "Echoes"를 발표하였으며, 그해 9월 3년만의 고국에서의 정기공연(예술의전당 콘서트홀)을 성황리에 치루고, 11월 방송된 KBS 다큐멘터리 스페셜 "도자기"의 음악을 담당하여 한국 다큐멘터리 음악의 새로운 장을 열었다는 높은 평가를 받으며(방송위원회 대상수상), KBS 다큐멘터리사상 최초로 "도자기" OST를 발매한다(2006년 5월 씨앤엘뮤직). 그리고 EVOLUTION 2005 라는 타이틀로 2005년의 정기공연을 성공리에 마쳤으며(세종문화회관 대극장), 이후 애니메이션 음악(일본), 게임음악(중국)작곡, 그리고 라이브활동 등 활발한 음악활동을 펼치고 있다.

2006년 5, 6월에는 서울, 전주, 광주, 울산에서 내한공연을 하였다.[89] 양방언은 5월 20일 전주 한국소리문화의 전당을 시작으로, 21일 광주 문화예술회관 대극장, 6월2일 울산 현대예술관, 6월3일 서울 세종문화회관 대극장 무대에 올라 그의 음악을 충분히 선보였다.

(5) 꽃 별

꽃별(본명 이꽃별)은 1980년 생으로 국내에서 국악을 전공하고 일본에서 활동하고 있는 해금연주가이다. 그녀는 피아니스트 사사키 이사오, 작곡가 마사쓰구 시노자키 등 걸출한 뮤지션의 손을 거쳐 2003년 9월 첫 앨범 "Small Flowers"를 냈다. 그녀의 데뷔앨범은 섬세한 감성의 "수선화", "Small Flowers Near By The Road" 등의 자작곡들과 우리에게 친근한 "Edelweiss" 등의 스탠다드 팝, 고전인 "아리랑"이 애절한 해금연주와 재즈, 뉴에이지의 크로스오버로 재현되고 있다. 특히 여러 차례의 내한공연으로 국내에서도 큰 인기를 얻고 있는 뉴에이지 피아니스트 이사오 사사키와 B.B 킹과 린다 론스테드 등 빅 아티스트의 세션을 담당해온 정상급 재즈 피아니스트 사야(Saya)가 피아노를 담당하여

---

89) 연합뉴스, 2006. 05. 11.

앨범을 더욱 빛내고 있다.

2004년 7월 발매된 그녀의 2집 앨범 "Star Garden"은 꽃별 자신이 작곡한 오리지널곡 3곡을 포함하여, 일본에서 신인 가수 히라하라 아야카가 불러 대히트한 'JUPITER'을 포함하여 DEEN, 히라이 켄 등 수많은 유명 아티스트들의 리메이크로 일본에선 이미 국민가요가 된 '올려다봐요 밤하늘의 별을' 등 일본 히트 넘버에 이르기까지 다양한 레퍼토리를 연주하고 있다.

일본에서 4년간 활동을 하다 3집 'Fly Fly Fly'를 낸 뒤 최근 고국에서 단독 콘서트를 열어 화제가 되었는데, 꽃별은 '국악계의 보아'라고 할 수 있다. 3집에서는 선곡·작곡·편곡·믹싱·마스터링 등 앨범 제작의 모든 과정에 참여했다. 처음엔 일본 거장들의 실력을 배경 삼아 해금 연주만 하다 점차 자신의 비중을 늘려나갔다. 이씨는 전통은 항상 지키지 못하면 뿌리 없는 나무가 된다면서, 자신의 앨범에 담긴 곡은 연습을 못할지언정 산조와 정악은 매일 연습하고 있다.90)

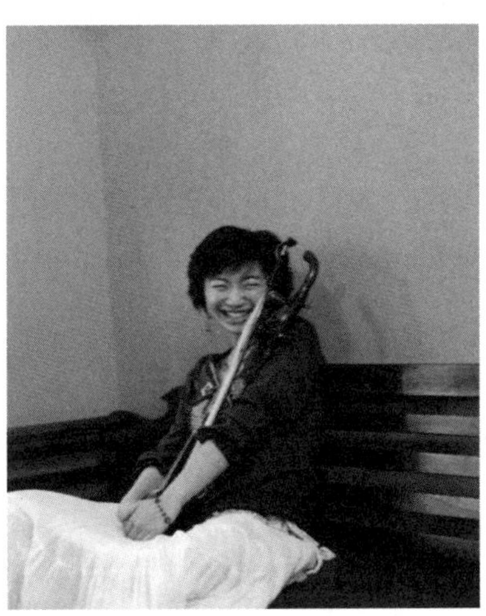

〈그림 Ⅲ-1〉 꽃 별

---

90) 광주일보, 2006. 04. 28.

꽃별이 일본에서 활동하게 된 것은 2002년 한국예술종합대학 2학년에 재학 중 소리꾼 김용우밴드의 세션으로 일본에서 첫 공연을 하게 된 것이 계기가 되었다. 당시 청바지를 입고 한쪽 발을 모니터에 올려놓은 채 해금을 연주하던 열정적 모습이 일본 음반사 관계자의 눈길을 끈 것이다. 그녀는 일본 측 관계자의 뉴에이지 음악에 꽃별의 해금 소리를 얹고 싶다는 요청을 받아들여 일본으로 건너갔다.[91]

(6) 메 이(May)

2004년 국내 데뷔를 준비하던 중 일본 도쿄에서 열린 '도쿄 아시아 뮤직 마켓'에 한국 대표로 참가했다가, 일본 프로듀서들의 일본활동 제안으로 보아가 소속되어 활동하는 일본의 최대 엔터테인먼트사 에이벡스에서 활동하고 있는 한국 출신의 포크록 싱어송라이터이다. 본명이 방유정인 메이는 1982년에 태어나서 명지대학교 실용음악과를 졸업하였고, 2006년 3월 1집 데뷔앨범 "Wonderland"를 발매하였다. 그녀는 2004년 SBS "일요일이 좋다"의 반전드라마 테마곡 '기적', Lydia(반전드라마 삽입곡) 등이 있다. 2006년 3월 발표한 메이의 싱글곡 '원더랜드'는 일본의 음악 서비스 사이트 뮤모에서 최고의 인기가수 하마자키 아유미, 보아 등에 이어 3위를 차지하였고, NHK의 애니메이션 테마곡으로 등장하기도 했다. 2006년 5월 일본과 중국에서 두번째 싱글 "YOU"를 발표했다.[92]

(7) 전월선(田月仙)[93]

1958년 도쿄에서 태어난 재일교포 2세 전월선은 일본에서 활동하고

---

91) 중앙일보, 2006. 04. 26.
92) 경향신문, 2006. 05. 12.
93) http://www.wolson.com/.

있는 유명한 프리마돈나이다. 성악가이자 오페라가수인 메조소프라노 전월선은 조선학교 졸업 후 일본 도쿄음악대학에서 성악을 전공하였다. 일본 二基會오페라단(Nikikai Opera Company)의 멤버인 그녀는 배타적인 일본사회에서 당당히 한국인으로서 오페라계를 석권하고 일본이라는 무대에 만족하지 않고 남한과 북한을 오가면서 활동을 하고 있다.

경남출신의 부모 밑에서 태어난 그녀는 어려서부터 조선인으로서 차별을 받고 자랐으며, 민족성이 강한 아버지에 의해 조선 민족학교를 다녔다. 우수한 성적으로 민족학교를 마친 그녀는 춤, 노래, 무용 등에서 뛰어난 재능을 보여 일본에서 명문으로 알아주는 도쿄 예술대학에 입학 원서를 내었지만, 조선인이라는 이유만으로 입학을 거절당하였다. 그럼에도 불구하고 더욱 노력하여 춤과 노래를 배운 뒤 자신의 실력으로 도쿄 예술대학에 입학하고 수석으로 졸업 하였다.

또 오페라에 남다른 재능을 보였던 전월선은 이탈리아로 유학을 원하였으나, 좌절을 맛보고 나서 실력을 쌓아 일본 최고의 오페라단인 이 기회에 입단하게 된다. 그녀는 이에 만족하지 않고 성악뿐만 아니라 현대무용과 재즈댄스 등을 특별히 배워 본격적인 무용을 할 수 있을 정도로 실력을 쌓았다. 특히 스페인의 홀라맹고 댄스는 프로급 수준의 실력을 지니고 있다.

1985년 일본의 오페라 무대에 데뷔한 전월선은 배타적인 일본 사회에서 당당하게 일본 이름이 아닌 전월선이라는 한국 이름을 사용하여 왔다. 전월선은 조국의 사랑이 담긴 자신의 이름을 버리지 않았다. 그녀는 공연에서 오페라 아리아와 일본 가곡 등의 레퍼토리 외에 남북한의 가곡으로 공연 내용을 이끌어 왔다. 그녀는 1984년 평양 세계 음악제에 초청되어 그녀의 가성을 모국에 처음 선보였으며, 1994년에는 서울 예술의 전당에서 카르멘의 주역으로 공연하였다.

이렇게 남북한 공연을 한 전월선은 광복 50년의 해인 1995년 한국과 일본의 교량 역할이 되고자 도쿄에서 "전월선 오페라 리사이틀"을 개최하게 된다. 이 공연으로 그는 뛰어난 가창력뿐만 아니라 본격적으로 연기력을 인정받았다. 이 리사이틀에서 전월선은 "고려산천 내 사랑"을 초연하여 수많은 재일동포들의 가슴을 눈물로 적셨다. 처음으로 38도선의 양측 무대를 밟은 가수로서 남북 조국 모두를 사랑하는 동포들에게 재미동포 작곡자 노광욱의 이 노래를 불러 동포사회에서 큰 반향을 일으켰다. 그리고 1996년 국내공연으로 이 노래를 소개하였다.

그녀는 1998년 한국에서 일본어로 노래한 최초의 가수였고, 1999년 한국과 일본이 공동으로 제작하는 첫 오페라의 주역을 맡게 되었다. 이처럼 그녀는 '수선화가 핀 듯한 스타', '38도선을 초월한 가희', '통일을 노래하는 프리마돈나'라는 찬사를 받으며 남한과 북한뿐만 아니라 한국과 일본의 화해와 협력의 분위기를 조성하는 데도 커다란 역할을 하고 있다. 그리하여 한국인으로서 최초로 이기회에서 오페라의 주역을 맡게 되는 결실을 얻는다. 그의 발매음반으로 한반도 가곡집(2000)이 있다.

2) 미 술

(1) 곽덕준(郭德俊, Kwak Duck Jun)

재일동포 화가 곽덕준은 1937년 일본 교토에서 태어나 1955년 교토시립미술공예학교를 졸업하였다. 일본과 한국 두 사회에서 타인으로 살아가는 정체성문제를 작품으로 풀어내는 그는 사회와 개인의 관계, 정보와 인식 사이의 차이 등의 주제를 통하여 오브제, 퍼포먼스 등의 다양한 매체로 표현한다.

판화가이자 서양화가이기도 한 곽덕준은 국제임펙트아트 페스티벌 회원, 교토 국제예술센터 대표, 국제미술평론가 연맹회장 등을 역임하였다. 국립현대미술관이 2003년도 '올해의 작가'로 선정한 곽덕준의 수상경력을 보면, 동경국제판화비엔날레 문부대신상(1972), 서울국제판화

비엔날레 우수상(1984), 중화민국판화비엔날레 문부대신상(1983), 제4
회 KBS 해외동포상(1996) 등이 있다.

그의 작품으로 대통령, 계량기, 반복, 소거와 표출, 기록, 사회와 벽화
시리즈, 무의미 시리즈, 풍화 시리즈, 위선자의 미소, 자화상, 줄자이벤트
(1970), 이공간(1974), 0계량기와 돌(1970), 10개의 계량기(1988), 파괴된
우상, 이면상, 거짓말, 무의미 등이 있다. 그의 작품은 도쿄국립근대미술
관, 동경도미술관, 홋카이도미술관, 국립현대미술관, 워커힐현대미술관,
광주시립미술관, 호암미술관, 로잔느미술관 등에 소장되어 있다.

(2) 곽인식(郭仁植)

모노파 선구작가인 곽인식은 1919년 대구에서 출생하여 1988년 사
망하였다. 1937년 18살의 나이로 도일하여 1941년 일본도쿄미술학교를
졸업한 그는 1960-70년대에 유행한 모노파(物派) 미술의 선구적인 작가
로 활동하였다. 나무, 쇠, 유리, 돌 등 물질의 관심을 화면과 화상에 반
영하여 재료의 물성을 강조하는 모노파는 그에 의해서 비롯되었다. 비
실체적으로 보이는 것은 일절 거부한 대표적인 작가는 이우환과 세키
노 노보오(關根伸夫) 등이다. 60~70년대 일본화단을 풍미한 이 미술운
동의 중심에는 곽인식과 이우환 등 두 재일작가가 있었다. 이우환은 모
노파에 이론적 토대를 최초로 제공한 작가였으며, 곽인식은 이우환의
이론 이전에 이미 이런 실험적 작업을 선보인 선구자였다. 이들은 비슷
한 시기에 우리나라에서 펼쳐졌던 모노크롬(단색조) 회화에도 지대한
영향을 미치게 된다. 그는 아사히신문사주최 신인선발전에 선발된 곽인
식은 일본미술문화협회전 초대작가, 동경비엔날레 초대작가를 지냈다.

(3) 문승근(文承根)

재일동포 화가 문승근은 1947년에 대구에서 태어나 세 살 때 일본에

건너가 교토와 오사카에서 활동하다가 1982년에 사망하였다. 그는 후지노 노보루(藤野登)라는 이름으로 활동을 하였는데, 한국인으로 떳떳이 행세하지 못한 괴로움을 지니고 살다가 35세 나이로 일찍 세상을 떠나 일본화단에 많은 아쉬움을 남겼다.[94]

그는 1987년 제5회 국제청년미술가전에서 미술출판상을 수상하였고, 1977년 제1회 현대일본판화 대상전에서 Arches-Leave상을 수상한 문승근은 다음과 같은 전시회에 가졌다. 元68전(쿄토), 매일선발미전(쿄토), 로제청년미술가전, 쿄토 앙데팡당전, 今日의 방법(쿄토), 판화콩쿠르(오오사까), KRAKOW국제판화 비엔날레, Art Now 78(1978).

(4) 박생광(朴生光)

무속이나 불교에 관한 소재를 많이 그린 한국화가 박생광은 1904년 경남 진주에서 출생하여 1985년 사망하였다. 진주공립농업학교를 마치고 1923년 일본 교토회화전문학교에서 일본화를 전공한 박생광은 제2회 조선미술전람회 입선 서양화부(역, 1923), 제3회 조선미술전람회 입선 서양화부(茶苑, 1924), 제26회 일본미술원전 입선(九鳥舍, 1940), 제27회 일본미술원전 입선(秋, 1941), 제59회 일본미술원전 입선(白韻, 1974), 제60회 일본미술원전 입선(樹春, 1975), 제61회 일본미술원전 입선(群, 1976), 제7회 중앙문화대상 수상(1981) 등의 수상경력을 갖고 있다.

"역사를 떠난 민족은 없다. 전통을 떠난 민족예술은 없다. 모든 민족예술은 그 민족의 전통 위에 있다"고 박생광은 일본색깔을 띠었다는 비판에도 아랑곳하지 않고 강렬한 원색을 대담하게 사용하여 토속적이고 무속적인 세계를 주로 그렸다. 그의 채색법은 강한 원색을 사용했음에도 불구하고 전체적으로는 품위 있는 발색을 보이는데, 그것은 그가 채색하기 전에 종이 위에 먹으로 일단 발묵 시켜놓았기 때문이다. 그러한

---

94) 하정웅. 2002. 『나의 두 조국』, 마루한. pp. 224-230.

그의 작품으로 月, 花, 九鳥舍, 秋, 白韻, 樹春, 苑, 공작부인, 무당, 무속, 전봉준 등이 있다.[95]

(5) 이우환(李禹煥)[96]

한국출신의 세계적인 미술가를 꼽으라 하면 백남준과 함께 일본에서 활동하고 있는 이우환을 들 수 있다. 뉴욕현대미술관을 비롯해 브루클린미술관, 베를린미술관, 테이트 갤러리, 퐁피두 국립미술관, 도쿄 국립근대미술관, 도쿄도 현대미술관, 쿄토 국립미술관 등 주요 미술관마다 그의 작품이 소장되어 있는 세계적인 작가이다. 1936년 경남 함안 출생의 이우환은 1956년 서울대학교 미술대학을 다니다가 도일하여 1961년 일본대학 문학부 철학과를 졸업하였다. 1973년부터 1990년까지 일본 도쿄에 있는 다마미술대학(多摩美術大學) 교수로 있었다.

미술작품보다 평론으로 먼저 알려진 이우환은 1956년 일본으로 건너가 일본대학 철학을 공부하다가 미술평론, 그리고 미술가로 활동하게 됐다. 문필가로도 알려진 그는 한국에서도 수필집 『여백의 예술』(현대문학, 2002) 등을 출판하였고, 일본의 고교교과서에 두 편의 수필이 실려 있다. 이외에 『만남을 구하여』(出會ムお求めて, 1971), 『이우환 전판화(全版畵) 1970~1986』(1986)가 있고, 화집으로 『이우환』(1986), 『시간의 진동』(時の震え, 1988) 등이 있다.

이우환이 일본에 건너갔을 때 당시 일본에 활동하고 있었던 재일화가 곽인식 등에 의해서 '모노' 운동이 일어나고 있었다. 서구에서는 대

---

95) 전봉준은 동학농민혁명의 지도자로서 민중들의 외세척결에 대한 의지, 봉건군주에 대한 반기를 상징하는 인물이다. 이를 박생광은 역사적 사건(전주성 공략)과 함께 다루고 있는 것이다. 여기서 재미있는 점은 화면 중앙에 위치한 전봉준 뒤에 업혀 있는 인물이 박생광 자신이라는 점이다. 그는 자신의 정체성을 전봉준으로 대표되는 한국 민중의 전통에서 파악하고 있는 것이다. 이 작품에서도 역시 화려한 색채의 사용, 면 분할 등 그의 후기작의 특징이 모두 잘 나타나 있다.

96) http://www.kcaf.or.kr/art500/leeufan/main.htm.

지미술, 아트 포베라 등의 비슷한 운동이 일어난 시기이다. 모노파는 산업용 자재와 자연재료가 사물과 어떤 관계를 맺는가 하는 데서 출발해 사물들을 재구성하고 존재방식을 명료히 하고자 하는 유파이다.

그의 미술론은 세계를 대상화하는 표상작용의 비판에서 시작한다. 그에게 예술작품은 만든다는 창조개념보다는 있는 그대로의 세계와 '만남'을 가능하게 함으로써 세계와 일체감을 지각시켜주는 구조이다. 모노파 시기의 작품 "關係項"(관계항) 시리즈는 이질적인 사물들의 위치를 변경하면서 결합하는 것으로 사물의 물질적 특성이나 존재감을 강조하는 것이다. 이렇듯 그의 예술적 화두는 바로 타자와의 관계에서 자기 존재를 인식하고, 그 관계가 이뤄지는 마당에서 세계를 자각하는 것이었다. 때문에 그의 작품 역시 사물과 사물의 관계 및 장소, 공간과 상황에 대한 관심의 집중으로 드러난다. 그에게 있어 작품이란 사실의 재현이나 의지의 표현이 아니라 최소한의 행위를 통해 세계의 질서나 구조 속에 개입하면서 공간, 조건, 관계, 상황을 문제 삼으며 우리가 그 속에 더불어 있음을 강조한다.

특히 그의 회화작품은 그리지 않은 그림의 철학 속에 그려진 부분과 그려지지 않은 부분과의 관계를 보여주기 위한 최소한의 붓 자국들로 나타난다. 요컨대 이런 미술철학은 60-70년대에 일본미술계에서 큰 반향을 일으켰던 모노파(物派)의 이론적 토대를 제공하는 기틀이 되었다. 물건이란 뜻의 모노란 말처럼 물파는 나무, 돌, 점토, 철판 등의 소재에 거의 손을 대지 않고 직접 제시하며 모노와 모노, 모노와 인간과의 관계를 보여주려 했던 일본 현대미술의 새로운 작품경향이었다.

회화와 조각을 함께 해 온 '만남의 화가' 이우환은 내면과 외부의 관계를 시적으로 표현하는 창작활동을 통해 명상적이면서도 극한적인 독특한 시각표현의 원리를 창출하였다. 1960년대 후반 획기적인 미술운동인 모노파의 이론과 실천을 주도한 인물로 일찍부터 주목받아 온 이우환은 1971년 파리비엔날레 출품으로 국제적인 화제를 모아 활동무대를 유럽으로 옮긴다. 이후 뒤셀도르프 쿤스트할레, 밀라노현대미술관, 런던 릿슨갤러리, 파리 국립쥬드폼갤러리 등의 개인전을 통해 국제적 명성을 쌓으며 1999년 '20세기의 대화', 2001년 '도시의 세기' 등 여러 국제전 출품을 통해 '만남의 미학'을 입증하여 동서양 미술의 충실한 가교역할을 담당함으로써 현대미술의 중심에 우뚝 서게 되었다.

이우환은 1960년대 후반에 일본의 현대미술인 모노하의 이론적 지반을 구축하며 활동한 작가라는 것과, 1970년대 한국현대미술의 주된 경향이었던 이른바 단색회화의 형성이나 그 당시 전위적 예술활동에 지대한 영향을 주었다고 평가받는다. "점에서", "선에서" 등의 평면작업과 돌과 철판을 결합한 입체작업은 1970년대 한국 현대미술의 전개에 많은 영향을 주었다.

이우환의 미학적 논리나 예술의 형식적 특성은 '일본적'이기도 하고 '서구적(특히 미니멀리즘)'하기도 하고 '중국적'이기도 하고 '한국적'이라고 한다. 이우환의 작품세계는 시기별로 그 특성도 달라지며, 때에 따라서는 '있는 그대로의 실재'를 추구한다는 점에서 미니멀적 요소와 한국적 요소가, 때에 따라서는 일본적 요소가 더 부각된다. 그런데 전반적으로 그의 작품은 그가 주로 거주해 온 일본적 요소가 두드러진다. 이는 당연히 그가 현재 주로 살고 있는 공간의 공시성과 통시성에 근거한다. 이우환은 자신이 스스로 영원한 떠돌이라고 말했듯이 그의 삶은 경계인에 비유될 수 있다. 즉 그는 중간자적 경계인의 삶에 철학적 예술적 기반을 가진 작가다. '외부와의 관계성'이 그의 작품의 일관된 화두가 된 것도 이러한 그의 경계적 삶에서 비롯한다.

조용하고 순화된 화면과 그 여백의 울림으로 높이 평가 받고 있는 이우환의 작품들 중 특히 회화의 "조응" 시리즈와 조각의 "관계항" 시리즈는 미술사상 가장 단순하고 극한적인 표현으로 평가받고 있다. 이우환의 작품들은 현재 파리 퐁피두센터, 런던 테이트모던, 베를린 내셔널갤러리, 동경 국립근대미술관, 서울 국립현대미술관과 같은 세계 유수의 미술관에 소장 진열되어 있다.

이우환의 상훈내역을 보면 다음과 같다.
1. 미술출판사 예술평론모집 입상(사물에서 존재로, 1969)
2. 국제청년미술가전 일본문화포럼상(1969)
3. 제13회 현대일본미술전 동경국립근대미술관상(1977)
4. 제11회 호암상 예술상(2001)
5. 일본미술협회 제13회 세계문화상 회화부문(2001)

(6) 전화봉(全和凰, Chun Hua-huan)

전화봉(본명 全鳳濟)는 1909년 출생하여 1996년에 사망한 평안 안주 출신의 재일동포 화가이다. 1931년 조선예술전람회에 입선한 전화봉은 1947년 쿄토상, 1948년 행동미술상을 수상한 바 있다. 1962년 화업 30년 회고전을 일본 교토 오사카 나고야 동경에서 가졌으며, 1955년 수묵화개인전(인도 폰데체리 오로빈도국제대학), 1955년 동서문화교류 아메리카순회전, 1966년 개인전(오사카 우메라화랑) 등을 가졌다.

전화봉은 평양숭인학교 시절부터 회화에 두각을 나타냈으며, 1939년 일본 쿄토로 건너가 잇토엔에서 일본 서양화의 대가인 스다 구니타로를 만나 화가로서 그로부터 영향을 받았다. 그는 불상의 화가로 알려져 있는데, 그의 작품은 고달픈 삶의 역정과 불행한 조구구의 역사, 그리고 재일동포의 아픈 삶이 투영되어 있다. 특히 3·1운동, 한국전쟁 등 우리 민족의 질곡사를 그의 작품에 담아내는 휴머니스트이기도 하였다.[97]

(7) 하정웅(河正雄)

재일본한국인문화예술협회 고문으로 있는 하정웅은 1939년 일본 오

---

97) 전화봉은 하정웅의 책에서 전화황이라고 소개되고 있다. 하정웅. 앞의 책. pp.210-223.

사카에서 출생하였다. 본적이 전남 영암인 하정웅은 아키타(秋田)현으로 이사하여 그 곳에서 성장한 하정웅은 젊은 시절 화가를 꿈꾸었으나, 경제적인 문제로 그 꿈을 접고 사업가로 성공하였다. 그러면서도 미술품 컬렉션의 길도 화가의 길 못지않은 의미 있는 일이라고 여기고 미술품 컬렉션에 열중하였다. 그림은 수집하는 것이 아니라 많은 사람에게 보여지는 것이 목적이라는 소신에 따라 광주시립미술관에 기증하게 된 것이다.[98]

그는 처음 1993년 광주시립미술관에 재일교포 화가의 작품 212점을 기증하였다. 그 후에도 그는 광주시립미술관에 여러 차례에 걸쳐 수많은 작품을 기증하였는데, 1999년 피카소 등 유명한 거장의 작품을 포함하여 471점을 기증하였으며, 2003년에도 광주시립미술관에 그가 평생 수집한 국내외 유명작가 미술작품 1,182점을 기증하였다.[99] 그리하여 광주시립미술관은 지방미술관 가운데 가장 많은 그림을 소장하게 되었다. 광주시립미술관은 3차 기증 작품 중에서 500여 점을 엄선하여 전시하는 '기도(祈禱)의 컬렉션'을 개최하기도 하였다. 특히 이 전시에서는 하정웅컬렉션이 담고 있는 '기도(祈禱)'라는 의미와 철학을 드러내주는 기획으로 구성된 작품들이 주류를 이루고 있는데, 여기서 기도는 개인의 구원이 아니라 전쟁과 모든 억압과 빈곤이 사라지기를 비는 기도라고 할 수 있다. 재일동포의 '인권'에서 시작하여 '평화의 감나무 식수', 한반도의 '평화적 통일'과 하정웅의 2개의 조국인 한국과 일본의 '상생'을 기원하는 메시지를 담고 있다.

그리하여 하정웅이 수집한 수많은 작품들을 모국에 기증하게 되는 위업을 남기게 되었는데, 일본과 한국미술계가 알아주지 않는 재일동포

---

98) 하정웅이 광주시립미술관에 미술품들을 기증하게 된 것은 1982년 재일동포 화가 '전봉제 한일양국순회전'을 할 때, 피로와 긴장으로 광주에서 쓰러져 한 맹인 안마사와 만난 인연이 계기가 되었다. 그리고 1993년 광주의 한 지인이 개설한 광주시립미술관에 작품 기증을 부탁하여 이루어진 것이다. 하정웅 앞의 책. pp. 88-89.

99) 월간아리랑, 2003. 07. 25.

화가들을 발굴하여 인정을 받게 한 데는 그의 역할이 크다 하겠다.[100] 그는 제2회 월간미술대상 장려상(특별무분, 1997)을 수상하였으며, 저서로 『나의 두 조국』(마주翰, 2002)이 있다.

3) 무 용

(1) 강화혜

재일동포 3세인 강화혜는 일본 케이(K)발레단 수석무용수이며, 2003년부터 국립발레단의 주요 공연에 객원무용수로 참여하고 있다. 1977년 출생한 그녀는 5살 때 언니의 발레공연을 보고 반해 발레를 시작하였다. 1994년 러시아 볼쇼이 발레학교를 졸업하고, 독일 드레스덴 발레단 수석무용수를 지냈다. 1995년 독일 로잔느 콩쿠르에 참석하면서 여권에 적힌 이름이 강화혜이고 국적이 한국으로 되어 있는 것을 보고 비로소 한국인으로 생각한 강화혜는 현재 자신이 한국임을 자랑스럽게 여기고 있다.

강화혜는 1789년 초연된 장 도베르발이 안무한 "고집쟁이 딸"(원제 '라 필 말 가르데')을 예술의 전당 오페라극장에서 공연하였다. 평범한 농가의 처녀인 주인공 리즈는 돈은 많지만 멍청한 부자와 결혼할 것을

〈그림 Ⅲ-2〉 강화혜

---

100) 월간아리랑, 2002. 07. 29.

강요하는 엄마를 유쾌하게 따돌리며 자신의 사랑을 이루는 내용을 담고 있는 작품이다.

(2) 김리혜

도쿄에서 태어난 김리혜는 일본 주오대(중앙대) 문학부 2년에 다니던 1973년 문교부의 해외교포 모국방문 하계학교에 참가하여 처음 한국을 방문한 뒤 조국과 민족에 대한 실체를 알게 되어 충격을 받고 인생이 180도 바뀌었다고 한다. 그 뒤 1981년 5월 한국에 귀국해 영구 이주하면서 그녀에게 장구를 가르치며 1982년 부부의 인연을 맺었던 김덕수(김덕수 사물놀이 리더)씨의 소개로 한국무용의 1인자인 이매방의 문하생으로 들어가 전통무용을 배웠다. 그리하여 김리혜는 재외동포로는 최초로 무형문화재 27호 승무와 97호 살풀이춤의 이수자로 지정되었으며, 수많은 국외공연에 참가해 전통무용과 전통음악을 세계에 알리려고 노력해 왔다.

김리혜는 한·일 문화의 뿌리를 엮은 화해의 춤, 일본의 전통설화

〈그림 Ⅲ-3〉 김리혜

"도조지"(道成寺)를 한국의 전통무용과 전통음악, 일본의 전통 타악의 리듬을 빌려 "하얀 도성사"라는 이름으로 2005년 가을 서울 호암아트홀 무대에서 국내 첫선을 보였다. 재외동포 첫 승무 살풀이춤 이수자인 그녀에 의해서 가깝고도 먼 나라인 한국과 일본의 전통문화가 만난 것이다. 남녀간의 사랑과 증오, 복수를 그린 원작의 흐름을 해탈과 화해로 이끌어냄으로써 한국과 일본 사이에 뿌리 깊은 갈등의 실타래를 풀어내고 화해와 상생의 메시지를 전하고 싶었다는 그녀는 한류열풍이 거세게 불고 있는 일본에 한국문화의 뿌리라고 할 수 있는 우리 전통 무용과 음악을 일본의 정서가 배어 있는 설화에 담아서 소개하려는 뜻도 함께 갖고 있다고 한다.[101]

　"도조지"는 일본 최초의 역사서인 『고지키(고서기)』에 나오는 가장 오래되고 유명한 설화로, 중세 일본의 스님 안진에게 배신당한 기요히메가 큰 뱀이 되어 그를 쫓아 복수를 하려다 실패한다는 내용이다. 일본에서 대표적 공연 장르인 노, 가부키, 분라쿠의 형식으로 자주 공연되고 있는데 김리혜의 각색과 안무와 춤으로 재탄생한 것이다.

(3) 김순자

　경상도 출신을 부모로 하여 1945년 2월에 미야기현에서 출생한 재일교포 2세이다. 18세부터 본격적으로 한국의 문화예술에 몰두하고, 모국의 많은 인간문화재로부터 사사 받았다. 그녀는 무용뿐만 아니라 가야금 등 한국의 문화와 예술을 폭넓게 전공하였다. 그녀는 오늘날까지 예술활동을 통하여 재일동포 사회에 몸을 아끼지 않고 헌신하고 있다. 그리고 일본 전국을 분주히 다니면서 한국전통예술의 소개와 보급을 행하고 있다. 해외에 있어서도 다수의 공연 발표를 거듭하고 재일무용가로서 모국에서도 그 실력을 인정받고 있다.

---

101) 한겨레신문, 2005. 10. 07.

그 외 여러 나라에서 TV, 라디오나 신문, 잡지에도 많이 소개되고 있으며, 특히 복지시설에 대한 위문활동, 일본사회에 있어서의 한일친선을 위한 문화교류에 큰 공헌을 하고 있다.

그녀는 2004년 4월 23일 KBS에서 "천사의 무"(天使의 舞)라는 제목으로 김순자 다큐멘트 드라마가 방영되기도 하였다. 2003년 한국명지대학교 대학원 사회교육학부 무용지도과를 졸업하였으며, 2005년 5월에 한국문화관광부 등록 제5930호로서 한국민족문화 문화예술대상을 수상하였다.102)

(4) 김일지103)

김일지는 한국에서 태어나 7세부터 고전 무용을 시작하였다. 무용 콩쿠르에서 여러 차례 수상을 거듭하였다. 1983년도 전국무용콩쿠르에서는 고전무용 부문 대상을 수상하였으며, 1998년 9월에는 서울무용콩쿠르 전통무용 부문에서 금상을 수상하였다. 그녀는 부산 불교예술대학 정덕자선생에게 사사를 받았다. 1999년부터 임이조 선생에게도 사사받았다. 졸업 후 일본에 와서 "김일지고전무용학원" 원장으로서 후배 육성과 공연 활동을 정력적으로 하고 있다. 한국 국내에서도 다수의 공연 활동을 하고 있다.

---

102) 그녀는 '사단법인 한국국악협회 일본 도쿄지부'를 운영하기도 하는데, 1989년 7월 창립된 이 단체의 활동 목적은 다음과 같다. "한국민족으로서의 독창적인 예술 문화를 보호 유지하면서, 일본사회에서 재일문화의 발전과 한층 더 국제 교류를 넓게 활동 추진하는 것. 각 분야의 예술 활동가와의 교류와 상호 발전을 목적으로 한다"

103) 〒604-8354, 京都市　中京區　猪熊通　蛸藥師下ル下瓦町　563-2　地階, TEL／FAX(075)813-8060, E-mail : iruchi@jasmine.ocn.ne.jp.

(5) 박정자104)

1947년생인 박정자는 10세부터 클래식 발레를, 12세부터 한국무용을 배우기 시작하였다. 관동여자 단기대학을 졸업 후, 한국에서 궁중무용을 김천홍(인간문화재)에게서 사사 받았다. 오사카, 교토 한국학교의 무용강사를 거쳐, 도쿄에서 JP스튜디오(박정자 한국무용단)를 설립하여 한국의 전통무용을 기초로 창작활동과 공연활동을 계속하고 있다. 그녀는 봉산가면극 무용의 김기수(인간문화재), 양소운(인간문화재), 씻김굿의 박승천(인간문화재)의 지도를 받기도 하였다.

그녀는 IWUM 세계대학 총장회의 예술상, 재일 한국민단 문화예술상을 수상하였다. 그리고 일본의 무용학회, 민족 예술학회 회원이기도 한다.

박정자가 운영하는 '박정자 한국무용단 = JP스튜디오'는 1980년 박정자가 중심이 되어 KOREAN PERFORMING ARTS 단체로 도쿄에서 발족하였다. 1987년부터 일본인 연출가, 한국거주 음악가, 재일 한국인 무용가와 한일 합작품을 창작하고 있다. 서구 문화를 선호하는 현재 일본상황에 비추어 한국·일본의 문화를 융합한 작품을 많이 만들고 있는 박정자의 JP스튜디오는 문화사적으로 의미있는 단체라고 있다.

이 단체의 활동을 보면, 헤이세이 6년도 문화청 주최 예술제에 무용시극 '아리아리'로 재일 한국인 단체의 작품으로서 처음 참가하였다. 헤이세이 8년도에는 '춤놀이'로 이 예술제에 참가했다. 그리고 일본의 국립극장대극장, 한국 국립대극장, 우메다 코마극장, 도쿄 예술극장 등 대극장에서의 상연을 실시하는 것 외에 NHK 홍백 노래 자랑, 대 박람회 등 독특한 장소에서도 공연하였고, 학교 예술 감상회에서 한일 합작이나 한국의 작품으로 공연하여 주목을 받았다.

---

104)　TEL : 03-3310-7771　JPスタジオ (担当　森) FAX : 03-3310-9575,　E-mail　:　jpstudio@jp-studio.net.

요컨대 JP스튜디오는 한국인·일본인이라고 하는 민족적 테두리를 넘어 창작의 장소로서 존재한다. 한편으로 전통무용을 받아들이면서, 다른 한편으로 독창성 넘치는 무대 예술작품을 창조하여 공연을 계속하고 있다.

(6) 정명자

서울에서 태어난 정명자는 어린 6세의 나이로 부친의 손에 이끌려 무용의 세계에 입문하였다. 그녀는 한국 국립국악고등학교를 졸업하고, 일본동경공예(日本東京工芸)대학을 졸업하였다. 그녀는 인간문화재인 정명숙, 이동안, 이매방, 김숙자, 박천과 장구 명인 전사, 명무인 김진걸 등에게서 사사 받았다. 그녀는 1986년 데뷔공연을 서울에서 가졌는데, 이후 매년 한 번씩 정기 개인 발표회를 열었다.

그녀는 1994년 전주대 사습의 무용 부문에서 수상을 하였으며, 2000년 문화부장관상 수상, 1994년 국무총리상 수상, 1995년 국무총리상 수상 등을 각종 예술제, 무용제 등에서 수상하였다. 그리고 각종 심포지엄, 민속제, 영화제, 전통 문화 공연, 세계 예술인과의 교류 공연 등 다수의 행사에 출연했다. 그 예술성을 널리 인정 받아 광복 50주년 해외동포상을 수상했다. 1999년도에는 북한어린이들을 위한 자선공연을 기획 주재하여, 지원금을 보내기도 하였다. 이 일로 조선인민공화국 경제위원회로부터 감사장을 수여받았다.

그녀는 연극, 영화, TV 등 다방면에서 활동하고 있다. 현재는 일본 요미우리신문 문화센터, 마이니치신문 문화센터의 한국무용 전임강사, 한국 MBC 아카데미 한국무용 전임강사를 담당하고 있다. 그녀는 "정명자 한국예술연구원"의 대표로 후진을 양성하면서, 한국무용의 계승과 발전을 위하여 최선을 다하고 있다.

그녀의 경력을 정리하면 다음과 같다.

1. 서울 국립국악고등학교 졸업
2. 도쿄공예대학 졸업
3. 한국무용교육회 이사 겸 일본 관동 지부장
4. 사단법인 한국민속예술연구원 민속무용 위원 겸 일본 관동 지부장
5. 고려민속무용연구원 일본 관동 지부장
6. 사단법인 한국 전통예술진흥회 일본 관동 지부장
7. 사단법인 판소리 북법 보존회 이사
8. 학교법인 토카이 학원 교육연구소 한국무용연구실 주임 연구원
9. 요미우리 문화센터 요코하마 정명자 한국무용강사
10. 마이니치신문사 문화센터 정명자 한국무용강사
11. 재일한국인 문화예술협회 부회장
12. 재일무용협회 부회장
13. 서울 MBC 아카데미 한국무용 전임강사
14. 한국 서울색동어린이합창단 이사 겸 자문 위원
15. 정명자 한국무용예술원 대표

그리고 정명자의 수상경력을 정리하면 다음과 같다.

1. 1994. 6. 13 전주대사습놀이대회 무용부문 참방상 수상
2. 1994. 12. 6. 7 전국 판소리대상 명창대회 제2회 서울 전통공연예술경연대회 종합우승 국무총리상 수상
3. 1995. 8. 15 서울특별시 특별명창 시민상 수상(광복 50주년 조국을 빛낸 동포상)
4. 1995. 10. 31-11. 2 제3회 광주국악 대제전 전국경연대회 국무 총리상 수상
5. 2000. 11. 31-12. 1 제 8회 서울 전통공연예술경연대회 무용대상, 문화관광부장관상 수상
6. 2001. 11. 4-11. 5 제3회 한국 자훈 전통 가무악 전국제전에서, 종합대상 대통령상 수상

7. 2001, 2002 한국방문의 해 홍보대사 임명

8. 1986 한국국악협회 이사장-감사배 수여

9. 1986. 10. 13 사단법인 한국민족예술연구원-공로배 수여

10. 1991. 10. 26 사단법인 일본민요협회-감사배 수여

11. 1992. 11. 30 사단법인 한국전통예술 진흥회 총재-공로배 수영

12. 1993. 5. 15 사단법인 한국전통예술 진흥회-공로배 수여

13. 1993. 12. 27 SENIOR SERVICE ATTACHES ASSOCIATION 감사배

14. 1994. 12. 5 항공 자위대 간부학교 교장-감사배 수여

15. 1996. 2. 10 한국 중앙국립 민속박물관 관장-감사배 수여

16. 1996. 12. 4 SENIOR SERVICE ATTACHES ASSOCIATION 감사배

17. 1996. 12. 18 육상 자위대 간부학교 교장-감사배 수여

18. 1999. 9. 14 미국 샌프란시스코, 실리콘밸리 한국학교 건립모금 자선공
    연, 한국학교-감사배

(7) 조수옥

나가사키현 대마도 출신인 조수옥은 시모노세키 고등학교를 졸업하
고 무용을 시작한다. 본격적으로 배우기 위해서 오사카의 「여명」의 최
숙희에게서 본격적인 무용을 배웠다. 1981년에 한국에 유학하여 한국
말이나 역사, 가야금(이세환), 춤(강루미, 김숙자) 등을 배웠다. 다시 일
본으로 돌아와 지성자에게서 사사 받았다. 그리고 1987년부터는 한국
의 이매방선생(중요무형문화재 제 27호(승무), 제97호(살풀이) 보유)으
로부터 사사 받았다.

조수옥은 1990년부터 1995년까지 가족과 함께 한국에서 살면서, 이
매방으로부터 사사를 받아 1994년 중요무형문화재 제 97호(살풀이)의
이수자가 된다. 그리고 한국 체재 중에 "무용한국" 주최의 '신인무용
콩쿠르'에서 대상을 수상하였다. 그리고 北村唱優 극장과 국립중앙민속
박물관에서 이매방류 전통무용의 개인 무용회를 가졌으며, 일본 문화원

에서 한국무용과 한국음악을 즐기는 모임를 행하였다. 일본에 돌아와서도 공연활동과 더불어 후학들에게 무용지도를 하고 있다.

4) 연극영화

(1) 김수진(金守珍)

재일동포 연극연출가 김수진은 1954년 일본에서 출생하였다. 1987년 신주꾸양산박을 창단하여 지금까지 대표를 맡고 있다. 김수진이 연출한 작품으로 "천년의 고독"(동숭아트센타, 1989), "인어전설"(일본 에노시마 해안 공연, 1990), "인어전설"(한국 한강고수부지 공연, 1993), "바람의 아들"(국내 7개 도시 순회공연, 2005) 등이 있다.

김수진이 국내에서 공연한 작품으로 갈무리 대목에서 무대 뒤를 가린 천막이 걷히며 10m 크기의 비행기가 눈앞에서 날아갔던 "바람의 전설"(2005), 뗏목을 타고 한강을 가로질러 건너편 둔치의 무대 위로 배우를 등장시켰던 "인어전설"(1993년) 이 있다. 그는 2005년 부산국제영화제에 양석일 원작을 영화화한 "유리의 사도"(Dreaming of Light)를 출품하기도 하였다. 이는 김수진의 첫 번째 영화 "밤을 걸고"에서 조명한 재일동포 1세대의 불행한 삶을 재조명하고 있다. 그는 "밤을 걸고"의 2부인 "언젠가는 꼭"을 준비하고 있는데, 2차 세계대전에서 패전하여 폐허가 된 일본의 오사카 군수공장에서 훔친 고철로 연명했던 조선인의 불행한 삶을 그린 1부에 이어, 2부에서는 이들의 사랑을 극대화할 참이라고 한다.[105]

(2) 양영희

1964년 일본에서 태어난 영화감독 양영희는 뉴스쿨대학교에서 미디

---

105) 한겨레신문, 2005. 10. 10.

어석사를 취득하였다. 그는 2005년 북한에 대한 아버지의 정치적 충성심을 탐구한 재일동포의 여성을 그린 영화 "안녕 평양"(Dear Pyongyang)으로 2006년 선대스영화제에서 극영화부문 심사위원 특별상을 받았다.106) 이 영화는 2005년 제1회 AFFF 최우수 다큐멘타리감독상을 받기도 하였다. 또 그는 2006년 제56회 베를린국제영화제에서 넷팩상을 받았다.

(3) 최양일(崔洋一)

재일동포 2세 영화감독 최양일은 일본명이 사이 요우이치(Sai Yoichi)로 1949년 일본 나가노에서 출생하였다. 그는 도쿄에 있는 조총련 중고등학교를 졸업한 뒤 조명보조로 영화계 일을 처음 시작했다. 그는 배우들의 실제 정사로 문제를 일으킨 세계적인 화제작인 오시마 나기사감독의 "감각의 제국"에서 조감독을 하였으며, 1983년 "10층의 모기"로 데뷔하였다. 아내에게 이혼당한 경찰관이 마침내 인질 강도로 몰락한다는 내용의 이 영화는 다큐멘터리처럼 정밀하게 한 인간의 내면이 어떻게 붕괴되는지 보여준다.

1993년에는 재일교포 작가 양석일의 소설 "택시협주곡"을 영화화한 "달은 어디에 떠 있는가"를 만들어 일본 아카데미 영화제 작품상과 감독상을 비롯하여 11개 부문을 석권하였다. 또 이 영화는 호치영화상, 닛간스포츠 영화상 대상, 키네마 준포의 작품상, 감독상, 각본상, 주연배우상 등 무려 53개의 영화상을 받았다. 최양일은 실험성이 뛰어난 문제작을 만들어 내는 것으로 유명해지면서 일본 영화계에서 독창적인 영상작가로 확고한 입지를 다지게 되었다.

최양일은 1994년 조선적(朝鮮籍)에서 한국적(韓國籍)으로 바꾼 한편 1996년 연세대학교 어학당에 유학하여 한국의 근대 영화사를 연구하면

---

106) 경향신문, 2006. 01. 31.

서 한국 영화인과 교류할 기회를 갖기도 하였다. 2004년 현재 일본영화
감독협회 이사장이다.

그의 수상경력을 보면 다음과 같다.[107]
1. 일본 요코하마영화제 신인감독상(10층의 모스키토, 1983)
2. 마이니치신문 신인감독상(1983)
3. 일본아카데미영화제 작품상, 감독상(달은 어디에 떠 있는가, 1994)
4. 키네마 준보 작품상, 감독상(1994)
5. 제12회 일본영화비평가대상 감독상(2002)
6. 제45회 블루리본상 감독상(2002)
7. 제28회 호우치영화상 작품상(2003)
9. 제58회 마이니치영화제 감독상(형무소 안에서, 2004)
10. 제59회 마이니치영화제 대상(피와 뼈, 2005)

그가 감독한 작품으로 다음과 같은 것들이 있다.
1. 10층의 모기(十階のモスキト, 1983)
2. 언젠가 누군가 살해 된다(いつか誰かが殺される, 1983)
3. 지금 누군가 살해당하고 있다(1984)
4. 친구여 조용히 잠들라(友よ 靜かに瞑れ, 1985)
5. 검은 드레스의 여자(黒いドレスの女, 1987)
6. 꽃의 아스카 조직(花のあすか組, 1988)
7. 사인 데이즈(A Sign days, 1989)
8. 달은 어디에 떠있나(All Under the Moon/月はどっちに出ている, 1993)
9. 헤이세이 무책임 일가, 도쿄 디럭스(平成無責任一家 東京デラックス, 1995)
10. 맑스의 산(Marks/マークスの山, 1995)
11. 개 달리다(Dog race, 1998)

---

107) http://people.empas.com/people/info/ch/oi/choiyangill/.
    ; http://www.movist.com/movies/movist.asp?id=1309.

12. 돼지의 응보(The retribution of pigs, 2002)

13. 형무소 안에서 산다는 것(Doing Time/刑務所の中, 2004)

14. 블러드 앤 본(2004)

15. 피와 뼈(Blood And Bones/血と骨, 2004)

16. 퀼(Quill/クイール, 2004)

17. 더블 캐스팅(2006)

18. 수(2006)

이들 최양일감독의 영화를 간단히 소개하면 다음과 같다.

1. 10층의 모기(十階のモスキート)

   1983년 / 108분 / 각본: 최양일, 우치다 유야 / 촬영: 모리 마사루 /

   주연: 우치야 유야

능력 없는 하급 경찰관인 남자는 아내에게 이혼 당하고 10층의 작은 아파트에서 혼자 살고 있다. 매달 위자료와 딸의 양육비조차 제대로 보내지 못하는 박봉에 시달리던 그는 승진시험을 위해 고리대금업자에게 돈을 빌려 컴퓨터를 산다. 빚 갚기가 어려워지자 이번에는 모터보트 경주에 손을 대보지만 돈을 잃기만 할 뿐이다. 결국 고리대금업자는 경찰서까지 찾아와 빚 독촉을 하고, 막다른 지경에 이른 남자는 우체국에 침입하여 돈을 내놓으라며 권총을 난사한다.

1970년대 일본 록그룹의 대명사격인 우치다 유야가 주연을 맡은 최양일의 감독 데뷔작. 아내에게 이혼당하고 간혹 찾아오는 딸에게 용돈을 주는 것과 스낵바에서 술 한 잔 하는 것이 유일한 낙인 평범한 경찰관이 극한 상황으로 몰려가는 모습을 무자비할 정도로 냉정하게 그려냄으로써, 현대 일본 사회에서의 소외와 위화감을 탁월하게 드러내 보여준 작품이다. 15년 후 현직경찰관이 은행을 턴다는 유사한 설정으로 "하나비"를 만든 기타노 다케시가 '비트 다케시'라는 이름으로 출연하고 있다는 사실도 흥미롭다. 이 영화로 마이니치 신문 신인감독상, 요코하마 영화제 신인감독상을 수상하였고, 키네마준보 베스트 10에 선정되었다.

2. 언젠가 누군가 살해된다(いつか誰かが殺される)

1984년 / 97분 / 원작: 아카가와 지로 / 촬영: 하마다 타케시 /

주연: 와타나베 노리코

18세 소녀 아츠코의 고교 시절 마지막 여름방학. 신문기자인 아버지와의 데이트 도중 옷가게에서 아버지가 갑자기 사라진다. 가방 속에서 플로피 디스크를 발견한 아츠코는 동급생 쇼타에게 해독을 부탁한다. 이튿날 정체를 알 수 없는 남녀에게 습격당하는 아츠코를 옷가게 점장인 타카라가 구해준다. 아츠코는 위조브랜드 상품을 만들어 파는 타카라 그룹에 몸을 숨기게 되고, 플로피 디스크에 숨겨진 내용이 국제스파이조직에 관한 것임을 알게 된다. 한편 스파이조직에 붙잡힌 아츠코의 아버지는 목숨이 위태로운 지경에 처하고, 타카라 그룹 역시 경찰의 급습으로 위기에 빠지는데 ….

아카가와 지로의 미스터리 소설을 각색한 전대미문의 '하드보일드 소녀' 영화. 아버지의 갑작스런 실종으로 인해 뜻하지 않은 사건에 휘말리게 된 여고생이 여러 사람과 만나면서 성장해 가는 모습을 그린 작품이다. 평범하던 일상 속에 숨겨져 있던 미스터리들이 하나 둘씩 고개를 드는 가운데, 위기에 처한 인물이 살아남으려는 동물적인 본능을 하드보일드 스타일로 그려냈다. 60년대 B급 액션영화의 분위기가 물씬 풍겨나는 매력적인 작품이다.

3. 친구여, 조용히 잠들라(友よ, 靜かに瞑れ)

1985년 / 103분 / 원작: 기타카타 겐조 / 촬영: 하마다 타케시 /

주연: 후지 타츠야

오키나와의 작은 항구마을. 40대 초반의 의사 신도는 옛 친구 사카구치가 경찰에 체포되었다는 신문기사를 읽고 멀리서 찾아온다. 작은 호텔을 경영하던 사카구치는 마을을 재개발하려는 거대 건설회사의 매수에 응하지 않고 버티다가 함정에 빠져 수감된 것. 신도는 친구를 구해내기 위해 시모야마 건설의 일당들과, 회사로부터 뇌물을 받은 토쿠다 형사와 일전을 벌인다. 처절한 사투 끝에 마침내 사카구치가 석방되지만, 이들 앞에는 비극적인 운명이 기다리고 있다.

기타카타 겐조의 동명소설을 각색한 최양일의 세 번째 영화. 거대자본에 매수된 경찰에 의해 체포된 친구를 구하기 위해 외로운 싸움을 벌이는 남자를 주인공으로 하드보일드 스타일을 최대한으로 추구한 작품이다. 통념적인 도덕률로 정의되지 않는 고독한 인물 묘사와 비극적인 세계관에서는 필름누아르적인 영향 역시 엿보인다. 이후 만들어진 하드보일드 영화들에 일종의 모델이 될 만큼 결정적인 영향을 미친, 80년대 하드보일드 영화의 최고 걸작이다.

4. 꽃의 아스카 조직(花のあすか組！)
  1988년 / 100분 / 원작: 타카구치 사토스미 / 촬영: 하마다 타케시 /
  주연: 츠미키 미호

199X년, 뉴 가부키 타운. 스트리트 갱 '레드노우즈'와 K관의 치안당국 'PB-4', 이 두 거대조직이 거리의 지배권을 다투고 있다. 아스카는 친구 미코와 함께 K관에서 코카인과 돈을 훔쳐내고, 이로 인해 위태롭게 유지되던 거리의 균형이 흔들리기 시작한다. 미코의 언니 요코는 여제 히바리를 몰아내고 자신이 지배권을 잡으려 음모를 꾸미지만, 이를 알아챈 히바리는 충성의 증거로 여동생 미코를 죽이라고 명령한다. 레드노우즈와 PB-4 사이에는 일대 혈전이 벌어지고, 아스카는 미코의 원수를 갚기 위해 요코와 대결한다.

독특한 작풍으로 매니아층을 형성하고 있는 만화가 타카구치 사토스미의 동명원작을 각색한 SF 영화. 80년대 일본 만화와 영화를 풍미한 사이버 펑크의 영향 아래 만들어진 작품이지만, 근미래를 배경으로 한 SF적인 설정보다는 소녀 갱의 하드보일드한 묘사에 더 초점을 맞추고 있다. 혼란스러운 거리에 홀연히 나타나 결투를 벌이는 소녀 아스카의 모습은, 구로사와 아키라의 "요짐보"의 전도된 버전이라는 평가를 받기도 했다.

5. A 사인 데이즈(Aサンデイズ)
  1989년 / 111분 / 원작: 토네가와 유타카 / 촬영: 하마다 타케시 /
  주연: 나카가와 안나

1968년, 미군점령하의 오키나와. 레스토랑에서 아르바이트를 하던 16살 혼혈아 에리는 인기 록밴드 버스터즈의 보컬 사치오와 사랑에 빠진다. 에리는 아버지의 나라에 가자는 어머니의 청을 뿌리치고 오키나와에 남아 사치오와 결혼한다. 그러나 결혼 생활이 행복하지만은 않다. 그러던 중 에리가 버스터즈의 보컬을 맡아 차츰 인기를 얻게 되지만, 우여곡절 끝에 밴드는 해산한다. 베트남전이 끝나던 해, 에리는 전 멤버였던 미키와 다시 밴드를 하기로 결심하고, 교통사고로 손을 다친 사치오는 프로듀서로 참여하기로 한다.

베트남 전쟁기의 오키나와를 무대로 록밴드 젊은이들을 그린 토네가와 유타카의 실화소설을 영화화한 작품. 제목의 'A사인'은 미군을 상대로 유흥업 허가를 받은 가게를 가리키는 말이다. 대단히 감성적이고 정서적인 분위기의 영화로, 최양일의 트레이드마크인 긴박감 넘치는 하드보일드 스타일과 거리가 멀어 보이지만, 일본사회에서 가장 타자성이 두드러진 공간인 오키나와를 배경으로 그 시대의 아웃사이더들의 삶을 담아내고 있다는 점에서 타자에 대한 최양일의 꾸준한 관심이 형상화된 중요한 작품이다. 마음 깊은 곳을 건드리는 서글픈 감정들로 충만한, 80년대의 가장 감동적인 영화 중 한 편이다.

6. 달은 어디에 떠 있는가(月はどっちに出ている)
    1993년 / 109분 / 원작: 양석일 / 촬영: 후지사와 준이치 /
    주연: 키시타니 고로

재일한국인 강충남은 학교 동창 세이이치가 운영하는 카네다 택시에서 운전기사로 일하고 있다. 여자 꼬시기가 유일한 관심거리던 충남은 어느 날 어머니가 운영하는 술집에서 일하는 필리핀 여인 코니를 만난다. 마음을 열어주지 않는 코니를 억지로 겁탈한 후 두 사람은 함께 살게 된다. 그러던 중 사장인 세이이치는 사기를 당하고, 동료기사들 역시 문제를 일으키고 행방을 감춰버린다. 우유부단한 모습만 보여주는 충남에게 실망한 코니는 그와 헤어져 새로운 가게로 옮겨가고, 얼마 후 충남은 코니를 찾아나선다.

심야택시 운전기사인 재일한국인과 필리핀 여성의 사랑을 그린 최양일의 대표작. 양석일의 원작소설 『택시 광조곡 タクシ?狂操曲』을 정의신과 공동으로 각색했으며, 애초 위성방송 WOWOW의 시리즈물 'J MOVIE WARS'의 한 편으로 제작됐던 단편을 극장용 영화로 다시 만들었다. 도쿄에 살고 있는 다양한 사람들의 꿋꿋한 일상을 진지하면서도 코믹하게 묘사하면서, 일본 사회의 타자이자 외부인인 재일외국인의 시선을 통해 후기 자본주의 시대 일본

의 삭막한 현실을 되돌아본 작품이다. 「키네마준보」 베스트10 제1위를 차지
하는 등 흥행과 비평 양면에서 큰 반향을 얻었던, 90년대 일본영화의 진정한
걸작.

7. 헤이세이 무책임 일가, 도쿄 디럭스(平成無責任一家　東京デラックス)
1995년 / 109분 / 각본: 정의신, 최양일 / 촬영: 우에노 쇼고 /
주연: 키시타니 고로

아메야 일가는 가족 구성원 전체가 사기꾼이다. 결혼과 이혼을 밥먹듯이 하
는 어머니 마츠 덕분에 4형제는 모두 아버지가 다르다. 고향 시코쿠에서 꾸민
사기가 들통나 도쿄로 야반도주한 일가는 차남 미노루를 중심으로 사기행각
을 벌이기 시작한다. 모든 일이 잘 풀려나가나 싶던 것도 잠시, 장남 타카시의
냉동정자은행 사기가 실패하자 가족에게는 잇단 재난이 닥친다. 타카시는 아
마존으로 떠나버리고, 어머니의 애인 카즈오는 요리점 주인 아키코와 사랑의
도피를 한 데다, 막내 준은 악덕 호스트클럽에 걸린다. 하지만 미노루의 기지
로 결국 거금을 손에 넣은 일가는 고향 시코쿠로 행복하게 돌아간다.

　“속기보다는 속여라”라는 가훈을 가지고 있는 터무니없이 ‘무책임’한 일가
가 일으키는 소동을 묘사한 코미디 영화. 정의신과 최양일이 공동각본을 쓰고
키시타니 고로, 에자와 모에코, 루비 모레노 등을 주연으로, 전작 “달은 어디
에 떠 있는가”의 스탭과 배우들이 다시 한번 호흡을 맞춰 만들어낸 유쾌하고
발랄한 영화다.

8. 막스의 산(マークスの山)
1995년 / 138분 / 원작: 타카무라 카오루 / 촬영: 하마다 타케시 /
주연: 나카이 키이치

도쿄 변두리에서 폭력단 전 조직원이 머리에 특이한 상처를 입고 살해된
채로 발견된다. 며칠 후, 이번에는 법무성 형사과장이 살해당한다. 수사를 맡
은 아이다 형사는 두 사건에 모종의 연관이 있음을 파악하고 연결고리를 찾기
시작한다. 탐문수사 중 아이다는 미즈사와 히로유키라는 청년과 ‘MARKS’라
는 단어를 접하게 되고, 이것이 과거 학생운동 내의 파벌싸움으로 빚어진 살

인사건과 관련된 것임을 알게 된다. 'MARKS'란 당시 사건을 은폐하기 위해 살인의 실행범 노무라를 살해한 다섯 사람의 이니셜을 딴 암호였던 것. 아이다는 히로유키를 연이은 살인의 범인으로 추정하고 19년 전의 사건장소인 키타오카의 산정상까지 추적하지만, 그를 기다리고 있는 것은 싸늘하게 얼어붙은 히로유키의 시체이다.

나오키 상을 수상한 타카무라 카오루의 베스트셀러 추리소설을 각색한 작품. 연속살인사건을 수사하는 형사들의 모습이 냉혹한 하드보일드 터치로 그려지는 가운데, 살인사건의 배후에 도사리고 있는 어두운 그림자가 차츰 그 모습을 드러내게 되는 섬뜩한 영화이다. 두 시간이 넘는 긴 러닝타임에도 불구하고 복잡한 이야기의 긴장감을 잃지 않는 서스펜스 걸작. 정치적으로 민감한 사안들과 동성애를 공공연하게 다룸으로써 일본 내에서 많은 논란을 일으키기도 했다. 1995년 「키네마준보」 베스트 10 제9위.

9. 개 달리다(犬, 走る DOG RACE)

1998년 / 110분 / 각본: 최양일, 정의신 / 촬영: 후지사와 준이치 /

주연: 키시타니 고로, 오스기 렌

신주쿠 경찰서 생활안전과의 형사 나카야마는 한국인 정보원 히데요시(수길)와 상하이 출신의 창녀 모모와 어울리며 아슬아슬한 생활을 하고 있다. 그는 신흥 야쿠자인 '애호愛虎'파에 경찰 정보를 흘려주고 돈을 받는 비리를 저지르면서, 한 편으로는 불법술집을 조사하여 공을 세우기도 한다. 한편 모모는 히데요시와 손잡고 비밀도박장을 운영하다 애호파 두목 곤다에게 들켜 곤경에 처하게 된다. 그러던 어느 날 모모가 히데요시의 방에서 시체로 발견되고, 나카야마와 히데요시는 복수를 위해 애호파 사무실로 쳐들어간다. 그러나 히데요시는 오히려 곤다에게 납치되고, 이번에는 나카야마에게 쫓기는 신세가 된다.

신주쿠 가부키쵸를 무대로 부패한 형사와 타락한 정보원, 창녀 등 뒷골목의 드센 인물들이 펼쳐보이는 좌충우돌 코미디. 마약, 매춘, 폭력, 공갈, 도박 등 온갖 범죄현장을 적나라하게 묘사함으로써 일본의 치부를 거침없이 드러내는 한편, 밑바닥 인생들의 생활을 대담하면서 유쾌하게 그리고 있다. '코믹 질주극'이라는 카피에 알맞게 시종 신주쿠 거리를 달리며 사건이 벌어지는 간결하고 독특한 구조의 범죄영화로, 도쿄 번화가에 모여든 아시아인의 정체성을 우회적인 형태로 질문하고 있는 작품이기도 하다.

10. 형무소 안에서(刑務所の中)

2002년 / 93분 / 원작: 하나와 카즈이치 / 촬영: 하마다 타케시 /

주연: 야마자키 츠토무

만화가이자 총기 매니아인 하나와 카즈이치는 총포류 불법소지와 화약류 단속법 위반으로 체포되어 징역 3년을 선고받는다. 가혹한 감옥생활을 각오한 그를 기다리고 있는 것은 폭력도 탈옥도 없는 평온한 생활. 6시 40분 기상, 21시 취침의 엄격한 규율이 있지만, 잡지나 TV도 볼 수 있고 설날에는 호사스러운 명절음식까지 나온다. 5명의 수형자가 옥신각신 살아가는 공동생활도 이젠 익숙해졌고, 가끔씩 징벌방에서 홀로 지내는 것도 속편하고 나쁘지 않다. 세상의 각박한 사건들과는 일절 무관한 조용한 매일이 지나간다.

자신의 실제 감옥생활을 그려 큰 인기를 모았던 하나와 카즈이치의 원작 만화를 영화화한 작품. 형무소 안 생활의 디테일을 치밀하고 담담하며 코믹하게 묘사하면서, ‘폐쇄된 비일상 속의 일상’이 지닌 강렬함을 통해 감옥에 대한 기존의 고정관념을 단번에 날려버리는 작품이다. 유키사다 이사오의 아버지 역을 맡아 인상적인 연기를 보여줬던 야카자키 츠토무의 천연덕스러운 연기가 압권이며, “귀신이 온다”의 일본인 포로 카가와 테라유키를 비롯, 다구치 토모로오, 마츠시게 유타카, 무라마츠 토시후미 등 연기파 배우들이 동료 수형자로 출연하여 웃음을 자아낸다. 쿠보츠가 유스케, 시이나 깃페이, 오스기 렌 등의 카메오 연기도 인상적이다.

11. 수

2007년 / 122분 / 원작: 신영우 / 촬영: 김성복 / 주연: 지진희, 강성연

충북 제천에서 크랭크 인, 신영우 작가의 인기만화 “더블 캐스팅”을 영화화. 지진희·강성연 주연의 하드보일드 영화. 어린 시절 헤어졌다 17년만에 만난 쌍둥이 동생의 죽음으로 스스로를 버리고 동생의 신분으로 부활한 전설 같은 해결사 ‘수’의 처절한 복수와 질긴 삶을 그린다.

3. 문화예술 네트워크 실태

1) 문화단체

(1) 사물유격대

1. 2003년

　　6월 : 이치시군 이치시쵸 카와이 초등학교 공연

　　9월 : 2003년도 塩浜(염전) 초등학교 운동회「대농악」

　　10월 : 쿠와나북 고교 휴먼 라이츠부

　　10월 : 2003년 히사이 축제

　　10월 : 아가타 지구 문화 교류회

　　11월 : 제4회 인권 포럼

　　11월 : 욧카이치 塩浜(염전) 초등학교

　　11월 : トケビストーム

　　12월 : 모두 춤추자, 국제 교류

2. 2004년

　　1월 : 한일 초등학교 합동연주회

　　1월 : 塩浜(염전) 초등학교, 三重(삼중) TV 출연

　　2월 : 津西 고등학교, 국제 이해 교실

　　2월 : 楠중학교 공연

　　3월 : 津西 고등학교 인권 페스티벌

　　5월 : 星川 한국 축제

　　5월 : 요코하마 국제경기장, 한일우호의 날

　　5월 :「한류를 타자」이문화 이해 이벤트

　　8월 : 白鳥 중학교구 인권교육강연회

　　9월 : 2004년도 塩浜(염전) 초등학교 운동회「대농악」

　　10월 : 시마 시립 마토야 중학교 문화제「교류회」

　　11월 : 이가초립 쓰게 중학교 문화제 공연

　　11월 : 스즈카시립 이치노미야 초등학교, 스즈카시 초등학생 음악회 출장

11월 : 塩浜(염전)만남 문화제

3. 2005년

1월 : 제5회 인권 포럼

2월 : 津商業(진상업) 고등학교 인권 연수

2월 : 家城 초등학교 6학년을 보내는 회

3월 : 제자들의 아사케 플라자 발표

8월 : 제42회 대 욧카이치 축제

11월 : 쿠와나시 권리 2005 반차별의 모임

4. 2006년

1월 : 스즈카 하우징 센터 1월의 공연

1월 : 제6회 미에 인권 포럼

〈표 Ⅲ-1〉 사물유격대의 공연활동

교류 유형	횟 수	교류활동 중 평균(%)
거주지역 활동	30	96.8
거주국내 지역교류	1	3.2
국가간 교류		
모국과의 교류		
모국과 교류 + 국제교류		
	31	

(2) 류가이

1. 1993년

- 제1회 한국 전통 무용 유회 발표회
- 초등학교 / 중학교 / 고교 학교 공연 다수
- 기타 : NHK, 아사히 방송, TV오사카, 위성방송, 산 TV, 계축제, 고베 축제, 미도우스지 퍼레이드

2. 1994년

- 제2회 한국 전통 무용 「조선의 미」 공연

3. 1995년
 － 미국 San Francisco Ethnic Dance Festival 참가, 아시아 태평양 민속무용의
   제전
4. 1996년
 － 제3회 한국 전통 무용 「조선의 미」 공연
5. 1997년
 － 제4회 「조선의 미/아오야기의 아」 고베/오사카 공연 오사카 「음식의 박
   람회」·서울 교방무 공연·한국 광주시 「남도의 아」 공연
6. 1998년
 － 제5회 「조선의 미/여자 사물놀이패」 탄생 기념 공연 , 미국 San
   Francisco Ethnic Dance Festival 참가
 － 오사카 코리아타운 박람회
 － 日高町 어린이 예술 극장 나라시 제100주년 기념·시마네현 화톳불제
7. 1999년
 － 제6회 한국 전통 무용 「아오야기의 아」 도쿄 공연, 제7회 고베, 교토,
   오사카, 「장군놀이」 공연
 － 이시카와현 카나자와시 문화 홀 「チャンゴよひびけ」, 니가타현 월드컵
   문화 교류 공연
 － 고베 문화 홀 「현민 예술 극장 : 고교 공연」·일본식 북 「鬼太鼓座」
   공동 출연
 － 시가현 「石塔 축제」·토요노쵸 「한국 문화의 어젯밤」·톤다바야시시
   「하루이치방 콘서트」
 － 城東구 「문화의 제전」·中央구 「청년 센터」·톳토리현 「국제 친선 무
   도 대회」
8. 2000년
 － 사이타마 공연
 － 제8회 한국 전통 무용 정기 공연(오사카, 고베) 왓쇼이 2000세계 민족
   예능제
 － 효고의 축제 「아시아 민족 예능의 제전」

9. 2001년

- 제9회 한국 전통 무용 정기 공연 「북과 무용」 후쿠시마현 우츠쿠시마 미래박람회 · 淡路島南淡町 공연
- 오사카 어린이 문화 센터 공연, 오릭스 그린 스타디움, 주인 홀, 공연

10. 2002년

- 오사카시 월드컵 전야제, 요코하마 결승전 전야제
- 니이가타, 톳토리 공연, 기후현 오가키 조선 통신사 퍼레이드

11. 2003년

- 창립 10주년 기념 공연 「고성오광대」, 上月町 문화 회관 공연, 新宮町 만남 종합 복지 회관

12. 2004년

- 아이오이시 한국인 위령제 10주년 공연, 尼崎 공업 고교 인권 공연, 산다시 北攝 학원 유치원
- 카스가쵸 문화홀, 이그레 히메지 아이멧세 공연, 일국일상점가 「오사카 四貫島 상점가」
- 현립 多可 고교 공연, 히메지시 書寫 양호학교

13. 2005년

- 간사이공항 World Festa KIX 동아시아 주간 공연(코리아마당 개교식, 오사카민단)
- 오사카시 외국인교육 주담자 연수회, 야부시 關宮 한국 문화 공연, 효고현 아이오이시 경로회

<표 Ⅲ-2> 류가이의 공연활동

교류 유형	횟 수	교류활동 중 평균(%)
거주지역 활동	17	58.6
거주국내 지역교류	8	27.6
국가간 교류	2	6.9
모국과의 교류	2	6.9
모국과 교류 + 국제교류		
	29	

(3) 교토 한마당

1. 1986년

  결성 공연(교토부 부락 해방 센터, 관객 500명)

  마당극 「돼지 풀이」, 노래와 시의 구성 「녹두꽃」

2. 1987년

  1월 : 「키미가요(일본국가) 제창」에 반대하는 쿠사츠의 모임(쿠사츠 시민
      회관, 100명)

  2월 : 한국 민중 판화전(사카이쵸 화랑, 100명)
      노래와 시의 구성, 일인극 「우리 할아버지」

  3월 : 히가시9조・기미가요(일본국가) 일장기에 반대하는 주민 집회(희망
      의 집 가톨릭 보육원, 50명)
      창작 마당극 「네가 노래하지 않으면 나도 노래하지 않는다.」

  3월 : 외국인등록법 개정에 반대하는 그리스도자 청년 집회(가톨릭 회관,
      200명)
      창작 마당극 「손가락」

  5월 : 하지케 봉선화-교토에서 광주로-(교토부 부락 해방 센터, 200명)
      슬라이드 구성극

  8월 : 히가시9조 40번지 여름축제(40번지 자치회관, 50명)
      노래, 이인극 「우리 할아버지」

  9월 : 한마당을 유지하는 회・결성 모임(가톨릭 회관, 50명)
      노래, 일인극 「불새 무용」

  11월 : 한마당 결성 1주년 기념공연 「악」

  12월 : 재일조선인 작가를 읽는 회 10주년 기념 문화제(아이치현 총평 회
      관, 100명)
      노래와 시의 구성, 일인극 「우리 할아버지」

  12월 : 제13회 유학 동OB회(교토 호텔, 60명)
      노래와 시의 구성

3. 1988년

  3월 : 재일 문예 「민도」 창간 기념・교토 모임(교토 상공회의소 홀, 100명)

　　　　노래(「조마, 조마, 곤조마」, 「눈」)

5월 : 어린이전용 동요 테이프 「아프로」녹음(교토 지역 노동 센터)

6월 : 「하지케 봉선화 ― 교토에서 광주로·1988 ― 」

　　　　(교토시 사회 교육 종합 센터, 100명) 노래와 시의 구성

8월 : 히가시9죠·마츠노키쵸 40번지 여름축제(마츠노키쵸 40번지 하천

　　　　부지, 100명)

　　　　농악, 이인극 「바가지와 꽹과리」

9월 : 히가시9죠부터 고치는 민족의 광장을!(히가시9죠 키타 이와모토 아

　　　　동공원, 200명)

　　　　농악, 이인극 「바가지와 꽹과리」, 마당극 「오빠」 등

10월 : 우지 우토로 마을 자치회 집회(우지 우토로 마을 광장, 200명)

　　　　농악, 이인극 「우리 할아버지」, 마당극 「오빠」

10월 : 교토시 초등학교 외국인 교육 연구회 연수회(도화소강당, 150명)

　　　　농악, 이인극 「우리 할아버지」

11월 : 간사이 한국 정치범 구원 집회 「開け獄門!」(오사카 나카노시마 공

　　　　회당, 1000명)

　　　　노래와 시의 구성

12월 : 외국인등록법 개악 반대 '88 나고야 공동 행동 집회

　　　　창작 마당극 「손가락」(나고야 근로 회관, 200명)

4. 1989년

7월 : 노래 테이프 「황금의 열쇠를 찾으며」녹음

8월 : 히가시9죠·마츠노키쵸 40번지 여름축제(마츠노키쵸 40번지 하천

　　　　부지, 80명)

　　　　농악, 호랑이 민화 2제

9월 : 희망의 집 어린이 축제 「농악」으로 참가

10월 : 교토 아시아 페스티벌(교토 청소년 활동 센터, 70명)

　　　　농악, 「호랑이 민화 2제」와 「우리 할아버지」

5. 1990년

5월 : 창작 마당극 「토지 풀이」상연 (서부 강당, 300명)

8월 : 창작 마당극 「토지 풀이」 상연 (우토로 광장, 200명)

8월 : 히가시9조·마츠노키쵸 40번지 여름축제(마츠노키쵸 40번지 하천 부지, 80명)

　농악, 슬라이드 연극 「3년 고개」 등

10월 : 교토시립 西京 상업 고교 定時制 교직원 연수회(50명)

　농악, 노래 등

10월 : 지문 날인 거부 지원 집회 (시마모토쵸 공민관 100명)

　농악, 노래 등

11월 : 교토시립 西京 상업 고교 定時制 문화제 (180명)

　농악, 노래, 사물놀이 등

12월 : 스이타시립 靑山台 초등학교에서 공연 (200명)

　농악, 호랑이 연극, 사물놀이 등

6. 1991년

1월 : 헤이안 교회 채플 콘서트 (이와쿠라·헤이안 교회 50명)

3월 : 노래 테이프 「나는 해바라기」 녹음

5월 : 부락 해방 교토시 연구 집회·헌법 월간의 대처

　농악, 마당극 「아버지와 무궁화 나무」

8월 : 40번지 자치회 여름축제

11월 : 교토시 초등학교 외국인 교육 연구회 주최 「민족의 모임」

　농악, 사물놀이 등 (교문센터 700명)

7. 1992년

5월 : 교토시 헌법 월간 인권 계발 프로그램(KBS 교토)

6월 : 교토시 청소년 활동 센터 기획

7월 : 쿠루마 초등학교 PTA 기획

8월 : 40번지 여름축제

10월 : 藤森中學 (伏見區) 공연

10월 : 陶化中學 (南區) 공연]

8. 1993년

3월 : 栗稜中學 (伏見區) 공연

6월 : 교토시 청소년 활동 센터 공연

6월 : 伯太高校 (大阪府) 공연

8월 : 全朝敎 교토대회 오프닝 출연

8월 : 40번지 여름축제

9월 : 大谷高校 (東山區) 공연

10월 : 제1회 히가시9죠 마당 참가

10월 : 佐倉高校 (千葉縣) 공연

11월 : 納所小學校 (伏見區) 공연

11월 : 佐山小學校 공연

11월 : 교토 예술 단기대학 공연

12월 : 간사이대학 조선인학생 오리엔테이션 공연

9. 1994년

3월 : 3·1 문화제

3월 : 교토 YWCA 기획 공연

3월 : 교토부 해방 문화제 공연

4월 : "양심수의 어머니들"집회

5월 : 청소년 활동 센터 기획 공연

6월 : 한국 JC에서의 공연

8월 : 40번지·송노목 단지 여름축제

9월 : 乙訓高校 (長岡京市) 공연

11월 : 새야·새야 집회

12월 : 七條小學校 (下京區) 공연

10. 1995년

2월 : 「윤동주」비석 제막식 참가

3월 : 한국 풍물패「오르스」공연 출연 (교토대 서부 강당)

3월 : 고베 이재민 지원 콘서트 「도쿄 비빔밥 클럽」과 공동 출연(고베)

3월 : 전후 보상 재판 지원 교류회(히가시9죠)

4월 : 한신 대지진 구원 프리 콘서트 출연(교토)

7월 : 한국정치범 구원 콘서트 출연

7월 : 「통일 마단」출연(히가시9죠)

8월 : 히가시9죠 40번지 여름축제 출연

8월 : 龍神村夏祭 (和歌山縣) 출연

9월 : 휴먼·문화·버라이어티 출연(국제 교류 회관)

10월 : 伏見中學 문화제 출연

11월 : 崇仁지구 문화제 출연

12월 : 「화원 대학」공연

11. 1996년

1월 : 鴨沂高校 定時制 학교 공연

5월 : 中島中學 (大阪市) 민족학급 교류회(센터)

5월 : 「통일 마당」출연(히가시9죠)

6월 : 마르세 타로 공연 출연(부립 문화 예술 회관)

7월 : 악마의 포식 콘서트 출연(교토 콘서트 홀)

8월 : 한국 「전태춘 콘서트」출연(국제 교류 회관)

8월 : 히가시9죠 40번지 여름축제 출연

10월 : 北野중학교 공연

11월 : 鳴瀧양호학원(右京區) 학교 공연

12. 1997년

1월 : 히가시9죠 현장 보모 연수회(센터)

6월 : 어린이의 책을 즐기는 모임(국제 교류 회관)

7월 : 下京區 만남 축제

8월 : 평화와 인권을 생각하는 고등학생의 모임 교류회

8월 : 한국 부산 「제2회 아시아 연극인 페스티벌」초청공연

8월 : 히가시9죠 40번지 여름 축제

9월 : 九條보육원 여름축제

9월 : 草津市 인권 세미나

10월 : 교토 한국학원 문화제

11월 : 山科 동부 문화회관

11월 : 北開田 부락 해방 문화제

12월 : 安井 초등학교 학교 공연

12월 : 小谷町 해방문화제

13. 1998년

2월 : 日吉ヶ丘 고등학교 공연

2월 : 후쿠오카현 古賀市「동화 교육연구총회」

8월 : 히가시9죠 40번지 여름축제

11월 : 鳥羽고등학교 정시제 문화제

11월 : 洛陽공업 고등학교 정시제 문화제

11월 : 龜岡고등학교 1년 인권학습

12월 : 미야코 국제교류광장 출연

12월 : 교토 평화와 문화의 모임 출연

12월 : 생활의 보물섬 5주년 축제 출연

14. 1999년

2월 : 草津시립 중학교 PTA 인권집회 출연

2월 : 日吉ケ丘 고등학교 1년 인권학습

8월 : 東松ノ木町 1번지 여름 축제

10월 : 제7회 히가시9죠 마당플레이벤트 참가

11월 : 제7회 히가시9죠 마당 참가

11월 : 「南區 만남 축제」에 히가시9죠 마당의 이원으로 참가

11월 : 龜岡고등학교 공연

11월 : 崇仁 문화제 출연

11월 : 歌聲協議會(가성협의회) 50주년 기념 강연에 출연

12월 : 洛水고등학교 공연

15. 2000년

2월 : 日吉ヶ丘고등학교 공연

2월 : 제8회 みのおセッパラム에 히가시9죠의 일원으로 우정출연

6월 : 「信長まつり」출연

7월 : 시가현립 국제정보 고등학교 박실의 강연과 공연

8월 : 우토로 지원 콘서트 출연

8월 : 40번지 여름축제 공연

10월 : 교토부립 須知 고등학교 박실의 강연과 공연

10월 : 제8회 히가시9죠 마당플레이벤트 참가

11월 : 제8회 히가시9죠 마당 참가

11월 : 「南區 만남 축제」에 히가시9죠 마당의 일원으로 참가

11월 : 崇仁문화제 출연

12월 : 六波羅 초등학교 공연

16. 2001년

1월 : 시가현 甲賀 중학교, 박실의 강연, 박철의 강연

2월 : 日吉ヶ丘 고등학교 공연

6월 : 「信長まつり」출연

6월 : 洛水고등학교 공연

7월 : 고등학교 영어교육 연구회 총회에 출연

10월 : 제9회 히가시9죠 마당플레이벤트 참가

10월 : 박철·井上ゆかり 결혼식 사물놀이 연주

11월 : 제9회 히가시9죠 마당 참가

11월 : 下京 만남 축제

12월 : 카운터다운 이벤트 출연

17. 2002년

1월 : 日吉ヶ丘 고등학교 공연

3월 : 「저고리와 기모노」에서 和太鼓와 사물놀이 출연

6월 : 洛水고등학교 공연

8월 : 40번지 여름축제 공연

10월 : 陶化중학교 공개 수업에 출연

10월 : 니조죠 400년 기념 라이브에 출연

10월 : 교토 한국학원 문화제에 和太鼓와 사물놀이 출연
제10회 히가시9죠 마당플레이벤트 출연

11월 : 제10회 히가시9죠 마당 참가

11월 : 南區 만남 축제 히가시9죠 마당의 일원으로서 출연

11월 : 紫野고등학교, 지구 제너레이션, 김일지 한국무용연구소와 합동 공연

11월 : 「生命輝け！第九演奏會」에서 和太鼓와 사물놀이 출연

18. 2003년

1월 : 下京區 체육진흥회 50주년 기념 특별출연

1월 : 日吉ヶ丘 고등학교 공연

2월 : 元町초등학교 히가시9죠 마당의 일원으로서 참가

3월 : 新潟縣 新發田 중학교 수학여행 학생들에게 연주

4월 : 교토YWCA악기체험에 풍물, 사물놀이 연주

5월 : 修學院 초등학교 공연

8월 : 전국 보육원 연맹 총회 출연

8월 : 오키나와 공연과 여행

10월 : 제11회 히가시9죠 마당플레이벤트 참가

11월 : 제11회 히가시9죠 마당 참가

11월 : 西京고등학교 정시제 문화제 출연

11월 : 희망의 집 바자에 히가시9죠 마당의 일원으로 참가

11월 : 재일장애자 무연금 소송 자선콘서트 출연

12월 : 南區 인권집회 출연

19. 2004년

1월 : 山ノ內초등학교 공연

2월 : 日吉ヶ丘 고등학교 공연

6월 : 洛水고등학교 공연

10월 : 晉羽초등학교 공연

10월 : 제12회 히가시9죠 마당플레이벤트 참가

10월 : 佛敎대학 和太鼓와 사물놀이 공연

11월 : 제12회 히가시9죠 마당 참가

11월 : 교토 조선 제1초급학교 자바에 히가시9죠 마당의 일원으로서 출연

11월 : 崇仁문화제에 히가시9죠 마당의 일원으로서 출연

20. 2005년

2월 : 日吉ヶ丘 고등학교 공연

5월 : 佛敎대학 아시아 종교문화 정보연구소 공연

6월 : 洛水 고등학교 공연

10월 : 제13회 히가시9죠 마당플레이벤트 참가

11월 : 제13회 히가시9죠 마당 참가

〈표 Ⅲ-3〉 교토 한마당의 공연활동

교류 유형	횟 수	교류활동 중 평균(%)
거주지역 활동	170	93.9
거주국내 지역교류	9	5.0
국가간 교류		
모국과의 교류	2	1.1
모국과 교류 + 국제교류		
	181	

(4) 극단 상사화

1. 1991-92 극단 아리랑 활동
2. 1992-96 일본 인형극단 구라루테에서 인형극 기술전수
     제1회 공주아시아 1인극제(한국)
     서울국제인형극제
3. 1997 상사화 창단한국인형극제(한국)
     제2회 아시아 민중연극축제(한국)
4. 1998 세이와 아동극축제(일본)
     제3회 공주아시아 1인극제(한국)
     The Second International Festival of Non-verbal Arts(인도)
5. 2000 제5회 공주아시아 1인극제
6. 2002 제7회 공주아시아 1인극제
7. 2002 Iida Puppet Festa(일본)

8. 2003 춘천마임축제

그 외 Voice of Dream, 보따야마에 피는 무궁화꽃, 춘향전, 천마와 무지개 색채, 일본현지 학교 및 각종 초청공연 등을 하였다.

〈표 Ⅲ-4〉 극단 상사화의 공연활동

교류 유형	횟 수	교류활동 중 평균(%)
거주지역 활동	3	25.0
거주국내 지역교류		
국가간 교류	1	8.3
모국과의 교류	8	66.7
모국과 교류 + 국제교류		
	12	

이상에서 일본의 문화단체의 활동에 대한 분석을 해 보았는데, 종합적으로 정리하면 다음의 표와 같다. 문화단체 활동상황 중에서 미국의 경우와는 달리 거주지 중심으로 활동을 하고 있으며, 거주국 내에서 지역간 교류활동과 국가간 교류활동, 모국과의 교류 등에 있어서 아주 낮은 비율을 나타낸다. 이는 이들 문화단체의 성격이 마당극 내지 인형극을 하기 때문인가 여겨지기도 하지만, 사물놀이와 무용을 하는 단체조차 모국과의 교류가 20%에도 이르지 못함은 예상 밖의 결과라고 할 수 있다.

〈표 Ⅲ-5〉 재일 문화단체의 공연활동

(단위 %)

	단체이름	거주지역 활동	거주국내 지역교류	국가간 교류	모국과 교류	모국과 교류 +국제교류
1	사물유격대	96.8	3.2	0	0	0
2	류가이	58.6	27.6	6.9	6.9	0
3	교토한마당	93.9	5.0	0	1.1	0
4	극단상사화	25.0	0	8.3	66.7	0
	계	274.3	35.8	15.2	74.7	0
	평균	68.6	9.0	3.8	18.7	0

2) 음악가

(1) 양방언

그의 음악활동 경력을 보면 다음과 같다.

1. 1996년 1집 "Gate of Dreams" 발표 솔로데뷔(일본)
2. 1999년 11월 3집앨범 『Only Heaven Knows』 한국발매(유니버설뮤직), 국내활동
3. MBC 개국40주년 기념드라마 "상도"(商道) 메인테마 작곡
4. Frontier!(4집 "Pan-O-Rama" 수록) 2002년 부산아시안게임 공식음악 지정
5. NHK-BS2 제작의 대작 애니메이션 "十二國記" 음악감독
6. KBS 10대 기획 6부작 HD다큐멘터리 "도자기" 음악담당
   (2005 방송위원회 우수프로그램 부문 대상수상)
7. TV 애니메이션 "英國戀物語 EMMA", "Fantastic Children" 엔딩테마 등 애니메이션 음악 담당(일본)
8. 중국 최고의 게임회사 [NETEASE]의 역작 "天下 2" 음악담당
9. NHK 대작 TV 애니메이션 "彩雲國物語" 음악담당(2006년)
10. NCSOFT의 온라인 게임 대작 "AION" 게임 음악담당(한국)
11. 1999년 11월 3집 앨범 "Only Heaven Knows" 발매(유니버설뮤직)
12. 1999년 11월 첫 프로모션 콘서트(문화일보홀)
13. 2000년 11월 한국 첫 콘서트 Keys to Heaven, 양방언 Live in Seoul(호암아트홀)
14. 2001년 11월 4집 앨범 "Pan-O-Rama" 발매(O2뮤직)
15. 2001년 5월 발매기념 쇼케이스 및 프로모션 투어(Once in a Bluemoon)
16. 2001년 11월 2집 앨범 "Iinto the Light" 발매(O2뮤직)
17. 2001년 11월 Live in Seoul 2001-The Light from Heaven : Pan-O-Rama(서울교육문화회관)
18. 2002년 3월 1집 앨범 "The Gate of Dreams" 발매(O2뮤직)
19. 2002년 5월 Piano Sketch 발매(소닉스미디어)
20. 2004년 5월 5집 앨범 "Echoes" 발매(씨앤엘뮤직), 프로모션 투어

21. 2004년 9월 The Music of Cosmo-Korean 양방언 Live in Seoul(예술의 전당 콘서트홀)

22. 2005년 6월 EVOLUTION 2005 양방언 Live in Seoul(세종문화회관 대극장)

23. 2005년 6월 KBS 스페셜 "도자기" OST 발매(씨앤엘뮤직)

24. 2005년 11월 애니메이션 EMMA- Silhouette Of A Breeze OST 발매 (씨앤엘뮤직)

〈표 Ⅲ-6〉 양방언의 공연활동

교류 유형	횟 수	교류활동 중 평균(%)
거주지역 활동	14	58.3
거주국내 지역교류		
국가간 교류		
모국과의 교류	10	41.7
모국과 교류 + 국제교류		
	24	

(2) 전월선

1. 평양세계음악제(평양, 1984)

2. 오페라 성(聲 일본, 1985)

3. 오페라 스페인의 시(1985)

4. 오페라 카르멘-서울정도600주년 기념공연(예술의전당, 1994)

5. 오페라 살로메

6. 오페라 나비부인

7. 오페라 세빌리아의 이발사

8. 오페라 피가로의 결혼

9. 정태춘, 전월선 초청 통일음악회(광주문예회관 대극장, 1997)

10. 소프라노 전월선 독창회(예술의전당 리사이틀홀, 1997)

11. 서울-도쿄 우호도시제휴 10주년 기념음악회(서울에서 일본어 노래공연, 1998)

12. 오페라 춘향전-한일월드컵기념(2002)

13. 20주년 독창회(도쿄)-NHK특집프로"해협을 넘나드는 가희 재일한국인 성악가 20년"(2005)

14. 제34회 가을맞이 가곡의 밤 광복60주년, "나의 사랑 대한민국"(세종문화회관 대극장, 2005)

15. 오페라-일한우정의 해 기념음악회 우정의 꽃다발(2005)

그 외 방송출연으로 다음과 같은 공연을 하였다.

16. NHK 국경을 넘는 가희(2004)

17. KBS 일요스페셜(1996)

18. 일본TBS NEWS23(1996)

〈표 Ⅲ-7〉 전월선의 공연활동

교류 유형	횟 수	교류활동 중 평균(%)
거주지역 활동	11	61.1
거주국내 지역교류		
국가간 교류		
모국과의 교류	7(평양 1회 포함)	38.9
모국과 교류 + 국제교류		
	18	

3) 미술가

(1) 곽덕준

1. 재외작가초대전

2. 한국현대미술위상전

3. 한국판화 40년전

4. 일본현대미술전(동경도미술관, 1966)

5. 경도 앙데팡당전(경도시립미술관, 1971, 1973)

6. 제11회 상파울로비엔날레(1971)

7. 동경 국제판화비엔날레(1972-1979)

8. 현대미술선발전(1973)

9. 오늘의 방법24(경도시립미술관, 1974)

10. 제7회 일본현대미술전(동경도미술관, 1976)

11. 교토비엔날레(교토시립미술관, 1977)

12. 유브리아나 국제판화비엔날레(유고, 1975, 1977, 1979, 1981, 1983, 1985)

13. 노르웨이 국제판화비엔날레(1976, 1980, 1982, 1986)

14. 크라고우 국제판화비엔날레(폴란드, 1980)

15. 국제미니추어국제판화전(1980, 1982)

16. 국제임팩트 아트 페스티벌(1980)

17. 영국 국제판화비엔날레(브라포드미술관, 1982)

18. 근대일본의 자화상(경도시립미술관, 1982)

19. 근대 일본의 자화상-자신을 응시하는 81인전(교토시립미술관, 1982)

20. 개인전(한국미술관, 1983)

21. 중화민국 국제판화전(1983)

22. 퍼포먼스 덕 가운데의 덕(경도시립미술관 앞, 1983)

23. 현대미술에 있어서의 사진전(경도국립근대미술관, 1983)

24. 국제판화 84(베를린, 1984)

25. 비디오와 컴퓨터에 의한 영상(1984)

26. 곽덕준 작품전(오리와 개구리, 1985)

27. 한국미술관 동경문화원전(1987)

28. 화가의 자화상(북해도 근해미술관, 1987)

29. 현대미술로서의 영상표현(동경 매구로미술관, 1988)

30. 현대미술에 나타나는 인간상(동경 국립근대미술관, 1988)

31. 한국미술관 LA문화원전(1989)

32. 한국미술관 파리문화원전(1990)

33. 현대미술 7인(한국미술관, 1990)

34. 곽덕준 신작전(표화랑, 1991)

35. 제21회 류블레냐 국제 판화 비엔날레(1995)

36. 호랑이의 꼬리전(국립현대미술관 제1전시실, 1996)

37. 개인전(갤러리 홍의, 1996)

38. 곽덕준 회고전(동아갤러리, 1997)

39. 개인전(갤러리 나인, 1997)

40. 1998 서울판화미술제(예술의전당 미술관, 1998)

41. 그림이 곁들여진 작가들의 편지전(그로리치화랑, 1998)

42. 세계인권선언 50주년기념 국내외작가전(예술의전당 전시장, 1998. 12. 10-1999. 1. 24)

43. 재일의 인권전(광주 시립미술관, 2000)

44. 곽덕준의 회화-또 하나의 60년대(아사히갤러리(2001)

45. 곽덕준전(박영덕화랑, 2002)

46. '클린턴과 곽' 이벤트, 백악관 앞의 노점상, 워싱턴DC(2002)

47. 올해의 작가 2003 : 곽덕준전(과천 국립현대미술관, 2003)

48. 곽덕준전(코리아아트갤러리, 2004)

〈표 Ⅲ-8〉 곽덕준의 전시활동

교류 유형	횟 수	교류활동 중 평균(%)
거주지역 활동(쿄토)	7	14.6
거주국내 지역교류	10	20.8
국가간 교류	14	29.2
모국과의 교류	11	22.9
모국과 교류 + 국제교류	6	12.5
	48	

(2) 곽인식

1. 독립미술협회전(1937)

2. 요미우리 앙데팡당전(1954)

3. 동경비엔날레 초대전(1965)

4. 현대작가 5인전(갤러리신주쿠기획, 1967)

5. 한국현대회화전(동경국립근대미술관, 1968)

6. 상파울로 비엔날레(1969)

7. 한국현대전(조선일보사 주최, 1970)

8. 한국현대전(프랑스외무성주최, 1971)

9. 시드니비엔날레(1976)

10. 한국현대미술의 단면 초대전(동경, 1977)

11. 루브리아나 국제판화 비엔날레(1979)

12. 재외작가 초대전(1982)

13. 영국국제판화비엔날레(1982)

14. 곽인식 개인전(현대화랑, 1982)

15. 월드 프린트전(1983)

16. 현대미술 30년전(군마현립미술관, 1984)

17. 와이즈만 콜렉션 한국전(1985)

18. 한국 국립현대미술관개관 기념전(1985)

19. 곽인식 작품전(두손갤러리, 1985)

20. KBS 초대전(1986)

21. 서울아트페어(1986)

22. 84-85 국가기증작품 특별전(1986)

23. 한국현대미술에 있어서의 흑과 백(1987)

24. 현대회화 70년대 흐름(워커힐미술관, 1988)

25. 88올림픽 세계현대미술제(SLOOC, 1988)

26. 갤러리 Q 개관 기념전(1989)

27. 7인 교우전(도쿄, 1990)

28. 현대미술 25인전(현대화랑, 1991)

29. 개인전(미화랑, 1996)

30. 개인전(기업미술전시관, 1996)

31. 한국추상회화의 정신전(호암미술관, 1996)

32. 곽인식 유작전(미화랑, 1996)

33. 국립현대미술관 곽인식 기증작품 특별전(1997)

34. 재일의 인권전(광주시립미술관, 2000)

<표 Ⅲ-9> 곽인식의 전시활동

교류 유형	횟 수	교류활동 중 평균(%)
거주지역 활동(도쿄)	8	23.5
거주국내 지역교류		
국가간 교류	3	8.8
모국과의 교류	19	55.9
모국과 교류 + 국제교류	4	11.8
	34	

(3) 박생광

1. 개인전(동경 銀座鍾紡, 1932)

2. 백양회 창립전(1957)

3. 현대작가 초대전(조선일보, 1966)

4. 한국현대작가 100인전(국립현대미술관, 1973)

5. 한국원로작가 수작전(신세계미술관, 1974)

6. 한국현대미술(국립현대미술관, 1974)

7. 동경개인전 1차(彩壺堂, 1975)

8. 동경개인전 2차(東京商銀本店, 1975)

9. 동경개인전 3차(주일한국공보관, 1975)

10. 한국현대동양화대전(국립현대미술관, 1976)

11. 현대한국회화전(오스트레일리아, 1977)

12. 개인전(진화랑, 1977)

13. 개인전(동서화랑, 1978)

14. 한국현대미술-1950년 대전(1978)

15. 개인전(백상기념관, 1981)

16. 인도성지순례, 인도미술협회 초대전(뉴델리, 1982)

17. 1983 현대미술 초대전(국립현대미술관, 1983)

18. 한국현대서화전(중국국립역사박물관, 1983)

19. 1984 현대미술 초대전(국립현대미술관, 1984)

20. 개인전(미술회관, 1984)

21. 한독 미술전(호암갤러리, 1984)

22. 현대미술 40년전(1985)

23. 박생광 회고전(호암갤러리, 1986)

24. 한국미의 원초적 형상전(서초갤러리, 1991)

25. 한국모더니즘의 전개 : 1970-1990 근대의 초극전(금호미술관, 1996)

26. 전통과 현실의 작가 17인전(학고재, 1996)

27. 96 문자와 이미지전(한림미술관, 1996)

28. 채색의 숨결-그 아름다움과 힘전(가나아트센터, 2001. 12. 14-2002. 1. 27)

29. 박생광 탄생 100주년 기념전(갤러리 현대, 2004)

30. 박생광 탄생 100주년 기념 특별전(이영미술관, 2004)

31. 박생광전(부산시립미술관, 2004. 12. 7-2005. 2. 15)

<표 Ⅲ-10> 박생광의 전시활동

교류 유형	횟 수	교류활동 중 평균(%)
거주지역 활동	4	12.9
거주국내 지역교류		
국가간 교류	1	3.2
모국과의 교류	23	74.2
모국과 교류 + 국제교류	3	9.7
	31	

(4) 이우환

1. 개인전(사또우화랑, 1967)

2. 한국현대회화랑(동경 국립근대미술관, 1968)

3. 제9회 현대일본미술전(동경, 경도, 1960)

4. 현대미술의 동향(동경, 경도, 1969)

5. 제10회 상파울로비엔날레(1969)

6. 개인전(동경 전촌화랑, 1970)

7. 제7회 동경국제판화비엔날레(동경 국립근대미술관, 경도 국립근대미술관, 1970)

8. 제1회 서울국제판화비엔날레(1970)

9. 1970년 8월 현대미술의 일단면(동경국립근대미술관, 1970)

10. 개인전(동경 피나르화랑, 1971)

11. 언어와 이미지전(동경 피날화랑, 1971)

12. 동경화랑전(동경, 1971)

13. 제7회 파리청년비엔날레(파리, 1971)

14. 언어와 이미지(동경 피나르화랑, 1971)

15. 제10회 현대일본미술전(매일신문사, 1971)

16. 나포리국제전 베스비오대작전 미나미화랑 전시후 나포리전(1972)

17. 제2회 서울국제판화비엔날레(1972)

18. 개인전(명동화랑, 1972)

19. 제8회 파리청년비엔날레 국제코레스퐁당(1973)

20. 제11회 현대일본미술전 현대미술 20년의 전망(동경, 경도, 1973)

21. 개인전(동경화랑, 1973)

22. 제12회 상파울로비엔날레(1973)

23. 일본의 전통과 현재전(듀셀돌프시립미술관, 1974)

24. 개인전(동경 갸라리코코, 1974)

25. 제9회 동경국제판화비엔날레(동경국제근대미술관, 1974)

26. 개인전(동경 전촌화랑, 1974)

27. 루이지아나에서 보는 일본미술전(덴마크 루이지아나미술관, 1974)

28. 제3회 인도 트리엔날레(인도 뉴델리 네쇼날아카데미, 1975)

29. 쾰른 국제화상제(1975)

30. 현대미술의 서양세기전(동경 센트럴미술관, 1975)

31. 제9회 파리청년비엔날레(국제코레스퐁당, 1975)

32. 일본의 현대미술(노르웨이 오슬로미술관, 1975)

33. 일본의 현대미술(스웨덴 스톡홀름미술관, 1975)

34. 개인전(서독 갸라리 M 2인전, 1975)

35. 개인전(파리 갸라리 에릭 화불, 1975)

36. 까뉴 국제회화제(프랑스, 1976)

37. 개인전(서독 갸라리 M, 1976)

38. 개인전(명동화랑, 1976)

39. 드로잉전(명동화랑, 1976)

40. 일본현대판화전(이태리 훼라라근대미술관, 1976)

41. 제2회 시드니비엔날레(오스트리아, 1976)

42. 개인전(벨기에 갸라리스펙트럼, 1976)

43. 듀셀돌르프 국제화상제(1976)

44. Ecole De Seoul(서울, 1976-1977)

45. 오늘의 판화 100점전(뉴욕 근대미술관, 1977)

46. 현대회화의 중용성(요꼬하마 시민갤러리, 1977)

47. 드로잉 5인전(미나미화랑, 1977)

48. 일본현대미술전(1977)

49. 제10회 파리청년비엔날레(국제코레스퐁당, 1977)

50. 제6회 캇셀 도큐멘타(서독, 1977)

51. 제4회 파리국제화상제FIAC(파리 안트와갤러리, 1977)

52. 개인전(파리 갸라리 에릭 화불, 1977)

53. 한국 현대미술의 단면(동경센트럴미술관, 1977)

54. 개인전(사꾸라화랑, 1977)

55. 개인전(동경화랑, 1977)

56. 부랏셀화상제 안트앞갸라리 개인전(벨기에, 1978)

57. 개인전(현대화랑, 1978)

58. 개인전(동경 전촌화랑, 1978)

59. 유화작품전(현대화랑, 1978)

60. 개인전(덴마크 루이지아나현대미술관, 1978)

61. 개인전(서독 갸라리M, 1978)

62. A.B.Skulpture(1978)

63. 한국현대미술 20년의 동향전(1978)

64. 오늘의 집점(1978)

65. 제2회 파리국제현대미술전(1978)

66. 개인전(서독 듀셀도르프 시립미술관, 1978)

67. 개인전(동경 시로다화랑, 1978)

68. Work on Paper전(견지화랑, 1978, 1979)

69. 드로잉전(진화랑, 1979)

70. 개인전(다까기화랑, 1979)

71. 개인전(동경 촌송화랑, 1979)

72. 한국현대미술 4인의 방법전(현대화랑, 1979)

73. 아시아현대미술전 참가(1980)

74. 개인전(밀라노 스튜디오 말코니화랑, 1982)

75. 개인전(런던 주다로앙갤러리, 1983)

76. 헬싱키 83국제전 참가(1983)

77. 한국작품전(한국미술관, 1984)

78. 개인전(서울현대화랑, 1984)

79. 흙인브제와 도화전(현대화랑, 1986)

80. 서울전(현대화랑, 1987)

81. 서울전시회(갤러리현대, 1990)

82. 개인전(하라미술관 ARC, 1991)

83. 한국의 현대미술(영국 리버풀 테이트갤러리, 1992)

84. 개인전(가마꾸라 근대미술관, 1993)

85. 개인전(밀라노 무디마미술관, 1994)

86. 개인전(국립현대미술관, 1994)

87. 전후일본전위전(뉴욕 구겐하임미술관, 1994)

88. 한국의 자연-명상-표출전(박여숙화랑, 1995)

89. 1970년대 한국의 모노크롬전(현대화랑, 1996)

90. 모노크롬+추상, 추상표현주의전(그로리치화랑, 1996)

91. 개인전(파리, 1996)

92. 한국추상회화의 정신전(호암미술관, 1996)

93. 종이작업전(신세계현대아트, 1996)

94. 프로젝트 8전(토탈미술관, 1996)

95. 1996 문자와 이미지전(한림미술관, 1996)

96. DOTS 전(금호미술관, 1997)

97. 개인전(갤러리현대, 박영덕화랑, 1997)

98. 한국현대미술 7인전(마산문화방송 아트홀, 1997)

99. 1997 바젤국제아트페어(스위스 바젤, 1997)

100. 70-80년대 한국현대미술의 흐름전(그로리치화랑, 1997)

101. 통영 국제야외조각 심포지엄(통영 남망산공원, 1997)

102. 프랑스 국립 죄 드 폼므 미술관 초대전(프랑스 파리, 1997)

103. 국제아트페어 작가전(박영덕화랑, 1998)

104. 개인전(표화랑 ,1998)

105. 침묵의 화가전(프랑스 몽벨리야르미술관, 1998)

106. 그림보다 액자가 더 좋다전(금호미술관, 1998)

107. 한국현대미술전-시간(호암갤러리, 1998. 11-1999. 1)

108. 이우환소장품전(노화랑, 1998)

109. 작가와 생활의 만남전(갤러리현대, 1998)

110. 단색회화의 이념과 정신전(부산시립미술관, 1999)

111. 시가 있는 동판화전(진화랑 ,1999)

112. 미와질서-제1부 한국 현대미술의 탄생 주역들(노화랑, 2000)

113. 새천년의 지평전(갤러리현대, 2000)

114. 재일의 인권전(광주시립미술관, 2000)

115. 한국 현대미술의 전개 : 1970-1990전(갤러리현대, 2001)

116. 이우환 회고전-만남을 찾아서(호암갤러리, 로댕갤러리, 2003)

117. 이우환, 야요이 쿠사미전(진화랑, 2004)

118. New Paintings of Masters전(박영덕화랑, 2005)

〈표 Ⅲ-11〉 이우환의 전시활동

교류 유형	횟 수	교류활동 중 평균(%)
거주지역 활동(도쿄)	30	24.8
거주국내 지역교류	5(3회 중복)	4.1
국가간 교류	32	26.4
모국과의 교류	40	33.1
모국과 교류 + 국제교류	14	11.6
	121	

4) 무용가

(1) 김순자

1. 1986년
   - 2월 : 히가시쿠루메시에 연구원을 개원
   - 6월 : 내일을 향한 재일문화제에서 지도출연 사방회관에서
   - 8월 : 한국 전통무용 공연, 하치오지 · 소고 백화점에서
   - 9월 : 殿山龜壽苑 양로원에서 위문 공연
   - 11월 : 히가시무라야마 全生園 위문 공연

2. 1987년
   - 1월 : 요미우리신문 생활정보 게재
   - 3월 : 秀友社 출판 '라 · 세누'게재
   - 6월 : 히가시무라야마 시립 양로원 위문 공연
   - 7월 : 아키가와시 東光院 히라이 묘견보살궁 축하 법요
   - 8월 : 히가시쿠루메시 마이타운 8월호 게재
   - 9월 : 아키가와시 松楓會 양로원 위문 공연
   - 9월 : 아시아 기예 교류 출연
   - 10월 : 다나시시 문화제 공연, 다나시시 시민 공회당에서
   - 10월 : 사물놀이 아라카와 공연 참가, 아라카와 산파르에서
   - 11월 : 한국 전국 총합 예술제 대회 콩쿠르 민족무용부분 최우수상 수상
   - 11월 : 내일을 향하는 재일문화제에 출연, 도시마 공회당에서
   - 12월 : 아사카 시립 특별 양호 양로원 朝光苑 위문 공연

3. 1988년
   - 2월 : 니혼바시 미츠코시 본점 올림픽 이어 패션쇼 공연
   - 4월 : 제6회 국제산업전 공연, 하루미 돔에서
   - 4월 : 차의 물대학원 인간 문화 연구과에서 실기
   - 5월 : 묘견보살제 행례 공연(이츠카이치)
   - 5월 : 눈이 부자유스러운 사람에게 빛을 자선 콘서트 공연
   - 6월 : 고가네이 상공회의소 총회 이벤트 공연

7월 : 봉산탈춤 인간문화재를 초빙하여 5일간에 걸쳐 강습회 개최, 당연구
　　　소에서

7월 : 오차노미즈 여자대학 대학원 인간 문화 연구과 실기 공연

7월 : 미츠코시 본점 이벤트 아이 박람회 공연

8월 : 민단 주최 광복절 기념 대회에 있어서의, 일본 전국 순회공연 가나가
　　　와 · 시즈오카 · 도쿄 등

8월 : 빛과 초록과 물의 판타지 콘서트 공연, 東急劍山 스포츠 가든에서

8월 : 信愛學園 캠프 의뢰 공연 미우라 해안에서

8월 : 시즈오카현 주최 산업 축제 공연

8월 : 아자부주반 납량 축제 공연

9월 : 니혼 TV 서울 올림픽 스페셜 프로그램 출연

9월 : 서울 시청 앞, 올림픽 성화 봉송 무용 참가

9월 : 서울 한강에서 올림픽 축제 공연 참가

9월 : 도쿄 가요제공연 目黑八芳園에서

9월 : 요코하마 가요제 로열 홀 요코하마에서

10월 : "한국의 여성들" 니자시 노비도메 공민관에서

10월 : 간다 외국어 대학 "갯바람제" 농악 지도

12월 : 도쿄도 청년 문화 협회에서 감사장을 받는다.

4. 1989년

1월 : "파워 스피리츠" 공연 이루마시 산업 문화 센터 홀에서

3월 : 89 건재 상품 전시회에서 공연 아오모리 古牧그랜드 호텔에서

3월 : 김연자 사랑의 선물 자선 공연, 신주쿠 후생연금 회관에서

5월 : 東光院 대제 공연 이츠카이치 묘켄궁에서

5월 : 세계평화 기념식전 공연 호텔 뉴워오타니에서

5월 : 사단법인 한국 국악협회 일본 관동지부 및 관동지부장을 수임

6월 : 백옥선 자선 한일 친선 공연 초후 그린 홀에서

7월 : 아자부주반 여름 축제 공연

7월 : 탈춤 세미나, 한글어린이 어린이회 초후에서

8월 : 카와니시 앙즈 자선 공연 참가, 초후 그린 홀에서

8월 : 초후 피뇨회 홈 콘서트 출연

9월 : 나가노시 佐久高제 공연

10월 : 백옥선 자선 한일 친선 공연, 니자시민회관에서

10월 : 「이키이키 축제」공연 코가네이 공원에서

10월 : 한국 문화 식품 대제 공연

11월 : 탈춤 세미나 초후시 후지미 아동 회관에서

11월 : 백옥선 자선 한일 친선 공연 참가, 사이타마 회관에서

11월 : 니이자 觀音神護院에서 기념식전 공연

11월 : "서클의 광장" 아동 공연 日暮里 히로바관

5. 1990년

1월 : 민단 니시토쿄(서동경) 신년회 공연

1월 : 민단 초후 신년회 공연

1월 : 초후 북부 공민관에서 아시아를 아는 강좌 세미나

2월 : 도쿄 니혼바시 다카시마야 본점 한국 문화 세미나에서 공연과 강의

5월 : '우리판' 도쿄 네리마구 문화 센터에서, 김순자 한국전통예술연구원
　　　 제1회 발표회

6월 : 도쿄도 아라카와구 4천명 놀이마당 공연

8월 : 민단 도쿄 본부 8 · 15 광복절 공연

9월 : 사이타마현 淑德与野 고등학교 문화제 무용 지도

9월 : 도쿄도 초후시 시복지과에서 강사 의뢰, 한국민족악기 실기와 강의

10월 : NHK 라디오, 친구 한국의 친구, 방송 악기 연주 출연

10월 : 도쿄도 나카노구 구민 축제에서 공연

10월 : 도쿄도 메구로구 구민 축제에서 공연

10월 : 도쿄도 우에노 공연 고향 축제 농악 공연

10월 : (주) 타크토 '사계의 회'한국 무용 세미나

10월 : 오메시립 제 4초등학교 세미나

11월 : 사이타마현 코시가야시 시민 축제 공연

11월 : 간다 외국어 대학에서 한국 무용의 흥이라고 제목을 붙여 공연

12월 : 도쿄도 코가네이시 국제 교류 공연

12월 : 아사카시 朝光苑 위문 공연

12월 : 지구의 시 축제 공연

12월 : 타마 페스티벌 90 공연

6. 1991년

1월 : 도쿄 경상북도 도민회 신년회 공연

1월 : 도쿄도 아라카와구 교육위원회 주최, 한국 음악과 무용의 실기와 강의

2월 : 도쿄도 다치카와시 시민 대학 세미나에서 공연

2월 : 도쿄 타마 91 feminist 페스티벌 워크숍

2월 : 하치오지 검찰 심사 협회 창립 40주년 기념 공연

2월 : 다이쇼 대학 牧尾 박사 頌壽 축하회 공연

3월 : 타마 全生園 창립 60주년 기념 공연

3월 : 다치카와 중앙 공민관에서 공연(조선 민족 예능의 세계)

4월 : 아라카와 노리마당 참가

4월 : 초후 무레의 회 무용 세미나

5월 : 묘켄제공연 이츠카이치에서

6월 : 사와아카 · 후레아이 페스티벌 공연 코다이라 복지 회관 앞 광장에서

7월 : 미에현 욧카이치시 塩浜 초등학교에서 공연

7월 : 따끈따끈 마이 타운 5주년 기념 출연, 所澤 엑셀 홀에서

7월 : (주) 동신기업 창립 8주년 기념 축하회 공연, 다치카와 그랜드 호텔에서

8월 : 한국 무형문화재 제 97호 살풀이 강습회 개최

9월 : 민단 세타가야 지부 경로회 공연

9월 : 민단 니시토쿄 경로회 공연

9월 : 아사카 朝光園 경로회 공연

9월 : 산업 축제 코가네이 공원에서 참가

10월 : 도쿄도 히노시립 칠 복지원 공연

10월 : 이누가타 伝 공연, 서울 명동 성당에서 명동 교회에서 감사장 수여

10월 : 도쿄도 히가시쿠루메시에 본 연구소 이전, 김순자 한국전통예술연
      구원으로 개명

10월 : 東海苑 공연

10월 : 도쿄도 다치카와시 주최, 장수 예능 대회 공연

10월 : 라디오 일본, 나의 고향은 아침의 나라 출연

10월 : 민요 무용 전국대회 출연, 양국국기관에서

10월 : 제 7회 尾久っ子 두근두근 축제 참가, 아라카와구 운동장에서

11월 : 사이타마현 교육위원회 주최, "한국에서 본 일본" 공연 현민 활동
종합 센터에서

11월 : 작은 음악제 무푸사 주최, 도쿄도 미타카시 커뮤니티 센터에서 공연

11월 : 평생 학습 시대에 모이는 서클의 광장 공연, 日暮里히로바관

7. 1992년

1월 : 니자 관음 神護院 개창 10주년 기념 축하회 공연

1월 : '아의 일본의 전통음악 · 신춘의 조사' 연주와 공연, 야마나시 베루쿠
에서

3월 : 도쿄도 스기나미구 국제 교류회 주최, 국제 교류 공연에 참가

3월 : 초후 무르레의 회 개강기념 무희 김순자와 모두의 모임 공연

5월 : 묘켄궁 대예제 공연 이츠카이치에서

5월 : 도쿄도 미타카시 주최, 아시아 퍼포먼스 공연

5월 : 사이타마현 교육위원회 주최, 한국의 음악과 무용 세미나 담당

5월 : 사이타마현청에서 사이타마현 국제 고문 받는다.

6월 : '우리판' 도쿄도 네리마 문화 센터에서 김순자 한국전통예술연구원
제 2회 발표

6월 : 한국 전통 악기 강습회 개최

8월 : 트레페 사물놀이 한국 전통악기 강습회 개최

9월 : "진도 북춤" 강습회 개최

9월 : 오이타시내 특별 양호 양로원에서 위문 공연

9월 : 임진왜란 4백년 추도 · 평화 기념식전 공연, 와세다 봉사원에서

9월 : 박경남 '출판을 축하하는 회' 공연 東急문화 회관에서

9월 : 미타카 국제 교류 페스티벌 참가 공연, 이노카시라 공원에서

9월 : 타마 全生園 아리랑회 발표회 협력 출연

9월 : '한국 식품점' 공연, 시부야 東急 플라자에서

9월 : 제3회 평화 통일과 선교에 관한 도쿄 회의에서 공연, 시즈오카 고텐
바시 히가시야마장에서

10월 : 고려 신사 5천명 마당놀이 참가 공연, 사이타마 고려 신사에서

10월 : 불고기 이즈사 가게 개점 기념 공연, 카와사키 시내에서

10월 : 후레아이 프렌즈 페스티벌 공연, 히가시쿠루메 지역 센터에서

11월 : 한국에서의 '1992년 춤의 해' 세계 동포 공연 일본 대표 참가

11월 : 제3회 평화 가을 축제 IN 사이타마 공연 카와고에시 伊佐沼 공원에서

11월 : 동양 외국어 학원 개강 이벤트 공연, 다바타 시내에서

11월 : 제1회 한국어 스피치 콘테스트 공연 고토구 종합 구민 센터에서

11월 : 한민족 무용 대제 참가, 서울 세종문화회관에서(일본 대표) 심포지
엄 발표

11월 : 니자시 殿山龜壽苑 양로원 가족회 공연

11월 : '서클의 광장'공연, 日暮里 히로바관

11월 : 니자 관음 神護院 송년회 공연, 팔레스호텔 니자에서

8. 1993년

1월 : 가쿠슈인 대학 동양 문화 연구소 아시아 문화 연구 프로젝트 공연

1월 : 민단 니시토쿄 신년회 공연

2월 : 사이타마 유식자 회의 국제부인 10년 공연

2월 : 靑丘賞 수상 축하회 공연 시부야 문화 회관에서

3월 : 강묘달 시집 '李朝白磁' 출판 기념회 공연, 터미널 호텔에서

3월 : 민단 시즈오카현 지방 본부 신년회 공연

3월 : 민단 중앙 본부에서 모국 발전과 재일 동포 사회번영 기여 추진 위원
위속

4월 : 초후 무르레의 회 개강 기념 공연 타마가와 아동관에서

4월 : 민단 니시토쿄 지방 본부 농악 지도 개시

4월 : 히가시쿠루메시 국제 우호 클럽 공연, 시내 상공회관에서

4월 : 코가네이시 노후 문제 연구회 공연, 시내 복지 회관에서

4월 : 묘켄궁 대예제 공연 이츠카이치에서

4월 : 아시아의 잔 다르크 유관순을 기리는 사이타마 대회 공연

6월 : 간다 외국어 대학 한국 연구회 농악 지도

6월 : 「우리생활」 10호 출판 기념 파티 공연

6월 : 한일 친선 협회 아오모리 지부 이벤트 공연, 하치노헤에서

8월 : 민단 치바 지방 본부 농악 및 무용 강습 개시

9월 : 니자시 주최 민족적 사운드 페스티벌 공연

9월 : 자연 의학 국제 심포지엄 공연

9월 : 민단 시즈오카 부인회 무용 교실 개교

10월 : 재일 동포 ‘10월의 마당’ 高魔神社에서 공연

11월 : 히가시무라야마 ‘全生園 축제’ 농악 참가

11월 : 에히메현 주최 현민 종합 문화제 공연

11월 : 백옥선 자선 콘서트 출연, 에도가와 문화 센터에서

11월 : 김연자 독주회 출연, 톳토리현민 문화 회관에서

12월 : 고려 박물관을 만드는 모임 3주년 기념 공연

12월 : 민단 부인회 도쿄 지부 ‘半世史’ 출판 기념 공연

12월 : 한국 봉산 탈춤 무형문화재를 초빙하여 강습회 개최

12월 : 93 제 15회 자연 의학 국제 심포지엄과 사은의 밤 공연, 아카사카
　　　프린스 호텔

12월 : 통일의 무용 공연, 히비야 공회당에서

9. 1994년

1월 : 세계평화 여성 연합 일주년 기념 공연

1월 : 요코하마시 재미있는 일본 전통음악 세미나 출연

1월 : 초후 민단 신년회 공연

1월 : 한일 합동 신년회 공연, 미토 프라자 호텔에서

1월 : 다치카와 민단 신년회 공연

1월 : 재미있는 일본 전통음악 세미나 공연, 요코하마시 교육 문화

2월 : KDD 주최 ‘정월 페스티벌’ 출연

2월 : 94년 전 일본 기모노 치장 콘테스트 공연

2월 : 김순자 K·G·K후원회 결성 축하회 토호 생명 홀에서

2월 : 사이타마 개단 기동 연맹 주최 부모님 성탄일 기념축전 공연, 카와구
　　　치시 南平 문화 회관에서

4월 : 초후시 무르레회 개강 기념 공연

4월 : 김사련 종이인형전 공연 한국 문화원에서

4월 : 94 전일본 기모노 치장 콘테스트 NHK 홀에서

5월 : 이츠카이치시 東光院 히라이 묘켄궁 7성전 공연

5월 : 제17회 한일 여성 친선 협회 합동 총회 공연

6월 : 94 사랑의 자선 음악제 공연, 도쿄에서

6월 : '우리판' 네리마 센터에서 김순자 한국 전통예술연구원 제3회 발표회

6월 : 축 주일대사관 문화원 15주년 한일 친선 문화 교류 공연, 문화원에서
　　　감사장 수여

6월 : 학교방송 출연 치요다 공과 예술 전문학교에서

6월 : 후지무라 여자고등학교 체육대회를 위한 강습 개시

6월 : 도쿄 경상남도 도민회 민족 무용 강습회 개시

6월 : 간다 외국어 학교 학원축제 농악 지도 개시

7월 : 히가시쿠루메시 노인 클럽 '유유카이' 한국무용 지도 개시

7월 : 한일 문화 교류 文柱天陶器 작품전 공연, 하마마츠 상공회의소에서

8월 : 제49주년 광복절 요코하마 여름축제 공연

8월 : 제49주년 광복절 공연 니시토쿄 민단에서

9월 : KDD 콘서트 '94 한국 국악의 해' 출연

9월 : 민단 치바현 지방 본부 제 20회 경로회 공연

9월 : 야외 음악 페스티벌 일본의 소리 섹션 V11 출연, 세타가야 공원 분수
　　　앞 광장

10월 : 아사카시 朝光苑 위문 공연

10월 : 고향 도쿄 축제 퍼레이드 94 농악 참가

10월 : 타마 全生園 상조회 총회 공연

10월 : '불의 페스티벌' 나가노현 예술의 숲 콘서트 출연

10월 : 한일 JC교류 공연, 다치카와 청년 회의소에서

10월 : 사가현립 나고야성 박물관 일주년 기념 공연

10월 : 에히메현 마츠야마 시민축제 한국 수원 대학 무용과생과 경연

11월 : 아비코시 국제 교류 아시아의 음악 출연

11월 : 후쿠이상은 창립 30주년 기념 공연

12월 : 다카사키시 아시아의 문화제전 출연

12월 : '통일의 무용'공연, 우체국 저금 홀에서

12월 : 아시아의 음악 카츠시카 교향곡 콘서트 홀 출연

12월 : 세계 무용의 제전 주최 아라카와 상업 고등학교 공연

12월 : 아시아의 풍 콘서트 공연 후지오카시민 홀에서

12월 : '우리판' 한국 국립민속박물관에서 김순자 한국전통예술연구원 제4
회 발표회

10. 1995년

1월 : 한국의 관광과 산물 전 JR 하카타에서 공연

1월 : 영건산업 주식회사 한국 문화 소개 공연

2월 : 가나자와시 겨울 축제 '교류의 고리는 해랑을 건너서' 한국 토레 예
술단과 공연

2월 : '우리판' 김순자 K · G · K후원회 공연, 토호 생명 홀에서 김순자 한
국전통예술원 제5회 발표회

2월 : 한국문화 소개 우에노 포시즌 호텔에서 공연

2월 : 일본 · 한국 · 조선을 묶는 위령 공양 제 공연, 후쿠오카현 무나카타
이벤트 홀에서

3월 : 고베대학 지진재해 자선, 아오야마 극장에서

3월 : '한국 고전 무용과 음악으로의 초대' 치바 국립역사민족박물관에서

3월 : 한국 무형문화재 제 92호 태평무 전수자가 된다.

4월 : '무희 김순자와의 모임' 초후 무르레 회 공연

4월 : 라미아 10주년 스테이지 타임 테이블과 아시아의 문화 소개 출연

5월 : 이츠카이치시 東光院 히라이 묘켄궁 7성전 공연

6월 : 高麗川 하이킹과 교류회에서 출연

6월 : 한국 민족예능 공연 마츠시로시 아즈사가와 고등학교에서

6월 : 일한 현대 미술전 '미나토미라이' 에서 공연

6월 : 한일인 협회 연합회 창립 대회 공연, · 일본 도시 센터에서

7월 : 민족 문제의 오늘날의 과제에 대한 이야기와 실기, 오타구 교육 센터
에서

7월 : RAMLA 10th ANNIVERSARY FAIR 참가 공연

8월 : 민단 시즈오카 제 50주년 광복절 공연, 시미즈시 니혼다이라 호텔
대 홀에서

8월 : 민단 야마구치 지부 광복절 김용자와 함께 공연, 오구라에서

8월 : 장수 여름 축제 도쿄 산야에서 공연

8월 : 봉산 탈춤 강습회

8월 : 한국 KBS라디오 출연

8월 : 시즈오카 민단에서 8·15 광복절 공연에서의 감사장 수여

8월 : 오사카 丸正(환정) 백화점에서 한국물산 페어－공연

9월 : '치바 그린 교향곡 CHIBA' 공연

9월 : 제2회 전국 도시 녹화 치바 페어 주최자로부터 감사장 수여

9월 : 치바 문화제 95 김용자와 공동 출연

9월 : 청일 전쟁 사진전 '侵略えなだれ打つ日本'과 '조선의 저항' 공연, 가 와사키시 국제 교류 센터에서

9월 : 가와사키 시멘트도 농악 축제 공연 제 2회

9월 : '50곡의 노래로 엮은 개방 50년 음악의 밤' 출연

10월 : 치바 포토 파크 '생명의 축제' 공연

10월 : 간다 외국어 학원 농악 지도 개시

10월 : 全生園 아리랑회 발표회 지도와 공연

10월 : 시가현 민단 경로회 공연

10월 : 아오모리 임포트 마트 인터내셔널 페어 공연

10월 : 치바 다코마치에서 자선 공연(김용자와 함께)

11월 : 치바 에히메현민 문화제 공연

11월 : 해방 50주년 기념 재일 동포 심포지엄 참가

11월 : 한국 수원시에서 사단법인 한국국악협회 경기도 지부 주최 콩쿠르 참가, 학원생 전통 무용 부문은상 수상

11월 : SBS 한국 라디오 방송 출연

12월 : 《舞技初夜》 특별 출연, 한국 국립국악원에서

11. 1996년

1월 : SBS 한국 라디오 방송 출연

1월 : 히가시쿠루메 한일 교류회 공연

1월 : 재일 전북도민회 친목회 출연

1월 : 재일 전남도민회 친목회 출연

2월 : 김순자 K·G·K강연회 총회와 친목회

2월 : 재일 민단 사이타마현 본부 친목회에서 공연

4월 : 루이비통사 주최 이벤트 공연, 歌舞樂 서울 예술단과 함께 출연

5월 : 이츠카이치시 東光院 히라이 묘켄궁7성전 공연

5월 : 서울 예술단과 함께 공연, 일본 교육 회관 히토쓰바시 홀에서

5월 : 한·일·중 삼국문화 교류 공연, 후지사와시민회관에서

5월 : 사이타마현 한국청년상공회 주최 "재일 동포와 지방 참정권"에서 공연

6월 : "鼓舞響", '우리판'네리마 문화 센터에서, 김순자 한국전통예술연구원 제6회 발표회

6월 : 좀 더 알자 본 모습의 아시아, 초후시 서부 공민에서 세미나

7월 : "재일 동포의 민족 교육과 문화" 심포지엄 참가

7월 : "춤추는, 춤추는, 매료 시키는 군상" 오키나와·한국의 무용 공연, 홋카이도 유이쵸 중앙 공민관에서

8월 : 마츠시로 여름축제 공연, 나가노현 마츠시로 문화 홀에서

8월 : 요코하마시 고토부키초 여름축제 공연

8월 : 히가시쿠루메시 타키가와 축제 참가 공연

9월 : 안중근 의사 치바 17거사 제 16회 추도회 공연, 미야기현 大林寺에서

9월 : 新도코로자와 지구 경로회 공연

9월 : 오카야마 에어포트 페어 공연, 오카야마 공항에서

10월 : "추운 아침의 노래 차가운 밤의 시" 재일포럼 문화제 공연, 아사히 생명 홀에서

10월 : 가와사키 코리아 타운축제 공연

10월 : 제15회 고향 도쿄 축제 공연, 고가네이 공원에서

10월 : "아리랑의 밤" 참가 공연

10월 : "친구" 한일인 협회 잡지 게재

11월 : 全生園축제 농학 참가

11월 : 한국 고전 무용과 음악에의 초대

11월 : 殿山龜壽園양로원 위문 공연

11월 : 민요 무용 전국 대회 특별 출연, 국기관에서

11월 : "한국의 전통 예술을 배우는 부츠도이" 나가노현에서 세미나

12월 : 재 CA 한민속문화 홀 회관 세레모니 특별 출연, 캐나다 토론토에서

12월 : 캐나다 재 토론토 소수 민속 커뮤니티 이벤트 참가 공연

12. 1997년

    1월 : 재일 동포 친목회 참가 공연

    1월 : "CAZ"여성잡지 게재

    1월 : "전유회"친목회 공연

    2월 : 히가시쿠루메시 신청사 신설 기념 이벤트 공연, 히가시쿠루메시 관공서 홀에서

    2월 : 《우리판》 "한국 예술의 밤" 토호 생명 홀에서, 김순자 한국전통예술 연구원 제 7회 발표회

    2월 : 아라카와 한일 친선의 제전 공연, 아라카와 산파르 홀에서

    2월 : "맨발의 무용가가 말하는 한국 무용의 세계" 현대 어학 학원 공개강좌, 글판 제 22호 강연기록 게재

    4월 : 백옥선 자선 콘서트 출연

    4월 : "아라카와구 강의 손축제"공연

    5월 : 이츠카이치시 東光院 히라이 묘켄궁7성전 공연

    6월 : "사잔카제"출연, 치바 德洲병원에서

    6월 : 한국 무형 화재 제 97호 지정 태평무 이수자 인정

    6월 : 쓰가루샤미센 "풍"과 공연, 시부야 공회당에서

    6월 : 백옥선 자선 콘서트 40회 기념 출연, 네리마 문화 센터 대 홀에서

    7월 : "남원 춘향제"출연 한국에서

    7월 : "97 국제 식품 공업전"공연

    8월 : 민단 도쿄 본부 창단 50주년 공연, 도쿄 국제 포럼 대 홀에서 민단 도쿄 본부에서 문화 공로상 수상

    8월 : 쓰가루샤미센 "풍"과 공동 출연, 가나가와현민 홀에서

    8월 : 히가시쿠루메시 다키야마 축제 공연

    9월 : 히가시무라야마시 주최 한국 문화 세미나 10회 코스

    9월 : 와라비시 주최 한국 문화 세미나 사이타마 TV 방영

    9월 : 김용자 10주년 독주회에 출연, NHK 홀에서 NHK TV 방영

    9월 : "아시아 무용의 세계, 중국"에 특별 출연, 가와사키 문화 센터에서

    10월 : 간다 외국어 대학 농요지도

    10월 : 히가시무라야마시 제 32회 예술 문화제 출연

10월 : 전국구 민요무용대회 출연, 국기관에서

10월 : 全生園 아리랑회 발표회 지도와 공연

11월 : 한국 무형 문화재 태평무 보존회 일본 도쿄 지부를 설립, 초대 지부장이 된다.

11월 : 全生園 농악 퍼레이드 참가

11월 : NHK TV 제 2 방송 "아시아의 음악" 악기 제공, 협력

11월 : 재일 한국인 문화 예술 협회 주최 "아리랑의 여행자"출연

11월 : 히가시쿠루메시 문화제에 "유유카이" 한국 무용 그룹 출연

11월 : 니이가타 상은 축하회 공연

11월 : 한일 친선 문화 교류회의 밤 특별 출연

11월 : 박채란 독주회 특별 출연

11월 : 호야시 국제 문화 교류 페스티벌 출연

13. 1998년

2월 : 김순자 KGK후원회 친목회에서 연주와 무용

3월 : 일본민요 레코드 상 기념식전 참가 공연

3월 : "아시아의 전통 문화" 악기 전시 협력

4월 : 한국 무형문화재 제 17호 봉산 탈춤 연구회 설정

4월 : "백옥선 자선 한일 친선노래의 모임" 출연

4월 : C형 간염 자선에 참가 출연

4월 : 아라카와 강의 손 축제 공연

5월 : 이츠카이치시 東光院 히라이 묘켄궁7성전 공연

5월 : 도쿄도 청년 문화 협회 주최 '아이의 모임' 고토구 문화 홀에서

5월 : '宗和映風(종화영풍)교방무' 한국 대구 플라자에 찬조 출연

6월 : "鼓舞響" '우리판' 네리마 문화센터에서, 김순자 한국전통예술연구원 제8회 발표회

7월 : 도쿄도 홋사시 미스 칠석 콘테스트에서의 심사원 인정

7월 : 98년 코리아 댄스 페스티벌에 태평무 출연, 도쿄 예술 극장에서

7월 : 근대 역사 연구가 박경식 선생을 그리는 회에서 추도의 무용 봉납, 와세다 강당에서

8월 : 제 53주년 광복절 기념 공연, 오카야마 민단 주최 오카야마 테레사호

르에서 감사장 수상

8월 : 히가시쿠루메시 다키야마 여름축제 참가 공연

9월 : 관동대지진 조선인 희생자 추도식에서 위령무용 봉납, 도쿄에서

9월 : 관동대지진 조선인 희생자 추도식에서 위령무용 봉납, 치바에서

9월 : 세계 가라오케 콘테스트 이타코축제 참가 공연

9월 : 제15회 시타마치 가요제 참가 공연, 에도가와 종합 문화 센터에서

10월 : 제 22회 니자 시민축제 문화제 참가 공연, 니자시민회관 대 홀에서

10월 : 간다 외국어 대학 문화제를 위한 농요지도

10월 : 재일 동포 심포지엄 '재일조선인으로서 사는 것의 의미를 생각한
다' 패널리스트 참가

10월 : "10월 마당" 치바 민단 주최에 참가 공연

11월 : 다치카와 국제 예술제 98 참가 공연, 다치카와시민회관에서

11월 : 제28회 히가시쿠루메시 시민문화제에서 "유유카이" 공연 지도 협
력, 히가시쿠루메 중앙 공민관에서

11월 : 니시토쿄 한일 친선 협회 연합회 행사 참가 공연

11월 : 제 41 백옥선 자선 콘서트 참가 출연, 아사쿠사 공회당에서

14. 1999년

1월 : 치바 민단 신년회 공연

1월 : '독신 생활의 모임' 공연

1월 : 한국 전통 예능을 배우는 모임

1월 : 히가시무라야마시 세미나 10회

1월 : K·G·K후원회 친목회, 학원에서

1월 : 타마 全生園 상조회 총회 공연

1월 : 이타코 쇼핑센터에서 공연 한국 무용 쇼

5월 : 묘켄궁 신사의 연례행사 공연, 이츠카이치

5월 : 어린이날 도쿄청년문화협회 주최, 고토구 문화 센터에서 공연 감사
장 수상

5월 : 백옥선 자선 공연

5월 : 재일 한국 문화예술의 밤 공연, 아사히 생명 홀에서

5월 : '가야의 나라 환상'토치기현 우츠노미야에서 공연

8월 : 재일 한민족예술단 공연, 아사히 생명 홀

8월 : 히가시무라야마시 소년 교육학급 세미나

8월 : 宗和映風 교방무 공연에 출연, 한국 국립국악원에서

8월 : 추석의 밤, 한국 YMCA 홀에서 공연

8월 : 백옥선 자선 콘서트 공연, 사이타마 회관에서

10월 : 10월 WCRR 세계 철도 연구회의 99 공연

10월 : 치바 민단 10월의 마당 공연

11월 : "백제인의 추상" 미야기현 와쿠야 소극장에서 공연

11월 : 타마 全生園 축제 농악 참가 공연

11월 : 타마 全生園 창립 90주년 기념 공연, 아리랑회와 함께

11월 : 고가네이시 국제 교류 이벤트 한국의 민속 예능 공연 공민관에서

15. 2000년

2월 : 한국전통예술 감상회 니자시민회관

2월 : 한국 무형문화재 보존회 태평무 일본 도쿄 지부 임명식&축하 공연
　　　한국 YMCA 홀에서

2월 : 니자시 殿山龜壽苑 위문 공연

2월 : 재일동포 친목회 신년회 공연

2월 : 에도가와 국제 교류 파티 참가 공연

4월 : 전주 공연, 전주 예술 회관에서

4월 : 도큐멘트 드라마 "천사의 무" 한국에서 방영

4월 : KN TV출연 피플 "우주를 춤춘다."

4월 : 達城 교방무 서울 공연

4월 : 達城 교방무 도쿄에서 공연

4월 : 타마 全生園 상조회 총회 공연

5월 : 이츠카이치 묘켄제 공연

5월 : "아오야기의 아" 참가 공연 한국 국립국악원에서

6월 : 達城 교방무 공연 우리판 제10회 기념 공연, '신라 천년의 향기' 네리
　　　마 문화센터에서

7월 : 한국 예능 공연, 다치카와 프린스 호텔에서

8월 : 한국 경복궁에서 공연

9월 : 관동대지진 77주년 추도 식전 공연

9월 : 안중근 의사 추도 공연 재일 동포 친목회와 함께 미야기현 大林寺에서

10월 : 코다이라 유네스코 협회 이벤트 공연

10월 : 오사카 포드우레 공연에 참가, 한국 경복궁에서

10월 : 재일 남북 춤, 놀이 공연, 신주쿠 문화 센터에서

11월 : 무도 문화 교류의 모임 공연, 요코하마 문화 체육관에서

11월 : 북륙 고향 환 일본해 페어-2000 공연

12월 : 일본 徐福會 친목회 공연 노동 스퀘어 도쿄에서

16. 2001년도

2월 : 니자시영 4초메 축제 공연

2월 : 니자시 국제 교류회 공연, 니자시 관공서에서

2월 : 니자시립 쿠리하라 초등학교에서 한국 문화 소개 협력

2월 : "세월" 특별 공연, 아이치현 노동 회관

2월 : 2001 국제 아트 페스티벌 참가 공연, 한국 문화원에서

2월 : 글로벌 사회에서의 전통과 아이덴티티 공연

3월 : EIFA 국제 교류 파티, 에도가와구 그린 팰리스 홀에서

4월 : "세월" 게스트 공연, 아이치현 근로 회관에서

5월 : 한·일·중 삼국문화 교류 공연, 후지사와시민회관에서

5월 : 東光院 묘켄제, 이츠카이치초에서

5월 : 한국 전통 무용의 밤 공연 "월화풍" 한국 문화원 홀에서

5월 : "아오야기의 아" 공동 출연

6월 : (아오야기의 미야비) 공찬 출연, 한국 국립국악원 예악당에서

6월 : 원 코리아 축제 출연, 히가시쿠루메시 관공서에서

8월 : 마츠시로 여름축제 공연, 나가노현 마츠시로시에서

8월 : 지장 축제 기념 공연, 시즈오카에서

9월 : 재일본 치바현 본부 경로회 공연

9월 : 아가베 아동학대 연구소 설립 기념 공연, 시즈오카현에서

9월 : 니자시영 대제 공연, 니자시영 상가 특설 스테이지에서

9월 : 관동 대지진 78주년 조선인 희생자 추도 집회

9월 : 치바 민단 경로회 공연

10월 : 제9회 네리마 체조 페스티벌 특별 출연

10월 : 全生園 아리랑회 제10주년 기념 발표회 협력 공연

10월 : 치바 민단 10월 마당

10월 : 다치카와 국제 예술제 2001 참가, 국영 쇼와기념 공원에서

11월 : 니자시 에스닉 페스티벌 참가 공연

11월 : 치바 시민 문화제 참가 공연

12월 : 한국의 전통 무용·영화의 밤, 한일 공동개최 FIFA 월드컵 축구
　　　 대회 개최 기념 공연

17. 2002년

1월 : 한일 가라콘서트 출연, 2002년 한일 국민 교류 사업

2월 : 요코하마 아트 2002년 J고려아 공연

3월 : 타마 全生園 상조회 총회에 공연

3월 : 한국 명지 대학원 사회교육지도부 입학

5월 : 묘켄궁 신사의 연례행사 공연, 이츠카이치

5월 : 南浦和 장어 축제에 참가 공연

6월 : "KICK OFF 사이타마 2002" 공연

6월 : 아시카가 한국·중국 산물전 공연

6월 : 다이토우문학대학 "아시아 믹스 2002" 공연

6월 : 일본 미술계 W배 한일기념 공연

6월 : 한국 명지대학원 공연 대학 강당에서

7월 : 나가노현 단기대학에서 한국 전통 문화 감상 공연

7월 : (사) 한국국악협회 일본 관동지부 총회, 히가시쿠루메에서

9월 : 관동대지진 79주년 조선인 희생자 추도식 위령 무용 봉납

9월 : 코다이라 평화 콘서트 제 8회 공연, 루네 코다이라 대 홀에서

10월 : 코가네이시립 록초등학교 운동회에서 아동에게 농악 소고무용 지도

10월 : 제26회 니자시민 축제 문화제 참가 니자시민 문화 회관 대 홀

10월 : 타마 全生園 문화제 아리랑회 정기 발표회 참가 출연

11월 : 아이치현민 종합 문화제 참가 현민 대 홀에서

11월 : 아세아 대학 학원축제 참가 공연

11월 : 무사시노 미술대학 「한일 문화 교류」출연

11월 : JAPAN · KOREA 시민 교류 페스티벌 참가

12월 : 니시토쿄 민단 지방 본부에서 장구 교실 개강

12월 : 한국 명지 대학원 제2회 한국 무용 지도자과 공연 출연

18. 2003년

1월 : 전수회 신년회 공연

2월 : 우리판 제 11회 "達城 교방무" 공연

2월 : 한국 MBC 방송 "포토 에세이 사람" 출연

2월 : 세계의 노래, 일하는 동료의 창, 산타마야 집회에서 참가 공연

3월 : 베스트 라이프 南浦和 1주년 기념 공연

3월 : 신주쿠구 토미히사 초등학교 "한국의 문화를 알자" 공연

4월 : 가야금(한국)과 쟁(일본) 공연에 협력 출연

5월 : 제16회 묘켄궁 신사의 연례행사 공연, 이츠카이치

5월 : YOKOHAMA　SOCCER 공연

7월 : 한국, 조선, 일본, 합동 재일 동포 위령제 공연 아라카와 하천 부지에서

7월 : "한국 무용의 밤"

7월 : 히가시쿠루메시립 제3초등학교 한국 무용 세미나

7월 : 제31회 (재) 조선장학회 여름캠프 공연

8월 : '한국 무용 감상' 긴자 그레이스 홀에서

8월 : 박채란 가야금 연구소 개설 기념, 한국 남해에서

9월 : 관동대지진 80주년 조선인 희생자 추도식 공연

9월 : 안중근과 치바 17거사 추도 법요 공연

9월 : 아타미 매원 한국 정원 1주년 기념 공연

9월 : 아타미 국제 교류 축제 출연

9월 : 다치카와 니시토쿄 지방 본부 경로회 공연

10월 : 킨키 일본 투어리스트 아세아 견문 오락부 한국 무용 공연

10월 : 아리랑회 발표회 협력 출연

11월 : 치바 민단 10월 마당

11월 : 2003년 일본 노랫소리 제전 IN 나가노 출연

19. 2004년

1월 : 니자시 국제 교류의 날 공연

2월 : (사) 한국 국악 협회 일본 도쿄 지부 합동 공연 "한·무·악"

2월 : 원 코리아 페스티벌 도쿄 2004

3월 : 치바 민단 3·1절 기념식전공연

5월 : 이츠카이치 묘켄궁 신사의 연례행사 공연

5월 : 정명숙 발표회 참가, 한국 세종문화회관에서

5월 : 치바 에서 "한국 문화의 날" 참가

6월 : "한무악 예술단 공연"

6월 : "시공을 넘어" 코리아 판타지 공연

7월 : 무사시노 미술대학 메디아 아트 클래스 '영혼' 공연

8월 : 한국 무용 감상, 긴자 그레이스

9월 : 관동대지진 희생자 추도식 무용 봉납

9월 : 다치카와 니시토쿄 민단 노인회 공연

9월 : 한일 국제 자선 콘서트 출연, 히가시쿠루메에서

9월 : 치바 국제 교류의 모임 출연

10월 : "하나가 되기 위해" 한국통일 전망대에서

10월 : 아리랑회 발표회 협력 출연

10월 : 치바 민단 10월 마당 출연

10월 : 일본 초등학교 음악 감상 지도 사례집 DVD 가야금 연주 수록

10월 : "숙년자를 위한 자유 학교" 세미나에서 실연, 니자시

10월 : 치바 신체장애자 작품 교류전 한일우호 친선 공연 참가

11월 : 민단 니시토쿄 지방 본부 부인회 50주년 기념식전 공연

11월 : "김순자를 맞이하여" 아시아 시민 교류의 밤 출연

12월 : (주) 나라기계제작소 창립 80주년 기념 공연

20. 2005년

1월 : "처가방" 스기나미 개점 이벤트 공연

2월 : 민단 니시토쿄 지방 본부 부인회 신년회 공연

2월 : 봄을 부르는 모임 김순자를 맞이하여

2월 : 리얼한 한국을 접하는 1일, 신주쿠에서 공연

3월 : 한국 전통 음악의 감상·세미나와 실연

4월 : 아사히신문 "한류문화"에 게재

4월 : 명가 강선영 발표회에 참가 공연, 한국 국립극장에서

5월 : 이츠카이치 묘켄궁 신사의 연례행사 공연

5월 : 아이치 만국박람회를 축하하는 한일 우호의 해

5월 : 한국 민족문화예술대상 수상 한국 문화 관광부등록 대 5930호

6월 : 미야기현 센다이시 후지사키 백화점 한국 페어－공연

6월 : 뷰티풀 KOREAN 나이트 IN TOKYO 공연

7월 : 남북 평화 통일 대회, 한국 판문점에서 공연

8월 : "한무악의 세계" NPO 법인 서포트 하우스 연륜에서

8월 : 아이 문화 체험 프로그램, 신주쿠 문화 센터에서

9월 : 관동대지진 82주년 조선인 희생자 추도 공연

9월 : 청소년 국제·우정·페스티벌

10월 : 후레아이 축제 2005

10월 : 호소다 학원 농악 지도, 카와고에시 조선 통신사 퍼레이드 실연

10월 : 한국문화감상 스기나미 松溪 중학교

11월 : 고령자를 위한 콘서트, 니자시 중앙 공민관에서

11월 : 무사시 고가네이시 상공회 앵우회 50주년 기념 이벤트 공연

12월 : 심신장애자 제35회 크리스마스의 모임

12월 : 육상자위대간부학교 한국 문화 감상에 공연

12월 : 재일 동포 할아버지, 할머니 자선 콘서트 공연

<표 Ⅲ-12> 김순자의 공연활동

교류 유형	횟 수	교류활동 중 평균(%)
거주지역 활동	444	84.4
거주국내 지역교류	50	9.5
국가간 교류	2	0.3
모국과의 교류	26	4.9
모국과 교류 + 국제교류	5	0.9
	527	

(2) 김일지

1. 1996년
   2월 : JR 니죠역 앞에 김일지 고전무용학원 개교
2. 1998년
   12월 : 「고베 코리아의 바람 콩쿠르」에 대해 창작 무용에서 준우승
3. 1999년
   10월 : 오야마자키쵸 국제 페스티벌, 시가현 카모우쵸 「한일 문화 교류 페
   　　　 스티벌」에 출연
4. 2000년
   5월 : 교토 거주의 유학생에 의한 「월드 페스티벌」 출연, 이조양식의 개인
   　　　 택(동저)에서 「한국 고전의 밤」을 개최
   12월 : 부민 호르아르티에서 「연휘 무용단」 창립기념 공연 개최
5. 2001년
   10월 : 동대사 한일 문화 교류 공연 「古典のかほり」 개최
   11월 : KOREA 슈퍼 엑스포 2001 오프닝 세레모니 출연
   12월 : 제3회 자주 공연
6. 2002년
   2월 : 코리안 레스토랑 화산(오사카시) 개점 1주년 기념 공연
   4월 : 벚꽃 축제(교토시) 출연, 이즈모돔 한일 월드컵 기념행사 출연
   8월 : 아크티 오사카에서 공연
   10월 : 동대사 한일 문화 교류 공연 「古典のかほりII」 개최
   11월 : 오사카에서 「일타일관 · 달밤의 꿈 이야기」 게스트 출연
   12월 : 사이판에서 한국 전통 무용 공연
   그 외 : 매년 학교 공연(문화제 · 국제 교류 이벤트 등) 다수

〈표 Ⅲ-13〉 김일지의 공연활동

교류 유형	횟 수	교류활동 중 평균(%)
거주지역 활동	13	68.5
거주국내 지역교류		
국가간 교류	1	5.2
모국과의 교류	4	21.1
모국과 교류 + 국제교류	1	5.2
	19	

⑶ 박정자

1. 1980년 박정자 한국 무용단, 박정자 한국 무용연구소 창립
2. 1983년 민족예능전국공연 (仙台電力會館、郡山市民會館、秋田縣民會館、秋田市民會館、滋賀會館、富山市公會堂、島根縣民會館、長野縣民會館)
3. 1984년
   ○ 후지 TV에 출연
   ○ NHK TV「안녕하십니까?」에 출연
   ○ 교토 전통 박람회
4. 1985년
   ○ TBS TV에 출연
   ○ 일본 TV 24시간 TV
   ○「사랑은 지구를 구한다」(일본 무도관)에 출연
5. 1986년
   ○ 국립 부인 교육 회관 주최「국제 교류 집회」
   ○ 세계 여행 박람회
6. 1987년
   ○ TBS TV「도쿄 음악제」(일본 무도관)에 출연
7. 1988년
   ○ 키타큐슈시 주최「한일 친선 교류 페스티벌」

○ 나가노현 마츠모토시 주최 「시정 80주년 기념 전국 북 페스티벌」

○ 「'88 아시아 잼 IN 무도관」(일본 무도관), 도쿄 에키콘

8. 1989년

○ 센다이시 「그린 페어 센다이」 박람회

○ 코후 박람회

○ NHK 홍백 노래자랑에 출연

9. 1990년

○ 오사카국제 교류 센터 주최 「아시아 민족 예능과의 만남」

○ 오사카 「꽃의 만국박람회」

○ 미야자키 박람회

○ 나가사키 「여행의 박람회」

10. 1991년

○ 전국 도시 녹화 키타큐슈시 페어 「그린 르네상스 키타큐슈 '91」

○ 제6회 치바현 국민 문화제 「타악기 페스티벌」(마쿠하리 멧세)

11. 1992년

○ 토야마 박람회 「토야마 재팬 엑스포」

○ 사이타마현 민족 문화 센터 「국제 교류의 모임」

○ 사가미하라 박람회 「전국 도시 녹화 카나가와 페어」

12. 1993년

○ 사가현 주최 「한·일·중 교류 페어」(사가시 문화회관)

○ 오오타시정 45주년 기념 「월드 friendship 페스티벌」

○ 전국 도시녹화 페어 「그린 페어'93」

○ 항공국 주최 「하늘의 날」 페스티벌(항공 박물관)

○ 「치요다 페스'93」(일본 무도관)

○ 「통일의 무용」(히비야 공회당)

13. 1994년

○ 사가현 주최 「한·일·중 교류 페어」(사가시 문화 회관)

○ 카나자와 박람회 「과자 박람회」

○ '94 타지마 四季彩

○ 효고현 이즈시초 자주사업공연

○ 야마가타현 주최 「사카타 항 페스티벌」

○ 니가타현 주최 「니이가타 아시아 문화제」

○ 간사이공항 개항기념 민음공연(오사카 산케이 신문 회관, 이즈미사노 시민회관)

○ 외국인 주재 단체로서 사상 최초의 문화청 주최 예술제 참가 공연(도쿄 간이보험 회관)

○ 축제박람회 「삼중 '94」

○ 교토 박람회 「전국 도시 녹화 교도 페어」

○ 「세계 관광축제」(아시아 태평양 트레이드 센터)

14. 1995년

○ 우사시 문화회관 주최 자주사업 공연

○ 「국제 교류 Casual Consideration '95」(도쿄 예술 극장)

○ TBS TV 「도쿄 음악제」(일본 청년관)에 출연

○ 가와치나가노 러블리 홀 자주사업공연

○ 미사토초 커뮤니티 센터 자주사업공연

○ 카도마시 르미에이르호르 자주사업공연

○ 교토 야와타 오야코 극장, 패총 패밀리 극장, 토요노 오야코 극장 예회 공연

○ 키시와다 마드카호르와 키시와다 오야코 극장의 공동개최 공연

○ 토요나카 오야코 극장, 이즈미 오야코 극장, 카나자와 松任內灘 오야코 극장 예회 공연

○ 사가현립 나고야성박물관 자주사업공연

○ 키타큐슈 시립 히비키 홀에서 키타큐슈시 국제 교류 협회 주최 「아지아 위크」특별 공연

○ 루네 고다이라에서 키요세 어린이 극장 11 극장 합동 예회 공연

○ 문화 파르크 오프닝 기념 공연

15. 1996년

○ 도쿄도내 오야코 극장 예회 공연(네리마 문화센터)

○ 후지 TV 프로그램 「700년 전의 약속」에 출연

○ 나라현 문화 회관(나라현 청소년 문화 진흥 협회)에서 공연

○ 아라오 종합 문화 센터 「쿠마모토현 어린이 예술제전피날레 공연」

○ 니가타현 주최 아시아 문화제

○ 야마가타현 국제 음악제

○ 사가현 박람회 「재팬 엑스포 사가 '96」

○ 헤이세이 8년도 문화청 주최 예술제 참가 공연

16. 1997년

○ 「국제 예술 문화 스테이지'97」공연(도쿄 예술 극장)

○ 타카츠키 시마모토 오야코 극장 예회 공연

○ 간사이 어린이 문화 협회 예회 공연

○ 교토 오야코 극장 예회 공연

○ 국제 친선 협회 「아시아 21 포럼」(番町會館)

○ 나고야 국제 센터 「한국 무용의 밤」

○ 「누마주 월드 댄스 축제 - '97」

17. 1998년

○ 토요나카시 교육위원회 주최 「시민극장」(토요나카 아쿠아 문화 홀)

○ 어린이 극장 키타큐슈 연락회 예회 공연

○ 후쿠오카현 서부 어린이 극장 협의회 예회 공연

○ 카고시마 어린이 극장 협의회 예회 공연

○ 이와테현 해양 파크 야마다 「국제 페스티벌 '98」

○ 무라카미시민 만남 센터 자주사업학교 합동 감상 공연

○ 니이가타 아시아 문화제 「'98 NAK 모두 프로젝트」

○ 「도쿠시마 세계 춤 축제」

○ 야모토초 교육위원회 주최 중학교 공연

○ 아이즈 어린이 극장 예회 공연

○ 키타카타 어린이 극장 예회 공연

○ 키타카타 플라자 문화 센터 자주사업학교 합동 감상 공연

○ 국민 문화제둔 '98 「폐회식 그랜드 피날레」

- ○ 三朝초 종합 문화 홀 자주사업공연
- ○ 구시마시 문화 회관자주 사업공연

18. 1999년

- ○ 사가현 친제이초 波戸岬 자연공원 대회
- ○ 마쿠하리 멧세 10주년 기념 공연 「아시아 페어 IN 마쿠하리 멧세」
- ○ 어린이 극장 미에현 센터 예회 공연

19. 2000년

- ○ 야마가타 시민회관주최 중학 합동 감상 공연
- ○ 토치기 시문화회관 주최 고교 합동 감상 공연
- ○ 토요카 시민회관주최 고교 합동 감상 공연
- ○ 민음 공연(후츄의 모리 예술극장, 스미다구 트리포니호르, 니시아라이 문화 홀, 네리마 문화 센터, 티아라 고답, 아사쿠사 공회당, 산파르 아라카와, 하치오지 시민회관)

20. 2001년

- ○ 키타큐슈 연극제(키타큐슈 시립 문화 센터)
- ○ 후쿠오카시 어린이 극장 연락회 주최 「춤놀이」(후쿠오카 시민회관)
- ○ 糸島 어린이 극장과의 공동개최 「춤놀이」(후쿠오카현 이토 문화 회관)
- ○ 어린이 극장 시모노세키 센터 주최 「아리아리」(시모노세키 시민회관) 센다이 어린이 극장 주최 「춤놀이」(센다이 시민회관)
- ○ 미야자키현 키요타케초 문화 회관 「춤놀이」
- ○ KOTRA · NHK 오사카 방송국 · 아사히신문사 주최 「KOREA SUPER EXPO 2001」(인텍스 오사카)
- ○ 군마현 마에바시시 국제 교류제
- ○ 나니왓코 극장 협의회 주최 예회 공연(엘 오사카)
- ○ 나라 오야코 극장 주최 예회 공연(나라 문화 회관)
- ○ JP스튜디오 자주 공연(세시온 스기나미)
- ○ 도쿄도 교육위원회 외 주최 「도쿄 패밀리 극장 2001 도쿄 예술 극장 아동 · 청소년 연극제」(도쿄 예술 극장)
- ○ 카스카베 오야코 극장 예회 공연(카스카베 시민문화회관)

○ 소카시 문화회관 주최 자주 사업 공연(소카시 문화회관)

○ 「제29회 도쿄도 아동 회관 여름 방학 아동·청소년 연극 페스티벌」(도쿄도 아동 회관 홀)

21. 2002년

○ 히라카타남 오야코 극장(히라카타 시민회관)

○ 「若狹路博 2003 플레이 이벤트」(후쿠이현 오바마시)

○ 나가사키시 주최 「한일 국민 교류의 해 기념 축제 나가사키 친구」(나가사키항 오쿤치 광장)

○ 톳토리현 중부 지구 한일 친선 협회 주최 「한국 전통 문화 탐방 우아한 전통 무용으로 느끼는 한국」(톳토리현 쿠라요시시 쿠라요시 교류 플라자)

22. 2003년

○ 톳토리현 사카이미나토시 꿈 미나토 타워 홀 자주 사업 공연(꿈 미나토 타워 홀)

○ 도쿄도 아동 회관 주최 「일요일 어린이 극장」(도쿄도 아동 회관)

○ 키시와다 시립 문화 회관·키시와다 오야코 극장 공동개최 공연 「춤놀이」(키시와다 마드카호르)

23. 2004년

○ 후시미 오야코 극장 예회 공연(교토부립 쿠레타케 문화 센터)

○ 2004 어린이 무대 예술 만남의 포럼(국립 올림픽 기념 청소년 종합 센터)

○ MINDAN 페스티벌 2004(한국 중앙 회관)

○ 아타미 국제 교류 페어 2004

○ 일본 내각부 홍보(극장·영화관용) CM 「한일 우정의 해 2005 섹션 편」 출연

○ 롯데 CM출연(「겨울의 소나타」의 배용준 & SMAP 나카이 마사히로(中居正廣)와 공동 출연)

24. 2005년

○ 스기나미 오야코 극장 예회(스기나미구립 근로 복지 회관)

○ 수도권 어린이 극장 7 극장 합동 예회(루네 고다이라)

○ 월드 축제 2005(요코하마 야마시타 공연)

○ 아타미 국제 교류 페어 2005 「코리안 데이」(친수공원 이벤트 광장)

○ 등교거부의 어린이들의 프리스쿨 「今生학원 운영 기금을 위한 자선 공연」주최 : 「북과 무용」실행 위원회(마에바시시민 문화 회관 대홀)

○ 여름 방학 아동 연극 페스티벌(도쿄도 아동 회관)

○ 시바타시 주최 「한일 우정의 해 2005 · 한일 친선 스포츠 교류 대회 기념 예능 교류의 모임」(시바타 시민문화회관)

○ 후쿠시마현 주최 「한일 우정의 해 2005 기념 우츠쿠시마―한국 문화교류 사업」

○ 한국 관광 공사 파견 공연(일본 여행사 · 도시 센터 호텔 · 코스모스 홀)

○ 미야기현 어린이 무대 페스티벌 2005(아키우 어리이 극장 : 秋保湯元 시민 센터/이시노마키 어린이 극장 : 오마가리 지구 커뮤니티 센터/미야기현 오야코 극장 : 엘 파크 센다이 갤러리 홀/후루카와 어린이 극장 : 팔레트 오오사키)

○ 제46회 스기나미 문화 포럼 「전설의 무희 최승희」 상영회(세시온 스기나미)

<표 Ⅲ-14> 박정자의 공연활동

교류 유형	횟 수	교류활동 중 평균(%)
거주지역 활동	76	55.1
거주국내 지역교류	52	37.7
국가간 교류		
모국과의 교류	7	5.0
모국과 교류 + 국제교류	3	2.2
	138	

(4) 정명자

1. 1988　鳳葬吹(봉장취)-한국 서울 문예 회관 대 홀

2. 1997　歸天地(귀천지)-도쿄 草月(초월) 홀

3. 1998   部族(부족)-도쿄 시아타카이
4. 1999   「炎」(횃불)-요코하마 가나가와현립 음악당
5. 2000   「窓」(창)-한국 서울 정동극장
6. 2000   한일합동작품 韓比賣(한비매) 「からひめ」(가라히메)-안무·
        무용 지도·한비매로 출연
7. 2001   トントゥヌンウルリン(동트는 울림)-한국 서울 문예회관 대
        홀
8. 2002   ミュージカルチェビー「燕」(뮤지컬-제비)-안무·무용 지도
        극단 와라비자 극장

정명자의 공연경력은 다음과 같다.
1. 1995년
    1월 : 한일연주자에 의한 소리와 무용으로 구성하는 전통 공연(한국 문화
         원 주최)
    2월 : 분쿄구립 오츠카 초등학교 이문화 소개 공연(오츠카 초등학교 강당)
    3월 : 한신 지진 재해구원 자선 콘서트 출연
    4월 : 한일 어머니 무용 공연(한국 부산시민회관)
    4월 : KBS TV 국악의 해 마당에 출연
    4월 : 95 아크로스 후쿠오카 오프닝 페스티벌 출연
    5월 : 95 야나가와 생명의 모임 출연
    5월 : 95 시모노세키 생명의 모임 출연
    5월 : 치바 뉴타운 25주년 기념 페스티벌 출연
    5월 : 서풍 육가선을 주최·공연(도쿄 노카타 WIZ)
    5월 : 재단법인 방송 문화 기금에서의 한국 문화(무용) 감상회에서 공연
    5월 : 한일 문화 감상회에서 공연(이세하라시)
    6월 : 서풍 육가선 교토 공연
    6월 : 니이가타 라포레에서 생명의 모임 출연
    7월 : 백옥선 자성 공연 출연

8월 : 니이가타 해안 페스티벌 출연

8월 : 24시간 TV 자선공연 출연

9월 : 관동대지진 위령제 출연

9월 : 한일 친선회에서 공연

9월 : 시나이와 JAZZ의 판타지(세종문화회관 대극장) 출연

9월 : 한국 KBS TV 국악 한마당 출연

9월 : 가마쿠라 예술제(일본, 아시아 그리고 실크로드 공연) 출연(가마쿠라 문화회관)

10월 : 원 코리아 페스티벌 출연

10월 : 한국 광주 비엔날레 페스티벌(전통의상과 전통예술제) 출연

10월 : 나카노구 페스티벌(나카노구 주최) 출연

10월 : 이세사키시 시의 제도 시행 55주년 기념사업 워크갤러리와 「布(포)」 예술에 출연

10월 : 제5회 국제친선의 모임 출연(학술정보 센터)

10월 : 제5회 분쿄구 국제친선의 모임에 출연(분쿄구 주최)

11월 : 국제 여성의 생명을 잇는 회(We Live)에 특별출연(X 시아타 극장)

11월 : 한일 시인 대제전에 한국문화(전통무용) 공연(다이아몬드 홀)

11월 : 광주 50주년 한일 친선 사진 촬영회에서 한국전통무용공연과 모델로 출연

12월 : 무기초야 출연(한국 서울 국립국악원 소극장)

12월 : 시부야구민을 위한 공연에 출연

12월 : 한국 광주시민을 위한 공연에 출연(광주 남도예술회관)

2. 1996년

1월 : 세타가야구민과 외국인을 위한 신년의 모임 출연(세타가야구민회관)

1월 : 일본과 아시아의 신춘동요의 모임에서 한국전통무용 공연(어린이 국황태자 기념관)

2월 : 서울 국립중앙박물관 초대 공연(서울 국립중앙박물관 홀)

2월 : 이경화 국악생활 35주년 기념 공연 찬조 출연(한국 광주문화예술회관 대극장)

3월 : 이용배 선생 판소리 발표회 특별 찬조 출연(문예진흥원 대극장)

3월 : 한국 조흥은행 창립 99주년 기념공연, "광주시민을 위한 음악회" 출
연(한국 광주문화예술회관 대극장)

3월 : 한일 장기협회 교류회에서 한국전통무용 공연

4월 : 생명의 모임, 정명자 한국무용연구소의 「한국무용과 울림」공연

4월 : 한국 국립국악원 한일친선 민속 문화의 밤 출연(한국 국립국악원 소 홀)

5월 : 나카노 시민을 위한 자선 공연 출연(나카노 제로 대 홀)

5월 : 도쿄 王仁(왕인) 라이온즈클럽 20주년 기념공연 출연(도쿄 프린스 호텔)

6월 : 아시안 바람(아시아의 바람) 공연 출연

7월 : KBS TV 위성방송 개국기념 공연

7월 : 「역사적 사실에 대한 공통의 인식을 가지기 위한 심포지엄」에서 살
풀이 무용으로 출연(와세다 대학)

8월 : 제3회 「물가의 석양 콘서트」출연

8월 : 한일 친선 고전문화교류 「고 김소희 · 김숙자 씨를 그리는 회」출연

8월 : 국립국악원 무형문화재 정기공연 출연(서울 국립국악원 소극장)

9월 : 제3회 도쿄 원 코리아 페스티벌 출연

10월 : 한국문화의 밤 출연

10월 : 제15회 고향 도쿄축제 출연

10월 : 재일본 대한민국 민단 50주년 기념공연 출연(오사카 민단본부 홀)

10월 : 요코하마 아시아 페스티벌에서 정명자 한국무용과 울림 공연

3. 1997년

2월 : 일본 기모노협회공연 출연

2월 : 한국 자동민요합창단 일본 공연 「한국민요·동요의 밤」 게스트 출연

3월 : 기요미즈 토키 기모노 페스티벌에서 무용공연

3월 : 아메리카협회에서 한국문화 공연

4월 : 교토 공연

4월 : 「97 한국의 명무명인전」 출연(서울)

5월 : 한국문화원 18주년 · 2002년 월드컵 축구 한일 공동개최기념 공연
「김대환 · 정명자―소리와 춤)

5월 : 한국문화원개원 18주년기념 공연 「김대환, 정명자 소리와 춤」

5월 : 한일 여성 친선협회 기념공연 출연

6월 : 제51회 일본 전국민예대회에서 한국무용과 울림 공연(정명자무용단)

6월 : "被告の椅子"(피고의 의자) 게스트 출연

9월 : 아시아문화교류회 출연

10월 : 정명자 예술단 공연"한국무용과 울림" 공연

10월 : 제16회 고향 도쿄축제 출연

10월 : 제2회 광주 비엔날레 페스티벌 「전통예술의 밤」 출연

11월 : "아리랑의 떠돌이" 출연(아사히 생명 홀)

11월 : 김대환의 「흙의 소리」 특별출연(연세대학교 문화관)

12월 : 재단법인 한국무용협회에서 한국무용 심포지엄 출연

12월 : 분쿄구립 아오야기 초등학교 한국 전통예술 감상회 출연

12월 : 분쿄구 이키이키 페스티벌 출연

4. 1998년

1월 : 한일 친선합동 신년회에서 정명자 무용단 한국무용 공연

2월 : 세타가야구 上北澤(상북택) 초등학교에서 사람을 소중히 여기는 교
육에서 한국무용공연

3월 : 「아시아 어린이들에게 평화를 부탁하고 98 WE LOVE ASIA 자선 페
스티벌」 출연

4월 : 김복실 국악연구소 발표회 게스트 출연

4월 : 한국 명무명인전 출연(서울 호암아트 홀)

7월 : 재일무용협회공연 출연

7월 : 문화마당 21공원 출연(한국)

7월 : 김복선의 세계 출연(한국 서울 문화일보 홀)

7월 : 서울 정동극장 초대 공연 「오늘의 무용가Ⅴ」에서 「귀천지」공연

9월 : "한국 전통예술의 보배 명무명인선" 공연 출연(도쿄 후생연금 회관)

9월 : 동상

10월 : 한일 전통악기에 따른 한일 고전 무용전 출연

10월 : 무용극 「부족」공연

10월 : 한국전통무용 공연

10월 : 제14회 원 코리아 페스티벌 출연

11월 : 98 제7회 화요일 예술무대, 정명자 재일 한국무용가 초대 공연에서,

「귀천지」공연(한국 광주예술회관)

11월 : 목포예술협회 정명자 초대공연 「정명자의 춤, 귀천지」공연(목포예술회관)

11월 : "천년의 향기"출연(한국 천안시 학생회관 대 홀)

5. 1999년

2월 : 「청초일화」(정명자 한국무용 연구소 공연)

5월 : 한국문화원 개원 20주년 기념공연 정명자 무의 세계(중앙민단 홀)

6월 : "아시아 민족무용"(한, 중, 일) 교류공연

6월 : 동아시아 무용 연구회, 심포지엄, 아시아무용공연

6월 : "아시아 민족무용"공연

7월 : 재일 한국인 문화예술의 밤에서, 천년의 무, 정명자 예술단 공연(재일 YMCA 홀)

8월 : 미국 샌프란시스코 스탠포드 대학에서 한국학교 설립기념공연 출연

8월 : 캐나다 토론토 세누카 카렛지 홀에서 한국무용 공연

9월 : 김용자 독주회에서 무용 안부와 출연(NHK 홀)

10월 : 8명의 무용가에 의한 협동작품 「20세기에서 21세기를 향해 날리는 회전, 곡선, 원의 무용」출연

10월 : 한국 안양시 국악 대공연 출연

10월 : 한국 천안시 전통 대제전 출연(한국 천안 독립기념관)

10월 : 한국 광주 김치 페어 99 in Japan에서 한국무용 공연 정명자 한국무용단 출연

11월 : 정명자 무의 세계(귀천지) (한국 진도 향토문화회관 대 홀)

11월 : 북조선의 어린이들 구원을 위한 자선 공연 정명자 무의 세계 "횃불"

12월 : 전통과 창작(일본무용작가 협회) 출연

12월 : "천년의 울림"출연(한국)

12월 : 한일 문화교류공연 출연(한국 서울 어린이회관 무지개 대 홀)

6. 2000년

2월 : "소리가 춤을 부르는 공연"주최 공연(한국 서울 음악의 전당 콘서트 홀)

3월 : "정명자 무의 세계(하나니 마우)"

3월 : 서울 정동극장 초대공연 정명자 무의 세계 창작 작품 "창"을 출품공
연(서울 정동극장)

4월 : 제15회 이생강 대금 산조 발표회 출연(한국 서울 문화회관 대 홀)

4월 : 대한민국 예술 총연맹회 회장 취임식 공연 출연(한국 서울 신라호텔)

5월 : "정명자 무의 세계"

5월 : 한국무용을 배우자 공개 워크숍 강사와 공연

5월 : 한국무용과 바리 큰북의 경연

5월 : 정명숙 전통무용 발표회 출연(한국 서울 예술의 전당)

5월 : 백옥선 자선 공연 출연

5월 : 한국 정동극장 상설무대 전통공연 출연(한국 정동극장)

6월 : 한국 서울 정동극장 한국 전통예술 공연 게스트 출연(한국 서울 정동
극장)

7월 : 상해 국제 어린이 문화예술제 기념공연 게스트 출연(서울 속초구민
회관 홀)

9월 : 제2회 세계일주 음악 여행 자선콘서트 출연

9월 : 김용자 독주회 출연(NHK 홀)

10월 : 유진 박 전국투어 콘서트 주최 게스트 출연

10월 : 여수(시민회관)

10월 : 남원(KBS 홀)

10월 : 창원(문화회관)

10월 : 부산(KBS 대 홀)

10월 : 강릉(강릉대학 대극장)

10월 : KN TV 도큐멘터리 "피플"출연

10월 : 개방 55주년기념 코리안 민족무용 특별공연 출연

11월 : 파주(문화회관)

11월 : 대전(예술회관)

11월 : 정명자 무의 세계 공연

11월 : 농업화학 심포지엄기념 공연(서울 교육문화회관 가야금 홀)

12월 : 서울(정동 이벤트 홀)

12월 : KBS TV 국악마당 출연

7. 2001년

　　3월 : 무용조곡 "세월" 재일본 조선 문학 예술가 동맹 공연 게스트 출연

　　5월 : 정명숙 전통무용공연 출연(서울 전수회관)

　　5월 : 제8회 한민족무용제 출연 창작 작품 "동트는 울림" 안무, 출연(서울 문화회관)

　　5월 : 외국인을 위한 한국의 밤 출연(서울)

　　6월 : 한국관광공사의 한국의 밤 공연

　　7월 : 한국의 밤 출연

　　8월 : 다카네 이키이키 고향 축제 출연

　　9월 : 제78주년 관동대지진 위령제 게스트 출연(치바)

　　9월 : 제8회 작은 중요제 게스트 출연(한국)

　　9월 : 제10회 전국 자원봉사 페스티벌 가나가와 게스트 출연

　　10월 : 아시아의 꿈과 약동전 게스트 출연(도쿄)

　　10월 : 세계 한민족 문화제전 참가

　　12월 : 도쿄도 청소년 센터가 주최하는 "자신을 멋지게 표현하자" 정명자의 세계를 들으면서 공연 관상회

　　12월 : 발견 한국의 매력 "정명자 무의 세계"

　　12월 : 정명자 무의 세계(한국 서울 중앙박물관)

8. 2002년

　　2월 : 한국 명무명인전 출연(한국 서울 한신 아트풀 센터)

　　3월 : 품부민요 공연 게스트 출연(한국 제주도 문예회관 대극장)

　　3월 : 임수향과 함께 하는 평화 콘서트 게스트 출연

　　4월 : 월드컵 50일 전 이벤트

　　4월 : [아리랑]을 춤추어 본다. 강사와 공연

　　5월 : 각국 대사관에 따른 나라자랑 시리즈, 대한민국 편 판소리, 한국무용에 대해서 강사와 실연

　　5월 : 품부민요 공연 게스트 출연(한국 부산 KBS 홀)

　　5월 : 2002월드컵을 주제로 하는 무용의 대향연 한일 월드컵 기념 한일협력무용공연 출연

6월 : 소리와 춤의 공간 한일 라이프 마스크 2002 요코하마전 기념 이벤트

6월 : 2002 피파월드컵 한일 공동개최기념 한국 문화전 출연(도쿄)

6월 : 2002 KOWACA 국제예술제 출연(한국)

6월 : WELCOME TO YOKOHAMA 월드컵 축구개막 전날 한일문화교류기념 행사 한일문화교류 공연 「가라히메」 출연

7월 : 카와고에시 국제교류센터 오프닝 공연 출연

7월 : 중국 청진 국제 아동문화 예술제 기념 공연 게스트 출연(한국)

7월 : 중국 청진 국제 아동문화 예술제 출연

8월 : 와라비자 뮤지컬 제비, 한국무용 안무, 무용 지도

9. 2003년

2월 : 제1회 「한국의 춤과 소리」 출연(한국 광주문화회관)

2월 : 제2회 「한국의 춤과 소리」 출연(한국 목포문화회관)

3월 : 제1회 한일문화교류공연 「한일 꿈의 향연」 출연

3월 : 제3회 「한국의 춤과 소리」 출연(한국 전주문화회관)

3월 : 「한국의 놀이」 출연(필리핀, 마닐라 국립극장)

3월 : 「한국의 놀이」 출연(라오스 국립극장)

3월 : 「한국의 놀이」 출연(베트남)

4월 : 한국 삼천포 「삼천포 밤의 페스티벌」 출연(삼천포 해변 외설무대)

5월 : 뮤지컬 「제비」 출연(서울 국립극장 소 홀)

5월 : 뮤지컬 「제비」 출연(광주시립 문화예술회관 대 홀)

5월 : 뮤지컬 「제비」 출연(부산 시민회관 대 홀)

5월 : 한국문화원 개원 24주년기념 공연 「한국전통예술의 밤, 천년의 울림」 출연(한국문화원 홀)

6월 : 「제1회 한일 명무전」 출연(한국 서울 국립국악원)

6월 : 「제4회 한국의 춤과 소리」 출연(한국 울산 문화회관)

6월 : 「제40회 일·가·미·한국 친선 문화 교류의 모임」 출연

7월 : 토호 학원 대학 단기대학부 연극 전공 특별 강사 「한국의 무용에 대하여」

7월 : 「제33회 한국명인명무전」 도쿄공연 출연(에도문화 센터 홀)

8월 : 「북동아시아 음악제」 출연

8월 : 「정명자 소고무」 강습회(한국 경주 교육문화회관)

8월 : 무용극 「뿌리가 깊은 나무」 특별출연(요코하마)

8월 : 「제7회 한국의 춤과 소리」 출연(제주도 한라대학 한라 아트 홀)

9월 : 「2003년 경주 세계문화 엑스포」 출연(한국 경주시)

10월 : 「천, 지, 인」 출연

10월 : 「사운드 오브 코리아」 마케도니아, 스콧피헤공연 출연(스콧피헤 국립 오페라발레 하우스)

10월 : 세계음식의 날 기념 공연 「사운드 오브 코리아」 출연(로마)

10월 : 헝가리공연 「사운드 오브 코리아」 출연

10월 : 「사운드 오브 코리아」 출연(크루지나포카 국립 오페라하우스)

10월 : 「한일문화교류공연」 출연(신주쿠 아사히 생명 홀)

11월 : 「한일, 소리와 무용의 밤」 출연

11월 : 갤러리 HAN 「정명자 무용의 세계」 출연(갤러리 HAN 홀)

10. 2004년

1월 : 「한국문화의 후레아이(만남)」 출연(아메리카, 샌프란시스코)

2월 : 「제10회 한국의 춤과 소리」 출연(한국 울산문화회관 소 홀)

4월 : 「제비」 파이널 공연 게스트 출연(극단 와라비자 홀)

4월 : 「제2회 한일 명무전 관악 공연」 출연

4월 : 「제2회 한일 명무전 · 이천공연」 출연(한국 이천시민회관)

4월 : 「제33회 한국의 명인명무전」 출연(한국 서울 호암 아트 홀)

4월 : 「정명숙 춤의 세계」 출연(한국 서울 세종문화회관 소 홀)

5월 : 「한국 대구시민을 위한 사랑의 음악제」 특별출연(한국 대구 시민회관 대 홀)

6월 : 한국 광주교육청 사단법인 한국 전통음악보존회 「제3회 한국 전통음악 전국 경연대회」 심사원

7월 : 「송일근 토우와 잡기전」과 「정명자 춤의 세계」 출연(갤러리 HAN)

8월 : 「제4회 아메리카 한국 국악예술경연대회」 심사위원과 특별 게스트 출연

8월 : 「코리아나이트」 출연

8월 : 「제34회 한국의 명인명무전」 출연

9월 :「김용자 제8회 독주회」 출연(NHK 홀)

10월 :「2004·천년의 음과 울림」 출연(한국 경주)

10월 : 한국창극「월인천강지곡」 출연(한국 서울 국립국악원 예악당)

10월 :「제35회 한국의 명인명무전」 출연(부산문화회관 중 홀)

10월 :「제2회 합동 한국무용 대공연」 게스트 출연

10월 :「정명자의 춤」 강습회(살풀이춤, 태평무, 소고무, 진도북춤)

10월 : 다이토 대학 국제 관계 학부「제3회 아시아와 퍼포먼스」특별강의
　　　　강사·공연·출연

11월 :「이등 서울특별시 무형문화재 제32호 인간문화재 지정기념 공연」
　　　　출연(한국 국립국악원)

11월 :「김대 기념 공연, 한일 페스티벌」 출연(도쿄)

11월 : (한국 진주시 문화예술회관)

<표 Ⅲ-15> 정명자의 공연활동

교류 유형	횟 수	교류활동 중 평균(%)
거주지역 활동	90	40.4
거주국내 지역교류	33	14.8
국가간 교류	11	4.9
모국과의 교류	81	36.3
모국과 교류 + 국제교류	8	3.6
	223	

(5) 조수옥

1. 1979년 : 시모노세키, 바칸 축제 참가, 농악, 부채의 무용

2. 1981년 : 지성자가야금연구소의 활동에 참가

3. 1985년－1990년 : 도쿄 한국학교무용 지도

4. 1985년 8월 : 타악기연주자들의 여름의 세계 경연「天眞爛漫」

5. 1987년

　○ 7월 : 아시아 민족축제 출연

○ 11월 : 제5회 재일한국인 문화예술의 모임 출연

6. 1989년

○ 3월 : 우리 장구 놀이(재일본 대한민국 YMCA 대 홀)

○ 10월 : 영화 「神々の履歷書」 가야금과 춤과 영화의 모임(야쿠르트 홀)

7. 1990년

○ 1월 : 아시아의 생황(군마 회관 홀)

○ 북소리Ⅲ 한국

8. 1991년

○ "무용한국"주최 「신인무용 콩쿠르」대상 수상

9. 1992년

○ 명인전(무용)출연

○ 한국국악대공연 출연(한국 국립극장)

10. 1993년

○ 아시아무용 페스티벌 출연(한국 국립극장)

○ 이매방류 전통춤 공연 출연(한국 예술의 전당)

○ 조수옥 「이매방류 전통춤」공연(한국 北村唱優극장)

○ 국악대공연 출연(광주문화회관)

11. 1994년

○ (중앙일보사)중앙문화센터 북 교실 강사

○ 북소리Ⅳ 출연(한국 국립극장)

○ 중요무형문화재 제97호(살풀이) 이수자 등록

○ 「한국 전통무용과 국악을 즐기는 모임」공연(서울 일본문화원)

12. 1995년 2월 : 「조수옥 우리 춤 한마당」공연(한국 국립중앙민속 박물관)

13. 1996년

○ 6월 : 대일소송재판 공판 4주년기념 공연 승무 살풀이 그 외 공연

○ 11월 : KOREA풍 인 코베 승무 장고 춤 공연(일본 고베)

○ 12월 : 우봉 이매방 고희 기념 무용 대 공연(한국 국립중앙극장 대극장)

14. 1998년

○ 7월 : 조수옥 춤판 제1회 공연 「現から彼方へ」(도쿄 예술극장 소 홀2)

○ 8월 : 서울 후타츠 공연(도쿄 군마문화 센터)

○ 10월 : 아사히 문화 센터 한국무용 강사

15. 1999년

○ 1월 : 한국 YMCA 대 홀에서 이매방 선생 워크숍 기획운영

○ 9월 : 조수옥 춤판 제2회 공연「오방무」

16. 2000년

○ 일본 아시아 · 아프리카 · 라틴 아메리카 연대 위원회에 의한「한국민
족전통 예능」일본 공연에 출연

○ 10월 : 신주쿠 문화 센터 대 홀 춤 놀이「해방 55주년 기념 코리안 민족
무용 특별공연」에 출연

○ 11월 : 한국 국악원, 수석 연주자 이세환선생의 거문고 연주회「淸聲濁
淸」에 출연

17. 2001년

○ 1월 : 종군위안부의 영화「숨결」감상회에 장리향과 출연

○ 5월 : 한 · 일 · 중 삼국 문화교류회에 참가(吾妻流복지자선 발표회)

○ 5월 : 히라이 · 東光院(동광원) · 묘켄궁 연례행사 김순자, 변인자와 공연

○ 5월 : 한국문화원 대 홀에서, 김순자와 함께 서울 국립 관현악단의 연주
로 공연

○ 7월 : 홋카이도 공연에 유경화와 함께 출연

○ 8월 : 나가노현에서, 바이올린의 목미화, 춤의 변인자와 함께 공연

○ 8월 : 시즈오카시에서, 보태사의 지장 축제 기념 공연 김순자와 함께
출연

○ 10월 : 교토 고대사에서 공연

○ 10월 : 전 15회의 한국무용 워크숍을 행하다.

○ 12월 : 할머니 크리스마스에 출연

18. 2002년

○ 1월 : 한일 가라콘서트 2002

○ 1월 : 초후 그린 홀에서, 현대좌의 삼년고개 출연

○ 2월 : 요코하마 국제교류회의 초대받아, 요코하마 게테자에서 춤과 그

해설

○ 3월 : "J고려아 타령" 출연

○ 3월 : 이야기와 한국무용 西國分寺 光公民館

○ 4월 : 코난 구민문화센터 한국 풍 사물놀이에 출연

○ 5월 : 제19회 貫井南 센터 축제 공연

○ 6월 : 오키나와 「위령의 날」, 한국무용 공연

○ 7월 : 현대좌의 「삼년고개」후쿠이, 교토공연 출연

○ 9월 : 여객선 아스카의 일본 일주 한국 크루즈에서 공연

○ 10월 : 쿄토 예술제

○ 10월 : 교토 고대사주최 공연 출연

○ 10월 : 삼년고개 공연 출연

○ 11월 : 제3회 영향을 줄 수 있는 아시아의 소리에 출연

○ 12월 : 오방무Ⅱ 「시나위」공연

○ 12월 : 신주쿠에서, 2002년도 조수옥 무용교실의 예능발표회

19. 2003년

○ 2월 : 2002년 5월 15일부터 개최한 월드컵의 성과발표회

○ 3월 : 와세다 대학의 국제회의장, 출연

○ 4월 : 임이조 한국전통무용공연회 참가

○ 4월 : 긴자 소니플라자에서, 만담가 古今亭菊千代의 코리안 만담에서
산조무 공연

○ 6월 : 현대좌의 「삼년고개」오사카 공연

○ 7월 :「한국전통예술의 밤」출연

○ 7월 : 국립 올림픽기념 청소년 종합 센터에서 공연 출연

○ 8월 : (재)오사카시 문화재협회 오사카 역사박물관과 고려대학교 박물
관에 의한 특별전 「한국의 마음과 생활 − 고려대학교 박물관 소장품
전」의 이벤트 출연

○ 10월 : 이명희와 「춤과 놀이」를 제목으로 독주회

○ 11월 : 효고현립 西宮香風고등학교의 이문화 교류회에서, 소고춤

○ 11월 : 사쿠라시민 체육관의 태극권 교류 대회에서 공연

○ 12월 :「영향을 줄 수 있는 아시아의 소리」공동 출연

○ 12월 : 學習院대학 동양 문화 연구소 아시아 문화 연구 프로젝트 주최의 「일본 문화 − 해제와 재상」에서 승무공연

20. 2004년

○ 2월 : 한국 국악협회 일본 도쿄지부 공연 「한무악」에 출연

○ 2월 : 초후에서, 현대좌의 「삼년고개」에 출연

○ 3월 : 요코하마에서, 「삼년고개」 출연

○ 5월 : 茅ヶ崎시 종합 체육관에서 「茅ヶ崎 태극권 교류 대회」에서 공연

○ 6월 : 에도가와구에서 행해진 「スアラバングリ 2004」에 출연

○ 7월 : 한국의 고성 오광대의 공연 견학 투어

○ 12월 : 六本木曙會館에서 「정화무」공연

21. 2005년

○ 1월 : 코토구 문화 센터에서, 2004년도 코토구 문화 센터 후기 강좌 「동방의 빛·파워의 나라, 한국」의 특별 강연회 「한국의 전통 예능을 보자」에 출연.

○ 4월 : 요코하마시에서 「韓舞 濱七女」에 출연

○ 5월 : 긴자에서 「男達の手仕事展」공연 출연

○ 7월 : 오타구 어린이극장에서 공연

○ 10월 : 오사카에서, 「이능자 한국 전통 무용 공연」에 출연

○ 10월 : 신주쿠에서 「조복자언니를 환영하는 모임」개최, 출연

○ 11월 : 「어린이 축제 파트2」에서 춤판의 모임이 출연

○ 12월 : 마치다시민 홀에서, 마치다 어린이 극장 주최, 한국민족무용 춤과 소리에 출연

22. 2006년

○ 2월 : 「김경득을 그리는 모임」에 출연

〈표 Ⅲ-16〉 조수옥의 공연활동

교류 유형	횟 수	교류활동 중 평균(%)
거주지역 활동	52	59.1
거주국내 지역교류	17	19.3
국가간 교류		
모국과의 교류	16	18.2
모국과 교류 + 국제교류	3	3.4
	88	

이상에서 일본에서 활동하는 음악가, 미술가, 무용가들의 활동을 살펴보았는데, 그들 활동을 종합적으로 정리하면 다음의 표와 같다. 음악가의 경우는 피아니스트이자 프로듀서인 양방언과 성악가 전월선의 활동을 비교해 보면, 문화단체와는 달리 모국과의 교류를 대단히 활발하게 추진하고 있음을 알 수 있다. 평균 40%의 비율로 모국과의 교류 내지 연대활동을 하고 있음은 그들의 음악이 한국적인 전통음악에 맥이 닿기 때문일 것이다. 특히 양방언의 경우 그가 서양음악을 하였음에도 불구하고 동양의 음원에 귀 기울이는 것은 매우 고무적인 것으로 받아들여진다. 특히 그들의 모국방문을 통한 음악활동이 한국문화의 발전에 크게 기여하길 기대한다.

다음으로 미술가들의 경우를 보면 그들은 일찍 일본에 건너갔거나, 일본에서 태어났으며, 일본에서 선구자적인 미술활동을 하였음에도 불구하고 모국과의 교류(46.5%)를 꾸준히 하고 있음은 모국의 고향에 대한 향수가 그들 작품에서 원천을 형성하고 있기 때문일 것이다. 오히려 한국의 전통무용을 하는 활동가들보다 더 모국과의 교류활동이 높게 나타났다.

재일무용가들은 다섯 사람의 활동을 통하여 살펴보았는데, 모국과의 교류활동보다 일본 국내에서의 활동이 상당한 비율을 점하고 있다. 정명자의 경우 모국과의 교류활동이 좀 높게 나온 반면에 다른 사람들은 일본 내에서의 활동(61.5%)에 치중하고 있음을 보여준다.

〈표 Ⅲ-17〉 재일 음악가/미술가/무용가의 공연 · 전시활동

(단위 %)

	성명	거주지역 활동	거주국내 지역교류	국가간 교류	모국과 교류	모국과 교류 ＋국제교류
1	양방언	58.3	0	0	41.7	0
2	전월선	61.1	0	0	38.9	0
	계	119.4	0	0	80.6	0
	평균	59.7	0	0	40.3	0
1	곽덕준	14.6	20.8	29.2	22.9	12.5
2	곽인식	23.5	0	8.8	55.9	11.8
3	박생광	12.9	0	3.2	74.2	9.7
4	이우환	24.8	4.1	26.4	33.1	11.6
	계	75.8	24.9	67.6	186.1	45.6
	평균	19.0	6.2	16.9	46.5	11.4
1	김순자	84.4	9.5	0.3	4.9	0.9
2	김일지	68.5	0	5.2	21.1	5.2
3	박정자	55.1	37.7	0	5.0	2.2
4	정명자	40.4	14.8	4.9	36.3	3.6
5	조수옥	59.1	19.3	0	18.2	3.4
	계	307.5	81.3	10.4	85.5	15.3
	평균	61.5	16.3	2.1	17.1	3.1

5) 연극 · 영화인

연극연출가 김수진은 신주꾸 양산박의 대표로서 일본에서의 활동뿐만 아니라 모국과의 교류를 통하여 자신의 작품을 만들고 공연하고 있다. 영화감독 양영희 역시 김수진과 마찬가지로 재일동포의 문제를 다루고 있다. "안녕 평양"으로 국제영화제에서 수상하기도 하였다. 또 다른 일본의 거장 영화감독 최양일도 인기있는 수많은 영화를 제작하였다. 역시 모국을 자주 왕래하면서 시사성 있는 작품을 만들고 있다.

Ⅳ
중국조선족사회

1. 문화예술단체

1) 문학

(1) 길림성 연변

○ 연변작가협회

길림성 내의 조선족은 연길, 도문, 훈춘, 화룡, 왕청, 안도, 교하, 길림, 룡정에 골고루 거주하고 있다. 특히 길림성 내의 조선족은 다양한 문화예술단체를 조직하고, 전통적인 조선족 문화의 계승과 발전을 도모한고 있다. 길림성 내의 조선족의 문학분야 예술단체 중에서 문학분야 예술단체의 활동이 가장 활발하다.

연변시에는 연변작가협회, 연변조선족문화발전추진회, 연변단풍수필회, 연변민간문예가협회, 연변시조협회, 연변어머니수필회, 중국연변조선족여류시회, 연변여성문인협회, 동북아비교문학연구원, 중국연변조선족자치주 조선족아동문학회 등이 있다. 화룡시에는 화룡시작가협회, 훈춘시에는 훈춘시작가협회, 훈춘시문화관, 훈춘시문학예술연합회 등이 있으며, 왕청현에는 왕청현문련, 왕청현조선족작가협회 등이 있다. 안도현에는 민간문예가협회, 안도현조선족작가협회, 안도현백두산아동문학학회이 있으며, 도문시에는 도문시작가협회, 도문시문학예술연합회가 있고, 길림시에는 길림시조선조문학예술연구회 등이 있다. 룡정시에는 룡정시작가협회이 있다.

연변작가협회는 1984년 설립 허가를 받았으며, 연변조선족 문학예술협회에 소속되었다가 독립해서 현재 이 이름으로 불리고 있다. 현재 주소는 연길시 공원로 653호이다. 이 협회는 중국 내 조선족 작가를 배양할 목적으로 설립됐다. 현재 6백여 편의 소설과 6백여 편의 소설집, 19부의 시집, 15부의 산문집, 5백여 편의 아동문학집, 8백여 편의 평론집, 8백여 편의 종합작품집을 출간했다. 특히 이 협회는 번역사업을 추진할 뿐만 아니라, 중국에서 조선족의 작품을 널리 소개하는 데 큰 기여를 하고 있다. 현재 이 협회의 회원은 545명으로 구성됐으며, 주석은 김학천이다.

○ 연변조선족문화발전추진회

연변조선족문화발전추진회는 1997년 9월에 연변에 있는 조선족들의 정서를 발달시키고, 생활의 향상과 번영을 목적으로 설립했다. 특히 설립 초기부터 다양한 종합적인 문화활동을 조직, 지도하고 있다. 특히 2004년에는 연변에 있는 조선족들을 위해 백일장을 개최하고 우수교원 표창식을 수행했을 뿐만 아니라, 국경절 대축제 조직 및 중국 조선족 명시선 1권을 출판했다. 이와 같은 사업을 통해서 연변조선족문화발전추진회는 매년마다 백일장을 개최할 예정이며, 더 나아가 중국조선족 명시선 2권을 출판할 예정이다. 특히 충청 옥천군과의 다양한 문화 형태를 교류하고 있다. 이 협회는 회장인 조성일은 연변문련, 연변작가협회, 연변사회과학원 등에서 부주석, 소장으로 활동한 바 있다.

○ 연변단풍수필회

연변단풍수필회는 중국 길림성 연길시 연변TV 방송국을 중심으로 활동하고 있다. 1998년 조선족의 수필문학을 발전시킬 뿐만 아니라, 해외 교류를 확대하려는 목적으로 설립됐다. 1998년 설립시 회원이 10여 명이었지만, 현재는 20여명으로 늘어났으며, 2001년부터 2003년까지 해마다 수필집을 발간하고 있다. 이러한 성과는 매달마다 수필회 모임을 통해서 창작추진 수필집을 편집한 결과이다.

○ 연변민간문예가협회

연변민간문예가협회는 1956년부터 회원대표대회를 통해서 설립됐으며, 현재 연길시 하남거리 22호에 위치해 있다. 특히 협회는 중국조선족의 문화의 뿌리를 찾고, 민족의 얼을 되찾기 위해서 민간이야기, 민속놀이, 민속악기 등을 발굴한다. 2004년에는 관광문화개발연구 세미나를 개최했으며, 전통문화를 전승하고 보급하기 위해서 자연민속촌을 건설할 준비를 하고 있다. 향우 8 · 15 민속축제, 민간문예인 및 민간문예조직자를 양성할 수 있는 센터를 건립할 준비를 하며, 더 나아가 민속전통방식연구소를 건립할 준비를 하고 있다. 특히 출판 영역에서는 황구연민간이야기를 발간할 예정이다. 현재 회원 수는 250여 명이며, 회원들은 주로 연변주군주예술관, 연변문예집성반 등에서 활동한다.

○ 연변시조협회

연변시조협회는 1992년 8월 중국 조선족의 시조문학을 포함한 한시조의 전통을 계승하려는 목적으로 설립했다. 현재 중국 길림성 연길시 연변가무단 내에 위치해 있다. 1993년에는 처음으로 법인으로 등록됐으며 시조창작, 시조시인대오건설, 청소년시조인 양성, 시조 연구 등의 활동을 하고 있다. 2004년 상반기에는 시조강연회를 연길, 동문, 룡정시에서 개최했으며, 연길시와 목단강시에서 어린이를 대상으로 시조백일장을 개최한 바 있다. 특히 제11회 시조문학상 시상식과 중국조선족

작품집 「시조마을」의 출판식을 개최한 바 있다. 향우 이 협회는 중국조선족시조 문학총서를 창간할 예정이며, ·제12회 시조문학상 시상식을 개최할 예정이다. 특히 협회는 시조문학뿐만 아니라, 시조, 동시조, 어린이시조 등 다양한 분야에서 활동하고 있다. 협회의 회장인 김철학은 연변가무단 창작실에서 근무하고 있으며, 회원들은 연변인문출판사, 연변작가협회 시분회장 등으로 활동하고 있다.

○ 연변어머니수필회

연변어머니수필회는 2001년 설립한 후, 2003년에 과학기술위원회로부터 허가를 받았다. 현재 연길시 북산거리 7호에 위치해 있다. 협회는 조선족 어머니들의 문화적 소질을 재고하고 생활의 질을 높이며, 자녀들에 대한 문화적 소질을 향상시키는 데 목적을 두고 활동하고 있다. 특히 2003년 9월 제1회 수필공모시상식을 개최했으며, 2004년 9월 제2회 수필공포시상식을 개최한 바 있다. 특히 제2회 중국조선족 어머니수필공모시상식에서 회원작품 150여 편이 각종신문잡지에 실렸으며, 각종문학콩쿠르수상자 8명이 수상작으로 선정된 바 있다. 향후 연변조선족 어머니 수필회 문집을 출간할 예정이다. 현재 회원은 30여 명으로 구성됐으며, 회원들은 수필뿐만 아니라 시 창작에도 매진하고 있다.

○ 중국연변조선족여류시회

중국연변조선족여류시회는 길림성 연길시 국자거리 174호 「연변의학」 잡지사에 위치해 있으며, 2000년 4월 설립했다. 2001년부터 매년마다 시집을 출간하며, 중국조선족 여류 시인 문학의 발전과 번영을 도모하고 있다. 현재 회장은 리옥순이며, 회원은 30여 명으로 이루어져 있다.

○ 연변여성문인협회

연변여성문인협회는 2002년 12월 여성들의 창작문화생활을 향상시키기 위한 목적으로 설립했다. 현재 길림성 연길시 공원가 연길시 방송국에 위치해 있다. 2004년에는 한국과 두 차례 교류했으며, 문학 강연을 한 차례 조직한 바 있다. 이러한 과정에서 협회는 문학필회, 문학가연, 국제문학세미나를 추진하고 있다. 현재 허련순이 회장을 역임하고 있으며, 회원들은 연변TV 기자, 연변문학부주필, 작가협회번역분과 주임 등으로 활동하고 있다.

○ 동북아비교문학연구원

동북아비교문학연구원은 길림성 연길시 장백로 신진골목 19호에 위치해 있으며, 2003년 동북아지구의 문화를 향상시키려는 목적으로 설립했다. 2003년에는 김운동 작품 세미나를, 2004년에는 남영권호텔시 세미나를 개최했으며, 향우 세 차례 작품 연구회를 통해서 한 권의 출판물을 간행할 예정이다. 회장은 현재 림연이 역임하고 있으며, 회원들은 소설 및 평론 작가 활동을 하고 있다.

○ 중국연변조선족자치주 조선족아동문학회

중국연변조선족자치주 조선족아동문학회는 2004년 사단법인단체로 등록했으며, 현재 중국 길림성 연길시 우의로 363호에 위치해 있다. 2004년 7월 제1차 연변조선족 아동문학학회 및 아동문학학회 작품 연구회를 개최했으며, 조선족 아동수필회를 개최한 바 있다. 2005년에는 아동문학학회 제2회 작품탐구회 및 한중아동문학상 시상식을 개최할 예정이다. 현재 회원은 총 80명으로 이루어졌으며, 연길시문화관, 연변일보사, 연변 「문학과 예술」 잡지사 등에서 활동하고 있다.

○ 화룡시작가협회

화룡시작가협회는 화룡시 문화관 내에 위치해 있다. 2000년 민족 문화 창작을 활성화하기 위해서 설립됐으며, 후대 양성도 함께 병행하고 있다. 협회는 화룡시문학가협회였으며, 화룡시청년시인협회와 화룡시산문학회를 통합해서 현재까지 이르고 있다.

협회는 2004년에 「연변문학」 평론상을, 연변TV 제9회 동요제 우수상을 수상했으며, 「청산리」 잡지 2기를 출판했으며, 각종간행물에 시, 소설 300여 편을 발표했다. 향후 두만강 민속제에 관한 창작 활동을 할 예정이며, 화룡시 문련기관지 「청산리」 창작 활동을 할 예정이다. 더 나아가 향토문화창작 활동의 일환으로 '사랑스런 화룡'을 중심으로 활동할 예정이며, 「연변문학」, 「장백산」, 「도라지」 등에 응모활동을 할 예정이다. 그리고 시, 가사, 시조, 수필, 소설, 극본 등의 다양한 분야에서 활동을 할 예정이다. 협회의 주석은 김영자이며, 회원 수는 20여 명이다.

○ 훈춘시작가협회

훈춘시작가협회는 1990년 훈춘시 내의 조선족의 문학 발전을 도모하기 위해서 설립했다. 중편소설, 단편소설, 시, 극본, 동화, 전설 등의 다양한 문학 작품을 창작한다. 현재 회원은 40여 명이며, 주석은 정창권이 맡고 있다. 훈춘시문화관은 훈춘시의 군중적 문화를 보급하기 위해서 1950년 설립했으며, 현재 주석은 황석기가 역임하고 있으며, 회원은 35명이다. 훈춘시문학예술연합회는 훈춘시의 문학과 예술계의 발전을 도모하기 위해서 설립됐으며, 현재 600여 명의 회원이 주석 김윤진을 중심으로 활동하고 있다.

○ 왕청현문련

왕청현문련은 중국문련 제3차 대표대회의 정신에 따라서 1963년 설립했으며, 모든 현의 문학과 예술을 발전시키는 것을 목적으로 한다. 2004년에는 「백의 녀」 잡지 3기를 발간했으며, 국가, 성, 주, 현에 500여 편의 작품을 발표했고, 향후 조한역의 작품을 번역해 모든 현에 보급하려고 한다. 시, 가사, 시조, 수필, 소설 등의 분야를 지원하고 있으며, 현재 회원은 1,200여 명으로 이루어져 있다. 주석은 장문일이 역임하고 있다.

○ 왕청현조선족작가협회

왕청현조선족작가협회는 2002년 왕청현 내의 조선족의 문학발전을 위해서 설립했다. 2004년 이후부터 매월 1차례씩 작품 토론회를 개최하고 있으며, 회원들은 120여 수의 가사, 아동, 동시, 동요, 수필을 발표하고 책으로 출판한 바 있다. 특히 동시집 「배꽃」이 대표적이다. 향후 작품평뿐만 아니라, 원족학습을 중심으로 활동할 예정이며, 이것을 기반으로 박홍률의 가사집 「청산의 산물」, 리명의 시집 「샘물」, 가사집 「가야금 소리」, 리명의 동시집, 김세형의 작품집을 출판할 예정이다. 현재 회원은 20여 명으로 이루어져 있으며, 주석은 박홍률이 역임하고 있다.

○ 안도현 민간문예가협회

안도현에 있는 민간문예가협회는 2003년 설립했으며, 현재 길림성 안도현 신안로 29-2호에 위치해 있다. 협회의 역사는 짧지만, 민간민속놀이, 민간음식 및 민족 생활습성 등을 연구하여 그 동안 민속놀이 활동을 두 번 진행한 바 있다. 특히 민간민속문예인을 보호육성하며, 민속촌 발전을 도모하고 있다. 향우 조선민간소리시합노래경연을 민속촌에서 개최할 예정이다. 현재 주석인 강덕수를 중심으로 활동하고 있으며, 회원은 60여 명으로 이루어져 있다.

○ 안도현조선족작가협회

안도현조선족작가협회는 현의 동의비준서를 통해서 2004년 설립했으며, 현재 안도현 문화관 내에 자리하고 있다. 협회의 짧은 역사에도 불구하고, 1년 사이에 회원들의 작품집 두 권을 출판했으며, 세미나를 네 차례 가진 바 있다. 이러한 활동 속에서 협회는 현대 조선족 작가들의 단합을 도모하며 민족문학을 번영 발전시키려고 한다. 2004년에는 작가협회기관지인 「미인송」을 창간했으며, 회원들의 작품 50여 편을 주급 이상의 문학간행물에 발표했다. 향우 「미인송」을 정기적인 간행물로 출판할 예정이며, 창작작품의 질을 향상시키려고 한다. 협회의 주석은 함창도이며, 현재 30여 명의 회원이 창작활동을 하고 있다.

○ 안도현백두산아동문학학회

안도현백두산아동문학학회는 1997년 설립된 이래로 각종 작품활동을 통해서 300여 편의 작품을 발표했다. 현재 안도현 연안로 8-14로에 위치해 있다. 협회는 후대들에게 민족의 얼과 슬기를 북돋아 주는 것을 목적으로 하고 있으며, 특히 아동문학을 중심으로 한다. 협회는 리론강의 2차 청취, 외지와의 3차례 교류했으며, 연극세미나 4차례 등의 활동을 통해서 69편의 각종 성과물을 양산했다. 향후 협회는 아동문학 분야에서 소홀히 취급된 동화와 우화를 집중적으로 육성할 계획이다. 그리고 협회는 1998년부터 2001년까지 한국월간 「아동문학」과 교류를 한 적도 있다. 현재 주석은 박영옥이며, 회원은 19명으로 이루어졌다.

○ 도문시작가협회

도문시작가협회는 2003년 법인허가를 받았다. 협회는 도문시의 문학발전과 지역문화 발전을 향상시키기 위해서 설립했으며, 주로 출판기념회, 창작 좌담, 문학 세미나를 개최한다. 특히 협회는 2004년 허송절 수필출간 기념회를 개최했으며, 작품 30여 편을 발표했다. 더 나아가 협회는 해란강 문학상, 도라지 문학상을 수상한 바 있다. 현재 주석은 강호원이며, 회원 수는 15명이다.

○ 도문시문학예술연합회

도문시문학예술연합회는 현재 도문시 인민로 16호 도문시위에 위치해 있다. 도문시 내의 조선족의 문학 발전을 도모하기 위해서 2003년 8월에 설립했으며, 각종 전시회 및 출간회를 개최한다. 최근에는 전시회, 출간회 관련 토론회, 세미나를 중심으로 회원들이 활동하고 있으며, 향후 도문화첩을 출간할 예정이다. 협회의 주석은 조동범이며, 회원들은 도문시 교원연수학교, 도문시 철로 등에서 활동하고 있다.

○ 길림시조선족문학예술연구회

길림시조선족문학예술연구회는 1979년 길림시 내의 조선족의 문화예술을 연구할 목적으로 설립됐다. 협회는 현재 길림시 통담대로 1호에 위치해 있다. 협회의 성과물은 제1회 중국조선족수필연구세미나 작품집 3권이 있으며, 협회는 연구모임 등을 통해서 작품집 5권을 출간할 예정이다. 현재 주석은 김홍관이 맡고 있으며, 회원수는 200여 명이다.

○ 룡정시작가협회

룡정시작가협회는 길림성 룡정시 문화관에 위치하고 있으며, 1958년 설립된 이래로 룡정시 문학발전을 향상시키는 데 이바지하고 있다. 1958년 중앙문련의 지시에 의해 설립됐으며, 현재 문련에 소속되어 있다. 「일송정」이라는 정기간행물을 출간할 예정이며, 현재 「해란강 여울소리」라는 가사를 4기 집성했으며, 「이야기천지」 신문 50기를 출간했다. 향우 작가들의 작품 창작용을 고취하기 위해서 소설, 수필, 시, 극본, 가사 등의 다양한 분야를 지원할 예정이다. 협회는 한국의 김철수 박사와 최선동 선생의 특강을 개최한 바 있으며, 현재 「월간아동」과 교류하고 있다. 현재 회장인 리승국이 역임하고 있다.

(2) 요녕성 심양

○ 심양조선시조문학회

요녕성 내의 조선족은 대부분 심양시와 대련시에 거주하고 있다. 심양시 내의 조선족은 심양조선시조문학회와 심양시조선족문학회를 중심으로 조선족 문학의 계승과 발전을 도모하고 있다. 한편 대련시 내의 조선족은 대련시조선족문학예술가협회와 대련시조선족아동문학회를 중심으로 조선족의 문학을 향유하고 있다. 우선 요녕성의 문학 분야 예술단체들에 대해서 자세하게 알아본다.

심양조선시조문학회는 현재 심양시 여홍구 은산로 은산단지 12-7동 2-3-2에 위치해 있다. 협회는 2002년 료녕성의 조선족 학교와 학생들에게 민족문화교육을 보급하기 위해서 설립했다. 설립 이후 협회는 2003년 료녕성 제1회 학생시조 시상식, 2004년 료녕성 학생시조 시상식을 개최했으며, 이중에서 한국에서 선보인 바 있는 학생 동시조, 시조월드, 꽃친구, 나무친구 등 50여 수를 공유한 적이 있다. 향후 매년마다 료녕성 학생시조 시상식을 개최할 예정이며, 한국과의 관계를 지속적으로 추진할 예정이다. 현재 주석은 리창인이며, 협회에 소속된 조선족 학교 수는 60개이다.

○ 심양시조선족문학회

심양시조선족문학회는 현재 심양시 서탑거리 58호에 위치해 있다. 1987년 심양시내의 조선족의 문학을 발전시키기 위해서 민정국으로부터 설립허가를 받았다. 현재 주석은 박성군이며, 회원 수는 60명이다.

○ 대련시조선족문학예술가협회

대련시조선족문학예술가협회는 현재 대련시 간정자구 봉휘 신세기 128동 아파트1-2-1에 위치해 있다. 협회는 대련시 내의 조선족의 문화 발전을 추진할 뿐만 아니라, 국내의 문화 교류를 도모하는 목적을 위해서 2005년 설립했다. 설립한 지 얼마 안 됐지만, 협회는 다양한 장르에서 문화보도를 비정기적으로 진행할 예정이다. 더 나아가 다양한 장르에서 30여 편을 발표할 예정이며, 국내외 단체들과 매년마다 2차례 문화 교류를 진행할 예정이다. 현재 주석은 이성해이며, 회원 수는 21명이다.

○ 대련시조선족아동문학회

대련시조선족아동문학회는 대련시 내의 조선족의 문화 발전을 도모하고 시대에 발맞추어 문화를 향유하기 위한 목적으로 2005년 설립됐다. 현재 주석은 김영실이며, 회원 수는 21명이다.

(3) 흑룡강성 하얼빈

○ 녕안시조선족작가협회

흑룡강성 내의 조선족은 녕안, 동년, 목단강, 상지, 오상, 장춘, 하얼빈, 해림시 등에 골고루 거주하고 있다. 녕안시의 조선족은 녕안시조선족작가협회를 통해서 조선족의 지역문화를 계승하고 있으며, 동년현의 조선족은 동년현조선인문인협회를 통해서 조선족의 언어와 글을 보존하고 있다.

한편 상지시의 흑룡강성상지시조선족문학예술연의회를 통해서 조선족은 대중문화를 향유하고 있으며, 흑룡강작가협회 조선족작가창작위원회는 흑룡강 내의 조선족 작가들의 창작을 추진하고 있다. 해림시 조선족 문학 협회는 해림지구 내의 조선족의 문학을 창작하는 데 심혈을 기울이고 있다. 우선 이러한 문학분야 예술단체에 대해서 자세하게 알아본다.

녕안시조선족작가협회는 녕안시의 민족지역문화를 계승하고 발전시킬 목적으로 2000년 설립됐다. 현재 흑룡강성 녕안시 조선족중학교에 위치해 있다. 협회는 짧은 역사에도 불구하고 작품집 1권을 출판했으며, 성급의 간행물에 50여 편의 작품을 발표하고, 그 중에서 7편을 수상한 바 있다. 향후 협회는 작품집 출판을 전국적인 단위에서 60여 편을 발표할 계획을 가지고 있다. 특히 수필, 시, 산문시 영역을 중심으로 활동한다. 현재까지 협회는 서울 강서구 문학 협회와 서울 아동작가협회와 3차례 교류했으며, 현재 주석은 박홍남이다.

○ 동녕현조선인문인협회

동녕현조선인문인협회는 2003년 설립했으며, 현재 흑룡강성 동녕현 삼차구 조선족진 고안촌 1조에 위치해 있다. 2002년 문인협회를 기반으로 하고 있으며, 조선족의 언어와 글을 지키기 위해서 문학예술창작 활동에 심혈을 기울이고 있다. 이러한 노력의 성과물은 시, 소설, 수필, 콩트 등 다양한 장르에서 106편의 창작물로 나타났으며, 특히 모든 회원들이 자신의 분야에서 적극적으로 활동하길 기대하고 있다. 더 나아가 가사, 동시, 동요, 만담, 작곡, 촬영 등의 분야까지 확대할 예정이다. 현재 주석은 정경남이며, 회원 수는 13명이다.

○ 흑룡강성상지시 조선족문학예술연의회

흑룡강성상지시조선족문학예술연의회는 현재 상지시 조중원반공실 동 대직거리 180호에 위치해 있다. 1997년 상지시의 조선족 문학 예술을 발전시키고, 대중문화활동을 활성화할 목적으로 설립됐다. 설립 이후 매년 2차례의 대형문화활동을 조직하며, 400여 제곱미터 문화활동을 중심으로 한다. 그리고 문학사 2차 대형활동을 하며, 「진달래」가무단은 경상적으로 활동할 예정이다. 특히 2005년 음력설맞이 대형활동을 진행한다. 더 나아가 하얼빈시의 각종문화활동에서 선후 5차례의 대형상을 받은 적이 있다. 향후 상지시의 조선족 문학예술공간을 확장하기 위해서 상지시조선족문학예술연합을 중심으로 활발히 활동할 예정이다. 현재 주석은 리미영이며, 회원 수는 40여 명이다.

○ 흑룡강작가협회 조선족작가창작위원회

흑룡강작가협회 조선족작가창작위원회는 흑룡강 내의 조선족 작가들의 창작을 추진할 목적으로 1995년 설립 허가를 성민정청으로부터 받았다. 현재 하얼빈시 도리구경위 2도 거리 97호에 위치해 있다. 설립 이후, 매년마다 2차례 회원대회와 작품 연구회를 가지면서, 활발한 창작활동을 하고 있다. 향우 위원회는 회원대회, 작품집 출판 기념회, 북로문학상 시상을 기획 중이다. 현재 주석은 한춘이며, 회원은 80여 명이다. 회원들은 흑룡강 조선족 방송국 부국장, 흑룡강 조선신문사 부총련, 목단강 민족출판사 부사장 등 다양한 분야에서 활동하고 있다.

○ 해림시조선족문학협회

해림시 조선족 문학 협회는 해림지구 내의 조선족의 문학을 발전시키기 위해서 1999년 10월 설립허가를 받았다. 현재 해림시 해림진 백두산 사구 4통 A2 라인 402에 위치해 있다. 협회 설립 이후, 헌장을 제정하고 조직구조를 형성하는 등 협회의 내실을 튼튼히 하는 중이다. 이러한 활동 중에서도 김봉선 수필집 「봉선화련정」, 장학규 수필집 「머리잃은 곤혹」, 조룡기 수필집 「떠돌이 수첩」, 김은진 작품집 「고진감래」, 김강 작품집 「꽃바람」 등을 출간했으며, 향후 시집과 시조집, 장편소설을 출간할 예정이다. 현재 주석은 해림시 해림진의 오성학교에 재직 중인 설병화이며, 회원 수는 18명이다.

(4) 청도 및 북경

○ 청도시문인협회

청도 내의 조선족들은 청도시문인협회를 통해서 조선문학을 발전시키고 있으며, 북경 내의 조선족들은 조선어의 보존과 발전을 도모하기 위해서 한국어 교육을 중앙민족대학교 조선학연구소에서 실시하고 있다. 우선 청도시문인협회에 대해서 자세하게 알아본다.

청도시문인협회는 현재 청도시 홍콩동로 69호 개선 산장 3동 101실에 위치해 있다. 협회는 청도지구 내의 조선인들의 문학을 발전시키기 위해서 2003년 설립허가를 받았다. 협회의 짧은 역사에도 불구하고 2004년 3월 광양의 아리랑에 관한 세미나를 조직했으며, 조룡기의 수필집 「떠돌이 인생」, 장학규 소설집, 김운룡 작품 세미나 등 문학작품 53편에 대한 세미나를 개최했다. 향후 협회는 「산재지구의 문학의 현황」이라는 세미나를 개최할 예정이다. 현재 회원은 6명이며, 기자, 사범학교 교원 등으로 구성되어 있다.

○ 중앙민족대학교 조선학연구소

한편 북경에 있는 중앙민족대학교 조선학연구소는 언어연구와 관련된 조선학 연구를 하고 있다. 조선학연구소는 1992년에 설립 허가를 받았다. 현재 주소는 중국 북경시 해전구 중관촌 남대가 27호이다. 이 연구소는 조선학연구의 진흥을 발전시키는 것을 목적으로 하며, 국내의 학자들과의 학술교류를 추진하는 것을 목적으로 한다.

특히 21세기 세계 속의 한국의 위상과 한국어의 위상을 올바르게 세우는 것을 목적으로 국제학술회의를 개최할 뿐만 아니라, 조선학 2003 논문집을 출간한 바 있다. 더 나아가 이 연구소는 21세기의 조선-한국

언서 문학을 비교하는 것을 연구하고 있으며, 앞으로 중국 조선족 문학과 한국문학 국제학술회의를 개최하는 것을 기획하고 있다. 매년마다 조선학 논문집을 발간할 예정이다.

현재 이 연구소는 한국학술진흥재단과 한국국제교류재단과의 한국학을 중심으로 활발한 교류를 진행 중이다. 이 연구소의 회원은 현재 40여 명으로 구성되어 있으며, 부소장 이원길은 교수 및 일등 작가로서 활동하고, 부소장 김춘선은 1978년부터 현재까지 중앙민족대 교수로 활동하고 있다.

○ 중국한국어교육학회

그리고 중국한국어교육학회는 2002년 1월 설립했으며 법인 허가를 2002년 2월에 받았다. 현재까지 이 학회는 세미나를 3차례 개최했으며, 이것을 통해서 중국에서의 한국어 교육의 질적 향상을 도모한다. 특히 북경 제2외대에서 제3회 정규학술발표대회를 개최했으며 여름방학을 이용해서 한국학과교수들이 한국에서 연수를 받기도 했다. 그리고 복단대에서 국제학술발표대회를 개최할 예정이며, 매년마다 한국학과 교수들의 연수를 조직할 예정이다. 이 협회는 현재 한국학술진흥재단, 한국국제교류재단, 한국재외동포재단과 한국어 교육 관련 사업을 중심으로 꾸준한 활동을 한다. 현재 이 협회의 회원들은 231명으로 구성되어 있으며, 북경대학교 한국어과 교수로 재직 중인 회장 안병호를 중심으로 회원들은 한국어교육을 20-30년 동안 성실하게 수행하고 있다.

○ 북경문화경제연구회

북경문화경제연구회는 1997년 설립했으며 북경조선족기업가협회, 북경고려문화경제연구회로 1991년 법인 허가를 받았다. 연구회의 목적은 북경의 문화의 콘텐츠를 기반으로 기업의 능력을 통해서 개혁개방을 이바지하는 데 있다. 2004년에는 홍콩 반환과 관련된 꾸준한 활동을 했으며 개혁개방 20주년 행사을 개최한 바 있다. 북경아리랑국제문화발전유한회사는 2001년 7월에 설립허가를 받았으며, 과거에는 북경 아리랑 문화회사로 불리워졌다. 현재 북경시 해전구 중관촌 남가 19호 1-16-611실에 위치해 있다. 이 회사는 국제 문화를 교류하는 데 목적을 두고 있다.

2) 음 악

(1) 연변음악가협회

길림성, 요녕성, 흑룡강성에 거주하는 조선족들은 문학, 미술의 영역의 활동보다 조금 취약하지만, 음악분야의 활동도 전개하고 있다. 특히 이들 지역의 조선족들은 특히 방송국과 연계된 음악협회를 조직하는 가운데, 창작, 작곡, 각종 경연대회에서 우수한 성적을 거두고 있다. 연변 지역에서는 연변음악가협회가 있으며, 화룡 지역에는 화룡시음악협회, 안도현에는 안도현음악가협회, 도문시에는 도문시음악가협회, 훈춘 시내에는 통소협회가 있다. 료녕성에는 료녕성조선족음악협회, 해림시에는 해림시 조선족 음악협회가 있다. 이하에서조선의 음악뿐만 아니라, 대중 음악을 향유할 수 있는 기회를 제공하는 다양한 음악협회에 대해서 알아본다.

연변음악가협회는 1981년에 설립허가를 받았다. 현재는 길리성 연길시 하남가 22호에 자리잡고 있다. 지금까지 협회는 5천여 수의 노래를 창작했으며, 15수의 음악집을 발간했다. 특히 대형음악극, 장백의 노래 등과 세 권의 작곡집을 출판함으로써, 연변의 음악발전을 도모한다. 이 협회의 주석인 박세성은 연변가무단에서 활동했으며, 협회 회원들은 연변예술단원 교수 및 연변가무단, 문공단, 주문련에서 활동한다.

(2) 화룡시음악협회

화룡시음악협회는 화룡시 문화관 내에 위치해 있으며, 1988년 민족문예 창작을 활성화하기 위해서 설립했다. 협회는 음악창작, 작곡, 편곡, 지휘 등의 다양한 분야를 지속적으로 지원하고 있으며, 현재 주석은 김동하가 역임하고 있다. 2004년에는 연변텔레비전동요 우수상, 전국 조선족 방송국 문예전 대상을 수상했으며, 연변인민방송국경절맞이 음악회를 개최했다. 향후 연변텔레비전과 합작해서 음력설맞이 행사를 개최할 예정이며, 작곡창작학습반 4차례, 제10회 동요제 작곡창작 학습반을 개최할 예정이라고 조사 당시 설명을 하고 있었다.

(3) 안도현음악가협회

안도현음악가협회는 현재 길림성 안도현 신안로 29-2호에 위치해 있다. 2003년 12월 연변주문련의 법인허가를 받았으며, 다양한 음악작품을 창작하고 대중음악예술을 발전시키는 것을 목적으로 하고 있다.

2004년 협회의 회원들이 창작한 가요를 연변라디오방송과 예술세계 잡지에 발표한 쾌거를 낳았다. 향후 계획은 고향과 장백산을 대상으로 음악작품을 창작할 뿐만 아니라, 발표할 예정이다. 현재 주석은 황명철이며, 회원은 20여 명으로 이루어져 있다.

(4) 도문시음악가협회

도문시음악가협회는 현재 도문시 교원연수학교 내에 위치해 있다. 도문시 내의 조선족의 음악 항유를 고조하기 위한 목적으로 2003년 9월에 설립했다. 주로 음악회를 개최한다. 특히 두만강과 관련된 노래를 30여 곡 작곡 발표한 적도 있다. 현재 주석은 손홍범으로 도문시 교원 연수학교에 재직 중이며, 회원 수는 31명이다.

(5) 훈춘퉁소협회

훈춘시내의 퉁소협회는 현재 길림성 훈춘시 밀강향 밀강촌에 위치해 있으며, 2002년 9월에 설립했으며, 회원은 62명이다. 현재 주석은 강호진이 역임하고 있다.

(6) 료녕성조선족음악협회

료녕성조선족음악협회는 현재 심양시 화평구 안도로 3호 동 2층 1실에 위치해 있다. 1989년 료녕성 내의 조선족의 음악예술 사업을 계승 발전시키고, 전성음악예술 등을 조직하기 위한 목적으로 설립허가를 받았다. 이후 협회는 1998년 10월 대형 「리홍광」력사가곡연창회를 조직했으며, 2004년 제1차 료녕성 조선족 음악회를 조직하는 등 활발한 활동을 전개하고 있다. 특히 2004년에는 제4기리나를 진행했을 뿐만 아니라, 가곡창작회, 음악창작회, 음악학술연구회를 개최한 바 있다. 향후 협회는 소형음악회를 개최할 예정이며, 가곡집을 출판할 예정이라고 설명하고 있었다.

(7) 해림시 조선족 음악협회

해림시 조선족 음악협회는 중화문화의 발전을 향상시키고, 해림시 내의 조선족의 음악을 발전시킬 목적으로 2004년 설립허가를 받았다. 현재 흑룡강성 해림시 승리거리 승리아파트 4-302에 위치해 있다. 협회가 설립된 지 오래되지 않았지만, 2004년 해림시의 소수민족 독창대회를 개최하는 성과를 이루었다. 향후 협회는 해림시 내의 조선족 단체, 대합창, 조선족 민요를 대중적으로 보급할 예정이다. 현재 주석은 김예문이며, 회원 수는 18명이다.

3) 미 술

(1) 연변미술가협회

길림성에는 연길, 도문, 훈춘, 화룡, 왕청, 안도, 교하, 길림시 등이 있다. 이 중에서 미술분야 문화예술단체는 길림시, 연길시, 화룡시에만 집중되어 있으며, 기타 지역에는 문학과 음악분야 문화예술단체들이 집중되어 있다.

길림성에 속해 있는 길림시의 문화예술단체 중 미술 분야의 단체는 길림시조선족미술가협회가 있다. 이 단체에 소속해 있는 중국 내 조선족들은 도라지 잡지사를 중심으로 활동하고 있다. 연길에는 연변미술가협회와 연변현대미술예술연구소가 있으며, 화룡시에는 화룡시미술협회, 길림성미술가협회가 있다.

연변미술가협회에 소속해 있는 중국 내 조선족들은 중국조선족소년보사를 중심으로 활동하며, 연변현대미술예술연구소에 소속해 있는 중국 내 조선족들은 연변미술화랑, 연길시문화관 등을 중심으로 활동한다. 길림성 내의 미술 분야 예술단체들에 대해서 자세하게 알아본다.

연길에 있는 연변미술가협회는 연변의 미술사업의 번영과 창성을 위해서 1979년 설립했다. 협회는 연길시 하남가 22호에 위치해 있다. 그동안 이 협회는 50여 차례의 전시회를 개최했으며 국내교류는 10여 차례, 특히 한국과의 교류는 7차례로 하는 등 활발한 활동을 하고 있다. 2004년에는 미술세미나를 두 차례 진행한 바 있으며, 개인전시회 1차례 등을 개최했다. 특히 100여 편의 영향력 있는 작품들을 창작한 바 있다. 특히 이 단체 회원인 문성호, 강종호 등의 개인미술전을 개최할 예정이며, 중앙 무대에서 20여 편의 작품을 추천할 계획이다. 이 단체의 주석은 리승룡이라고 설명하였다.

(2) 연변수채화연구회

연변수채화연구회는 수채화 애호가를 위한 공동 연구 및 세계 수채화를 고찰하기 위해서 1988년 5월 설립했으며, 연길시 하람가 22호 집성빈에 위치해 있다. 협회는 동북사범대학미술과 연맹사회과학원, 연맹문화국집성반 등으로 불려졌으며, 국내외 수채화 교류를 활발히 전개하고 있다. 회장인 오명철을 중심으로 수차례 합동교류 및 개인전을 전시한 바 있으며, 회원들은 연변가무단, 연변박물관, 연변대학미술학원 등에서 활동하고 있다.

(3) 연변현대미술예술연구소

연변현대미술예술연구소는 2001년 9월에 과학기술위원회로부터 설립허가를 받았다. 현재 연변현대미술예술연구소는 연길시 북산가 단연거 북대 4호루 601호에 위치해 있다. 연변현대미술예술연구소는 주로 현대서양예술을 연구할 뿐만 아니라, 현대서양예술창작과 연주, 전시를 한다. 특히 이 연구소의 회원들은 영어로 의사소통을 함으로써 동북아시아의 활기찬 교류를 추진한다. 더 나아가 이 연구소의 회원들은 수차례 합동 전시회를 개최했으며, 개인전 또한 활발하고 개최한다. 연구소의 회원들은 20여 명으로 구성되어 있다.

(4) 연변미술화랑

연변현대미술예술연구소의 회원들은 주로 연변미술화랑을 중심으로 활동한다. 연변미술화랑은 연길시 삼꽃거리 91호에 위치해 있다. 연변미술화랑은 미술작품을 전시할 수 있는 공간으로 500㎡를 확보하고 있으며, 사무실은 100㎡의 공간으로 이루어져 있다. 특히 연변미술화랑의 공간을 통해서 중국 내 조선족들은 민족예술의 전통을 계승할 뿐만 아니라, 창의적으로 발전시키려고 한다. 이 공간을 통해서 연변현대미술 예술연구소 회원들은 미술창작연구회를 4차례 개최했으며, 전국소수민 족미술전시회를 개최하기도 했다.

특히 매년마다 미술창작연구회를 3차례 기획하고 있으며, 미술전시 는 1차례 기획하고 있다. 이 공간을 이용하는 중국 내 조선족들은 1년 평균 2,000명 이상이다. 연변미술화랑의 대표는 필충국이며, 현재 문화 국에서 근무하고 연구소와 화랑을 공동으로 운영하고 있다. 화랑의 비 서장인 리철호는 연변대호학예술계를 졸업했으며, 서울대학교 석사과 정을 졸업했다.

(5) 연길시문화관

연길시문화관은 길림성 연길시 청양거리 8호에 위치해 있다. 1949년 연길시 문화활동을 조직적으로 보도하고 보급하기 위해서 설립했다. 현 재 회장인 최동철을 중심으로 본부사무국 임원 1명, 직원 39명으로 활 동하며, 5개 지부에서 임원 1명, 직원 39명으로 운영하고 있다.

(6) 화룡시미술협회

화룡시미술협회는 1996년에 설립 허가를 받았으며, 10여 년 동안 꾸 준히 활동을 하고 있는 단체이다. 협회는 화룡시 문화관 내에 위치해 있다. 협회는 민족문화예술을 발전시키고 후대를 양성할 목적으로 설립 됐다. 이 협회 회원들은 미술창작 활동뿐만 아니라, 국가·성·주 예술 간행물에 미술작품 및 논문을 발표한다. 이 단체는 20여 명의 회원들이 활동하고 있으며, 미술창작을 중심으로 활동한다. 특히 이 협회의 주석 인 양호는 연변대학 예술학원을 졸업했으며, 군중문화 창작을 중심으로 활발하게 활동을 한다.

(7) 룡정시문학예술연합회

룡정시문학예술연합회는 문학예술인들의 단합과 문화발전을 도모하기 위해 1958년 중국문련의 지시로 설립했으며, 현재 룡정시 시청 내 룡정시 문학예술계 연합회에 소속되어 있다. 주요 사업은 주 혹은 시급의 우수단체를 초청하거나 문련대보대회를 개최하는 것이다. 특히 문학, 음악, 무용, 미술, 서예, 연극 등의 전문 분야를 독립적으로 운영하고 있다. 현재 회원은 488명으로 이루어졌으며, 11개의 지회로 구성되어 있다. 또한 한국과의 교류도 활발한 편이다. 강릉시 예총과 교류하고 있으며, 청주시 예총과는 서예 분야에서 교류하고 있다.

(8) 도문시서예가협회

도문시서예가협회는 도문시 내의 조선족의 문학발전을 위해서 2003년 설립했으며, 현재 도문시 월공거리 52호에 위치해 있다. 협회는 주로 서예 전시회를 개최하며, 서예학습반을 운영한다. 특히 협회 회원들은 농촌에 주로 거주한다. 현재 주석은 란해이다.

4) 무 용

(1) 연변무용가협회

길림성을 중심으로 조선족들은 연변무용가협회, 룡정시무용가협회, 안도현에 있는 무용가협회를 통해서 무용을 배우거나 무용 공연을 향유한다. 길림성과 달리 료녕성과 흑룡강성은 무용 분야와 관련된 무용단체가 활발하지 않다. 따라서 길림성 내에 있는 무용협회를 자세하게 알아본다.

연변무용가협회는 1986년 7월 법인 허가를 받았다. 현재 주소는 길림성 연길시 하남 22가이다. 이 협회는 대형 무용극 「아리랑」, 「장백송」 등 200여 수의 무용극을 창작했으며, 현재까지 300여 명의 무용인재를 배양했다. 이러한 과정에서 연변의 무용사업의 발전을 기대한다. 특히 10여 수의 무용을 창작하는 과정에서 세부의 무용극을 중앙급으로 격상시켰으며, 앞으로는 8수의 무용을 창작하며, 북조선뿐만 아니라 한국과의 무용교류를 추진한다. 현재 이 협회의 회원은 총 150여 명으로 주석은 리승욱이다. 특히 회원들은 연변가무단, 연변예술단, 연변극문련 등에서 활동하고 있다.

(2) 룡정시무용가협회

룡정시무용가협회는 룡정시의 각종 예술단체 및 모든 학교 무용교원과 무용애호가의 단합을 도모하고 무용창작과 표현예술을 발전시키기 위한 목적으로 1959년 설립했다. 협회는 중국문련지시에 의해서 건립했으며, 현재 룡정시내 룡정시 문학예술연합회에 소속되어 있다. 과거에는 룡정문련건립시에 편입되어 있었지만 현재는 무용가협회로 독립분과로 인정받고 있다. 2004년에는 시문련대회와 무용가협회 임원을 개선했으며, 향후 아동무용과 광장무용을 창작할 예정이다. 아직은 무용창작과 연구, 교학에 힘쓰고 있지만, 앞으로는 한국의 무용가들과 지속적인 교류 추진을 희망하고 있다.

(3) 안도현 무용가협회

안도현에 있는 무용가협회는 2003년에 군중문화사업을 발전시키기 위해서 설립됐다. 현재 위치는 길림성 안도현 신안로 29-2호이다. 협회의 역사는 짧지만, 민속촌 발전을 우해서 무용학습반을 운영하고 있으며, 각 학교에서 무용교원훈련반을 운영하는 등 꾸준한 활동을 펼치고 있다. 협회는 향후 관광발전을 위해서 조선족 민속놀이 표현 무대를 세우고, 한국의 부산대학과 연합해서 예술 교류를 진행할 예정이다. 특히 부산대학 예술대와 자매결연을 통해서 한국의 소식을 알릴 뿐만 아니라, 문학교류까지도 진행하고 있다. 특히 민속놀이, 사진촬영, 문학작품 등의 분야에서 두드러진 활약을 선보이고 있다. 현재 주석은 김현건이다.

5) 연극영화·촬영

(1) 연변희곡가협회

연변 내의 조선족들은 연변희곡가협회, 연변구연가협회, 연변시구연단 등을 통해서 희곡과 영화를 관람할 수 있는 기회를 제공받는 한편, 잊혀져 가는 전통 문화를 영상을 통해서 향유한다. 한편 룡정 내의 조선족들은 룡정극장이라는 문화 공간을 통해서 연극, 가무 등을 만끽한다. 이와 같이 연극, 영화와 관련된 문화 공간의 확보는 조선족들의 단합을 도모할 수 있는 최상의 일이다. 연극, 영화와는 달리 연변과 도문시에는 촬영가협회가 설립되어 있으며, 이러한 협회를 통해서 조선족들은 삶 속에서 문화를 보존한다. 우선 연극, 영화와 관련된 단체들에 대해서 자세하게 알아본다.

연변희곡가협회는 현재 연길시 하남거리 22호에 위치하며, 1981년부터 20여 년간 꾸준한 활동을 하고 있다. 1981년 설립 이후 이 협회는 희곡작품 50여 편을 창작했으며, 5편의 작품상을 수상한 바 있다. 특히 2004년에는 5편의 시나리오를 창작 무대에 선보이는 등 연변의 희곡사업의 번영을 도모하는 데 힘쓰고 있다. 향후 4편의 장편 시나리오를 무대로 올릴 예정이다. 협회원들은 연길시조선족예술단, 연변대 예술대학, 연변문화연합희곡협회 등에서 열정적인 활동을 한다.

(2) 연변구연가협회

연변구연가협회는 1979년 중국 조선족의 언어예술의 발전을 도모할 뿐만 아니라, 코미디언 인재를 양성할 목적으로 설립됐다. 현재 연길시 공원거리 공원로 51호에 위치해 있다. 특히 이 협회는 2004년 동북삼성 공연을 했으며, 독일 프랑크푸르트에 있는 재독한인회와 2004년 10월 18일부터 22일까지 교류를 한 바 있다. 더 나아가 이 협회는 일본 오사카 재일동포(민단) 위문 공연, 중국 상하이 동포 위문 공연, CCTV 조선족 코미디언 홍보 공연, 북조선 평양예총 중국 초청 공연을 기획 중이다. 이러한 공연은 만담, 코미극, 연변참담, 판소리, 편고 등의 다양한 분야로 구성되어 있다.

(3) 연변시구연단

연변시구연단은 조선족의 구연예술을 보급할 뿐만 아니라, 발전시키려는 목적으로 1979년 9월에 설립됐다. 현재 공연공간은 200㎡, 사무실은 600㎡의 공간을 확보하고 있다. 2004년에는 광서성, 남녕시에서 개최된 제2차 전국 소수민족 곡예 전시연출에서 북타령을 통해서 1등상을, 편곡엮음을 통해서 3등상을, 재담을 통해서 2등상을 수여했다. 특히 이 공연에서 이경화는 신인상을 수상한 바 있다. 주요 공연 작품은 「사랑의 샘물」, 「장백산」, 「함박꽃의 비애」 등이 있다. 구연단의 대표인 조학범은 연길시 문화관장을 역임한 바 있다.

(4) 룡정극장

룡정극장은 룡정시 룡정거리 478호에 위치해 있으며 전시공간은 3,000㎡의 공간을 확보하고 있다. 1940년 룡정영화관을 재개조한 후, 종합문화 공간으로 만들어 룡정시민을 위한 문화를 향유할 수 있는 기회를 제공한다. 주로 연변연극단, 가무단, 구연단의 공연과 조선랑강도예술단, 조선함북도예술단, 조선평양예술단, 조선보천보전작악단의 방중 공연을 위한 공간으로 사용되고 있다. 매년 평균 400,000명이 이용하고 있다. 현재 대표자 채영수는 연극원건립초부터 현재까지 역임하고 있다.

(5) 연변촬영가협회

연변촬영가협회는 1989년 12월에 설립한 후, 50여 편의 작품을 창작했으며, 100여 편의 국가, 성, 주가 개최하는 전시회에서 상장을 수상한 바 있다. 현재 연길시 하남거리 22호에 위치한다. 특히 촬영세미나 등을 3차례 개최하고, 우수작품을 15편 선보이는 등 연변내에 있는 조선족들의 사진 촬영 기술의 발전을 향상시키고 있다. 향후 이 협회는 촬영세미나를 더욱 활발히 개최할 예정이며, 한국 및 연변대학 촬영계와 연합하여 전시회를 개최할 예정이라고 한다. 협회원들은 촬영기자, 「지부생활」 편집부 기자, 연길현대도편사 등으로 재직 중이다.

(6) 도문시촬영가협회

도문시촬영가협회는 도문시 내의 조선족의 문화발전을 위해서 2003년 설립했으며, 현재 길림성 도문시 해방로 11호에 위치해 있다. 협회는 주로 사진촬영 전시회를 열며, 꾸준하게 전시회를 개최할 계획을 갖고 있다. 현재 주석은 박은성이다.

6) 문화공간

(1) 길림시조선족군중예술관

길림성, 요녕성, 흑룡강성에 거주하는 조선족은 길림, 심양, 목단강,

오상, 장춘시예술관을 통해서 보다 폭넓은 문화를 향유할수 있는 기회를 갖고 있다. 특히 이들 지역의 예술관들은 주로 시정부 혹은 중앙 정부의 재정적 지원을 통해서 운영되고 있다. 더 나아가 예술관들은 문화 공연을 위주로, 무용, 연극, 문학연구 등의 활발한 활동을 전개하고 있다. 우선 이들 예술관들에 대해서 구체적으로 알아본다.

길림시조선족군중예술관은 길림시 통담대로 1호에 위치해 있으며, 1953년 시정부의 허가를 받아서 설립됐다. 1953년 8월 설립된 이래, 주 정부에서 시조선족문학관으로 허가 했으며, 1983년 이루부터는 예술관으로 개명됐다. 이러한 과정에서 군중예술광는 18만의 길림시 조선족의 문화예술을 보급할 뿐만 아니라, 교육, 행사, 인재 양성 등의 다양한 활동공간으로 자리매김되었다. 이 공간을 통해서 2004년에는 길림시 조선족 민속문화제, 길림시 조선족 미술전람회, 길림시 조선족 대형윷놀이, 길림시 조선족 설맞이 공연을 개최했다. 향후 이 공간은 조선족 민속문화제 및 한국 상품 전시회의 공간으로 활용될 것이다. 현재 주석은 이춘식이다.

(2) 심양시조선족「아리랑」예술단

심양시조선족 「아리랑」예술단은 심양시 화평구 안도로 3호 동 3층 1실에 위치해 있다. 2002년 심양시 내의 조선민족의 전통문화예술을 계승, 발전시키며, 조선민족의 아름다운 풍속을 향유하려는 목적으로 설립했다. 설립이후 예술단은 2003년과 2004년 심양한국주공연에 참가했으며, 특히 2003년에는 한국대구푸른방송의 출연으로 방한공연을 펼친 바 있다. 그리고 예술단은 2001년 강원도 홍천군을 방문공연한 적도 있다. 또한 2004년에는 시문예콩쿠르에서 무용 「진달래」, 「기러기춤」, 「짱구춤」으로 1등상을 수상했으며, 성문예콩쿠르에서 무용 「진달래」를 통해 금상을 수상했다. 향후 예술단은 전국콩쿠르 백서문화철에 참가할 예정이다. 예술단은 음악, 무용, 기악 등을 위주로 활동을 전개하고 있다. 현재 주석은 이현춘이며, 회원 수는 70명이다.

(3) 목단강조선족예술단

목단강조선족예술단은 문화참에서 문화관으로, 문화관에서 예술단으로 변모해 왔으며, 현재까지 목단강지구의 조선족의 문화 발전과 번영을 도모하고 있다. 2004년에는 대형 군중락을 두 차례 개최했으며, 노래 콩쿠르를 한 차례, 기강표현연구회는 두 차례 개최했다. 이러한 활동을 통해서 예술단은 대중문화를 더욱 더 활발히 보급할 예정이며, 민속놀이 및 상업적인 연출을 병행할 계획이다. 현재 주석은 주봉심이며, 회원 수는 31명이다.

(4) 오상시조선족문화관

오상시조선족문화관은 오상시 내의 조선족의 문화 발전을 도모하기 위해서 1986년에 설립됐다. 현재 흑룡강성 오상시 조선족 문화관 내에 위치해 있다. 그동안 협회는 대한조선족군중무용표현, 조선족 기악 콩쿠르, 조선족 성악 콩쿠르를 1차례 시행했으며, 향후 8·15 행사에서 조선족들의 문예콩쿠르를 조직하고, 단행본 「오상시 조선족 문이집」을 출간할 예정이다. 현재 주석은 현영일이다.

(5) 장춘시조선족군중예술관

장춘시조선족군중예술관은 현재 길림성 장춘시 상해로 400호에 위치해 있다. 예술관은 장춘시 조선족 문화사업의 발전과 진흥을 도모하기 위한 목적으로 1953년에 설립됐으며, 더 나아가 조선족의 전통 문화 개발과 연구, 장춘시의 조선족들의 문화생활을 향상시키기 위한 목적으로 설립됐다. 예술관은 1953년 장춘시 조선족 문화장으로 명명됐으며, 1959년 장춘시 조선족 문화관으로, 1986년 장춘시 조선족 군중 예술관으로 명명됐다. 2004년에는 장춘시 조선족 문화 활동, 연구, 배양, 보도에 중점적인 역할을 하고 있으며, 다양한 문예 공연을 기획한 바 있다. 향후 폭넓고 다채로운 문화활동을 통해서 예술관의 내실을 풍부하게 하고 국외 공연도 기획할 예정이다. 현재 주석은 리상훈이며, 회원 수는 35명이다.

2. 문화예술가

1) 문 학

(1) 길림성 연변

○ 리임원

길림성 연변 내의 조선족 문학가들은 다양한 협회를 통해서 활동하고 있으며, 각종 문학상에서 두드러진 활약을 선보이고 있다. 특히 연변 내 조선족 문학가들은 문학작품을 창작하거나, 조선어의 보급에서 앞장서고 있으며, 국내외 교류단체들을 통해서 폭넓은 조선족 문화를 형성하고 있다. 길림성 연변 내의 조선족 문학가들이 구체적으로 어떤 활동을 하고 있으며, 어떤 문학작품을 창작하고 있는지를 알아본다.

우선 연변작가협회의 부주석인 리임원은 연변대학을 졸업한 후, 현재까지 연변일보사에서 근무하고 있다. 그의 주요작품은 「사랑, 그리고 바보들의 이야기」가 있다. 그는 해란강 문학상, 두만강예볼소리 시인상, 도라지 문학상, 라지오 문학상 등을 수상한 바 있다.

○ 조성일

　연변조선족문화발전추진회의 주석인 조성일은 함경북도 회령군에서 태어났으며, 1960년에 연변대학을 졸업했다. 그는 연변문련, 연변작가협회, 연변사회과학원에서 부주석, 소장으로 활동했으며, 주요작품으로는 「시영」, 「민요집」, 「중국조선족문학사」 등이 있다. 그는 국가급, 성급, 주급 문학상을 4차례 수상한 바 있다.

○ 김길련

　연변단풍수필회의 회장인 김길련은 현재 연길시 연변TV 방송국에 근무하고 있다. 그는 길림성 화룡시 동성진에서 태어났으며, 연변대학교를 졸업했다. 그의 주요작품은 장편소설 「먼동이 튼다」, 중편소설「여의주」, 작품집 「만보산 풍운록」 등이 있으며, 「먼동이 튼다」를 통해서 전국소수민족문학상을 수상한 바 있다.

○ 김철학

　연변시조협회의 대표인 김철학은 시조문학을 전공하고 있으며, 연변가무단에서 근무하고 있다. 그는 시조집출판, 시조강연회, 시조창작모임 등의 활동을 하고 있으며, 그 성과물인 오페라 「아리랑」, 뮤지컬「풍류서방님」, 장시「백두산은 나의 고향」, 시조「아리랑 련곡」 등이 있다. 1991년 중국중앙문화부 제1차 문화대상을, 1997년 문화부 「공작새컵」상을 길림성정부 「장백산문예상」을 수상한 바 있다.

○ 최기자

　연변어머니수필회의 회장인 최기자는 연길에서 태어났으며, 연변대학교를 졸업했다. 그녀는 연변조선족여류시회 초대회장으로 활동했으며, 주요작품으로는 「정자의 미로」-시, 「놋숟가락닦기」-수필, 「이 밤도

달은 둥글다」-가사 등이 있다. 그녀는 대성컵수기 최우수상, 해란강 문학상, 전국조선족가요창작 2등상을 수상한 바 있다.

○ 리순옥

연변조선족여류시회의 회장인 리순옥은 연변에서 태어났으며, 현재 「연변의학」 잡지사에서 근무하고 있다. 그녀는 시창작, 시집출간, 잡지 출판 등의 일을 하고 있으며, 재외동포문학상 우수상, 「창조문학」 2004년 신인상을, 「두만강여울소리」 신인상을 수상한 바 있다.

○ 허연순

연변여성문인협회의 회장인 허연순은 연길에서 태어났으며, 연변대학교를 졸업했다. 그녀는 한국과 중국의 문화 교류를 추진하고 있으며, 국내여성을 위한 문학 세미나를 실시하고 있다. 그녀의 주요작품은 장편소설 「바람꽃」, 「누가 나비의 집을 보았을까」, 「잃어버린 밤」 등이 있으며, 중단편소설 「유혹」, 「무주의 자궁」, 「사내 많은 여자」 등이 있다. 그녀는 중국 소수민족상, 길림성 소수민족상, 동북삼성 금호상, 장백산 문학상, 연변문학상, 도라지문학상 등이 수상한 바 있다.

○ 김룡은

동북아비교문학연구원의 부회장인 김룡은은 연변대학을 졸업했으며, 주로 문학평론을 하고 있다. 그의 주요작품은 「함께 나누는 시의 맛과 향기」 등이 있으며, 「흔들리는 인생」을 통해서 수필상을 「중국 조선족 모더니즘」을 통해서 평론상을 수상한 바 있따.

○ 윤영민

연길시작가협회의 회장인 윤영민은 길림성 왕청현에서 태어났으며,

연변대학교를 졸업했다. 그는 문화 창작 활동뿐만 아니라 보급에서 앞장서고 있다. 그의 주요작품은 소설 「오늘의 석양은 핏빛이다」, 「넋은 말한다」 등이 있으며, 수필 「웃음과 웃음 이야기」, 「야 엄마야 망향의 넋이여」 등이 있다.

○ 김영자

　화룡시 작가협회의 대표인 김영자는 화룡시 투도진에서 태어났으며, 연변작가협회 이사를 겸직하고 있다. 주로 군중문화 보급 및 창작 활동을 하고 있으며, 주요작품은 극본 「나라의 것」, 시조 「이변의 암」, 수필 「눈 속에 핀 매화꽃 더 더욱 아름답네」 등이 있으며, 평론 「격저지에 대하여」를 통해서 「연변문학」 평론상을 획득한 바 있다. 화룡시 작가협회에서 박규칠, 김태현, 하태열, 리근영이 활동하고 있다. 정창권은 훈춘시작가협회에서 활동하고 있으며, 황석기는 훈춘시문화관에서 활동한다. 그리고 김윤진은 훈춘시문학예술연합회에서 활동하고 있다.

○ 장문일

　왕청현 문련의 장문일은 왕청에서 태어났으며, 연변대학한러계를 졸업했다. 현재 연변문예가협회 부주석이고, 연변작가협회 이사를 겸직하고 있다. 그는 문학과 예술활동을 조직하고, 전국 조선족 시, 가사 등을 한문으로 번역하는 일을 하고 있다. 그의 주요작품은 「의사」, 「연」, 「고향무정」 등이 있다. 왕청현 조선족 작가협회의 대표인 박홍률은 왕청에서 태어났으며, 현재 연변작가협회의 회원이기도 하다. 그의 주요작품은 가사집 「청산의 샘물」, 동시집 「배꽃」이 있다.

○ 조계천

　안도현 민간문예가협회의 부주석인 조계천은 안도현 송강진에서 태

어났다. 현재 안도현 문화관 문학 잡지 「미인송」을 편집하고 있으며, 안
도현 작가협회 이사를 겸직하고 있다. 함창도는 안도현조선족작협회에
서 활동하고 있다. 안도현백두산아동문학회의 주석인 박영옥은 길림성
안도현에서 태어났으며, 1997년부터 아동문학활동에 참여하고 있다. 그
녀의 주요작품은 「삐뚠나무의 꿈」, 「용서는 아름답습니다」, 「엄마제비
와 새끼제비」, 「오해」, 「이슬」 등이 있다.

○ 강호원

도문시 작가협회의 주석인 강호원은 길림시에서 태어났으며, 2002년
부터 2004년까지 길림성 길림시 가문단에서 수학했다. 그의 주요작품
은 중편소설 「일본밀항」이 있으며, 그는 도라지문학상, 천지문학상 등
을 5차례 수상한 바 있다.

○ 김홍관

길림시조선족문학예술연구회의 주석은 김홍관이다. 한편 룡정시 작
가협회의 대표인 김인수는 길림성 화룡시에서 태어났으며, 주로 시문련
산하의 11개 단체의 조직의 활동을 도움을 주고 있다.

○ 남영전

중국조선족발전연구회의 회장인 남영전은 길림성작가학원에서 수학
했다. 그는 중국작가협회 소수민족위원회 위원, 북경대학 조선문화연구
소 연구원, 길림대학문학원 객원 교수, 동북사범대학상업학원 객원 교
수, 연변대학 사범학원 객원교수를 지낸 바 있다. 그의 주요작품은 한문
시집 「상사집」, 「산혼」, 「산단수」, 「원융」 등이 있으며, 조선문시집 「푸
른꿈」, 「백학」, 「백의 넋」 등이 있다. 그리고 그는 중국소수민족문학상
을 두 차례 수상했으며, 중국당대문학연구상을 네 차례, 길림성정부 장

학시문예상을 두 차례 수상한 바 있다.

(2) 요녕성 심양

요녕성 내의 조선족들은 시조문학뿐만 아니라, 아동문학을 중심으로 활동하고 있다. 특히 심양과 대련을 중심으로 조선족 문학가들은 문학 작품의 창작활동에 매진하고 있다. 심양과 대련 내의 조선족 문학가들의 활동에 대해서 알아본다.

심양에는 심양시조선족시조문학회와 심양시조선족문학회를 중심으로 조선족 문학가들이 활동하고 있다. 심양시조선족시조문학회의 주석은 리창인이며, 정준기와 리문호가 활동하고 있다. 박성균은 심양시조선족문학회 주석으로 문학 작품을 창작하고 있으며, 그 외에 임금산, 최모산, 전창영, 류광순 등이 활동하고 있다.

대련에는 대련시조선족문학예술가협회와 대련시조선족아동문학회를 중심으로 조선족 문학가들이 활동하고 있다. 대련시조선족문학예술가협회에서 이성해, 이춘겸, 김성일, 장홍매 등이 활동하고 있다.

그리고 대련시조선족아동문학회의 지서장인 이춘겸은 요녕성 단동시에서 태어났으며, 연변대학교를 졸업했다. 그는 대련지사 요녕 조선문보에서 근무한 적이 있으며, 대련시 조선어 예술가협회 부회장, 비서장을 재직한 바 있다. 그는 주로 기자활동을 했으며, 현재 반도진보사-요녕조선문보대련지사에서 거주하고 있다. 그의 주요작품은 가사 「산골도 좋소」, 시 「아침길」, 번역작품 「골동품」 등이 있다.

(3) 흑룡강성 하얼빈

○ 박홍남

흑룡강성 내의 조선족 문학가들은 녕안, 동녕, 상지, 해림을 중심으로 활동하고 있다. 이들은 주로 문학 작품의 창작뿐만 아니라, 교육사업에도 종사하고 있다. 더 나아가 이들은 시, 시조, 수필, 콩트, 평론등의 분야에서 활발한 활동을 하고 있다. 흑룡강성 내의 조선족 문학가들의 구체적인 활동에 대해서 알아본다.

녕안시조선족작가협회의 주석인 박홍남은 흑룡강성 보천현에서 태어났으며, 1975년 연변대학합수조문계를 졸업했다. 그의 주요작품은 수필집 「나래꽃 파는 언덕」이 있다. 그는 「연변녀성」이라는 잡지에 살아가는 이야기를 응모한 바 있다.

○ 정견남

동녕현 조선인 문인협회의 주석인 정견남은 흑룡강성 녕안시 동경성진에서 태어났으며, 국가 공무원으로 근무했다. 그는 시, 시조, 소설, 수필, 콩트 등 다양한 분야에서 활동하고 있으며, 「흑룡강땅에 핀 야생화」, 「세월」, 「자화상」을 출판한 적이 있으며, 1976년 시 「도둑질」이 우수작으로 당선된 바 있다.

○ 리미영

흑룡강성 상지시 조선족 문학예술연의회의 주석인 리미영은 흑룡강성무도가협회원이면서 하을빈무도가협회 이상이다. 그녀는 무용을 전공하고 있으며, 주로 상지시의 조선족 시민의 문화활동을 조직하고 농민의 문화생활을 풍부하게 하는 임무를 맡고 있다. 그녀의 주요작품은 아동무 「아침운동」, 「화원에서」, 청년무 「풍수」, 「소아가씨」, 노인무 「운이 좋음」, 「신강무」, 집단무 「농악무」, 「도라지」 등이 있다. 그녀는 「연이 시집간다」, 「봄날이 온다」, 「역사의 묘지 앞에」 등을 통해서 성급 무용경기에서 특별상, 1, 2, 3등상을 수상한 바 있다.

○ 강효삼

　흑룡강성 작가협회의 부회장인 강효삼은 흑룡강성 연수현에서 태어났으며, 1963년부터 창작활동을 하고 있다. 그리고 1997년부터 상지시에 있는「진달래문학사」를 맡고 있다. 그의 주요작품은 시집「봄비」,「먼-훗날 저하늘 너머」가 있다. 그는 1980년 흑룡강성소수민족 문학상, 1986년 흑룡강성 문예 대상을 수상했으며, 1995년 전국통일원의 상도 수상한 바 있다.

○ 김연화

　흑룡강 조선족 작가 창작위원회 회장인 김연화는 길림성 연길시에서 태어났으며, 길림성 연변예술학교를 졸업했다. 현재 그녀는 길림시 조선족 예술관에서 근무하고 있다. 그녀는「삼민부」를 통해서 표현 2등상을,「눈꽃이 피었네」를 통해서 창작 1등상을,「전야의 북소리」를 통해서 보도은상을,「청춘」을 통해서 보도은상을 수상한 바 있다. 이홍규, 박일, 김두필 등이 협회에서 활동하고 있다.

○ 한 춘

　한편 흑룡강작가협회 조선족작가 창작위원회의 주석은 한춘은 서울에서 개최한 세계시민대회에 참여한 적이 있으며, 한국문학의 해 중국 대표 발제문을 발표한 적이 있다. 그의 주요작품은 시집「주소없는 편지」가 있으며, 평론집「현대시의 불안과 선택」이 있다. 그는 연변작가협회 문학상을 두 차례 수상했으며, 흑룡강 문예 대상에서 2등상을 수상했으며, 흑룡강한민족문학상에서 1등상을 수상했다.

○ 설병화

　해림시조선족문학협회는 주석은 설병화이며, 교육사업에 종사하고 있다. 설병화는 교육사업에 종사하고 있으며, 주요작품은 수필 「안해의 풀탑」, 동화 「파랑새와 나무눈」, 「천리마의 후회」 등이 있으며, 「파랑새와 나무눈」은 제2회 재외동포문학상을 수상한 작품이다. 리광수, 정송춘 등이 협회에서 활동하고 있다.

(4) 청도 및 북경

○ 이원길

북경에 위치해 있는 중앙민족대 조선학연구소의 소장이면서 교수인 이원길은 길림성에서 태어났다. 그는 1970년부터 1979년까지 매화구 중학 부교장을 지냈으며, 1984년부터 1987년까지 연변작가협회 부주석을 역임했다. 1995년부터 현재까지 중앙민족대 교수로 활동하고 있다.

그의 주요작품은 소설집 「설양」, 「춘정」, 「백성의 마음」 등이 있으며, 「조선어문체론」 등을 발표한 바 있다. 그는 「설야」와 「춘정」을 통해서 전국소수민족문학상을 수상한 바 있으며, 길림성 장백산문예상 등을 수상한 바 있다.

○ 김병윤

중국한국어교유학회의 상무 부회장이면서 비서장인 김병윤은 길림성에서 태어났다. 그는 1975년부터 1981년까지 흑룡강인민방송국 기자를 했으며, 1985년부터 현재까지 대외경제무역대학에서 전임강사-부교수-교루로 활동하고 있다. 그는 「이조후반기 어휘변화연구」, 「한중무역회화」 등의 다수의 저작과 수십 편의 논문을 발표한 바 있다. 그리고 그는 대외 경제 무역대학교 우수저작, 논문상을 수상한 바 있다.

○ 조룡기

청도시 문인협회의 부회장이 조룡기는 해림시에서 태어났다. 그의 주요작품은 수필 「그리운 바다」, 「아름다운 기행」, 「어머님의 또 하나의 자궁」 등이 있다. 그는 1996년 진달래 문학상, 1998년 한얼패 문학상, 2000년 「연변문학」 윤동주 문학상을 수상한 적이 있다.

2) 음 악

○ 류영도

중국 내 조선족들의 문화예술 분야 중에서 음악 부분의 예술가들은 주로 길림성에서 활발한 활동을 전개하고 있으며, 그 이외의 지역에서는 두드러지는 않지만 미약한 활동을 하고 있다. 특히 길림성 내의 조선족 음악인들은 각종 협회를 통해서 음악 창작 활동뿐만 아니라, 작품 발표 등의 활동을 통해서 각종 대회에서 우수한 성적을 거두고 있다. 따라서 길림성 내의 조선족 음악인들과 그들의 작품을 중심으로 중국 내 조선족 음악인들의 현황에 대해서 알아본다.

연변음악가협회 대표인 류영도는 길림성 안도현에서 태어났으며, 천진음악학원 작곡계를 졸업했다. 그는 매년 1-2차례 국외 예술 교류를 하고 있으며, 매년 10여 차례 음악회를 조직하고, 정기적인 음악창작평의 활동을 하고 있다. 그의 주요작품은 「장백산천지의 전설」, 「고향」 등이 있으며, 그는 국가 문화부 작곡상, 길림성 정부 장백산우수작품상을 수상한 바 있다.

○ 김동하

화룡시 음악가협회의 주석인 김동하는 화룡시에서 태어났으며, 연변음악가협회 부비서장, 화룡시문공단장, 중국음악가협회원, 중국조선족음악연구회원을 겸하고 있다. 그의 주요작품은 「저수지 아침」, 「나의 이름」, 「부모」, 「연변아리랑」 등이 있다. 그는 연변TV 우수상, 전국조선족방송국문예절대상, 전국소수민족방송국 3등상을 수상한 바 있다.

○ 유춘섭

화룡시 음악가협회 부주석 겸 비서장인 유춘섭은 연변음악가협회 이사를 겸직하고 있다. 그의 주요작품은 「인생은 뜨는 달 지는 달」이 있으며, 이 작품을 통해서 연변TV 우수상을 수상한 바 있다. 「내사랑 갈매기야」를 2002년 한국에서 출판했으며, 「수포석 사랑」을 통해서 2003년 선경대컵 2등상을 수상한 바 있다. 안도현 음악가협회에서 황명철, 최정철 들이 활동하고 있다.

○ 손홍범

도문시음악가협회의 주석은 손홍범이며, 그는 도무시 교원 연수학교에서 근무하고 있다, 협회의 부회장인 엄상휘는 도문시 문화관에서 근무하고 있으며, 부회장인 김승길은 도문시 교원 연수학교에서 근무하고 있다.

○ 리상률

길림성음악가협회 리상률은 1970년부터 1990년까지 장백현 가무단에서 선후로 악대 연주원, 음악창작, 악대 지휘 등을 담당했으며, 현재까지 장백현 문화관과 장춘시 조선족군주예술관에서 관장직무을 맡고 있다.

○ 최차식

길림시음악가협회 주석인 최차식은 길림성 부이현에서 태어났으며, 중국 할빈예술학원을 졸업했다. 그의 주요작품은 노래 「고향의 오솔길」, 가극 「우리의 노래」, 「탕인의 전설」, 피아노곡 「조선족민요열개곡」, 방송극 「불은마음」이 있으며, 교향시 「북간도의 이야기」가 있다.

○ 최철산

그리고 길림시 조선족 군중예술학교에서 악기보도원으로 재직 중인 최철산은 연길시에서 태어났으며, 길림성 고전자사 사범학교를 졸업했다. 그의 주요작품은 「전야의 목소리」, 「꽃봉오리」, 「환희」 등이 있다.

○ 김금자

길림성 방송국에서 고급연원으로 근무중인 김금자는 길림 서란에서 태어났으며, 길림예술학원을 졸업했다. 그의 주요작품은 「고향의 봄」, 「조국 소리」, 「초원의 노래」가 있으며, 이 작품들을 통해서 각각 전국 CCTV 제3차 3등상을, 중앙 CCTV 특약가수, 길림성 콩쿠르 1등상을 수상한 적이 있다.

한편 강호진은 훈춘시통소협회에서 활동하고 있다. 그리고 이현춘은 료녕성조선족음악학회 주석으로 활동하고 있으며, 그 이외에 리금보, 김용섭이 이 협회에서 활동하고 있다.

○ 김예문

해림시조선족음악협회의 주석인 김예문은 1980년 목단강 사범대학교를 졸업했으며, 주요작품으로는 「인민교사의 노래」, 「과학자의 노래」, 「아, 친애한 우리당」이 있다. 이중에서 「인민교사의 노래」를 통해서 흑룡강성 교육계통 음악콩쿠르에서 3등상을 수상했다.

중국조선족음악연구회 이사인 남영근은 길림성에서 태어났고, 각종 문화상 20여 장을 수상한 바 있다.

○ 이영, 이성주, 송일

중앙민족가무단에서 가수로 활동하고 있는 이영은 연길에서 태어났으며, 북경중남민족대학교를 졸업했다. 그녀는 연변가무단에서부터 국가급의 경기에서 수상한 적이 있으며, 북경에 거주한 이후 중앙의 중요한 행사에 참여하고 있다. 그리고 중앙민족가무단에서 활동하고 있는 이성주는 용정에서 태어났으며, 서울대학교에서 성악 석사를 졸업했다. 그는 1996년부터 1997년까지 북경, 천진, 상해, 일본, 평양 등에서 독창음악회를 개최했으며, 국가의 중요한 연출 활동과 CCTV 활동에 참가했다. 그의 주요작품은 「성악연창방법」, 「유럽기행」 등이 있으며, 국제성악 대회에서 금상을 3차례 수상한 바 있다. 중국 음악대학교에서 교수로 재직중인 송일은 연변대학교 예술대학을 졸업했다. 그는 연변에서 졸업하고 심양, 북경에서 오랫동안 여러 행사에 참여하고 외국 방문을 했다. 그는 전국 성악 대회에서 금상과 은상을 수상한 바 있다.

3) 미 술

○ 김철향

중국 내 조선족 미술인들은 각종 협회를 중심으로 활동하고 있으며, 미술 작품을 창작하는 데 매진한다. 이들은 작품 창작뿐만 아니라, 전시회 개최를 통해서 중국 내 조선족들의 미술에 대한 감각을 고취시키는 데 앞장서고 있다. 이들에 대해서 구체적으로 알아본다.

현대미술예술연구소장인 김철향은 길림성에서 태어났으며, 북경중앙외대를 졸업했다. 그는 미술 작품을 창작하거나 미술 전시회를 개최하는 활동을 하며, 국내외에서 다수 수상한 바 있다.

○ 오명철

연변수채화연구회에서 편집일을 맡고 있는 오명철은 길림성에서 태어났으며, 동북사범대학을 졸업했다. 현재는 연변문화국집성반 「문화와 예술」 편집부에서 근무하고 있으며, 주로 수채화를 연구하거나 창작 작품을 전시하는 일을 한다.

○ 윤상철

화룡시 조선족 서예가 협회의 주석인 윤상철은 화룡시 화룡거리 공예미술부에 거주하고 있으며, 중국소수민족서예협회원이기도 하다. 그는 길림성서예대전 2등상, 전국소수민족서예전 은상, 국제조선족코리아 범민족에 수록되기도 했다.

○ 양 호

화룡시 미술협회의 주석은 양호이며, 화룡시에서 태어났다. 그는 연변대학 예술학원을 졸업했으며, 현재 길림성미술가협회원이며, 연변미술가협회이사를 맡고 있다. 주로 그는 군중문화를 창작하거나, 후대를 양성한다. 데뷔작으로는 「백두산호랑이」, 「가을」 등이 있다. 그는 2002년 국가문화부 「금상」을 수상했으며, 2000년에는 국가문화부 「우수상」을 수상하는 등 여러 차례 주・성・국가상을 획득한 바 있다. 특히 화룡시미술협회원들이 한국민족작가회의와 꾸준한 활동을 할 수 있도록 주춧돌을 놓는 데 큰 기여를 했다.

○ 김광조

길림시조선족미술가협회의 부주석인 김광조는 길림시에서 태어났다. 1974년에는 중국미술대전에 참가한 것을 시작으로, 1999년에는 문화조성전시회, 2001년에는 길림성 예술전, 2002년에는 문화부군성배와 미국세계명인문화 연구센터 박사학위를 받았다. 그의 주요작품은 유화 「큰기세」, 「우의화」 등이 있으며, 이를 통해서 각각 동상, 군성상을 수상한 바 있다. 특히 2001년에는 「조선족 민간 미술」이라는 논문을 통해서 제5차 세계명인문화예술교류회에서 금상을 수상한 적이 있다.

○ 함성호

흑룡강 조선족 미술협회의 부편심인 함성호는 흑룡강성 해림현에서 태어났으며, 그의 주요작품으로는 「소녀의 마음」, 「희망탑」, 「낙엽귀근」 등이 있다. 그는 「소년의 마음」을 통해서 전국 조선족 미술작품전에서 1등상을 수상했으며, 「희망탑」을 통해서 우수상을 수상했다.

4) 무 용

○ 김명녀

연변문련무용가협회의 주석인 김명녀는 연변대학예술학원 통신학부를 졸업했으며, 이후 무용창작, 무용보급, 무용교학에 힘쓰고 있다. 그녀의 주요작품은 무용시 「백두의 넋」이 있으며, 그녀는 국경 46주년 경축공연 표현상을 수상한 바 있다. 안도현 무용가협회의 김현건, 곽은성, 현금순은 안도현 문화관에서 근무하고 있다.

○ 정연애

중앙가무단에서 활동하고 있는 정연애는 흑룡강성에서 태어났으며, 중앙민족대학 예술계에서 교육을 받았다. 그는 국가의 여러 행상에 참석하고 외국을 주로 방문한다. 그의 주요작품은 「장고무」, 「치마무」 등이 있으며, 전국 무도 연출 은상을 수상한 바 있다. 그리고 중앙가무단에서 무도가로 활동하고 있는 김용수는 도문에서 태어났으며, 중앙민족대학 예술계를 졸업했다. 그는 연변대에서 「전향전기」에 참가했으며, 북경에서 중앙대표단의 여러 행사에 참여했다.

5) 연극영화촬영

○ 조학범

중국 내 조선족 연극인, 영화인, 촬영인들은 주로 방송국과 구연단을 통해서 활동하고 있다. 특히 연변시에 있는 구연단은 연극 및 구연, 코미디언 등의 다양한 분야에서 활동하고 있다. 이들에 대해서 구체적으로 알아본다.

연변시구연단의 대표인 조학범은 길림성 연길시에서 태어났으며, 연길대학 조문학부를 졸업했다. 그의 주요작품은 「검찰관과 그의 안해」, 「즐거운 잔치날」이 있다. 그는 문화부창작상, 방송텔레비상, UN-백란상, UN-집체금상, 중국구연가협회 국가민족사무위원회 연출 일등상, 교육부 조직상을 수상한 바 있다.

○ 김영식

연변시구연단의 단장인 김영식은 연길에서 태어났다. 그는 1996년부터 2003년까지 연변TV PD, 구성, 편집일을 했으며, 주요작품으로는 백두산축제, 주말극장 등이 있다. 그는 중국 소수민족 코미디언 콩쿠르를 수상한 바 있다.

○ 리경화

연길시구연단의 부단장인 리경화는 훈춘에서 태어났으며, 연길예술학원을 졸업했다. 졸업 이후 꾸준히 구연사업에 종사하고 있으며, 그의 주요작품은 민들레 무역공사, 이웃사이, 남자와 여자, 검거상사, 얻은 것과 잃은 것 등이 있다. 1992년에는 중국문화부감독수상을 했으며, 1993년에는 전국 소수민족 곡예전 아동상, 1996년에는 성문화청 이등상, 2001년에는 성문화청 일등상, 2001년에는 전국소수민족곡예전시 일등상을 수상한 바 있다.

○ 오선옥

연변시 구연단에 소속된 오선옥은 길림성 룡정시에서 태어났으며, 1975년 연변예술학원을 졸업하고 1989년 연변대학조문학부를 졸업했다. 1975년부터 현재까지 연극사업 및 구연연극 사업에 종사하고 있다.

그의 주요작품은 변장련애(장막극), 동족임사건, 감주장사, 세탁기, 담배장사, 가짜결혼, 남자와 여자(이상 단만극)이 있다. 그리고 1993년 전국소수민족 구연콩쿠르 최우수상을 수상했으며, 2004년에는 중국문화부 최우수상을 수상한 바 있다.

○ 리동훈

연길시구연단에서 구연을 전공하는 리동훈은 길림성 안도현에서 태어났으며, 연변예술학원을 졸업했고, 현재 국가1급 배우이다. 그의 주요작품은 「통종임 사건」, 「변장 연애」, 「감주장사」, 「세탁기」, 「남자와 여자」, 「조강지처」가 있으며, 그는 중앙 문화부 최우수상 연원상을 수상한 바 있다.

○ 전영호

연길시구연단에서 구연을 전공하는 전영호는 연길대언어문학 2년제 대학교를 졸업했으며, 1979년 이후부터 현재까지 구연 사업에 종사하고 있다. 그의 주요작품은 「담배장사」, 「이웃사이」, 「잔칫날」 등이 있다. 그의 주요 수상경력은 다음과 같다. 1993년 전국문화부 1등상, 1996년 길림성문화청 2등상, 2000년 길림성문화청 1등상, 2004년 전국문화부 1등상 등이 있다.

○ 장미옥

연길시구연단에서 구연을 전공하는 장미옥은 안도현에서 태어났으며, 연변대학 어문학전과를 졸업했다. 주요작품은 「슈퍼마켓의 노래」, 「엄마 안녕」, 「얻은 것과 잃은 것」, 「군인아주머니」 등이 있다. 1993년 전국문화부 1등상, 2000년 길림성 문화청 1등상, 2004년 전국문화부 2등상을 수상한 바 있다.

○ 김문혁

연길시곡예단에서 곡예를 전공하는 김문혁은 길림학원 연세분교를 졸업했으며, 현재 국가 1급 배우이다. 그의 주요작품은 「딱꿍」, 「검거상자」, 「이웃사이」, 「술친구」 등이 있으며, 그는 중국 문화부 1, 2, 3등상, 성문화청 1, 2, 3등상, 연변주 1, 2, 3 등상을 수상한 바 있다.

김문혁과 함께 곡예를 전공하는 강동춘은 연세예술학원을 졸업했으며, 연변구연단과 연길시조선족구연단에서 활동한 바 있다. 그의 주요작품은 「떡타령」, 「남자와 여자」 등이 있으며, 그는 성 1, 2, 3등상, 주와 국가급 1, 2등상을 수상한 바 있다.

○ 맹 철

연변촬영가협회의 이사장인 맹철은 길림성 안도현에서 태어났다. 그는 주로 동해바다 일출과 산악 사진을 찍고 있으며, 덕유산의 운해와 기타 풍경 사진을 찍고 있다. 그의 주요작품은 「장백산 가을」, 「장백산 천지」 등이 있다. 도문시촬영가협회 주석은 박은성이며, 부회장은 김죽송, 김병록, 최홍국이다.

6) 기 타

중국 내 조선족 예술인들은 예술관이라는 문화 공간을 통해서 예술 활동을 전개한다. 특히 길림시 조선족 예술관, 심양시 조선족 「아리랑」 예술단, 목단강 조선족 예술단, 상지시 조선족 예술관, 오상시 조선족

예술관, 장춘시 조선족 예술관 등은 무용, 음악, 문학, 연극 등의 다양한 분야의 예술인들이 공간일 뿐만 아니라, 조선족들의 문화 향유 공간으로 거듭나고 있다. 앞서 말한 조선족 예술관과 예술관에서 활동하고 있는 조선족 예술인들에 대해서 구체적으로 알아본다.

길림시 조선족군중예술관의 주석은 이춘식이다. 길림시 조선족 예술관에서 관원으로 재직중인 차호순은 길림시에서 태어났으며, 길림성 예술학원에서 1996년부터 1998년까지 수학했다. 그녀는 2002년 중국 문화부가 주관한 전국문예표현에 참가했으며, 2004년 「민들레컵」 아동문화 예술시합에 참가했다. 그녀는 「장고춤」을 통해서 은상을 수상했으며, 「청춘」을 통해서 「민들레컵」에서 은상을 수상했다.

그리고 송충은 중국연변대학예술학원에서 1992년부터 2002년까지 수학했으며, 2004년 중국 민들레컵 무용시합에서 「아리랑 소녀」 독무를 통해서 보도 1등상을 수상했다. 김예화는 길림시 련합대학교를 졸업했으며, 2002년 중국문화부군성상콩쿠르무용보도 「전야의 북소」를 통해서 보도은상을 수상했으며, 2004년 「민들레컵」 아동문화예술시합에서 「가을걷이」를 통해서 보도은상을 수상했다.

또한 남려나는 길림성 연변대학 예술학원을 2002년에 졸업했으며, 2002년 중국문화부가 주최한 전국문예에서 「장고춤」을 통해서 은상을 수상받았다. 조금자는 2004년 중국 「민들레컵」 무용시합에서 「북춤」을 통해서 2등상을 수상했다. 림해영은 길림성 길림시 가무단에서 2002년부터 2004년까지 무용을 배웠으며, 2004년 중국 「민들레컵」 무용시합에서 「아리랑 소녀」를 통해서 1등상을 수상했다.

길림시 조선족 유치원에서 교사로 근무 중인 김향양은 길림시 6·1 아동절 경축활동에서 「놀면서 배우자」, 「장고춤」을 통해서 우수 보도상을 수상했으며, 시조선족군중예술관 춘절 문예 공연에서 우수보도상을 수상했다. 그리고 길림시 조선족 유치원 교원인 안경애는 길림시에서 태어났으며, 길림시 6·1절 아동절 경축활동에서 「오또끼」를 통해서 시 우수보도상을 수상했으며, 군주예술관 단오절 활동에서 「즐거운 새 싹」을 통해서 우수보도상을 수상했다.

목단강 조선족 예술단은 주석은 주봉심이며, 부회장은 손경수이다. 목단강 조선족 예술단원인 김정혁은 음악창작, 노래가곡창작, 노래편곡, 악대지휘 등을 하고 있다. 그의 주요작품은 가곡 「어머니의 손」, 합주곡 「명간련주」, 무용곡 「치부의 길」이 있으며, 이 작품들을 통해서 각각 흑룡강성 전성가곡 창작 제3기 은상, 전국 조선족 창작 작품평 3회 금상을 수상한 적이 있다.

예술단에서 독창가수로 활동하고 있는 리화련의 주요작품은 「바다의 노래」, 「닐리리맘모」, 「군인에게」가 있으며, 전국노래콩쿠르에서 2등상을, 흑룡강콩쿠르에서 1등상을 수상한 바 있다.

손경수의 주요작품은 「돈돌라리」, 「새마을 새기상」, 「붉은 기」, 「칠순 닐리리」가 있으며, 그는 전국소수민족회연 2등상과 전국조선족무용 창작평의에서 1등상을 수상한 바 있다.

상지시 조선족 문화관에서 보도원으로 근무하는 김면은 1992년 목당강 사범학교를 졸업하고, 1995년부터 악기 보조원으로 시민무용활동에 참여하고 있다. 그의 주요작품은 「장고정」이 있으며, 「1장고정」을 통해서 성급제 제10차 「군성상」 화야화공경기 금상을 수상한 적이 있다.

림미향은 학교 교원으로 근무하고 있다. 림미향은 할빈시 소수민족 아동예술절에서 「생명자원을 아끼고 사랑하자」를 통해서 일등지도교원상을 수상했으며, 할빈여름맞이음악회 제25회에서 「행복해요」를 통해서 일등지도교원상을 수상했다.

박명연은 흑룡강림업대학을 졸업하고, 현재까지 상지시 교원연수학교에서 음악연구원으로 근무 중이다. 그녀의 주요작품은 「상일가」, 「구름처럼 너의 하늘에 뜨고 싶다」, 「여행의 노래」, 「학교지가」가 있다. 그녀는 1986년 송화강 지역에 노래창작상을 수상했으며, 1995년 우수음악연구원을 수상했고, 2003년 피아노 지도상을 수상한 바 있다.

이홍매는 1997년부터 상지시 조선족 문화관에서 보조원으로 근무하면서, 조선족 시민문화생활을 조직하고 피아노 강좌를 개설하는 활동을 통해서 아동 인재를 양성하고 있다. 그녀의 주요작품은 「명절의 기쁨」, 「영고무」, 「가을의 수확」이 있으며, 이들 작품을 통해서 각가 제작 수상, 일등상, 제작 3등상을 수상한 적 있다. 특히 2004년 피아노 연주 「야곡」 금상을 수상한 적이 있다.

류성래는 클라리넷을 전공하고 있으며, 최영래는 성악을 전공하고 있다. 최영래는 「상지시 성악 콩쿠르」 1등상과 「상지 조선족 성악 콩쿠르」 1등상을 수상한 적이 있다. 이안은 성악보조원으로 근무 중이며, 그의 주요작품은 「봄날의 웃음소리」, 「인생 고백」 등이 있다. 그는 성급청년 가수 경기에서 2등상을 수상했으며, 소수민족 문예 연출 은상을 수상한 적이 있다. 상지시 조선족 중학교에서 교도주임으로 근무 중인 최성규는 목단강 사범학교를 졸업했다. 현재 그는 학교와 사회의 촬영 활동에 종사하고 있다. 그의 주요작품은 「아침해」, 「할아버지와 손자」등이 있다.

오상시조선족문화관 주석인 현영일은 음악을 전공하고 있으며, 그는 오성조선족사범학교를 졸업했다. 주로 그는 조선족 군중문화보급과 음악창작 활동을 하고 있다. 그의 주요작품은 「사랑스런 조국」, 「초부와 금어」, 「북방에 학이 난다」등이 있으며, 1996년 「초부와 금어」를 통해서 흑룡강성 소수민족 작곡상을 수상한 적이 있다. 한편 「북방에 학이 난다」를 통해서 흑룡강성 소수민족 전곡 2등상을 수상했다.

강세영은 성악을 전공하고 있으며, 그의 주요작품은 「고향선 언덕」, 「오래 오래 앉으세요」 등이 있다. 특히 「고향선 언덕」을 통해서 2003년 전성 조선족 음악 콩쿠르에서 1등상을 수상했다.

박하룡은 소학교와 중학교 교사를 지냈으며, 현재는 농업에 종사하면서 음악 창작 활동을 하고 있다. 그의 주요작품은 가곡 「고향의 진달래」, 「모내기 타령」, 「소선내원의 노래」 등이 있다. 그는 송화강지구 조선족 음악 콩쿠르 2등상과 흑룡강성 소수민족 음악콩쿠르 1등상을 수상한 적이 있다.

배광범은 오상시 조선족 소학교에서 근무하고 있으며, 그의 주요작품은 「달빛이 흐른다」와 「농민의 노래」, 「아침」등이 있다. 그는 가곡창작상, 기아곡창작상, 독주1등상, 우수동연상 등을 수상한 적이 있다.

리종화는 1985년 오상시 조선족 사범학교를 졸업하고, 음악을 가르치는 한편 조선족 단체의 음악을 보급하는 일을 하고 있다. 그의 주요작품은 「봄날의 희열」, 「행복한 가정」, 「희망의 돛배」 등이 있으며, 「봄날의 희열」을 통해서 흑룡강 방송국 가곡 콩쿠르에서 우수상을 수상한 적이 있다.

한편 심양시 조선족 「아리랑」 예술단의 주석은 이현춘이며, 김룡성, 강영남 등이 활동하고 있다. 그리고 장춘시조선족군중예술관의 주석은 리상훈이며, 부관장은 황해월이다.

3. 문화예술 네트워크 실태

1) 문 학

(1) 길림성 연변

중국 내 조선족 문화예술인들은 협회를 통해서 문화교류를 할 뿐만 아니라, 개별적으로는 한국을 수차례 방문한 경험을 갖고 있다. 특히 중국 내 조선족 문학가들은 중국 내 조선족 문학협회와의 교류를 통해서 서로 간의 동질성과 연대감을 누리고 있다. 우선 중국 내 조선족 문학가들의 교류 현황을 알아본다.

연변작가협회는 회원들은 한국문인협회와 문학과 역사에 관련된 교류를 하고 있다. 연변작가협회의 회원들은 한국을 3차례 방문한 적이 있으며, 옥천군예총과 충북대학, 해외한민족연구소 등과 교류하고 있다. 이들은 한국 내 출판사와 대학 연구소, 특히 시, 소설 등과 관련된 문학 분야에 관련된 단체들과 교류하길 희망한다.

연변조선족문화발전추진회는 충청도 옥천군과 빈번하게 교류하고 있으며, 다양한 문화 형태를 공유하고 있다. 한편 연변단풍수필회는 아직 다른 중국 내 조선족 문학 협회뿐만 아니라, 한국의 문학 협회와 교류를 하지 않지만, 수필 분야와 관련해서 국내외 문학 협회와 교류를 희망한다.

연변민간문예가협회는 민간문예와 관련된 내용을 교류하고 싶어 한다. 협회는 공식적으로 중국 내 조선족 문인협회와 한국의 문인협회와 교류를 시작하지 않았지만, 회원들은 수차례 한국을 방문했다. 한국 방문을 통해서 회원들은 시, 수필, 언론부문에서 교류를 희망하고 있다.

연변시조협회는 그동안 한국대전「한밭시조문학」, 한국「시조월드」와 교류하고 있으며, 한국 내 시조문학 단체, 특히 동시조, 어린이시조와 관련된 분야를 교류하고 싶어 한다. 특히 광주에 있는 한국 전라도 시조인협회, 부산시조시인협회와 교류를 희망하고 있으며, 그 방법으로는 자매결연, 공동시조 연구, 시조시인교류를 추진하고 있다.

연변어머니수필회는 1996년 한국학회를 통해서 한국 방문을 했으며, 2001년 충북진천문화원과 교류하고 있다. 협회는 시, 수필 등 창작 활동과 관련된 한국 내의 문화단체들과 교류하길 희망한다.

중국연변조선족여류시회는 충북여성문인협회와 교류하고 있다. 특히 협회의 회원들은 포석 조명희문학제에 참가했으며, 2003년 세계한민족문화제전에 참가한 적이 있다. 회원들은 여성시인협회, 여성문인협회와 시창작 활동과 관련된 분야를 교류하고 싶어 한다.

연변여성문인협회는 매년 호상 대표단을 파견하여 문학교류를 하고 있다. 특히 협회는 동방문학, 백두산문인협회와 교류하고 있으며, 한국을 수차례 방문한 적이 있다.

중국연변조선족자치주 조선족 아동문학학회는 아동문학과 관련된 내용을 교류하고 싶어 한다. 중국 내에서는 중국연변작가협회와 1996년부터 교류하고 있다. 한편 한국내의 한국아동문학학회, 시와 사람이라는 학회와 2004년부터 교류하고 있다. 그리고 개별적으로는 한국의 「월간아동문학」, 한국시나리오협회, 한국문학협회, 한국문학학술단체와 교류하고 싶어 한다.

화룡시작가협회의 회원들은 한국민족작가회의, 한국문인협회와 교류하고 있으며, 특히 2000년 재외동포재단, KBS 사회교육방송국과 교류하고 있다. 협회의 회원들은 재외동포재단, KBS 방송국, 국제펜클럽 한국본부 등과 시, 소설, 평론, 수필 등의 분야를 교류하고 싶어 한다.

한편 안도현조선족작가협회는 한국 내 문인 단체들과, 왕청현조선족작가협회는 아동문학과 관련된 한국 내 문학 단체와 교류하길 원한다.

안도현백두산아동문학학회는 1998년부터 2001년까지 한국내의 「월간아동문학」과 아동문학과 관련된 내용을 교류하고 있다. 협회의 회원들은 왕청작가협회와 2004년부터 교류하고 있으며, 한국 내의 아동문학 창작 동향과 세계 아동문학 창작 동향과 관련된 내용을 교류하길 원한다.

용정시문학예술연합회의 주석인 김인수는 2001년 강릉시예총, 청주시서예가협회와 2차례 교류하고 있으며, 룡정시 내의 문련 소속 11개 단체와 전방위적으로 문화교류를 하고 있다. 또한 협회의 회원들은 1995년부터 경상적으로 연변작가협회와 교류하고 있다. 그리고 한국내의 「월간아동문학」과 2001년, 2005년 교류한 바 있으며, 서울 동대문문화원과 2001년 교류한 바 있다. 이들은 주로 한국예총과 한국소설가협회와 문학 창작활동과 관련된 내용을 교류하길 희망한다. 용정시작가협회는 한국의 김철수 박사님 특강과 최선동 선생님 특강을 개최한 바 있으며, 「월간아동」과 교류하고 있다.

(2) 요녕성 심양

심양조선족시조문학회는 한국 「시조월드」, 「한국동시조」, 「꽃니구나무친구」의 백구하, 박석순, 한춘섭과 동시조와 관련된 내용을 교류하고 있다. 협회 회원들은 연변시조협회와 2002년부터 교류하고 있으며, 1998년부터 강원도 춘천 문인협회와 7차례 교류를 한 적이 있다. 향후 한국시인협회, 한국 월간 「현대시」와 교류하기를 원한다.

(3) 흑룡강성 하얼빈

흑룡강성 내의 조선족 문학가들은 다른 지역의 문인 단체들과 활발한 교류를 하고 있다. 특히 조선족 문학가들은 중국 내 문인 단체뿐만 아니라, 한국 내 문인단체와의 교류를 전개하고 있다. 우선 조선족 문학가협회의 네트워크 현황에 대해서 알아본다.

녕안시조선족작가협회의 3차례 한국 서울 강서구 문학 협회와 서울 아동작가협회와 교류하고 있다. 협회는 중국 내에서 상지시 문학사, 해림시 문학사, 동녕현 문학사, 해림시 조선족작협회와 2002부터 상시적으로 교류하고 있다. 협회의 회원들은 한국 서울 아동문학작가협회, 서울 한국 작가협회와 작품교환을 희망한다.

동녕현조선인문인협회는 2000년부터 연변작가협회, 연변문학잡지사와 교류하고 있으며, 해림, 상지, 녕안시 문인협회, 흑룡강성 조선족 작가협회와 2003년부터 교류하고 있다. 한국관광공사, KBS, 문화일보, 동아일보와 문화교류를 희망한다.

흑룡강성 상지시 조선족 문학예술연구회는 아직 한국과 교류한 적이 없지만, 한국 내 문인협회와 교류하고 싶어 한다. 흑룡강작가협회 조선족작가창작위원회의 회원들은 성남문인학회와 1993년 교류를 시작한 바 있으며, 향후 KBS, 한국 문인협회와 시, 소설, 수필 등과 관련된 인적 교류와 문화적 교류를 희망하고 있다.

(4) 청도 및 북경

청도와 북경 내의 조선족 문학가들은 주로 재외동포재단과 학술진흥재단 등의 교류를 원하고 있다. 우선 청도시문인협회는 회원들은 2000년 재외동포재단의 후원을 통해서 수필 분야와 관련해서 한국과 교류를 한 적이 있다. 협회의 회원들은 한국문인협회와 시, 수필, 소설뿐만 아니라, 조각 분야의 교류를 원하고 있다.

한편 중앙민족대 조선학연구소는 중국소수민족문학회, 연변대학, 도라지 잡지사, 북경대 조선문화연구소, 연변대 조문학부와 1990년 이후부터 교류하고 있으며, 학술연구와 관련해서 한국을 수차례 방문한 적이 있다. 그리고 중앙민족대 조선학연구소는 한국에 있는 한국학술진흥재단과 한국국제교류재단과 한국학에 관련된 사업을 교류하길 희망한다.

중국한국어교육학회는 중국 내에서는 연변대 조문학부와 교류를 하고 있으며, 중앙민족대 조선학연구소와 수십 차례 학술에 관련된 내용을 교류하고 있다. 그리고 중국한국어교육학회는 한국에 있는 한국학술진흥재단, 한국국제교류재단, 한국재외동포재단과 한국어 교육에 관련된 사업을 교류하길 희망한다.

2) 음 악

중국 내 조선족 문화예술인 중에서 음악 분야의 음악인들은 아직 한국과의 교류를 한 적은 없으며, 한국 방문 기회를 아직 찾지 못하고 있다. 물론 다른 분야에 비해서 음악 분야의 예술인들의 활동이 미흡한 것은 사실이지만, 협회에 소속되어 있는 회원들은 한국과의 교류를 희망하고 있다.

3) 미 술

중국 내 조선족 미술가들은 주로 한국 내의 미술단체들과 합동 전시회 및 개인전을 개최하는 활동을 하고 있다. 주로 이들은 한국 내 각 지역별 미술전에 적극적으로 참여하는 등 활발한 미술 교류를 전개하고 있다.

연변미술가협회는 미술분야와 관련된 한국내 단체들과 아직 교류한 적은 없지만, 앞으로 미술 창작 및 전시회와 관련해서 한국 내 단체들과 교류하고 싶어한다. 연변수채화연구회는 부산문화미술협회와 수차례 합동교류전, 개인전을 개최한 적이 있다. 이 단체 회원들은 한국문화재단 아토인터나연구소 세계미술관과 미술 분야 교류를 희망한다. 연변현대미술예술연구소는 수차례 합동 전시회, 개인전을 한국에서 개최한 바 있다.

화룡시조선족서예가협회는 한국민족작가회의와 교류한 적이 있으며, 향후 한국공리동연서회와 일본고려서예연구회, 한국해동연서회와 서예교류전을 개최할 예정이다. 한편 화룡시미술협회는 아직 한국 내의 미술인 단체들과 교류를 한 적은 없지만, 전시회 및 미술 교육에 관한 교류를 희망한다.

한편 길림시조선족미술가협회의 부주석인 김광조는 2000년부터 사단법인 민속전통문화보존회와 송파문화원과 전통문화와 관련된 분야를 교류하고 있다. 그는 1990년 대구미술전에서 개인전을, 2004년 공주미술전에서 개인전을 개최한 바 있다.

4) 무 용

연변문련무용가협회는 1975년부터 중국 내 예술학원무용계와 교류하고 있으며, 한국 내 한국예총무용가협회와 민속무용과 창작무용에 관련된 분야를 교류하고 싶어한다. 안도현 무용가협회는 부산대학예술계와 자매결연을 통해서 고국 소식뿐만 아니라, 문학 교류를 희망한다. 용정시무용가협회는 한국의 무용가단체와 창작, 연구, 교학등과 관련된 내용을 교류하고 싶어 한다.

5) 연극·영화·촬영

연변희곡가협회와 연변촬영가협회는 촬영과 관련해서 아직 한국과의 네트워크를 구축하지 못하고 있다. 한편 연변구연가협회는 만담, 코믹극, 연변참담, 판소리, 편고 등의 장르 단체들과 교류를 희망하고 있다. 그리고 연길시구연단은 아직 한국 내의 코미디단체와 교류가 활발하지 않지만, 앞으로 지속적인 교류를 희망하고 있다. 구연단에 소속된 회원들은 KBS, MBC 등의 코미디 프로그램 연출 등에 관련된 분야를 교류하길 희망한다.

6) 기 타

연길시문화관은 1991년부터 현재까지 한국문화예술연구회와 교류하고 있다. 특히 현대미술예술연구소장인 김철향은 재외동포재단문화단체 방송국, 신훈사 등과 미술 분야에서 교류하고 싶어 한다. 길림시조선족예술단에서 무용을 전공하는 이들은 한국의 무용단체와 교류하고 싶어 한다. 심양시조선족「아리랑」예술단은 2001년 강원도 홍천군 방문 공연, 2003년 대구시 「푸른 방송」 방문 공연을 한 적이 있다. 목단강조선족예술관에서 음악관련 분야에서 활동하고 있는 회원들은 한국의 음악단체와 음악학교, 특히 서울대음악대학과 작곡, 성악 분야에서 교류를 희망한다. 그리고 무용분야 회원들은 무용학교, 특히 고전무용과 관련된 한국 내 무용 단체들과 교류를 희망한다. 오상시 조선족예술관에서 음악 분야에서 활동하는 회원들은 한국음악가 협회와 단체, KBS 연극단과 작곡, 성악 교류를 희망한다.

V
중앙아시아(카자흐스탄) 고려인사회

1. 문화공간 및 문화단체

1) 알마티한국교육원 도서관

카자흐스탄 내의 문화 공간으로 알마티한국교육원산하 도서관, 알마티한국교육원 산하 극장, 알마티한국교육원산하 체육관, 국립고려극장 등이 있다. 그리고 카자흐스탄 내의 문화 단체는 오그늬람빠, 알마티한국교육원, 카자흐스탄고려인협회, 알마티고려인민족문화중앙, 한인회, 고려일보사 등이 있다. 우선 카자흐스탄 내의 문화 공간에 대해서 알아본다.

알마티한국교육원산하 도서관은 1991년에 재외 동포, 국외 거주 한국인, 한국어를 배우는 외국인들에게 한국어와 한국문화를 습득할 기회를 제공할 목적으로 설립됐다. 도서관의 수용인원은 50여 명이고, 이용인들은 대부분 재외 한인들이다. 소장 공간은 200제곱미터이며, 한국인적자원부에서 설립한 도서관이므로 해마다 한국에서 최신서적을 가져와 비치하고 이 있다. 주요 소장품은 한국학 관련, 특히 아동용 서적을 포함한 12, 000권이 있다. 현재 주소는 알마티시 아바이 거리 159-A이다. 원장는 심상도이며, 부원장은 박미라이다.

2) 알마티한국교육원 극장

알마티한국교육원산하 극장은 1991년 재외 동포 및 국외 거주 한국인들, 특히 한국어를 배우는 외국인들에게 한국어뿐만 아니라, 한국문화를 습득할 수 있는 기회를 제공할 목적으로 1991년에 설립됐다. 극장의 수용인원은 550여 명이고, 이용인들은 대부분 재외한인이고, 연평균 이용자수는 2,500여 명이다. 극장의 공연공간은 400제곱미터이다. 특히 극장은 한국인적자원부에서 설립한 한국교육산하 기관이며, 한국에서 매년 수차례 공연단이 와서 공연을 한다. 특히 극장은 한국전통문화 공연 및 한국 전통 명절행사나 기념행사를 주로 한다. 현재 주소는 알마티시 아바이거리 159-A이다. 원장은 심상도이며, 부원장은 박미라이다.

3) 알마티한국교육원 체육관

알마티한국교육원산하 체육관은 1991년에 재외 동포, 국외 거주 한국인, 한국어를 배우는 외국인들에게 한국어와 한국문화를 습득할 기회를 제공할 목적으로 설립됐다. 체육관의 공간은 350제곱미터이고, 이용인들은 재외한인뿐만 아니라 외국인들도 있다. 연평균 이용자 수는 2,500여 명이다. 특히 체육관은 매년마다 한국외교통상부산하 한국국제협력단(KOIKA) 태권도단원이 태권도교육을 시행하고 있으며, 기타 보조적으로 소공연이나 기념식도 시행하고 있다. 현재 주소는 알마티시 아바이거리 159-A이다. 원장은 심상도이며, 사범은 알마티한국교육원에서 태권도 교육 4년 차인 박광일이다.

4) 국립 고려극장

국립고려극장은 고려인의 민족문화를 발전시킬 목적으로 1932년 설립됐다. 특히 국립고려극장은 주로 연극 공연을 한다. 극장의 수용인원은 250여 명이고, 극장의 공연공간은 300제곱미터이다. 주로 극장에서는 매년 한국 고전뿐만 아니라 세계 명작을 공연하고, 그 외에 무용단과 악단 공연을 한다. 연평균 극장을 이용하는 수는 1,500-2,000여명이다. 주로 극장은 한국국립서울극장, 한국문예진흥원과 교류하고 있으며, 2, 3년에 한번 정도로 한국에서 열리는 국제연극제에 참가한다. 또한 한국국립서울극장과 2, 3년에 한 번 정도로 합작공연을 한다. 주요 공연 작품으로는 한국고전작품인 「양반전」, 「토끼전」 등이 있으며, 세계명작작품인 스페인의 「베르나르의 집」, 러시아의 「농촌의 심심풀이」 등이 있다. 현재 극장의 대표는 이 류보비이고, 주소는 알마티시 파파니 나거리 7이다.

5) 오그늬람빠

오그늬람빠는 2002년 한민족문화의 창조적 계승과 발전을 도모하려는 목적으로 설립됐다. 현재 오그늬람빠는 알마티시 아바이거리 36(city Almaty str.Abai36)에 위치해 있다. 오그늬람빠는 2004년 우즈베키스탄 고려인화가 초청 전시회를 개최한 바 있으며, 구소련 고려인작가 단편선 '보이지 않는 섬'을 발간한 바 있다. 또한 2004년 1월, 5월 두 번에 걸쳐 한국 뮤지컬 페스티벌에 참가하여 뮤지컬 공연을 한 적이 있다. 특히 2003년 12월, 2004년 1월, 5월에 한국뮤직센터의 초청으로 페스티벌에 참가하여 뮤지컬을 선보인 바 있다. 오그늬람빠는 향후 고려인 작곡가 한 야콥씨와 함께 구소련 전역에 흩어진 고려인 민요 및 노래를 채록해서 책으로 발간할 예정이다. 현재 회장은 최 따찌야나 이고, 부회장은 알마티 음대를 졸업한 전 이고리이다. 현재 회원은 총 7명이다.

6) 알마티 한국교육원

알마티 한국교육원은 1991년 재외 동포들에게 한국어 및 한국어 교육을 위한 목적으로 설립됐다. 교육원은 1991년 알마티 푸르마노브거리에 설립됐으며, 초대교육원장은 신계철이다. 1997년에 2대 원장은 심영성이 역임했으며, 현재 위치에 자체 건물을 확보하고, 이듬해 강의실, 컴퓨터실, 기숙사, 도서관, 공연장, 체육관 시설을 갖추었다. 2002년 4대 원장으로 심상도가 취임하고, 현재까지 교육원을 맡고 있다. 교육원의 연평균 수강생은 600여 명이고, 교육원은 일반학생들을 대상으로 한국어 글짓기 대회를 주최한다. 또한 한국어교사양성을 위한 연수 및 하계 한국전통문화 연수, 컴퓨터 교육 연수를 실시한다. 특히 교육원은 한국어능력시험을 주관하며, CIS 동포청년을 대상으로 IT 연수도 함께 하고 있다. 교육원은 한국어교사를 양성하기 위한 한국연수와 학생 한국연수 및 유학을 매년 수시로 시행하고 있다. 현재 주소는 알마티시 아바이거리 159-A이다.

7) 카자흐스탄 고려인협회

카자흐스탄 고려인협회는 민족문화의 부흥과 발전을 위해서 1990년 설립됐다. 설립 이후 고려인협회는 카자흐스탄고려민족문화중앙으로 설립됐으며, 초대 회장은 정치학 박사인 한 구리가 맡았다. 이후 1996년 제4차 총회에서 최 유리 안드레예비츠 회장을 선임하고, 현재까지 이르고 있다. 고려인협회는 고려인회관을 완공했으며, 현 고려인회관에 고려인협회, 고려일보, 고려인청년센터 입주하여 활동 중이다. 그리고 고려인협회는 음력 설맞이 행사를 주관하며, 고려인협회창설 15주년 기념 화보집 '아리랑으로 가는 길'을 노어와 영어로 발간할 예정이다. 또한 전국고려인대회 및 세계한인대회 개최 예정이다. 현재 주소는 알마티시 고골랴거리 2번지이다.

8) 알마티 고려인민족문화중앙

알마티고려인민족문화중앙은 1998년 민족문화의 부흥과 발전을 위한 목적으로 설립됐다. 주로 설날, 전승기념일, 광복절 기념행사를 주관한다. 현재 회장은 이 이노겐찌이며, 주소는 알마티시 카라사이 바띄르 거리 2층 204호이다.

9) 한인회

한인회는 카자흐스탄에 거주하는 한국인들의 친선과 협력 도모하기 위한 목적으로 1999년 설립됐다. 초대 회장은 대통령경제담당 보좌관 겸 카자흐스탄 경영대학원 이사장인 방찬영 박사가 선임됐으며, 2004년 총회에서 박화숙 '두레'회사 사장이 제2대 회장으로 선임됐다. 한인회는 설맞이 행사, 자연보호 및 한국어린이 백일장 대회, 한인 체육대회, 한인 어린이 인형극 공연, 한국영화의 밤, 추석 민속잔치, 불우이웃 돕기 자선바자회. 한인회 총회 및 송년잔치 등을 기획한다. 현재 주소는 알마티시 마르꼬바거리 24번지이다.

10) 고려일보사

고려일보사는 재소한인에게 모국어신문 발간으로 한인문화의 지속적 발전을 추진하기 위해서 1923년 설립됐다. 고려일보사는 1923년 3월 1일 연해주 블라디보스톡에서 '선봉'이라는 이름으로 창간되고, 1938년 강제이주 이듬해 카자흐스탄 크즐오르다에서 '레닌기치'로 복간됐다. 이후 1990년 고려일보로 제호를 변경했다. 현재 주필은 최영근이고, 부주필은 양원식이다. 현재 주소는 알마티시 고골랴거리 2번지이다.

2. 문화예술가 및 네트워크 실태

1) 문 학

(1) 이정희

카자흐스탄 내의 고려인 문학가들은 전업작가보다는 다른 분야의 일을 하면서 작가 활동을 하는 편이다. 이들은 주로 방송국 연출과 영화의 시나리오 작업을 통해서 작품을 창작한다. 또한 고려인 문학가들의 대부분은 대학을 졸업한 인재들이라는 점이 특징적이다. 우선 이들의 구체적인 작품활동과 수상 내역, 그리고 한국과의 교류 상황을 살펴본다.

이정희는 러시아 사할린에서 태어났으며, 카자흐스탄 크즐오르다 사범대학 졸업했고, 한국에 있는 단국대학교를 수료했다. 현재 카자흐스탄 작가협회의 고려인분과 회원으로 활동하고 있다. 그녀는 중앙아시아에 있는 고려일보사에서 기자활동을 한 적이 있다. 그리고 2001년 재외동포문학상을 수상한 적이 있으며, 한국 방문은 10여 차례 한 바 있다. 한편 그녀는 한국에 있는 작가협회와 문예 창작과 관련된 내용을 교류하고 싶어한다.

(2) 강 알렉산드르

강 알렉산드르는 평양에서 태어났으며, 모스크바 공대 전자공학를 졸업하고, 모스크바 고리끼 문학대학을 졸업했다. 그는 현재 러시아작가협회 회원으로 활동하고 있다. 그는 고려일보기자를 역임했으며, TV소수민족 채널 '고려사람'에서 활동하고, 모스크바 소재 영화협회 '시네마 인터네셔널'에서 활동한 바 있다. 그의 주요작품은 다음과 같다. 소설 및 에세이집 '가족의 세기'(1993), '태어나지 않은 자들의 꿈들'(1995), '찾아낸 샤먼'(2004), 소설 '세모난 땅'(2005년) 등이 있다.

그는 1994년 노브이 미르(새로운 세계라는 뜻의 러시아문학잡지사 명칭)의 새로운 이름들 분야에서 수상했으며, 1999년 예술영화 시나리오 '다른 하늘'로 독일영화 아카데미 'Nipkow' 프로그램에서 1등상 수상한 바 있다. 그리고 2003년 한국재외동포대상 영화시나리오에서 '연기'로 1등상을 수상한 바 있다. 그는 한국에 있는 작가협회와 문예 창작과 관련해서 교류를 희망한다.

(3) 이 스타니슬라브

이 스타니슬라브는 카자흐스탄 아스타나에서 태어났으며, 알마티공대를 졸업했다. 그는 고려일보기자, 고려극장 문학 담당 등의 활동을 했으며, 현재 대산문화재단의 번역지원사업 대상으로 선정되어 한국의 한시를 러시아어로 번역 중이다. 그의 주요작품은 다음과 같다. 1995년 시집 「이랑」과 2003년 시집 「한줌의 빛」이 있다. 그는 한국에 있는 작가협회와 문예 창작과 관련해서 교류를 희망한다.

(4) 김 블라지미르

김 블라지미르는 중국 하얼빈에서 태어났으며, 평양에서 중학교를 졸업했다. 그는 1950-1953년까지 평양 「새조선」잡지사에서 교정, 번역 기자로 근무한 바 있으며, 북한 문화성에서 근무한 적이 있다. 그리고 1950년대 말 러시아 동부 마가단으로 이주하여 신문사에서 근무하고, 1982년부터 마가단TV에서 근무한 적이 있고, 1990년도에 카자흐스탄으로 이주했다. 그의 주요작품은 1998년 소설 「피의 악순환」이 있으며, 2001년 소설 「검은 용의 비밀」이 있다.

(5) 양원식

양원식은 평안북도 안주에서 태어났으며, 모스크바 영화대학을 졸업했다. 그는 현재 소련영화인동맹회원, 소련작가협회회원, 카자흐스탄작가협회 고려인분과 지도위원, 국제펜클럽회원으로 활동하고 있다. 그는 러시아 볼고그라드에서 영화제작을 시작했으며, 1960-1984년 카자흐스탄 영화제작소 카작필름에서 영화감독을 한 바 있다. 그리고 1984부터 고려일보 근무(1994-2000년에 고려일보사 사장 역임, 그 이후 고문으로 활동)하였다.

그의 주요작품은 1998년 시집 「달밤의 편지」, 2002년 시집 「카자흐스탄의 산꽃」이 있으며, 이것은 한국에서 출판됐다. 그리고 카자흐스탄 대통령의 서한집 「21세기의 문턱에서」를 한국어로 번역(1997년)한 적이 있다. 그의 주요작품은 다음과 같다. 영화 '여기는 나의 북극', '산들과 도시', '폭설방지 전문가'등으로 모스크바에서 영화상을 수상했으며, 논픽션 '타향에서의 40년'으로 1992년 서울에서 장려상을 수상한 바 있다. 그리고 소설 '카자흐스텝'으로 2002년 한국에서 재외동포상을 수상한 바 있다. 그리고 한국정부로부터 훈장을 수여받았다.

(6) 최영근

최영근은 러시아 사할린에서 태어났으며, 현재 카자흐스탄 언론협회 회원이다. 그는 1978-1984년까지 레닌기치(고려일보의 전신) 기자로 활동한 적이 있으며, 1984-2002년 까지 고려말라디오방송국에서 근무한 적이 있다. 그리고 2002-2003년까지 고려극장 문예담당을 맡았으며, 2004-현재까지 고려일보 주필로 활동하고 있다.

그의 주요작품은 2002년 민족전통문화 소개서인 「우리의 뿌리」(공저)가 있다. 그리고 서울프레스 국제기자상을 수상한 바 있다. 그는 언론협회와 작가협회를 통해서 언론 및 문예창작 교류를 희망하고 있다.

(7) 채유리

채유리는 우즈베키스탄 타쉬켄트에서 태어났으며, 타쉬켄트국립대 기자학부를 졸업했다. 그녀는 1991-1996년까지 고려일보 기자 및 편집 국장을 역임했으며, 2001-2003년까지 고려일보 주필을 맡았다. 현재 그녀는 한국인 김병학과 함께 1990년대의 고려일보와 기자들의 활동상황을 정리하고 있다. 그녀는 2001년 한국언론재단에서 장지연상을 수상한 바 있으며, 향후 한국 내 언론, 출판단체와 교류를 희망한다.

2) 음악·무용

(1) 문공자

카자흐스탄 내의 고려인 음악인과 무용인들은 고려극장을 중심으로 작품활동을 한다. 특히 고려인 음악인들은 대부분 고려극장에서 가수로 활동할 뿐만 아니라, 한국 방송국과의 활발한 교류를 하고 있다. 또한 고려인 무용인들도 고려극장에서 근무하면서 작품활동을 하고 있다. 따라서 음악인과 무용인 순으로 그들의 작품활동과 주요 수상 내역을 알아본다.

문공자는 러시아 사할린에서 태어났으며, 아제르바이잔 바쿠 음대를 졸업했다. 그녀는 1981년부터 현재까지 고려극장에서 가수로 활동하고 있다. 그녀는 2000년 음반CD '소련고려인들의 전설과 사실'을 발표한 적이 있으며, 1980년 소련공산주의청년동맹 문화상을 수상한 적이 있다. 그리고 그녀는 2001년 한국정부로부터 국민훈장을 수상한 적이 있다. 그녀는 한국 내 음악, 문화예술단체와 교류하고 싶어한다.

(2) 김 블라지미르

김 블라지미르는 카자흐스탄에서 태어났으며, 알마티 음대를 졸업했다. 그는 1964년부터 현재까지 고려극장에서 가수로 활동하고 있으며, 1967년 카자흐스탄 공훈배우로 인정받았다. 그는 한국을 10여 차례 방문한 적이 있으며, 한국 내의 음악단체와 교류하고 싶어한다.

(3) 김 조야

김 조야는 우스또베에서 태어났으며, 러시아 레닌그라드 예술대를 졸업했다. 그녀는 1981년부터 현재까지 고려극장에서 가수로 활동하고 있다. 그녀는 1993년 KBS라디오 드라마 '50년, 조국을 향한 머나먼 길' 주제가를 부르기도 했으며, 1996년 카자흐스탄 공훈배우로 인정받았다. 한편 그녀는 1993년 서울국립극장에서 6개월 연수를 받기도 했으며, 한국 내의 음악단체와 교류하고 싶어한다.

(4) 정 추108)

정추는 전남 곡성에서 태어났으며, 모스크바 음대를 졸업하고 현재 초빙교수로 활동중이다. 그리고 그는 카자흐스탄 작곡가협회의 회원으로 활동 중이다. 구소련 전역에서 1,000여 개의 고려인 구전가요를 수집하고, 33개의 카자흐 멜로디를 작곡하는 등 활발한 활동을 하고 있다. 그의 주요작품은 1958년 교향시 '고요한 아침의 나라', 1973년 교향시 '조국' 등이 있다.

북방에 핀 고려인의 꽃, 불멸의 음악가 정추박사는 1923년 전남 광주에서 출생하였다. 일제탄압과 해방, 월북, 한국전쟁, 모스크바 유학과 망명, 카자흐스탄 정착, 이는 고려인들로부터 '카자흐스탄의 윤이상'이

---

108) 연합뉴스, 2005. 11. 25.

라 불리는 정추박사가 걸어온 인생행로이다. 정 박사는 1941년 광주고보(현 광주일고) 재학 중 창씨개명과 조선어 사용문제로 일본인 교관과 싸운 뒤 퇴학당했다. 1년 뒤 서울로 올라와 양정고보에 들어가 수학했다. 그는 1946년 월북한 그의 큰 형을 따라 북한에 들어갔다. 정추는 형 때문에 그리고 예술인들을 초청한 북한에 가서 형과 함께 일하며 영화음악을 만들었다. 정추의 형 고 정준채 영화감독은 좌·우 합작영화인 "민족전선" 촬영차 방북했다 북한에 주저앉았는데, '북조선 국립영화촬영소'를 설립해 1950년 북·소 친선을 그린 영화 "친선의 노래"를 만들어 국제기록영화상을 받았다. 정추의 형은 1956년 최승희의 무용 '사토성의 이야기'를 영화화하려고 모스크바에 갔다 북으로 돌아갔다.

평양로어대학(현 외국어대 전신)을 나와 평양 음대 교수로 있던 정추는 1951년 차이코프스키 음대로 유학을 떠났고, 1958년 8월 알마티로 망명했다. 당시 그는 북한 유학생들과 함께 북한에서 일어나고 있던 김일성 우상화 작업을 반대하는 운동을 전개한 것이 화근이 돼 귀국 명령을 받았지만 카자흐스탄으로 망명을 택했다. 그래서 그는 23년을 남한 국민으로 살다가, 월북해 13년을 북한 인민으로, 구소련에서 17년을 무국적자로, 다시 16년을 구소련 공민으로 그리고 현재는 카자흐스탄의 국민으로 살고 있다.

바로 정추박사의 음악인생은 한국 현대사의 질곡을 관통하는 험난한 길이었다. 파란만장했던 망명 생활 동안 그는 두 권의 귀중한 자료를 만들었다. 북한에 흩어져 있던 우리 민요를 직접 채록한 것과 1979년 레닌그라드 연극영화음악대에서 박사논문으로 발표한 중앙아시아의 고려인 민요를 채록, 정리한 것이다.

구소련의 음악가 사전에 올라 있는 그는 차이코프스키의 음악 계보에서 4대째에 속하는 작곡가라는 해설이 붙어 있으며, 카자흐스탄 음악가 사전에는 민족음악적 성격이 강한 작곡가로 소개돼 있다. 그는 음악가로서 명성을 날리며 카자흐스탄 알마티 국립대 한국학과 학과장을 지냈다. 300여 곡의 음악을 작곡한 정 박사의 곡은 카자흐스탄 음악교과서에 60곡, 피아노 교과서에 20곡이 실려 있다. 그는 KBS 해외동포상과 국민훈장 동백장을 받았다.

(5) 한 야콥

한 야콥은 카자흐스탄 침켄트주에서 태어났으며, 침켄트 음대를 졸업했다. 현재 그는 음악인협회 회원으로 활동 중이다. 그는 1968년부터 현재까지 고려극장에서 작곡가로 활동 중이다. 그의 주요 활동 내역은 다음과 같다. 1993년 사물놀이 가무단을 창설하여 카자흐스탄에 최초로 보급했으며, 2002년부터 현재까지 가무단 '쟈스'예술단장으로 역임 중이다. 그리고 2003년, 2004년 알마티 및 서울에서 카자흐스탄 첫 뮤지컬 '사랑과 비'를 공연한 바 있으며, 기타 여러 가무단의 지도자로 활동 중이다. 그는 1997년 카자흐스탄 문화부문 공훈일꾼으로 선정됐으며, 2001년 서울에서 사물놀이 가무단상을 수상한 바 있다. 그는 1993년 서울국립극장에서 연수를 받은 적이 있으며, 2000년 김덕수사물놀이패와 교류한 적이 있다. 그리고 그는 한국 내의 가무단과의 교류를 적극적으로 추진하고 있다.

(6) 이 올렉

이 올렉는 우즈베키스탄 페르가나주에서 태어났으며, 카자흐스탄 알마티 음대(1971-1975)와 알마티 연극예술대학(1978-1983)을 졸업했다. 그는 1975년부터 현재까지 고려극장 배우로 활동 중이다. 그는 구소련 영화배우로도 활동했으며, '대양의 사람들'(1981), '시베리아 횡단열차'(1986) 등에 출연한 적이 있다. 그리고 카자흐스탄 카작필름에서 김 아나톨리의 소설을 영화화한 '복수'라는 영화의 주연배우로 출연한 적이 있다. 더 나아가 그는 1996년부터 현재까지 고려극장 감독으로 활동하며, 양반전', '기억'등을 상연한 바 있다.

(7) 김 림마

김 림마는 우즈베키스탄 타쉬켄트주에서 태어났으며, 우즈베키스탄 타쉬겐트 무용대학을 졸업했다. 그녀는 1968-2002년까지 고려극장에서 안무가로 활동하고 있다. 그녀는 가무단 '비둘기'를 창설하여 안무교사로 활동 중이다. 한편 그녀는 1995년 카자흐스탄 인민배우로 인정받았다. 그리고 그녀는 독일, 미국, 모스크바 무용단체와 교류한 적이 있으며, 서울국립극장에서 1990년 연수를 받기도 했다. 그녀는 한국 내의 무용단체와 무용인들과 교류를 희망하고 있다. 이 류드밀라는 카자흐스탄 잠블주에서 태어났으며, 알마티발레대학을 졸어하고 현재 교수로 활동 중이다.

3) 미 술

(1) 김 세르게이

카자흐스탄 내의 고려인 미술인들은 카자흐스탄 화가동맹이라는 단체를 통해서 활동하고 있다. 이들은 주로 개인전을 개최함으로써 카자흐스탄 내의 고려인들의 미술 작품 향유의 기회를 제공한다. 대표적인 미술인들인 김 세르게이와 문 빅토르의 구체적인 활동 내역에 대해서 알아본다.

김 세르게이는 카자흐스탄 우스또베에서 태어났으며, 현재 카자흐스탄 화가동맹의 회원으로 활동하고 있다. 조 엘레나는 알마티미술대학에서 교수로 재직 중이며, 현재 카자흐스탄 화가동맹의 회원으로 활동 중이다. 그녀는 알마티에서 1994년과 1998년 개인전을 2차례 개최한 바 있다.

(2) 문 빅토르

문 빅토르는 카자흐스탄 우스또베에서 태어났으며, 알마티미술대학을 졸업했다. 현재 카자흐스탄 화가동맹의 회원으로 활동 중이다. 그는 1994년 광주광역시에서 개인전, 1998년, 2000년 서울에서 개인전, 2000년 일본 도쿄에서 개인전, 알마티에서 수차례 개인전을 개최한 바 있다. 그의 주요작품은 '시작', '선', '가야금', '봄바람' 등이 있다. 그는 유화를 전시하거나 판매할 수 있는 단체와 교류를 희망하고 있다.

4) 연극·영화·촬영

(1) 임 로자

카자흐스탄에 거주하는 고려인 연극인, 영화인, 촬영가들은 대부분 서울국립극장과의 활발한 교류를 하고 있다. 이들은 한국과의 교류뿐만 아니라, 독일, 소련, 일본 등과의 국제적인 교류를 통해서 카자흐스탄 내의 한국문화를 보존하는 데 앞장서고 있다. 더 나아가 이들은 주로 카자흐스탄 내의 한국인들의 삶과 애환을 그리는 작품을 주로 한다. 따라서 이들의 구체적인 작품활동과 수상 내역에 대해서 연극인, 영화인, 촬영가들 순으로 살펴본다.

임 로자는 러시아 연해주에서 태어났으며, 타쉬켄트 연극예술대학을 졸업했다. 그녀는 현재 카자흐스탄 연극협회의 회원으로 활동 중이다. 그녀는 1960년부터 현재까지 고려극장에서 배우로 활동 중이다. 한편 그녀는 카자흐스탄 공훈배우로 선정되기도 했다. 한국을 방문한 경험은 10여 차례이다.

(2) 문 알렉산드르

문 알렉산드르는 러시아 연해주에서 태어났으며, 타쉬켄트 연극예술대를 졸업했다. 그는 1960년부터 현재까지 고려극장 배우로 활동 중이다. 그는 1980년 소련 공훈배우로 선정된 적이 있다. 그는 한국을 10여 차례 방문한 경험이 있다.

(3) 백 안토니나

백 안토니나는 우즈베키스탄 타쉬켄트주에서 태어났으며, 알마티 연극예술대학을 졸업했다. 그녀는 1980년부터 현재까지 고려극장에서 배우로 활동 중이다.

(4) 최 따찌야나

최 따찌야나는 우즈베키스탄 치나스시에서 태어났으며, 카자흐스탄 알마티 연극예술대학을 졸업했다. 그녀는 1977년부터 2002년까지 고려극장에서 주연배우로 활동하면서 50여 편의 연극 공연을 했다. 한편 그녀는 소련영화 '만주의 변종'에 출연한 적도 있다. 그녀는 1998년 카자흐스탄 공훈배우로 선정되기도 했다. 그리고 그녀는 서울국립극장에서 1993년 6개월간 연수를 받기도 했다.

(5) 이 메리

이 메리는 우즈베키스탄 타쉬켄트주에서 태어났으며, 카자흐스탄 알마티 연극예술대학을 졸업했다. 그녀는 1970년대 중반부터 2003년까지 고려극장에서 배우로 활동했다. 그녀는 고려인 작가 김 아나톨리의 소설을 영화한 소련예술영화 '양파밭'에서 주연배우로 출연한 적이 있다.

그리고 2003년과 2004년 카자흐스탄에서 처음 공연된 뮤지컬 '사랑과 비'에 출연한 적이 있다.

(6) 한 블라지미르

한 블라지미르(작곡가 한 야콥의 아들)는 알마티에서 태어났으며, 알마티 주르게노브명칭 연극영화대학 졸업했다. 그는 1992-2001년까지 고려극장 사물놀이단원으로 근무했으며, 2001년 이후부터 현재까지 '갈라TV'방송국에서 부감독으로 근무 중이다. 그는 주로 기록영화 촬영에 종사하고 있으며, 현재 매주 그가 촬영한 프로그램인 '군인생활'이 방영중이다.

그는 2003년 제1회 카자흐스탄 영화축제에서 도큐멘터리필름상 수상한 적이 있으며, 2004년 제 2회 카자흐스탄 영화축제에서 도큐멘터리 비디오예술부문 2등상을 수상한 적이 있다. 특히 그는 1993-94년까지 서울국립극장에서 6개월 연수를 받은 적이 있으며, TV방송, 영화와 관련해서 한국과의 교류를 희망하고 있다.

(7) 송 라브렌찌

송 라브렌찌는 카자흐스탄 우스또베에서 태어났으며, 모스크바 영화대학를 졸업했다. 그는 현재 영화인협회의 회원으로 활동하고 있다. 그는 구소련시기에 주로 러시아와 우즈베키스탄에서 30여 개의 도큐멘터리 필름을 촬영했다. 특히 시베리아 소수민족을 주 대상으로 촬영했다. 한편 그는 1997-1999년까지 고려극장에서 예술총감독으로 취임하여 시나리오를 쓰기도 했다. 그의 주요작품은 영화 '고려사람', '음악선생', '교장선생님', '세모난 광장' 등이 있으며, 고려극장에서 시나리오 '회상'을 공연하기도 했다.

그의 주요 수상 내역은 다음과 같다. 2002년에 파리 도큐멘터리필름

영화제에서 '교장선생님'으로 1등상을 수상한 바 있다. 그리고 그는 일본NHK 및 아사히신문과 교류하고 있으며, 한국방문 경험은 2차례이다. 그는 한국 내의 영화협회, 출판협회와 교류를 희망하고 있으며, 특히 영화와 문학(출판)과 관련해서 교류를 희망한다.

(8) 최국인

최국인은 함경북도 김책군에서 태어났으며, 모스크바연극영화대학을 졸업했다. 현재 그는 소련연극영화동맹의 회원으로 활동하고 있다. 그는 1958-1990년까지 카자흐스탄 카작필름에서 부감독 및 감독으로 활동한 적이 있으며, 1991년부터 현재까지 고려극장에서 배우로 활동하고 있다. 그의 주요작품은 영화 '신혼부부'(1962), '용띠 해'(1982), '초깐 발리하노브'(1987) 등이 있으며, 1987년 카자흐스탄 문학예술, 건축부문에서 영화발전에 공헌한 공로로 국가상을 수상한 바 있다. 그는 10여 차례 한국 방문을 했으며, 한국 내 연극영화단체와 연극과 영화와 관련된 내용을 교류하길 희망한다.

(9) 송 세르게이

송 세르게이는 러시아 사할린에서 태어났으며, 알마티공대 석유가스학과를 졸업했다. 그는 1998-1999년에 한국에서 인형극 '기적의 근원', '작고 둥근 빵', '사자와 양'을 연출한 바 있다. 그는 한국을 2차례 방문한 적이 있으며, 주로 인형극과 관련해서 한국 내의 단체들과 교류하길 희망한다.

(10) 마 안드레이

마 안드레이는 카자흐스탄 크즐오르다에서 태어났으며, 카자흐스탄

종합대학 기자학부를 졸업했다. 그는 1994-2000년까지 고려극장 사물놀이단원으로 활동했으며, 2000-2003년까지 고려일보 기자로 활동한 바 있다. 그리고 현재 일간지 '리테르' 사진기자로 활동 중이다. 그는 한국의 언론단체와 사진협회 등과 교류하길 희망한다.

(11) 안 빅토르

안 빅토르는 우즈베키스탄 페르가나 주에서 태어났으며, 우즈베크대학 관계수로학과를 졸업했다. 그는 현재 우즈베키스탄 및 카자흐스탄 사진작가협회에서 활동하고 있으며, 1979-2002년까지 고려일보 사진담당을 했으며, 1996년에 서울과 대구에서 사진전시회, 1998년에 일본 고베에서 사진전시회를 한 바 있다. 그리고 러시아 모스크바, 우브베끼스탄 타쉬켄트, 카자흐스탄 알마티에서 사진전시회를 다수한 바 있다.

그의 주요작품은 다음과 같다. 사진으로 보는 카자흐스탄의 고려인 60년사(1997년 알마티), 흐르는 강물처럼-고려극장 66년사(1999년 알마티), 소원의 날개를 펴며(1999년 알마티), 아리랑으로 가는 길-고려인협회 창설 15주년사(2004년 알마티) 등이 있다. 그는 한국에 있는 사진작가협회와 사진전시와 관련된 일을 교류하고 싶어 한다.

3. 문화예술 네트워크 실태

카자흐스탄 문화예술 부문 네트워크 현황을 보면 문화단체 및 문화공간의 경우는 교류활동이 활발하지 않고 있음을 보여준다. 오그늬람빠는 2003년과 2004년 한국뮤직센터 초청으로 페스티벌에 참가하여 무지컬을 공연한 적이 있다. 그 외 문화단체 및 문화공간은 자신들의 활동 및 모국과의 교류현황을 자세히 공개하지 않아 파악이 곤란하였다.

개인들의 경우 조사대상자 29명 가운데 그들의 한국방문 경험, 자신의 작품창작 및 공연활동, 수상 경력 등을 정리하면 다음과 같다. 몇 사람을 제외하고 조사대상자 대부분 10여 회 한국을 방문한 경험이 있으며, 방문 시 교류활동과 연수 등을 한 것으로 조사되었다. 또한 조사대상자 대부분은 카자흐스탄에서 활발한 활동을 하고 있으며, 카자흐스탄 정부로부터 수상하거나 한국정부로부터 수상한 경력을 갖고 있다. 5명 정도는 국제적인 활동을 통하여 수상하거나 교류활동을 하고 있었다. 이를 통하여 카자흐스탄 고려인들이 한국인의 문화적 자질을 유감없이 발휘하고 있으며, 거주국 내에서도 인정받는 문화예술전문가로 활약하고 있다.

<표 V-1> 카자흐스탄 문화예술인 활동상황

	성 명	한국방문경험회수	장 르	교류활동 및 단체
1	이정희	10	문예창작	재외동포문학상 수상
2	강 알렉산드르	2	문예창작	러시아작가협회, 독일영화아카데미 수상, 재외동포대상 영화시나리오 수상
3	이 스타니슬라브	2	문예창작	대산문화재단 번역사업 선정
4	김 블라지미르			
5	양원식	10	문예창작	수 편 영화제작 감독, 수 편 소설작가 영화감독상(모스크바), 재외동포상
6	최영근	10	문예창작	서울프레스 국제기자상
7	채유리	3	언론, 출판	장지연상 수상
8	마 안드레이	2	언론, 사진	
9	안 빅토르	3	사진	서울, 고베, 타쉬켄트 사진전시회 수 회
10	한 블라지미르	5	TV방송,영화	서울국립극장 연수
11	송 라브렌지	2	시나리오	일본NHK, 아사히신문, 파리 다큐멘타리영화제 수상
12	최국인	10	연극,영화	카자흐국가상 수상(영화발전 공로)
13	송 세르게이	2	인형극	한국에서 인형극 연출
14	문공자	10	음악(가수)	소련시기 문화상 수상, 한국정부 국민훈장 수상

	성 명	한국방문경험회수	장 르	교류활동 및 단체
15	김 블라지미르	10	음악	부산대학과 교류, 카자흐 공훈배우
16	김 조야	10	음악	서울국립극장 연수, KBS 라디오 드라마 주제가, 카자흐 공훈배우
17	김 림마	10	무용	서울국립극장 연수, 독일, 미국, 모스크바 등 공연
18	이 류드밀라		무용	
19	정 추	10	음악(작곡)	작곡활동, 한국정부 문화훈장
20	한 야콥	10	음악(작곡)	작곡활동, 가무단 지도, 사물놀이 보급, 서울국립극장, 김덕수 사물놀이
21	임 로자	10	연극배우	카자흐 공훈배우
22	문 알렉산드르	10	연극배우	소련공훈배우
23	이 올렉	10	연극배우	
24	백 안토니나	10	연극배우	
25	최 따찌야나	10	연극배우	서울국립극장 연수
26	이 메리	10	연극배우	
27	김 세르게이		화가	
28	조 옐레나		화가	개인전 2회(알마티)
29	문 빅토르	10	화가	광주, 서울, 도쿄, 알마티 등지에서 수 회 전시회

VI
맺음말

재외한인이 가장 많이 거주하는 국가의 집거지역에서 활동하고 있는 예술가들과 문화예술단체에 대한 조사를 수행한 결과는 민족문화네트워크공동체 구축에 있어서 대단히 고무적이다. 총 502건에 이르는 문화단체 및 문화공간, 그리고 문화예술종사자 개인들의 활동을 조사한 바에 따르면 활발하게 교류활동을 전개하고 있으며, 특히 지역적으로 약간의 차이가 있지만 모국과의 교류를 통하여 동일민족으로서의 공감대를 형성하고, 문화적 동질성을 공유할 수 있는 기회를 많이 갖고 있는 것으로 판단할 수 있다.

1) 재미한인

미국의 경우 재미동포는 LA에 더 많이 거주하고 있지만, 예술가들은 세계의 중심지라고 할 수 있는 NY에서 더 많이 활동하고 있다. 또 NY에서 활동하는 동포예술가들은 미국의 주류사회에 진입하여 그 능력을 충분히 평가받고 세계적인 명사로 활동하고 있음을 확인할 수 있었다. 물론 문화가 중심과 주변으로 나누어진다면 그 문화는 계급적 성격을 띠게 되겠지만, NY은 미국의 중심도시일 뿐만 아니라 세계의 중심도시로서 그 곳에서 동포예술가들의 활약상은 거주국 사회의 동포들에게도 용기와 힘을 줄 것이며, 모국에게도 자랑이 아닐 수 없다. 이렇듯 동포

예술가들이 미국의 주류사회에 진입하고, 더 나아가 세계적인 예술가로서 대접받고 있는 현실은 한민족문화의 자긍심을 키워주는 것으로 민족네트워크공동체 구축을 기대하게 한다.

예술은 음악 미술 무용 연극·영화 등의 장르로 나누어 볼 수 있는데, 미국에서 활동하고 있는 동포예술가들은 말 그대로 세계적인 유명인사이다. 최근에 작고한 백남준으로부터 이미 작고한 김환기, 그리고 강익중, 김보현, 존 배, 임충섭, 곽훈 화백 등 다수의 동포화가들이 세계적인 인물로 명성을 얻고 있다. 그 뒤를 이어서 중견화가들이 미국의 주류화단에 진입하여 활동하고 있다. LA에서는 김소문, 박혜숙, 안영일 등이 활동하고 있다.

음악부문에 있어서도 강효, 이병천, 홍혜경, 신영옥, 장영주, 장한나 등이 NY에서 활약하고 있으며 새로운 동포음악가들이 주류사회에 진입하여 적극적으로 활동하고 있다. LA에서도 조민구, 김병곤, 백경환, 노형건, 김동석 등이 활동하고 있다. 그런데 재미 음악가들의 경우 거주국에서의 활동(43.1%)보다 더 많이 모국과의 교류활동(49.6%)을 하고 있음을 확인할 수 있었다. 물론 그들은 국가간 교류활동(해외활동, 10.6%)도 하지만, 모국과 연대하는 교류활동을 꾸준히 적극적으로 하고 있음은 맺음말 모두에서 기대하는 민족네트워크공동체 내지 문화공동체 구축에 시사하는 것으로 이해할 수 있다.

미술의 경우에도 음악과 비슷한 비율로 거주국에서의 활동(40.9%)과 국제적인 활동(12.3%)에 비추어 모국과의 교류활동(48.9%)을 더 많이 하고 있다. 또 음악미술의 경우에 모국을 포함하여 국제교류활동을 하고 있는 것도 확인할 수 있었다. 따라서 음악과 미술의 경우만을 본다면, 모국과 거주국뿐만 아니라 제3국을 포함하여 또는 제3의 재외동포 거주국가를 포함하여 교류활동을 확장하고 한국문화의 동질성을 확인함과 동시에 문화의 수준을 자랑할 필요가 있다고 할 수 있다.

비록 무용가 한 사람의 경우이지만 그 역시 모국공연을 상당한 비율

(25.5%)로 할애하고 있으며, 거주국 내에서도 동포들의 문화적 동질성 확보방안에 대하여 고민하고 한국문화를 유지 발전시키는 데 많은 기여를 하고 있다고 평가받고 있다. 그런데 아직 연극과 영화의 경우에는 한두 명 이외에는 모국과의 교류활동이 활발하지 않다. 다만 동포 1.5세대 및 2세들이 한국 연예계의 문을 두드리고 크게 활약하고 있는 경우는 많다.

2) 재일한인

다음으로 일본을 보면 문화단체의 경우에는 모국과의 교류활동이 그리 많지 않다. 단체방문의 경우 내지 합동공연의 비율이 20%에 미치지 못함을 확인해 주고 있다. 반면에 음악가들의 경우 그들이 서양음악을 전공하고 있지만 40.3%에 이르는 비율로 모국과의 교류활동을 전개하고 있음을 보여준다. 미술가들의 경우에는 오히려 더 많은 비율(57.9%)로 모국과의 교류활동을 하고 있다. 그런데 무용가들의 경우는 대부분 한국무용을 전공한 자들이지만 그들 홈페이지에서 보여주고 있는 활동을 분석해 보면, 대개의 경우 일본 내에서의 활동에 치우치고 있다. 모국과의 교류활동은 20.2%에 그치고 거주국 내에서의 활동이 77.8%에 이르고 있다. 과문한 탓이겠지만 한국무용을 전공하러 일본에 유학한 예를 연구자 자신(장윤수)의 카페 회원을 통하여 확인한 바도 있다. 그가 바로 한국무용을 전공하기 위하여 일본으로 유학을 갔는데, 재외동포 문화를 소개하는 메뉴의 글을 읽고 전해 준 내용이다.

3) 중국 조선족

세 번째 중국의 경우를 보면 조사대상자 1/5 정도가 한국과의 교류를 하고 있는 것으로 답하고 있다. 한국의 지방도시에서 문화단체들이 중국의 조선족 문화단체들과 간헐적으로 교류를 갖고 있다. 그들은 개인적으로는 여러 차례 한국을 방문한 경험을 갖고 있다. 그러나 단체의 경우는 방문경험이 덜하다. 그리고 중국 조선족 문화단체들은 한국의 재외동포재단과 학술진흥재단, 한국국제교류재단과의 교류를 강하게 원하는 경우를 드물지 않게 볼 수 있다. 이는 아마 재외동포재단이 해외동포들을 대상으로 하는 사업이 많기 때문일 것이며, 학술진흥재단의 경우는 해외동포 대상 연구사업을 많이 지원하기 때문일 것으로 판단된다.

장르별로 보았을 때, 문학단체들의 교류가 가장 활발하였다. 그 뒤를 이어서 미술분야의 종사자들이 한국에서 단체 교류전이나 개인 전시회를 갖는 경우가 많이 있었다. 다음으로 무용, 음악, 연극·영화 순으로 교류활동이 이루어지지 않고 있는 것으로 조사되었다. 이번 조사 과정에서 면담 대상자들은 한국과의 교류활동을 강하게 원하고 있음을 표현하고 있었다.

4) 카자흐스탄

카자흐스탄 조사결과 단체의 경우는 한국과의 교류가 한 곳에서만 이루어지고 있음을 보여주고, 개인들의 경우는 모국과의 교류활동이 많이 이루어지고 있는 것으로 나타났다. 특히 개인 조사대상자 29명 가운데 많은 응답자가 10여 회 이상 한국을 방문한 경험이 있으며, 방문 시 교류활동과 연수 등을 한 것으로 대답하고 있다. 조사대상자 다수는 카자흐스탄에서 활발한 활동을 하고 있으며, 카자흐스탄 정부로부터 수상하거나 한국정부로부터 수상한 경력을 갖고 있다. 5명 정도는 더 나아가 국제적인 활동을 통하여 수상하거나 교류활동을 하고 있었다. 더불어 그들은 한국의 전공분야 단체들과 교류를 강하게 원하였다.

중국과 카자흐스탄의 경우 조사에 응한 많은 사람들이 모국과의 교류를 아주 절실히 원하고 있었다. 과거 이들 국가와 이들 지역에 거주하는 동포들과의 관계가 원만하지 못한 점은 있었지만, 경제적인 문제를 떠나서 문화적인 측면에서 민족동질성을 공유하고 한국문화의 정서를 나눌 수 있다면 당초 이 연구가 목적한 바를 이룰 수 있다고 판단한다. 비록 해외동포를 자산화하자는 견해에 대하여 비판이 많지만 상생의 길을 걸을 수 있다면 문화적 가치를 함께 할 필요가 있다고 본다. 두 지역의 동포들이 강하게 원하고 있는 모국과의 교류에 대하여 정책결정자들은 심각하게 고려할 것을 주문한다.

또 미국과 일본에 거주하는 동포들의 경우에도 예술종사자들이 창작활동과 관련하여 모국과의 끈, 고향에 대한 그리움, 한국적 아름다움에 대한 창작동기가 중요한 것으로 평가되고 있다. 지금까지 해외동포들에 대한 관심과 배려가 없었던 만큼, 더 많이 적극적인 배려와 지원을 아끼지 말아야 한다고 판단된다. 이것만이 민족문화를 유지 발전시킬 수 있는 길이다. 나아가 민족네트워크공동체 구축의 조건을 제공할 것이다.

참고문헌

강재식, "중국연변지역 조선족의 생활문화에 관한 연구", 경희대학교 대학원 석사학위논문, 1994.

경향신문사 · 한민족문화네트워크연구소, "민족문화네트워크 형성을 위한 북방지역 동포 조사연구", 재외동포재단, 1999.

구광모, 『문화정책과 예술진흥』, 중앙대학출판부, 2002.

고려대학교 민족문화연구소, 『재미한인의 언어문화상황에 대한 설문조사 보고서』, 1997.

고송무, "소련 속의 한국문화", 『해외동포』28, 1998.

국제고려학회 아세아분회, 『중국조선족공동체연구』, 연변 : 인민출판사, 2000.

국립국어연구원, 『우리문화의 길라잡이』, 학고재, 2002.

국립민속박물관, 『일본관서지역 한인동포의 생활문화』. 국립민속박물관, 2002.

______, 『까자흐스탄 한인동포의 생활문화』, 국립민속박물관, 2000.

______, 『중국 길림성 한인동포의 생활문화』, 국립민속박물관, 2000.

______, 『중국 요녕성 한인 동포의 생활문화』, 국립민속박물관, 1997.

______, 『중국 흑룡강성 한인 동포의 생활문화』, 국립민속박물관, 1998.

권남훈 외, 『콘텐츠의 산업화에 따른 시장변화 및 발전전략 연구』, 정보통신정책연구원, 2002.

김강일, 『중국조선족사회의 문화우세와 발전전략』, 연변 : 인민출판사, 2001.

김게르만, "카자흐스탄 한인의 사회와 문화의 발전", 서울대 『비교문화연구』2, 1995.

김경일, 『중국조선족 문화론』, 료녕민족출판사, 1995.

김남호, 『중국 조선족 민간 음악 연구』, 목단강 : 흑룡강조선민족출판사, 1995.

김달수, 『일본속의 한국문화』, 조선일보사, 1986.

______, 『일본속의 한국문화 유적을 찾아서』, 대원사, 1997.

김동훈, "중국 조선족의 현대문화와 문헌에 대한 개략적 고찰", 조선대학교 『동북아연구』 13, 1996.

김명자 외, 『민속문화, 무엇이 어떻게 변하는가』, 집문당, 2001.

김석배, "중국조선족의 문화특질", 『동북아연구』 13, 조선대학교, 1996.

김선풍 외, 『한국민속학의 새로운 인식과 과제』, 집문당, 1996.

김승찬, 『한국의 민속문학과 전통문화』, 삼영사, 2001.

김양기, 『일본 교포들의 삶의 질』, 교포정책자료 31, 1987.

김열규, 『한국인의 신명』, 주류, 1982.

김영만, "재중 한인동포 지원정책에 관한 연구 : 문화적 측면", 배재대학교, 『사회과학연구』11, 1994.

김영모, 『중국조선족사회연구』, 한국복지정책연구소, 1992.

김옥기, "문화예술을 빛낸 인물과 문화단체", 미주한인 이민100주년 대뉴욕기념 사업회, 『대뉴욕한인 100년사』, 2003.

김옥랑·백선미, 『문화예술공간과 문화연구』, 한울, 2004.

김의숙 외, 『민속학이란 무엇인가』, 북스힐, 2003.

김전배, "재외한인사회에서의 전통문화의 계승과 보존", 『해외동포』49, 1992.

김진호 외, 『한국문화 바로 알기』, 국학자료원, 2002.

김형직, "중국 조선족의 민속실태", 『해외동포』68, 1994.

로주철 편, 『조선민족문화연구 1, 2』, 심양 : 료녕민족출판사, 1997.

룡정시민족사무위원회(연변관광국) 편, 『중국조선족민속』, 연변 : 연변인민출판 사, 1992.

류정아, 『유럽의 축제문화』, 연세대학교출판부, 2003.

림무웅, 『중국 조선민족 미술사』, 시각과 언어, 1993.

문화관광부, 『문화산업백서』, 계문사, 2002.

박문일 외, 『중국조선족연구사 연구 I, II』, 서울대학교출판부, 1996.

박성용, "조선족의 생활문화와 한국문화의 유사성 비교연구 : 촌락사회의 민족 지 사례를 중심으로", 영남대학교 『민족문화논총』18(19), 1998.

박정진, 『한국문화와 예술인류학』, 미래문화사, 1992.

박종렬, 『문화의 수수께끼』, 한길사, 2000.

배영동 외, 『민속문화가 외래문화를 만나다』, 집문당, 2003.

백완기·신유근, 『문화와 국가경쟁력』, 박영사, 1996.

비교민속학회 편, 『민속과 예술』, 민속원, 2002.

______, 『한국지역 축제 문화의 재조명 : 현재와 미래』, 1995.

신병현, 『문화, 조직, 관리』, 한울, 1995.

심우성 외, 『한국의 전통과 예술』, 한국문화재보호재단, 2001.

심혜숙, 『중국 조선족 취락지명과 인구분포』, 서울 : 서울대학교 출판부, 1994.

연변미술교육연구소 편, 『중국조선족예술교육사』, 연변 : 동북조선민족교육출
　　　판사, 1992.

연변조선족 민속학회, 『조선족민속연구 1권』, 연길 : 연변대학출판사, 1991.

오광수, 『영원한 망향의 화가』, 열화당, 1996.

오순택, "지구촌 시대의 한국문화, 그 이식과 전승 : 미국문화 속의 한인 연극현
　　　황과 다음 세대에 거는 기대", 『해외 한민족과 차세대 2』, 1997.

유승호, 『디지털시대의 문화콘텐츠』, 전자신문사. 2002.

윤범모, "중국연변조선민족과 미술활동", 『가나아트』 5, 1989.

이광규, "재소원동 한인의 문화와 생활", 『재외한인연구』2, 1992.

______, "한민족공동체와 민족문화", 해외한민족연구소 『한민족공영체』7,
　　　1999.

이상일 편 , 『놀이문화와 축제』, 성균관대학교출판부, 1998.

이승종 외, 『축제와 문화』, 연세대학교출판부, 2003.

이애순, "중국 조선민족문화의 현주소 : 문화현상을 중심으로", 『북한경제』19,
　　　1997.

이용우, 『백남준 그 치열한 삶과 예술』, 열음사, 2005.

이은봉, 『놀이와 축제』, 주류, 1982.

이장섭, "해외한인의 문화접변", 한양대 『민족과 문화』1, 1993.

이전, 『미국에 살고 있는 한인』, 한울, 2001.

이춘길, 『재일동포의 문화생활 실태 및 지원방안 연구』, 한국문화정책개발원,
　　　1997.

이충배, "구소련 거주 한인의 지리적 분포와 한-구소련과의 경제협력관계", 중앙

대 『민족발전연구』2, 1998.

이한창, “재일교포문학의 작품성향연구 : 정치의식 변화를 중심으로”, 중앙대학교박사학위논문, 1996.

이해승, 『잊어버린 해란강』, 한중문화교류협회, 1988.

임경환 외, 『한국의 놀이와 축제 1』, 집문당, 2002.

______, 『민속문화의 재 전통을 구상한다』, 집문당, 1999.

______, 『민속문화의 자료와 현장』, 집문당, 2003.

임채완·장윤수 외, 『재외한인 집거지역 사회경제』, 집문당, 2005.

장소현, “미주한인 문화 예술 50년 : 문학, 미술, 연극, 영화”, 미주한인이민 100주년 남가주 기념사업회, 『미주한인이민 100년사』, 2002.

장윤수, “재외한인 문화생활 비교분석”, 전남대학교 세계한상·문화연구단 주최 2006년.

합동 학술회의 자료집, 『21세기 사회과학의 이슈 : 동북아 신국제질서, 중국발전 패러다임, 코리안 디아스포라』, 2006.

장윤식, “캐나다 한인사회에서의 전통문화의 계승과 보존”, 연세대『캐나다연구』4, 1992.

장일민, “연변조선족 문화예술의 어제와 오늘”, 『해외동포』42, 1990.

전경수 편, 『카자흐스탄의 고려인』, 서울대학교출판부, 2002.

전성호, “중국 조선족의 민족문화예술”, 『강원교육』152, 1996.

______, “중앙아시아 한인의 사회문화적 특성과 과제”, 『한국인구학』20(2), 1997.

______, “해외 한인의 지역별 특성”, 『한국인구학』21(1), 1998.

전정호, “중국 연변 조선족 미술의 현황 : 연변 조선족의 풍습과 미술의 성격을 중심으로”, 조선대 대학원 석사학위논문, 1994.

조한혜정 외, 『한류와 아시아의 대중문화』, 연세대학교출판부, 2003.

조홍윤 외, “해외한인사회에 대한 연구의 동향과 과제 : 중국·구소련·일본의 한인사회를 중심으로”, 한양대『민족과 문화』4, 1996.

주성혜, “중앙아시아 한인사회의 문화와 음악”, 『낭만음악』25, 1994.

중국조선민족발자취총서 발간위, 『개척』, 『불씨』, 『봉화』, 『결전』, 『승리』, 『창업』, 『풍랑』, 『개혁』(1-8권), 민족출판사, 1998.

차명숙, "중국 조선족의 결혼 어떻게 달라졌나", 『북한』252, 1992.

천수산, "중국 조선족 생육풍속에 대한 탐구", 『재외한인연구』4, 1994.

최미선, "중국 조선족 무용을 통한 역사적 변천과 작품 분석", 세종대학교 대학원 석사학위논문, 1998.

최인학, 『비교민속학과 비교문화』, 민속원, 1999.

최　협, 『인류학과 지역연구』, 나남, 1997.

하정웅, 『나의 두 조국』, 마루한, 2002.

한국문학이론과 비평학회, 2006년 국제학술회의 자료집, 『재외한국인 문학의 어제와 오늘, 내일에의 전망』.

한국사회사학회, 『중앙아시아 한인의 의식과 생활』, 서울 : 문학과 지성사, 1996.

한국예술연구소, 『미래를 향한 예술계 구조조정』, 한국예술연구소, 1998.

한상복·권태환, 『중국 연변의 조선족 : 사회의 구조와 변화』, 서울대학교 지역연구총서 (1), 서울대학교출판부, 1993.

한주성, "재중·재미·재일동포의 거주지 분포와 직업구성의 공간적 특성", 『한국지역지리학회지』4(2), 1998.

한준상, 『재미교포의 아이덴티티』, 서울한민족, 1981.

황현정, "중국 조선족 음악교육의 현황", 『국악교육』10, 1992.

장-피에르 바르니에, 주형일 옮김, 『문화의 세계화』, 한울, 2000.

크리스 젠크스, 김윤용 옮김, 『문화란 무엇인가』, 현대미학사, 1996.

Duvignaud, I., 류정아 역, 『축제와 문명』, 한길사, 1998.

Zile, Judy Van, "지구촌 시대의 한국문화 : 그 이식과 전승(Korean Dance in Hawaii : Immigrant Issues and Cultural Ownership)", 『해외 한민족과 차세대 2』, 1997.

Ben-Amos, D. & K. Goldstein, *Folklore : Performance and Communication*, Mouton, The Hague, 1975.

Bichel, Anthony R., "The Third Wave: A Democratic Invasion of Central Asia." *Internet,* 1997.

Fine, Gary Alan, "Negotiated Orders and Organizational Cultures", *Annual Review of Sociology* 10, 1984.

Focus Central Asia, *Post-Soviet Central Asia.* Kazakstan, 1998.

Goldberg, David, *Racist Culture*, Oxford : Blackwell, 1993.

Huntington, Samuel P., *The Clash of Civilization : Remaking of World Order*. New York. A Touchstone Book, 1996.

Kulchik, Yuriy, Andrey Fadin & Victor Sergeev, *Central Asia after the Empire*. London : Pluto Press, 1996.

Rutland. Peter, "The Search for Stability : Ideology discipline, and the Cohesion fo the Soviet Elite", *Studies in Comparative Communism* 1, 1991.

Wuthnow, R, J. D. Hunter, A. Bergson, E. Kurzweil. 1984. *Cultural Analysis*. 최샛별 역. 『문화분석』. 한울. 2003.

국립현대미술관 http://www.moca.go.kr/

문화관광부 http://www.mct.go.kr/index.jsp

문화포털 http://www.culture.go.kr/index.jsp

브니엘콘서트콰이어 http://www.penielchoir.com/

세종솔로이스츠 http://www.internationalsejongsoloists.org/

뉴욕한국문화원 http://www.koreanculture.org.

뉴욕열린공간 http://www.opencenterusa.com/

LA한국문화원 http://www.kccla.org.

LA한국의 날 축제재단 http://www.lakoreanfestival.com.

강익중 http://www.ikjoongkang.com/index.html
        http://www.kcaf.or.kr/art500/kangikjoong/
        http://www.myinnis.com/ikjoongkang.htm

곽 훈 http://www.hoonkwak.com/

권길상 http://www.kwongilsang.com/

권칠성 www.yourktcc.org

보 아 http://www.smtown.com/smtown/boa/

김구림 http://www.kcaf.or.kr/art500/kimkulim/

김봉태 http://www.kcaf.or.kr/art500/kimbongtae/

김순자 http://www.kimsunja.com/index.html

김원숙 http://www.kcaf.or.kr/art500/kimwonsook/main.htm/

김윤진 http://www.yunjinkim.com/

김창열 http://www.kcaf.or.kr/art500/kimtschangyeul/

김환기 http://www.whankimuseum.org/

다니엘 대 김 http://www.danieldaekim.org/

노정란 http://www.kcaf.or.kr/art500/nohjungran/

백남준 http://www.kcaf.or.kr/art500/paiknamjun/ ; http://www.paikstudios.com/

서도호 http://www.dohosuh.com/

손정아 http://www.koreamusical.co.kr/

신영옥 http://www.youngok-shin.com/

안트리오 http://www.ahntrio.com/

양방언 http://www.yangbangean.co.kr/

산드라 오 http://www.sandraoh.com/

칼 윤 http://www.karlyune.com/

릭 윤 http://www.rickyune.com/

이영희 http://www.leeyounghee.co.kr/

이우환 http://www.kcaf.or.kr/art500/leeufan/

임충섭 http://www.kcaf.or.kr/art500/limchoongsup/

장영주 http://10820.net/sarahchang/

장한나 http://han-nachang.co.kr/main/frameset.php

전월선 http://www.wolson.com/

정율성음악제 http://www.gjimf.org/

조숙진 http://www.sookjinjo.com/

최 건 http://www.cuijian.com/

최양일 http://people.empas.com/people/info/ch/oi/choiyangill/

한대수 http://www.hahndaesoo.co.kr/

황주리 http://www.kcaf.or.kr/art500/hwangjulie/

장윤수 http://cafe.daum.net/jangyoonsoo

http://home.hanmir.com/~swu9821041/music-messiah.htm.

최양일 http://www.movist.com/movies/movist.asp?id=1309.

저자

임채완 전남대학교 정치외교학과 교수, 전남대학교 세계한상·문화연구단 단장, 정치사회학박사
Chaewan Lim

장윤수 전남대학교 세계한상·문화연구단 전임연구원, 정치학박사
Yoonsoo Jang

최영관 전남대학교 정치외교학과 교수, 정치학박사
Yoongkwan Choi

이진영 인하대학교 정치외교학과 교수, 정치학박사
Jeanyoung Lee

최영표 동신대학교 교양학부 교수, 교육학박사
Youngpyo Choi

전남대학교 세계한상·문화연구 3차총서 **11**

재외한인 문화예술 네트워크

2008년 4월 20일 초판 인쇄
2008년 4월 25일 초판 발행

지 은 이   임채완, 장윤수, 최영관, 이진영, 최영표
펴 낸 이   이찬규
펴 낸 곳   **북코리아**
등록번호   제03-01240호
주   소   121-020 서울시 마포구 공덕동 115-13 201호
전   화   (02) 704-7840
팩   스   (02) 704-7848
이 메 일   sunhaksa@korea.com
홈페이지   www.ibookorea.com

값 19,000원

ISBN 978-89-92521-58-1   94330
ISBN 978-89-92521-47-5 (전11권)

이 총서는 2003년도 한국학술진흥재단의 지원에 의하여 연구되었음
(KRF-2003-072-BL2002)